# Y先生と競馬

坪松博之

本の雑誌社

# Y先生と競馬

「Y先生」とは山口瞳先生のことであります。今回は、光栄にもご一緒させていただいた東京競馬場通いの日々を「ありのまま」に書かせていただきました。しかし、皆さまの心の中にある山口瞳先生の印象とは異なる箇所もあると思い、「Y先生」とさせていただきました。数年間にわたるこの競馬同行は私にとって、まさに緑鮮やか、ふかふかなターフの上を歩く、夢のような至福の日々でありました。

# Y先生と競馬　目次

装幀・クラフト・エヴィング商會
［吉田浩美・吉田篤弘］
装画、本文イラスト・山口 瞳
写真・田沼武能

# 第一章

一九九二年日本ダービー　東京競馬場

府中ＪＲＡ。第五十九回東京優駿日本ダービー。常盤新平氏、矢崎泰久氏、坪やんが来る。入場人員十六万二千六百四十七人。売上六百三十一億二千八百六十二万五千七百円。渡邊五郎理事長が挨拶に来られたので「毎度有《あり》ッ」と言われる前に「御繁盛で結構なことでございます」と先手を打った。いまは投票カードに記入して馬券を買うのだが、穴場のおばさんに「まあ綺麗に書いてくださって有難うございます」「文壇でも原稿だけは一番綺麗だと言われているんだ」「でも当る当らないは別問題ですよねえ」と言われてしまった。ウルセエッ。

（『年金老人奮戦日記　男性自身シリーズ26』新潮社　一九九四年）

特別な一日である。競馬の一年は夏の新馬デビューにはじまり、その頂点を決めるダービーで終わる。ここで当るか当らないかは、馬券購入者がその一年間何をしてきたかが試される、いわゆる修了試験である。天皇賞も、ジャパンカップも、有馬記念も、どんな酷い負け方をしても構わない。ダービーだけは絶対に当てなければならない。そのために競馬場に通い続けているのである。はずれた時の喪失感と衝撃は深く、そして長く尾を引く。ぽっかりと心に大きな穴があいてしまう。その穴の中で、新たな競馬年の新馬戦がはじまるまでひっそりとしていなければならない。

午前六時三十分、すでに国立駅前にいる。Ｙ先生からは、いつもより一時間早く集合、というご指示だったが、さらに一時間も早く国立駅に着いてしまった。眠れなかった。イレコミである。目をつむるとダービー出走予定の十八頭の四歳（現三歳）優駿たちが鼻の穴を拡げて頭の中を駆け巡っている。笑いながらである。イレコむ者は馬も、そして人間も絶対に救われない。勝負にならない。暗く長い一日が予想される。それにしても、早過ぎる。タクシーには乗らず、歩いてY先生の御宅に向かう。駅から南東にのびる旭通りを行く。日曜日の早朝、誰も歩いていない。車も通らない。一橋大学のグラウンドにも人影はなく、喫茶店「Catfish」も暗くひっそりとしている。靄がかかった、湿った武蔵野である。府中のターフの具合はどうか。昨日はたっぷり雨が降った。「良」ではじまった馬場も午後には「稍重」から「重」へ、そしてメインレース時には「不良」になっていた。もう雨は止んではいるが、第九レースまで「重」は残るだろうか。で、あれば府中の坂を先頭で駆け上がってくる馬はいよいよ一頭しか考えられなくなる。篠突く雨の中、フジサンケイクラシックの逃走劇は圧巻だった。続く圧勝劇、皐月賞もやはり雨だった。あの馬の蹄には高性能の水かきがついている。今年のダービーの予想はその馬の取捨からはじまり、そして終わる。どうするべきか。そんなことを考えていたらいつの間にか早足になっている。汗さえかいている。

到着後、植込みの横で「一馬」（現・優馬）を眺めながらさらに時間をつぶし、七時十五分、まだ少々フライング気味だが玄関のベルを鳴らす。怪しい人影を閑静な住宅街の路上にいつまでもさらしておく訳にもいかない。Y先生がため息をつきながら扉を開けてくださる。手には二本の細字の水性ペン、まだ準備中である。すでにテーブルの上にはきちんと記入された勝馬投票券用のマークシートが何枚も重ねられている。急いで応接間のソファに坐りなおしたY先生はすぐに眼鏡を上下しながら「ダービーニュース」の馬柱を追う。傍らには「サンケイスポーツ」の競馬面が開かれ、佐藤洋一郎と水戸正晴の本命馬の印を「ダービーニュース」に書き加えている。競馬ファンならみなさん御存知の大穴予想の二大巨頭である。Y先生はこの二人の印を確認するために「サンスポ」を毎週末必ず購入している。佐藤洋一郎の予想はピンクのペンで、水戸正晴の予想は水色のペンで書き込まれる。

Y先生がもっとも贔屓にしている予想記者は「報知新聞」の小宮栄一である。その予想は真っ先に緑色のペンで書き込まれている。小宮記者はどちらかといえば穴傾向の予想をする。多数派とは異なるユニークな本命印を打つ。しかし、一発を狙うというタイプではない。予想のプロセスに飛躍や省略はなく、その根拠は極めて明確に、そして整然と示されている。「正統な穴党」とでもいうべきか、正攻法で穴馬を選び出している。Y先生は全幅の信頼を置いている。

後になって考えると、勝ったキョウエイブランドは報知新聞の小宮栄一記者が◎を打った馬であり、僕は最近は小宮記者の予想を一番信頼している（評論家や競馬記者は自分の予想が的中すると、鬼の首を取ったように、次回の予想のときに自慢するが、小宮さんは決してそれをやらない。僕はそこが好きだ。プロなんだから当って当り前なのである。小宮さんは自ら恃《たの》むところのある人だと思って頼りにしている）ので、キョウエイブランドから千円平均で総流しを試れば大儲けになったのである。小宮さんの予想のなかでも特にハッピー・エンドと称する最終レースのそれで何度か助けられていたのだから、そのことは充分に考えられる。

などと、大国魂神社への道を急ぎながら考えたものだ。ホラ、ネ、僕だって大穴を当てたことを、こうやって書いているでしょう。東京の馬連最初の超大穴馬券を的中させたことを誰かに知ってもらいたいという気持が、口惜しいけれども、僕にもあるんですよ。
（『年金老人奮戦日記　男性自身シリーズ26』新潮社　一九九四年）

もうひとつ。昨日の府中競馬の第九レース夏木立賞（馬連一万三千九百四十円）、第十レースの立夏ステークス（馬連二万五千六百四十円）が連続的中して最終第十二レース（馬連一千八百八十円）も当って、少額投資だからたいしたことはないが、僕としては大いに潤っていたからだ。内容は報知新聞の信頼する小宮栄一記者の◎から、パドックで馬体のよく見えた馬に流しただけで威張れたものではないのだが。こんな程度のことで喜ぶとは情ない。しかし、どうも、これは、その、なんだ、「ああ、愉快なり」なのである。
（『年金老人奮戦日記　男性自身シリーズ26』新潮社　一九九四年）

競馬は難しい。特に穴党はなかなか当たらない。自分の予想が的中したらその手柄をアピールしたくなるのは仕方がない。はずれた時は口を閉ざすが、当ると饒舌になる。功名を売る。予想家としては当然の営業行為でもある。しかし、小宮記者は「吹かない」。その姿勢に強く惹かれている。とはいえ超万馬券を常に探し求めているY先生は、いささか饒舌派ではあるが佐藤・水戸両氏の破壊的な大穴予想も気にかかっている。テーブルの上にはもう一部、競馬新聞が開かれている。「競馬ブック」である。調教の評価、レースの想定についてはこの専門紙の見立てを信頼されている。スローペースか、ハイペースか、その読みは予想と結果に大きな影響を与える。「ブック」の想定タイムを「ダービーニュース」に書き写して出発前の作業は終了する。

「ブルボンで、いいと思うんだけどねえ」

と一澤帆布製の青ねずの手提げカバンに四つ折りにした「ダービーニュース」をしまいながら、つぶやくようにおっしゃる。水かきのついている馬のことである。実はこの馬については、すでに昨年の十一月、ジャパンカップの前日に行なわれたレースを観て「七レース五百万下に出走した栗東のミホノブルボン（三歳牡・父マグニチュード）というのは凄い馬だ。前走千メートルではあるが最後方から追い込んで上り三十三秒一でレコード勝ち、今日は逃げて圧勝。馬格雄大で動き柔軟、皐月賞はこれと決めた」（『年金老人奮戦日記』）と注目している。この時に今年のクラシック戦線の主役を発見していたのである。ミホノブルボンはその予言通りに皐月賞馬となった。やはり、今日も決めている。でも、Y先生、圧倒的な一番人気ですよ。なにしろ皐月賞の単勝は一・四倍、同レースでは史上二番目の人気集中、結果は楽勝だった。穴党のY先生がダービーまで追っかけるには、この馬は強くなり過ぎているように感じられる。どうするか。

さて、出発である。競馬場に行くときの鞄はいつも二つ。一澤帆布と、もうひとつは焦げ茶色の革製の鞄である。すべては明らかではないがさまざまな競馬観戦道具がしまわれている。Y先生は超がつくなで肩なので鞄を肩に下げることはしない。必ず両手に持つ。夫人もY先生とお揃いの「ダービーニュース」を手に準備万端である。武豊の大ファンである。従って勝率は極めて高い。外に出ると、すでに銀星交通のタクシーが停まっている。運転席を出て、Y先生宅の庭を覗きながら待っているのは徳本春夫さん、「徳サン」である。

徳サンと西国立園芸へ行って桜草と岩タバコなどの山野草を買う。今年は毎年いい花を咲かせる岩タバコの葉が出てこない。徳サンに言わせると僕が肥料をやったりするのがいけないんだそうだ。「岩タバコなんかね、大木から落ちる雫が営養になったりするらしいよ」。彼の意見が正しいと思うのだが、ついつい肥料をやってしまう。

（『年金老人奮戦日記　男性自身シリーズ26』新潮社　一九九四年）


国立市の無線タクシーの運転手徳本春夫氏に頼まれた馬券がパーフェクトで的中。僕は予想屋としては自信があり、僕と同行した人は必ずプラスになる。僕自身の馬券は低調。特に徳本氏は、このところ四連勝で五万円は儲かっている。いつも出番の時は府中駅附近に迎えにきてもらうのだが、儲かった日は早く来ている。はたして、この日も、ずいぶん早く来て待ってくれていたようだ。真っ赫な顔で運転席に坐っているのが見えた。

（『還暦老人ボケ日記　男性自身シリーズ23』新潮社　一九八九年）


通常の府中開催日は行きはタクシー、帰りは府中駅まで歩き、そこから国立駅までたまらん坂経由の京王バスで帰るが、今日はダービー、十五万を超える人びとが集合するのである。容易に府中を脱出することなどできるはずがない。帰りも「徳サン」のハンドルさばき頼みである。

「徳サン」は谷保裏の狭い路地を抜けて、細い道を右へ、左へたどりながら、渋滞にひとつもひっかかることなく大國魂神社参道前の駐車場に到着する。熟練の技である。いつもは競馬場近くの私営臨時駐車場に停めるが、おそらく今日はすでに満車だろう。この駐車場もあと三十分もしたらいっぱいになる。駐車場からは神社の参道を進み、左に折れて正門に向かう。もちろん正面の大國魂神社に手を合わせてからである。バイクをまとめて停めた革ジャン姿のツーリング集団が競馬新聞をポケットにねじこみながら追い越してゆく。やはり今日は出足が早い。まだ、通常の開門時刻には一時間ほどあるが、京王線府中競馬正門前駅の改札口からはあふれるように人が出てくる。みんな小走り、こんな足さばきの良い中高年の群れはなかなか見ることはできない。やはりダービーである。すでに正門は開放されていた。人の波が澱んでいる。お祭りである。はるか先にはゴール前に自分たちの居場所を確保するため全速力で走り出している若者たちの後姿が見える。本気で走る若者の姿が大量に見られるのもこのダービーの朝と西宮神社の十日戎くらいだろう。彼らはおそらく昨日、いやもっと前から正門前に並んでいたのである。ダービーの闘いはすでにはじまっていた。

Y先生は正面スタンドの一階西玄関の受付で通行証を受け取り、エレベーターで五階に向かう。十五号室、ゴンドラフロアの、奥から二番目の部屋である。このフロアは通路の奥に食堂が設けられている。黒服の山口支配人はY先生の姿を見つけると十五号室の入り口の傍らにさり気なく立って待つ。「コーヒー二つと紅茶、それからカレーライスを二つと、サンドウィッチ」コーヒーと紅茶は朝、食事は昼のための注文である。私を含めた三人分のいつものメニューである。第四レースが終ると、紙ナプキンに包まれたスプーンとラップで覆われたカレーライスがいつの間にか席に届けられている。朝のコーヒーを手にした山口支配人「先生、今日は隣の部屋にオードブルやサンドウィッチが用意されますよ」「後で行ってみようかしら」と嬉しそうに夫人が応える。ダービーデイの華やいだ雰囲気をすでに楽しんでいらっしゃる。Y先生は「それどころじゃないんだ」という表情で喜ぶ夫人の顔を眺めている。ＪＲＡの女性職員からダービーの一着から五着までの馬を当てる、という豪華景品付きクイズの応募用紙が各部屋に配られている。一、二着を当てるのでさえ難しいというのに、Y先生、用紙をちらっと見て再び「それどころじゃないんだ」という表情になる。入れ替わりでＪＲＡの渡邊五郎理事長が挨拶に来られる。極めて紳士的、かつ穏やかな口調で「いつもありがとうございます」と理事長、しかし、Y先生には「毎度有ッ」としか聴こえない。

競馬場の朝はとにかく忙しい。これからは分刻みで動かなければならない。ゴンドラ席の部屋は内・外の二つに分かれている。レースを観戦する、ターフを見下ろすバルコニー席と室内のソファー席である。まず、Y先生はバルコニーのカウンターの定位置に双眼鏡を置き、一通り眼下を眺める。空は晴れている。よく上野の花見の場所取りなどに使われる巨大なブルーシートがいくつも拡げられはじめている。ゲートから走りだして福を勝ち取った若者たちである。続いてY先生、ソファーのいつもの場所に坐って鞄から「ダービーニュース」を取り出す。競馬場で使用するのは書き込み十分のこの一紙だけである。早速、室内のモニターに映し出されるオッズを確かめながら、太い水性マジックで気になる馬の倍率を記入しはじめる。競馬専門紙の印とオッズは必ずしも一致しない。そのズレが配当の妙味になることもあれば、目論んでいた馬券をつまらなくすることもある。東京第九レース、日本ダービーの一番人気馬はやはりミホノブルボン、これはすべての競馬専門紙、スポーツ紙各紙の予想と一致している。倍率二・五倍、これまで圧倒的な強さを示してきたのに二倍台にとどまっているのは、予想家たちが指摘している距離不安説、さらには中間に出た体調不良情報からであろう。右前脚トウ骨に骨膜炎の症状が出た、とも報道された。「ダービーニュース」の調教評にも「全体に小ぢんまりして少し柔軟性、躍動感に欠けた」とある。戸山為夫厩舎の安永司担当助手のコメントは「体調を不安視する向きもあるが一言、状態良し」、いったいどっちなんだ。とにかく今の倍率はY先生にとってはフォローウインドであることに間違いはない。

穴場が開く。窓口の向こうには妙齢の女性たちがズラリ並んでいる。Y先生は引き寄せられるようにすぐにそちらに向かう。昨晩、あるいは朝のうちに記入したマークシートを差し出している。どうしても気になって前の晩から買うことに決めていた馬たちの分である。ゴンドラ席で誰よりも早く勝馬投票券を買う人である。

府中JRA。窓口で馬券を買うときは、どうしても若い人（全員が女性）を選んでしまう。若い人は間違いが少いからだ。老いた女性から買うときはユックリユックリ話しかけるようにして買う。

（『還暦老人極楽蜻蛉　男性自身シリーズ25』新潮社　一九九一年）

穴場の女性たちは全員Y先生のことを知っている。「おはようございます」と丁寧な朝の挨拶、しかし、Y先生にはやはり「毎度有ッ」としか聴こえない。朝一番の馬券、Y先生は本命を打った馬から「総流し」をかけることがよくある。軸に選んだ一頭は大抵の場合は無印の、全く人気のない馬なので、「総流し」をしてもトリガミはない。マークシートには一枚五点しか記入できない。だからフルゲート十八頭立てのレースで「総流し」十七点を購入する場合、四枚のマークシートを必要とする。一つのレースで何枚も何枚もマークシートの数字を塗りつぶさなければならない。さらにY先生は一枚ごとに必ず五〇〇円のお釣りがくるように金額を整えている。ひとつの穴場で、一枚のマークシート、その都度五〇〇円玉を一枚手に入れる。

僕は競馬場では五百円玉を溜めることに専念する。千円買うところを千五百円にして二千円出して五百円玉の釣銭を貰う。単勝一万円買うところを一万五百円買う。

（『還暦老人憂愁日記　男性自身シリーズ24』新潮社　一九八九年）

Y先生は樽前船のように穴場から穴場へとたどってゆく。一レースで少なく見積もっても五枚から六枚、一日終わると数十枚の五〇〇円玉がたまることになる。手に入れた五〇〇円玉には一切手をつけない。レースでとことんやられて財布に持ち金がなくなっても、必ず五〇〇円玉は大量にY先生の手元に残る。それを焦げ茶色の鞄に入れて持ち帰るのである。馬券の調子が良く積極的に参戦して、穴場に差し出すマークシートの枚数が増えれば増えるほど重量は増す。ズッシリとなった鞄を運ぶのは私の役目である。現金輸送者、持ち帰られた五〇〇円玉は書斎の本棚の前に並べられた竹筒に一枚一枚、入れられてゆく。太くて真っ直ぐ、立派な竹の一節を切りだし、コインの投入口だけが切りこまれている特製の貯金筒である。割らなければ出すことはできない。Y先生は競馬開催日ごとに五〇〇円玉を集め、それをため続ける。一年間に一度、満タンになった数本の竹筒の上部の節をくりぬいて五〇〇円玉を取り出し、たましん（多摩信用金庫）に預けるのである。

昨日の府中の競馬場で貰った小銭でもって、さしもの僕のコレクションした貯金箱も満杯になった。もう、一人では持てない。フミヤ君に手伝ってもらってタキシーを呼んで国立駅前多摩信用金庫（通称たましん）へ持っていった。計算機でもって計算してもらうこと三時間半（嘘じゃない）、僕の小銭は、大きな声じゃ言えないが、総計百七十四万八千三百五十八円に達した。こういうとき、一瞬、俺は日本一の金持になったんじゃないのかと思ってしまう。

（『年金老人奮戦日記　男性自身シリーズ26』新潮社　一九九四年）

一本あたり約三〇万円超、年間で二〇〇〇万円は楽に超えると思われる。それが次の年の競馬資金の基礎になっている。そうやってY資金は一部竹筒を経て還流しながらではあるが、着実にJRAの金庫に収められてゆく。やはり、「毎度有ッ」なのである。

府中JRA。競馬に限らず、ギャンブルで儲けるのは卑しいと思っている。電車のなかなどで百万円儲けた二百万円儲けたといった話をしている人の顔は十人が十人とも卑しい。品が無い。大前田英五郎とか清水次郎長が博奕《ばくち》で儲けたなんて話は聞いたことがない。大親分というのは静かに笑って客を遊ばせ自分は少し損をするのである。昔からギャンブルで大損をするのは馬鹿だ、少し損をするのが紳士だというのを持論としている。博奕で儲けるのは三下奴《やっこ》のすることである。

＊＊＊

そういうわけで、僕は競馬場では常に上品であろうと心がけ、おおむね上品な人間になって帰ってくる。僕という男はとても上品な人間だと自分でも思っている。
（『年金老人奮戦日記　男性自身シリーズ26』新潮社　一九九四年）

今日もいつものように、いくつもの穴場を巡り、順調に五〇〇円玉を蓄え、そして再び十五号室に戻る。しかし、ソファに落ち着く余裕はない。立ったままモニターに映し出された第一レースの出走馬たちの体重の増減を馬柱に記入すると、もうパドックに出てくる時刻である。飲みかけのコーヒーに手をつける暇もない。「ダービーニュース」、双眼鏡、さらに太い赤ペンを手にして慌ただしく十五号室を出る。パドックに向かうのである。Y先生は必ずパドックに行く。本当の勝負は馬を見てからである。ゴンドラ席から階段を下りて四階の通路を抜けて、建物の反対側のテラスに行く。食堂の裏、揚げ物の香ばしい匂いが淡く漂っている。眼下、すでにパドックを囲む柵にはぐるり、隙間なく横断幕が張られている。武豊、田原成貴、田中勝春、岡部幸雄、パドック派のファンたちによる手づくりの応援メッセージである。十数頭の馬たちの蹄の音、鼻を鳴らす音、馬具につけられた金具の音が立ちのぼってくる。雨上がり特有の、少し湿り気と重さを含んだ響きである。

いよいよ始まる。四階からパドックを眺めると馬たちがつくる輪がちょうど視野に収まる。全体を見渡しながらそれぞれの馬の調子を感じるにはこれ以上の場所はない。レースはひとつの馬の群れの移動である。団体行動である。それぞれの馬がその群れの中でどんな役割を演じるか、想像しながら一頭一頭のたたずまいを確かめる。逃げる馬、追いかける馬、後方でじっとする馬、パドックにおいても馬たちはそれぞれの表情を示している。Y先生は気になる馬の様子は、さらに双眼鏡で確かめる。歩様はスムーズか、踏み込みは力強いか、毛ヅヤはどうだ、腹周りの締まり具合は、やせ過ぎて巻き上がっていないか、落ち着いているか、興奮しているか、発汗の具合はどうか、集中しているか、闘志を表出しているか、それとも噛みしめているか、目つきは、表情は、パドックは短時間では処理しきれないほどの情報にあふれている。

公営競馬はランクが細かく分れているので、実力差が接近している。どの馬にも勝つチャンスがある。従って、予想紙はアテにならない。馬を見て買う、これが正しいのである。

(『草競馬流浪記』新潮社　一九八四年)

もともと公営競馬では必ずパドックで買う馬を決めていた人である。そのY先生がJRAでも同様にレース毎にパドックに通うようになったのは競馬評論家の赤木駿介さんの教えによる。赤木名人は一九八四年のダービーでスズマッハの単複の馬券を買う。圧倒的な一番人気は皇帝シンボリルドルフ、しかし無敗の皇帝が直線でもたつき、スズマッハがあわや逃げ切るのでは、と思われたレースである。惜しくも二着、二十一頭中二十番人気、単勝オッズは一〇五倍、複勝も十一・四倍だった。なぜ、スズマッハを買うことができたのか、Y先生は赤木名人に訊ねる。

まったく赤木駿介さんの足は早い。僕も早いほうで、全速力で歩いているつもりなのだけれど追いつかない。そうかといって駈けだす気にはなれない。赤木さんは、学生時代、陸上競技（短距離）の選手だったという。

赤木さんは、府中競馬場四階席にあるコーヒー・ショップのなかに入っていった。その先は食堂になる。コーヒー・ショップを右に曲ってテラスへ出た。そこからパドック（下見所）を見おろすことになる。

「なんだ、パドックか」

赤木さんの背中越しに言った。

「そうです。パドックの馬をナマで自分の目で見る。これしかありません。三十年競馬をやっていて、やっとわかったんです。お恥ずかしい話ですが……」

「いつも、ここで見るんですか」

「そうです。どこでもいいんですが、同じ場所で見たほうがいい。私は、ここに決めているんです」

（『僕の競馬健康法』『日本競馬論序説』新潮社　一九八六年）

それ以来、Y先生は敬虔なパドック信者になる。雨が降ろうが、風が吹こうが、毎日、毎レース、必ず四階のテラスに足を運ぶ。通常開催では一日十二レース、午前中のレースの間隔は二十五分、しっかりと馬を見る時間を確保するために、行きも帰りも急ぎ足である。

府中JRA。風邪が猛威をふるっているらしい。朝は寒かったのだが昼頃から南風の突風が吹き、妙にナマ暖い。春一番だと言う人がいた。府中競馬場のスタンドは、本馬場が南向き、パドック（下見所）が北向きになっている。必ずパドックへ行く僕は北風のときは震えあがる。南風はどんなに吹いても平気だ。しかし、馬に影響があるのではないかと思われるくらい強く吹いた。障害で飛びあがったときに突風があったら飛ばされないだろうか。

（『還暦老人極楽蜻蛉　男性自身シリーズ25』新潮社　一九九一年）

府中JRA。富士がいい。いくらか春めいてきたが夕方になって北風が強くなる。

（『年金老人奮戦日記　男性自身シリーズ26』新潮社　一九九四年）

府中JRA。物凄い北風。パドックは四階ベランダから北向きで見るから寒い寒い。芥焼却場《ごみ》の煙突から出る煙が真横に流れ、すぐに千切《ちぎ》れてゆく。パドックの常連の姿が見えない。気がつくと、毎レース、僕の他に二人か三人しかいない。

（『年金老人奮戦日記　男性自身シリーズ26』新潮社　一九九四年）

府中ＪＲＡ。雨になり暗くなり向正面なんか何も見えないようになった。折畳み式レインコートなんてものが初めて役に立った。

（『年金老人奮戦日記　男性自身シリーズ26』新潮社　一九九四年）

府中ＪＲＡ。パドックから見る欅《けやき》の紅葉がいい。ウットリして馬を見るのを忘れてしまいそうになる。

（『年金老人奮戦日記　男性自身シリーズ26』新潮社　一九九四年）

馬券購入者にとって競馬場に来る最大のアドバンテージは「生」の馬を見て馬券が買えることである。しかし、意外にパドックに足を運ぶ人は少ない。ダービーの日に、第一レースのパドックを四階から見つめているのはＹ先生と私を含めて四人だけである。何が見えるのか、とテラスに足を踏み入れ、馬が並んで歩く姿を発見し「ワーッ」とか「キレイ」と声をあげる人はいるが、大抵は「見てもわからない」と引き返してゆく。確かに難しい。所詮は素人の目である。その判断が正しいかどうかも分からない。本質は理解できていないかもしれない。しかし、馬体重、その馬の脚質、稽古の状態などの情報を補完すると、あくまでも個人的見解としてではあるが、勝ちそうな馬が見えてくるのである。なにしろ、その群れの中に必ず勝ち馬がいるのである。その直後に行なわれる実際のレースでその選択眼が正しかったかどうか、答え合わせもすぐにできる。沢山の間違いを重ねながらやがて馬を選ぶことができるようになってくる。赤木名人は「やっぱり一年間、少なくとも半年は見てくださいと言いたいですね、自分だけの目で」と『日本競馬論序説』のY先生との対談でおっしゃっている。なによりもパドックでお気に入りの馬を見つけるとレースを観るのが数倍楽しくなる。ゲートが開く。双眼鏡でその馬を追いかける。もしも、四コーナーを回ってそいつが思い通りのポジションにつけていたら、どうだろう。パドックに来てはじめて得られること、そして味わえることが沢山あるのだ。

競馬はよく荒れる。特に一九九一年に馬番連勝複式が登場してから払戻しの倍率は飛躍的に高くなった。予想もできない、人気のない馬があっさりと勝ってしまう。競馬専門紙やスポーツ紙の印だけではその波乱の結果を導き出すことはできない。競馬は強い馬が勝つ。したがって後から振返ると馬の力を見極められなかった、ということになるのだが、それは、予想欄に隙間なく細かい字でびっしりと書き込まれた情報には結果を導き出すデータとして重大な欠落があるということなのだ。予想家たちの印も、その情報の欠落の上に載っかっている極めて不安定な存在なのである。その失われている大切な情報のひとつが当日の馬の状態である。レースの波乱を解くひとつの鍵はここにある。競馬専門紙にも、スポーツ紙にも、もちろん当然のことだが、レース当日の馬の調子を書くことはできない。馬はデリケートな生き物である。三日前、四日前の追い切り調教を終えた時点でその馬の調子を結論づけることは難しい。それでも予想家たちは◎○▲△をつけなければならない。もともと予想とは極めて困難な作業を強いられているのである。関西の馬たちは栗東から長時間高速を揺られて府中までやってくる。その間に気持ちや体調に変化が生じることもあるだろう。だから競馬場で確かめなければいけない。パドックに来て、馬を観て、予想の空白を埋めなければならない。それは馬券購入者にとって予想という行為を他人に任せず、自分のものにするための大切なプロセスでもあるのだ。

馬体重の増減も当日にもたらされる重要な情報である。Y先生の馬体重の書き込み方には特徴がある。前レースからプラス体重の場合はそのままの数字を、マイナス体重の場合は○で数字を囲む。プラス・マイナスの記号を書き入れないので馬柱に大きな数字を書くことができる。減っているか、増えているかも一目瞭然である。細かいことだが、忙しい時にはこれが大きな違いとなる。JRAの場合は二キロ単位で増減が示される。Y先生は馬体重の増減については四キロぐらいまでであれば取り上げることはほとんどない。サラブレッドの競走馬の体重は大抵四〇〇キロ以上である。四キロは成人男性にして一キロ分にも満たない。パドックではよくボロをしている馬を見かけることがあるが、それも人間と比べると相当な量になる。汗もかく。計量時よりもさらに体重は減っている。したがって微妙な増減に敏感に反応していると失敗することの方が多い。また、大幅な馬体重減は前走で太めだった馬にとってはお稽古の成果として評価できることもあるが、強めの稽古の疲れのために飼葉食いが落ちる、体調を崩す、などの理由で体重が大きく減ってしまう場合もある。パドックで見て、「ガレてみえる」「腹が巻き上がっている」という状態である。一方、休養後、大幅に馬体重増になって出走してきた馬たちの取捨も難しい。成長分、筋肉がついたということもあれば、単に天高く肥えてしまった場合もある。馬体重を数字の増減としてとらえてはいけないのだ。生きた数字に変換しなければならない。そのためにパドックで気配を確かめる。一般的に休み明けの大幅な馬体重増は嫌われる。人気も下がる。実は、穴党にとってはその時がチャンスなのである。二十キロ以上も増えて、まだ七、八分の出来と評された馬があっさりと、それも見事な走りっぷりで勝ってしまうことはしばしばある。そしてレース翌日のスポーツ新聞では、勝ったことがさも当然だったように「本格化した」と表現される。したがってY先生、大幅な馬体重増の馬を見つけると馬柱を確かめ、パドックでは特に熱心に追っている。なんとか馬体重増の正当な理由を探そうとしているのだ。

やがて、パドックに「止まれ」の号令がかかる。騎手が馬に跨る。Y先生はその瞬間には注意を払うが、その後の歩様は重視しない。大抵の馬が騎手を載せると良く見えてしまうからである。馬たちはさらに一周して馬場への通路に消えてゆく。Y先生はその様子も見送らない。速やかに移動しなければならないからである。今度は四階の通路を戻り、反対側、つまりコース側、C指定席の最上段通路に向かう。通行人の邪魔にならないように放送用カメラのスペースの横に立ち位置を定める。返し馬、馬場入場である。間もなく入場行進曲が場内に響く。誘導馬二頭に先導されて馬たちが登場する。場内アナウンスが一頭一頭、馬番号、馬名、馬体重とその増減、騎乗する乗り役名、負担重量を告げてゆく。このことからも馬体重が馬券購入者にとっていかに欠かせない情報であるかが分かる。Y先生は双眼鏡を手にして、肉眼と交互に馬場に登場する馬の様子を確かめる。馬は敏感な、とても臆病な動物である。コースに立って、馬からすれば敵なのか味方なのかわからない正体不明の群衆を前にして、その喚き声に敏感に反応する。後肢を跳ね上げる馬、立ち上がろうとする馬、真っ直ぐ歩かず横歩きをする馬、もちろん一切動じることなくマイペースで悠然と歩く馬もいる。やがて馬たちはスタート地点付近の待機所を目指して走り出す。パドックではおとなしく控え目な様子だったが、馬場で走りだしていきなり明確な気配を表わす馬がいる。逆にパドックではとても強そうに見えたが、走り始めて「アラアラ」という馬もいる。これまで芝のレースに出走していた馬がダートへと、あるいはダートから芝へと路線変更する場合がある。果たしてその新たなチャレンジがうまくゆくのか、実際のコースを走りだす様子で確かめなければならない。もちろん競馬関係者や予想記者であればトレーニングセンターでの走りっぷりでその適性を確かめることができるのだが、馬券購入者にとってはこの返し馬が唯一のチャンスなのだ。地方競馬で闘ってきた馬が初めて中央のレースに出走する場合も、その馬がどのくらい強いか、中央で通用するかどうかは、返し馬の様子で見極めなければならない。馬だけではない。騎手の様子も見逃してはいけない。馬ときちんとコンタクトがとれているか、馬の気持ちをしっかりコントロール出来ているか、騎手の仕草でそれを探る。走る気満々の馬をなんとか制御しようと必死で手綱を絞っている騎手がいる。一方ではまだ眠っている馬のやる気を出そうと気合をつける騎手もいる。時には、馬の背中から振り落とされる騎手もいる。一頭一頭、一人一人が示す返し馬の表情は、レース結果に直接つながる生きた情報なのである。返し馬を欠かさずに見ていると、まるでレースでの好走が約束されたような、伸びやかに、そして気持ちよさそうに走る馬を目撃することがある。美しい。その姿は馬は走るために生まれてきたのだということを教えてくれる。その馬は必ずといってよいほど馬券に絡んでくるが、そんな光景を見ることができたら、極端な言い方をすればもう馬券などとれなくても良いとさえ思ってしまう。とてもいい芸術作品を鑑賞させてもらった、そんな幸せな気分になるのである。ただし、この返し馬診断の難点は時間が限られていることである。調子の良さを確かめるには走りはじめの数完歩が最も大切である。しかし、馬たちは次々にコースに入ってくるので一頭一頭じっくり見る時間がない。したがって、自分の狙っている馬を中心にこの瞬間に眼力を集中させる必要がある。狙う馬の頭数が多いY先生はすべての馬が待機所に収まるまで双眼鏡を放さない。入場行進曲、出走馬紹介のアナウンスも終わり、しばらくしてから「ダービーニュース」を確かめつつ急ぎ足で階段を上がる。Y先生も返し馬である。いまある脚力のすべてを発揮している。朝から充実している。すこぶる好調子、いや、今日は少しイレコミ気味か。十五号室のソファに坐り、マークシートの記入に集中する。迷っている時間はない。出走五分前、「まもなく窓口締め切り」のアナウンスを後頭部で聴きながら一心にマークシートに向かっている。穴場では馬券がうまく買えなくて困っている人がいる。ダービーの日にはゴンドラ席に日頃競馬をしない人も招待されている。初心者である。当然、馬券の買い方も知らないし、マークシートをどう記入してよいかも分からない。マークシートによる投票がＪＲＡに導入されたのは一九九一年、マークシート経験に乏しい中高年の馬券購入者にとってこれは大変な試練だった。Y先生も導入直後、府中での開催がはじまる前に立川ウインズまで何度も通い、やっとマークシートの塗り方を修得したほどである。

マーク式投票カードに馴れておこうと思って（なんとでも理窟はつくものだ）立川ＷＩＮＳへ行く。朝、徳サンが自分のところの庭の菫と羊歯類を採ってきてくれた（徳サンは僕の家のお庭番と称している）ので、ちょうど都合よく一レースにまにあった。パイロットの新発売のボールペンはマーク式投票カードにもとても役立った。このカードは確かに馬券を買う時間を短縮する。
（『年金老人奮戦日記　男性自身シリーズ26』新潮社　一九九四年）

いまではほとんどの人が対応できているが、それでもよく穴場でもめている現場をみかける。特に今日は、初心者が多いのであちこちで混乱している。塗っちゃいけないところが塗りつぶされている。塗らなきゃいけないところが塗られていない。自分が買いたい馬券の種類さえ分からない人もいる。穴場の女性がやさしく指導してくれるが、その丁寧な説明に馬鹿にされたような気分になるのか、大抵は不機嫌な顔をして聴いている。締め切り間際になると、間にあわないのではとパニックに陥る人も多い。自分のミスなのに怒りだす人もいる。混乱し、興奮して怒鳴る。本性が出る。たちが悪い。酔っぱらったタクシーの乗客と勝馬投票券を購入しようとする人にはなるべく関わらない方が良い。それにしてもY先生は相当にマークシート塗りに熟達している。あれほどの短時間で、あれほどの枚数をこなしながら間違えることがない。なにしろ名門・麻布中学出身である。テストのケアレスミスも原稿の誤字、校正ミスもほとんどないに違いない。第一レース分も無事に書き終え、再び穴場を樽前船である。全部の馬券を買い終えるのは最終締め切りのベルが鳴ってから十秒後、ゴンドラ席では最後まで穴場の女性たちとやりとりをしている人である。

Y先生が購入した馬券を手にバルコニー席に現われる頃、レースの開始を告げるファンファーレが鳴る。第一レースのスタート直前、穢れなき時間である。馬券購入者は自分が犯したであろう過ちにまだ気がついていない。数分後に厳しい現実が突きつけられることになるのだが、この時点では誰もが当たるつもりでいる。視界良好、前途洋々である。自分の可能性はどこまでも広がっているように感じられる。最も幸せなひと時である。

第一レース、サラ四歳ダート一六〇〇メートル、昨日の雨をたっぷりと吸い込んでいるために馬場状態は不良、未勝利戦、数戦出走したがいまだ勝利をあげていない馬たちの戦いである。府中のダート一六〇〇メートルはスタート直後に芝コースを横切るため、馬たちはしばらくの間芝の上を走る。外枠のほうが芝を走る距離が長い。当然、ダートよりも芝の方がスピードが出る。通常のスタートであれば逃げ馬は内枠のほうが前目のポジションをとりやすいが、このコース形態は外枠に入った逃げ馬が芝のスタートでうまく加速してそのままスンナリ、ということもよくある。このレースはY先生がパドック、さらに返し馬で高く評価されていた三番人気の逃げ馬⑨フォンテーヌブローを中心視する。鞍上の中舘英二騎手はスタートが上手なので飛び出してソノママを狙う。Y先生も本命はこの馬だが、さらにパドックでも目立っていた二頭、⑫ダービージョイ、⑭リュウテンも気になっているご様子、朝一番からかなり前がかりの参戦である。馬のゲートへの誘導は奇数番号から偶数番号へ、大外枠の馬が最後に入る。見ているこちらもすっかり心はゲートインである。しかし、いきなり暗雲が立ち込める。Y先生が選んだ二頭、まずダービージョイがなかなかゲートに入ろうとしない。リュウテンはすんなり入ったはよいが、狭いところが嫌いなのか、閉じているゲートの下をくぐろうとしている。なんとか二頭も収まり、ゲートが開く。中舘騎手はさすがである。抜群のスタート、すんなりハナを切るかと思ったら、最内から柴田政人騎手①グロウイッテツが猛ダッシュで先頭に立つ。一番人気の先行馬、同じ脚質のフォンテーヌブローの逃げを重視したのでこの馬は抜けている。余計なことをしてくれる。二頭が抜け出すかたちである。ダービージョイはまずまずのスタート、一方、体勢が整っていなかったリュウテンは出遅れ気味、レースに参加する意志が全くなさそうである。あのパドックでの輝くような気配の良さはなんだったのだろう。先行する二頭の脚さばきは極めて軽快である。東京のダートは軽い。今日のように水を含んでいると、さらに脚抜きが良くなり、走りやすくなる。逃げたらなかなかつかまらない。二頭を比べると脚色は二番手につけたわがフォンテーヌブローのほうが余裕があるように見える。大丈夫、直線へ。あとは前を行くグロウイッテツを早目に交わして、そこに後続の差し馬たちが押し寄せれば、と思っていたら、なかなかグロウイッテツの脚色が衰えない。なんとかフォンテーヌブローが前に出るが二頭が絡みあったままゴールである。一馬身以上離れて三着以下の馬たちがまとめてやってきた。相手が揃わない哀しい馬券を握りしめる。ここで馬券購入者たちは、やはり競馬は難しいのだ、ということに改めて気づく。何百回めかの目覚めである。スタート前はあんなに幸せな気分だったのに、いつの間にかそんなものは雲散している。とたんに前途多難の気配である。Y先生も額に手を当てている。レースが終わると、すぐにターフヴィジョンにゴール前のリプレイが流される。続いてゴール板を過ぎる馬たちのスローモーションが流される。着順確定が写真判定に持ちこまれるような際どい接戦でもこの映像でほぼ結果は明らかになる。Y先生はその映像を確かめながら一着から三着までの順位、電光掲示板の走破タイム、三ハロンの上がりタイムを書き入れて、そして「さあ」と立ち上がる。敗北の余韻にいつまでも浸ってはいない。前を向いている。すでに第二レースの馬たちがパドックで待っているからである。再び四階のテラスへ下りてゆく。やはりY先生は気力が充実している。躍動感あふれるその背中は次のレースがあるじゃないか、と語っている。そうだ、今日という日が終わったわけじゃない。

このようにして、競馬場の一日ははじまり、そして過ぎてゆく。パドック↓返し馬↓マークシート記入↓観戦↓パドック、そのサイクルの中で身も心も、そして財布もたっぷりと揉まれてゆく。ほとんど流れ作業に近い。自ら喜んでＪＲＡの集金システムのベルトコンベアーの上にのっかっているのである。したがって、いったんマイナス因子が入り込むと、またたく間に全体に広がり、その状態からなかなか脱け出すことはできなくなる。まさに「毎度有ッ」なのである。

▼第二レース　四歳未勝利戦　ダート一二〇〇メートル　不良　⑬アズマコスモ四着×

Y先生は⑭マイネルアタックを狙い、直線追い込むも三着×

▼第三レース　四歳未勝利戦　ダート一六〇〇メートル　不良　③エラミークイン三着×

Y先生はパドックの評価そのままに武豊⑥トワノハーデーと①ブランドミッシェルから入り、馬連①⑥八二〇〇円的中、武豊贔屓の夫人も複勝⑥五六〇円をズバリ。

▼第四レース　四歳五〇〇万以下戦　芝一八〇〇メートル　不良　⑤アラタマワンダー三着×

Y先生は④マイネルクリスタルから、猛然と追い込むも四着まで×

　ここで昼休みである。ひとつも当らない。昨日から連敗が続いている。すっかり負のスパイラルに陥っている。Y先生はきっちりと中穴の良いところを的中させている。置いていかれてしまった。十五号室にはいつものように、いつの間にかカレーライスが運ばれている。ラップについた水滴が哀しい。隣の十四号室は椅子が取り払われて、立食パーティの様相である。年に一度のお祭りである。Y先生は少し落ち着かない様子だが、夫人は十分に楽しんでいらっしゃる。山口支配人に伴なわれて、オードブルやフルーツの乗った皿をこちらの部屋に運んできてくださる。その背後から常盤新平さんと矢崎泰久さんが現れた。「今日はすごい人ですよ」ここにたどり着くまでかなり苦労されたご様子である。バルコニーから見おろすと、確かに人が溢れようとしている。ブルーシートもいつの間にか片づけられている。ゴール前はすでに身動きがとれないほどの人の波である。三時間後に行なわれるレースを観る場所を今から確保しようとする人びと、その人混みをかきわけて午後のレースの馬券を買いに穴場に向かう人びと、揉み合っている。「重はいいでしょ」「抜けてるね」矢崎さんとY先生、ミホノブルボンの強さを語り合っている。Y先生は矢崎さんについて、こんなエピソードを紹介している。

『話の特集』という雑誌の社主であり編集長であり、参議院議員中山千夏の秘書である矢崎泰久さんは、あなたは平均して、競馬ではどのくらい儲かっていますか、あるいは損をしていますかと質問されて激怒した。

「競馬というものは平均するもんじゃない」

矢崎さんはそう言ったが、してみると、平均すれば損をしていると白状したようなものだ。

この矢崎さんが、四百万円ばかり儲けたのを目撃した人がいる。

「目の前でやられちゃった」

と、その人は言った。

（『草競馬流浪記』新潮社　一九八四年）


勝負師である。一方、常盤さんは先日の皐月賞を中山競馬場まで出向いてミホノブルボンから入り、きっちりと的中させている。帰り道、赤木駿介さんと二人、浦安のY先生馴染みの「秀寿司」で祝杯をあげたようだ。「今日もブルボンで仕方がないですね」と好調持続のご様子、余裕のある笑顔である。Y先生、そろそろ午後のパドックへ行く時刻である。

▼第五レース　駒草賞　四歳九〇〇万以下戦　芝二〇〇〇メートル　重
最低人気の藤田伸二騎手②スイートマジョラム三着×
Y先生も同馬から入る。しっかりと複勝八四〇円を持っていて△。買っておけばよかった。
今日は狙った馬が三着続き、その流れが読めていれば。なお、このレースから馬場状態が「不良」から「重」に回復した。

▼第六レース　富嶽賞　四歳以上九〇〇万以下戦　芝一六〇〇メートル　重
やはり人気馬を嫌い五番人気の①ベイリーフダンサー四着×
今回は複勝も買っていたが、追いかけると的中は逃げてゆく。
Y先生は逃げる大塚栄三郎騎手⑥オギシャトレーから、小気味よく逃げるも人気馬たちにつかまり五着×
二番人気の河内洋騎手④ヤマニンエンブレムが一番人気岡部幸雄騎手⑨ターキーレッドを差して勝つ。二頭の間に三番人気、武豊②メイショウレグナムが割りこむ。ということで夫人は馬連八七〇円をきっちり的中、「ユタカが勝つと思ったのに」と強気の弁。

▼第七レース　ダービースタリオンズステークス　四歳以上九〇〇万以下戦
東京優駿で五着以内あるいは欧米のダービーで優勝した種牡馬の産駒限定レース
芝二四〇〇メートル　重
ダービーと同じ距離のレース、芝の状態を確かめるにはこのレースが参考になる。内がいいのか、外が伸びるのか、恐らくダービーに騎乗する騎手たちも馬場を確かめながらの騎乗になるのではないだろうか。それならば前に行く馬がそのまま、と考え柴田政人騎手⑨タケノボイスから入るも、簡単に逃がしてもらえずに四着×
Y先生はもう一頭の逃げ馬⑤シェイビングボーイから、二着、冴えている。しかしパドックの気配で圧倒的な一番人気南井克巳騎手②メイショウソロモンを嫌ったため×

それにしても今日は全く当らない。大変なことになってきた。安田記念ヤマニンゼファーで蓄えた競馬資金がそろそろ底をつく。このままだと明日からしばらく競馬は休まなければならない。

▼第八レース　むらさき賞　四歳以上一五〇〇万以下戦　芝一八〇〇メートル　稍重

このレースは馬券を速やかに購入してバルコニー席で観戦せずに早めに第九レースのパドックに向かわなければいけない。考えがなかなかまとまらず、真っ赤になった脳みそと財布のクールダウンも兼ねて「ケン」にまわる。なぜか身体が軽くなったような気がする。

Y先生は人気薄、長峰一弘騎手⑪ミノリスパークルから入り的中、単勝一九五〇円、馬連は一番人気の柴田政人騎手⑥リーゼンシュラークが二着に来てしまったので一七九〇円、とはいえ三遊間真っ二つのクリーンヒット。穴馬の絞り込みの手際が実に鮮やかである。ますます絶好調。

このレースからさらに馬場が回復、「稍重」に。

四階テラスのパドック特等席も第七レースあたりから人が多くなってきた。スポーツ新聞を敷いて柵の前に坐り、次のレースの馬たちが出てくるのを待っている若者たちがいる。第八レースがまだ終わらないのに、すでに二重の人垣ができている。四階テラスにこれだけの人が集まるのも年に一度だけ、ダービーの出走馬が歩く姿を一目でも見たい、多くの人がそう思うのである。やはり特別なレースである。仕方がないので列の後ろを抜けて秘密の場所に行くことにする。この四階テラスには奥にパドック中継用の放送ブース小屋が設けられている。実は、その向こう側に五、六人ならパドックを見ることができるスペースがあるのだ。放送ブースに隠れているのでその存在を知っている人は限られている。しかし、今日はすでにここにも二人、賢者が来ていた。会釈を交わす。四階テラスの常連である。この秘密の場所のミソは壁に遮られてパドックの四分の一が見えないこと、食堂の換気扇が近いために香ばしいにおいが濃く漂っていること。Y先生と並んでトンカツや海老フライの香りに染まりながら馬を待っていると、壁が切れたところから馬が現れる。胃袋を刺激されながら次から次へと出てくる馬たちを一頭一頭確かめてゆくのである。

やがて、パドック奥の電光掲示板の表示が第八レースから第九レースに切り替わる。競馬専門紙のページをめくる音がパドックの周囲で無数に重なった。ダービー出走馬の登場である。どの馬も綺麗に仕上げられている。しかし、その中でもやはり⑮ミホノブルボンが光っている。四九四キロ、プラス四キロ、その馬体を見たら体調不良説など一瞬でどこかへふっ飛んでいってしまった。そんな強烈な気配である。周回する十八頭の中で、この馬がどこを歩いているのかすぐに見つけることができる。すでにパドックの時点で他馬を圧倒している。特に後ろ姿、お尻の盛り上がりが尋常ではない。トモ（後肢）が異様なまでに発達している。筋肉の上に、さらに筋肉がつき、二つのお尻がさらに二つに割れているのである。馬二頭分のお尻を持つ奇跡の馬、パワーも二馬力に間違いない。

二番人気は⑧ナリタタイセイ、四九六キロ、プラス四キロ。この馬も立派な身体つきである。皐月賞のゴール前の伸び脚を見ると、距離が延びてこの馬が勝つ可能性を見出すこともできる。日本ダービーに直行せずNHK杯を快勝し、府中の芝への適性の高さも示している。今日も良くできている。ただ、それ以上に押し出してくる何かがない。まとまり過ぎているような印象である。三番人気③サクラセカイオーは関東期待の一頭だが線が細い印象、この大レースを制する特別な存在感が感じられない。それほどミホノブルボンの気配が強烈なのである。

美しさという点においてミホノブルボンを上回っているのが⑤マヤノペトリュース、世界で最も高価なワインの名がつけられているこの馬は、もともと見映えがする馬だと思っていたが、今日は特に美しい。さすがペトリュース、高級感にあふれている。体重が六キロ増えて四六〇キロ、さらに馬体が充実し、風格さえ感じられる。特に後肢の踏み込みが素晴らしい。その前を行く④マーメイドタバンも軽やかな歩調に好感が持てる。さらに後の⑥ウィッシュドリームも臨戦態勢は整っている。走る気持ちが全身に浮かび上がっている。太刀持ちと露払い、そして真ん中に横綱、二頭にはさまれてマヤノペトリュースの美しさがさらに引き立てられている。勝ち馬にふさわしい雰囲気を漂わせている。五番人気、この馬から入ろうか。後方では⑨ホクセツギンガの気合のりが良い。さらに⑫セキテイリュウオーも一〇キロ増だが、実に馬体が充実している。皐月賞では六着に敗れているが、その時よりも調子は上向いているようだ。その後ろに忍びの者のように歩く馬を見つけた。⑬ライスシャワー、最軽量の四三〇キロ、マイナス四キロ、小柄な馬である。蹄音もたてずに小股でヒタヒタと歩いている。低く沈み込む、いかにも曲者のような歩き方が気になり、改めて馬柱を確かめる。リアルシャダイの仔、ダービーに強いノーザンダンサー系である。海外で走っていた父のことはよく知らないが、そのこどもたちのことは良く知っている。代表産駒はリアルバースデーとシャダイカグラである。リアルバースデーはゴンドラ席にもよくいらっしゃる映画監督の森田芳光さんの持ち馬、不良のNHK杯で二着となり、ダービーでは六番人気、ウイナーズサークルに差されたが直線あわやの二着、枠連一八一〇円、お世話になった。秋の菊花賞も三着に食い込み、明らかにステイヤーの脚を持っている馬である。シャダイカグラはリアルバースデーの同期、桜花賞の勝ちっぷりを見てオークスで本命にした。今日のように稍重の府中二四〇〇メートル、武豊が騎乗していた。直線坂の手前、喘ぐような走りでなかなか伸びきれず「シャダイカグラはどうか、苦しい」という実況に諦めかけたところ、坂を越してから再び足を伸ばし先頭ヤンゲストシチーを交わすもライトカラーに差されて惜しくも二着、しかしその渋太い脚は明らかにステイヤーのものだった。なによりも二頭とも府中の二四〇〇メートルがとても似合っている馬だと思った。ライスシャワーも皐月賞、NHK杯と完敗しているが、明らかに二〇〇〇メートルよりも二四〇〇メートルの馬のはずである。稍重の府中も良いに決まっている。骨折後、成績は芳しくないが、直前の調教ではウッドチップコースでガラリと変り身を示している。のびしろ十分、やる気を出している。飯塚調教師も前目に行かせる、と宣言している。逃げの穴は逃げ、ライスシャワーか、それとも後方からのマヤノペトリュースか。迷ったら人気薄を買え、と決めている。空の上にいるであろう競馬の神様からは、いつもそう告げられている。しかし、ライスシャワーはなんと単勝一一〇倍を超えている。十六番人気、ちょっと無理か？　こういう時はY先生に聴け、である。「ライスシャワーどうですか？」と訊ねるタイミングを探っていたら、なんとY先生が赤ペンで⑬に二重丸をつけているじゃないか。その様子に驚いているこちらに向いて「イイネエ」とおっしゃる。笑っている。決めた。

このレースは「止まれ」の声がかかる前に引き揚げなければならない。いつもよりさらに急ぎ足、返し馬を十五号室のバルコニーからしっかりと見るためである。馬たちは地下馬道を行く。Y先生は力をふり絞り階段を駆けのぼる。十五号室に帰り、モニターで馬連オッズを確かめていると、夫人から「どうだった?」と尋ねられる。先日の安田記念で十一番人気のヤマニンゼファーを推奨してから「パドック眼アリ」と認められ、メインレースのパドック帰りにはいつも声を掛けてくださるようになっている。

府中JRA。安田記念。八月十八日生まれの妻は馬連⑧・⑱(配当一万六千二百十円)が的中して狂喜する。その他に一着ヤマニンゼファーの複勝(配当八百円)、三着ムービースターの複勝(配当九百四十円)を的中させたばかりでなく枠連④・⑧(配当一千二百四十円)も持っているのだから恐れいってしまう。

(『年金老人奮戦日記　男性自身シリーズ26』新潮社　一九九四年)

今日のダービーには残念ながら武豊が騎乗していないこともあり、迷わずミホノブルボンから入るそうだが、相手探しに悩まれているご様子である。ミホノブルボンのお尻の話、美男子マヤノペトリュース、さらに忍びの者ライスシャワー、「パドックからは三頭です」とお伝えする。夫人は

ではライスシャワーが俄然、赤マル上昇中である。

ある。矢崎さんも熟考中、夫人はすでに新たなマークシート用紙に記入をはじめている。十五号室

と囁いている。「ライスシャワーですか」常盤さんは少し馬券の買い方を考え直しているご様子で

ニーでは常盤さんにY先生が「ダービーニュース」につけた印を見せながら「これ、いいですよ」

ライスシャワーの馬名に大きな丸をつけながら「ロマンチックな名前よね」とおっしゃる。バルコ

返し馬、GⅠ用の入場行進曲が場内に響く。大歓声が轟く。もう待ちきれない様子である。人、

人、人である。身動きができないほどにギッシリと詰まっている。入場人員が十六万人を超えたと

発表された。風が吹いてきた。雨が降りそうなほどに俄かに上空が暗くなっている。嵐の予感であ

る。嵐を呼ぶのは「朕はダービーなり」、やはりブルボンか、それとも……。暗くなった馬場に馬

たちが入ってくる。一頭一頭が紹介される。選ばれし十八頭の晴れ舞台、競馬関係者にとっても一

年の総決算なのである。ここはもうライスシャワーだけを追うことにする。府中の直線をレースと

は逆方向にゆっくりと走りだす。低い姿勢から伸びるストライド、前肢の出が柔らかい。素晴らし

い。回転がスムースにあがる。今日の重めの馬場も合っているようだ。大丈夫、穴場に行き⑬ライ

スシャワーの単勝と複勝、そして⑮ミホノブルボン、⑤マヤノペトリュース、④マーメイドタバン、

⑥ウィッシュドリーム、⑨ホクセツギンガ、⑫セキテイリュウオーへの馬連六点を購入する。もち

ろん、本線⑬⑮は乏しくなった資金の中、今できる限りの厚め勝負である。隣の穴場では矢崎さん

がやはり勝負をかけている。Y先生はいつものように樽前船である。もちろんミホノブルボンから

入っているが相手はライスシャワーを筆頭に単勝一〇〇倍前後の人気薄の馬たちが並んでいる。パ

ドック、返し馬で選んだ刺客たちである。この強い人気馬と人気のない馬たちの組み合わせをＹ先生は「ＡＢＣ↓ｘｙｚ」方式（「Ａ－ｘ、Ｂ－ｙ」方式ともいう）と名づけている。「ＡＢＣ」は人気馬、「ｘｙｚ」は人気薄、それも底人気に近い馬たちのことである。圧倒的に強い馬がいると二着には訳の分からない馬がやってくる。色気を持って勝ちにいった上位人気の馬たちが一頭の強い馬に叩きのめされ、その間に欲なく走ってきた馬がひょっこり二着に顔を出すのである。実は強い馬と二着に来る馬は見えない、しかし太い太いロープでつながっている。馬連導入後、荒れるレースのひとつのパターンである。この場合、難しいのは二着にどの馬が来るか、という読みである。もちろん「総流し」をすれば、どれが来ても大丈夫だが、それでは勝負にはならない。見えないロープの片端をくわえている馬はどれか？　Ｙ先生はその気配をパドック、返し馬で探しているのである。人気馬同士、堅く収まってしまったら、それは仕方がない。荒れるレースに対してどう準備、対応し、どう的中させるか、なのである。「ＡＢＣ↓ｘｙｚ」、さらに超大穴狙いの底人気の馬同士の組み合わせ「ｘｙｚ↓ｘｙｚ」、いずれも馬連の波乱に対応するために馬券購入者たちが沢山の苦杯を重ねつつ編み出した戦法である。ちなみに「ＡＢＣ↓ｘｙｚ」は陸から網を引っ張り出す「地引網」、「ｘｙｚ↓ｘｙｚ」は海底から根こそぎごっそりということで「底引き網」にそれぞれ例えられている。どうしても当てたい馬券購入者は複数の軸馬から総流しをかける。森田芳光さんはこの常軌を逸した買い方を「ナンキンタマスダレ」と命名している。なにしろ、今年の第五十九回日本ダービーは馬番連勝複式が導入されてから初めて行なわれる記念すべきダービーなのである。そうした戦法の実力が今こそ試される時なのだ。Ｙ先生もこの日のこのレースを待っていた。なにしろ馬連導入の日、Ｙ先生は「男性自身」にこう書いているのだ。

府中ＪＲＡ。第四回初日。これで運動不足が解消される。馬番連勝（馬連《うまれん》と称す）元年元日。これは海部内閣唯一の善政だと思っている。今日は二重に嬉しい。馬連が馬番連勝単式になり全てのレースが連単になったらどんなに愉快であることか。それまでは死ねないの思いを強くする。
（『年金老人奮戦日記　男性自身シリーズ26』新潮社　一九九四年）

勝負である。今日も必ず色気を持って勝ちにいった馬たちはミホノブルボンに潰される。典型的な「ＡＢＣ↓ｘｙｚ」パターンである。それでは「ｘｙｚ」、二着に来る馬はなにか？　Ｙ先生、今日のパドックは実に良く見えている。このチャンスを絶対に逃すはずがない。

ファンファーレ、十六万人の手拍子である。まるで日本武道館、いや、野外だから嬬恋か。ダービーのスタートはメインスタンドの前、この騒ぎを馬たちはどう聴いているのだろうか。ゲートインはスムース、そしてスタート、②オースミコマンドだけが大きく出遅れた。やはり⑮ミホノブルボンが素晴らしいスタートを切る。実況アナウンサーもやはり「ミホノブルボンが好スタート」である。しかし、十五号室での評価は異なる。実は⑬ライスシャワーのスタートの方がさらに上回っていたように思われた。ただ、その後の加速が違う。なにしろ相手は二馬力なのだ。外から⑮ミホノブルボンが内側の馬を削るように前に出ようとする。飲みこまれるな。⑬ライスシャワーは交わされながらもなんとか好位につける。一コーナー手前から楽に⑮ミホノブルボンが先頭に立つ。⑨

ホクセツギンガがまるで短距離走のような脚を使って必死に追いつこうとするも、並びかけることができない。一方、二馬力の馬は平然と、極めて正確なラップを刻んでいる。他の馬たちを従えている。すでにこのレースを制圧してしまったかのような走りっぷりである。これこそ「フェスティナレンテ」（壽屋宣伝部時代のY先生の同僚、開高健先生はこの言葉を「悠々として急げ」と訳した）である。なんと美しい走りか。後続はどうか？　驚いたことに④マーメイドタバンと並んでわが⑬ライスシャワーが⑮ミホノブルボンをマークして二番手につけているじゃないか。しかし、やはりスピードが違う。向こう正面、二馬身、三馬身と徐々に離されてゆく。ついてゆくのがやっと、という雰囲気である。一〇〇〇メートル通過、「六十一秒で通過してミホノブルボンのペースであります」とのアナウンス、重から稍重にやっと回復したばかりの馬場としては極めて優秀なペース、奇跡のお尻と水かきを備えている馬にしか、このラップは刻めない。これは⑮ミホノブルボン圧勝かと思われたが、ここで思いがけない展開がやってくる。第三コーナーに入るところ、坂を下る手前辺りから⑮ミホノブルボンがわずかではあるがスピードを緩めているのである。四馬身あった差が縮まってゆく。なんと⑬ライスシャワーが⑮ミホノブルボンに追いつき、並びかけようとさえしている。やはり⑮ミホノブルボンにとって二四〇〇メートルは長いか？　「あれライスシャワーよね、ライスシャワーが来たんでしょ」と夫人が囁く。唾をのみこんで頷くだけ。大歓声の中、うまく返事ができない。本当は叫びたかった。一センチでも二センチでも前へ、頑張っているわが◎の馬を励ましたかった。しかし、「ライス」では食堂で注文しているみたいだし、「シャワー」ではそのまま飛び散ってしまいそうだ。いい言葉が見つからない。すると第四コーナーのあたりで「ここが勝負！」と的場騎手が鞭を連打する。常盤さんと矢崎さんが背後で立ちあがった。Y先生も双眼鏡を握りしめながら身を乗り出す。もしかしたら、単勝・複勝・馬連的中、「蔵が建つ」という言葉が脳裏に浮かぶ。しかし、それもつかの間、今度は小島貞博騎手が迫る⑬ライスシャワーをチラ見で確かめ、手綱を一回だけ強くしごく。⑮ミホノブルボンにゴーサインを出した。やはり奇跡のお尻を持つ馬である。とんでもない加速、坂にさしかかってからさらにスピードが増す。どこまでも駆けのぼってゆきそう。ブルボンの背中には翼がはえていたのである。ぶっちぎり、高低差二メートル、府中の坂も全く問題にしない。戸山調教師は坂路調教の鬼である。一日四本、坂を駆け上がることをミホノブルボンに課していた。それは東京の坂をこの速さで走り抜けさせるためだったのである。日本ダービーというレースを勝つためにハードなトレーニングを積んできたのだ。名伯楽、一九六八年のタニノハローモア以来二十四年ぶりのダービー制覇はもう間違いない。⑬ライスシャワーは離される一方、府中の直線はこれからが長い。なんとか二着を確保してくれ、と思ったら、すぐ後に⑤マヤノペトリュースが迫って来ているじゃないか。パリ、ブローニュの森、ロンシャン競馬場のターフが似合いそうな美しい馬体、脚色が違う。躍動感が違う。交わされる。そうだった。麻雀でも競馬でも迷って切った牌や馬が必ず来てしまうものなのである。これを「キル・クルの法則」という。大学時代の先輩Sさんがいつも夜中にそう叫んで嘆いていた。⑤マヤノペトリュースの馬体に隠れる小柄な⑬ライスシャワー、しかし交わされたと思ったらピタッとその馬体に影のように貼り着いている。忍法「馬体隠れの術」、おそらく的場騎手は自分の馬の脚を計り、そして⑤マヤノペトリュースが並ぶのを待っていたのである。離れない。すると本当に忍術がかけられたように⑤マヤノペトリュースの脚が急に重くなる。⑬ライスシャワーが差し返そうとしている。これぞステイヤーの脚、低い姿勢、首が再び現われ、また、消える。「ライスだ」常盤さんも矢崎さんも身を乗り出す。夫人は小さく、極めて控えめかつ上品な声で「ライス」「ライス」と立て続けに注文を続けている。「そうだ、ライス、おかわりだ」心の中で叫んだ。もうぶっちぎりの⑮ミホノブルボンの姿は目に入らない。二着争いだけ。ゴール、急に目が曇ってうまく確かめられなかったが、⑬ライスシャワーの鼻が⑤マヤノペトリュースの向こうに見えていたような。夫人「ねえ、ライスじゃないの、ライスよね」本命にした勝ち馬のことをそっちのけで二番手争いの決着を気にされている。ターフビジョンのスローモーションを確かめながらY先生が頷いている。ちょっとだけ口元が笑っている。⑬ライスシャワーの複勝は一九九〇円、馬連⑬⑮は二九五八〇円、Y先生は勝負の「地引網」の他に、朝一番で購入した⑮ミホノブルボンから人気薄馬への流し馬券、締め切り直前の⑬ライスシャワーからの折り返しなど、少なくとも馬連を五千円は持っているはずだ。しかし、確定を確かめずに、やはり最終レースもパドックへ向かう。

常盤新平さんと妻は枠連（一千三百七十円）が的中。坪やんは馬連（二万九千五百八十円）が的中したうえに最終レース（馬連一万四百三十円）も的中。ダービーの前まで彼は蒼い顔をしていてどうなることかと思っていたが、これはメデタイ。

ＪＲＡ広報部で一着から五着までの馬を当てるクイズをやってくれて、妻は一着ミホノブルボン、五着スタントマンと記入して高得点。賞品のＴシャツを貰って喜んでいる。

（『年金老人奮戦日記　男性自身シリーズ26』新潮社　一九九四年）

闘いは終わった。最終レースが終了した時、上空はなお暗く、照明には明かりがともされていた。風も強い。持ち主を失った無数の馬券とスポーツ新聞をまくり上げて躍らせる。Y先生の焦げ茶色の鞄は今日はいちだんとずっしりしている。五〇〇円玉も五割増しだろう。JRAの女性職員が難問クイズの賞品を届けにくる。的中者は十五号室では一人だけ、夫人はいつの間にかクイズにも参加していたのである。やはりダービーのお祭り気分を十分に楽しんでいらっしゃった。戦利品はやはり焦げ茶色の鞄に入れる。もちろん現金・賞品輸送者は私である。その足取りは極めて軽い。

なぜか正門を出たあたりで青空が広がり始めた。風薫る季節である。大國魂神社の駐車場、参道で、木洩れ日を浴びて「徳サン」が待っていた。「荒れたね」「とっても」とY先生が頷く。「まさかライスシャワーがくるとはね」「それがまさかじゃないんですよ」「えッ」、Y先生が平然と後部座席に乗り込むのを驚いた表情で「徳サン」が見ている。帰りは常盤さんも加わり、五人乗りで国立へ向かう。

駅前の「繁寿司」である。府中開催の日は必ずここに来る。「イカ、タコ、シロミ」、Y先生の「繁寿司」での最初の注文は決まっている。やはりビールがうまい。「今日はすごいのよ」夫人がTシャツを店のご主人タカーキー氏と奥様のせつ子さんに自慢している。やはり的中者は饒舌になるものなのだ。「じゃあ、今日は何を出しても大丈夫だね」「ああ、どさっとね」とY先生もご機嫌が麗しい。「じゃあ、これは坪やんの分」といって中トロのおいしそうなところを「どさっ」と置いてくださる。続いて大きな大きな海老、Y先生には小鰭と赤身である。夫人が「タカちゃん、私にもトロを少しちょうだい」今日は幸せな気分がずいぶん長引いている。Y先生、来週もなんとか競馬が続けられそうです。

# 第二章

## 一九九二年天皇賞・秋　東京競馬場

1

東京競馬場、秋の大一番といえば、もちろん天皇賞である。その特別な週末を三日連続でお供させていただくことになった。

まずは第一日、十月三十日金曜日の夜、銀座行である。

全集第一回配本出来を祝って担当のフミヤ君を招《よ》んで銀座鉢巻岡田で祝盃。フミヤ君に上等な雨傘を頂戴する。拙著『行きつけの店』（TBSブリタニカ刊予定）の鉢巻岡田の写真が足りなくて撮影に来ていた坪やんとカメラのF君が加わって小宴となる。やっと土瓶蒸しの最後に間にあった。えびいもが美味い。「御飯も美味しいですね」と言って坪やんは三杯お代りをする。たくさん食べる人が好きな僕は愉快になる。

（『年金老人奮戦日記　男性自身シリーズ26』新潮社　一九九四年）

「行きつけの店」はPR誌「サントリークォータリー」にご執筆いただいていた連載企画である。

「九段下寿司政《すしまさ》のシンコを食べないと、私の夏が終らない」

「金沢へ行けば、必ずつる幸で食事をして倫敦屋へ寄るようになった」

「私は、九州へ行ったら、無理をしてでも亀の井別荘に一泊することにしている」

「九州の西側へ行ったときは必ず長崎へ寄る。長崎へ寄ったら万屋町のとら寿しで飲む」

「いつだって函館へ行けば冨茂登で食事をする。必ず烏賊の糸造り（イカゾーメンとも言う）を食べる」

「八十八へ行けば必ずその部屋のその位置に坐って後頭部を柱にあずけるようにして坐る」

「私は京都へ行けば山ふくで食事をするようになった。取材旅行や講演旅行で西へ行ったときは、一行と別れて祇園町で一泊して山ふくで飲んで帰る」

「私は松江にかぎらず、山陰地方へ行けば、少し無理をしてでも皆美館へ寄るようになった。そうして必ず神魂《かもす》神社へ参拝する」


Y先生が通い、愛した店を訪ねてゆく。したがって編集担当者も必ずその店にお供させていただかなければ始まらないという、とても有難い企画である。小樽、函館、金沢、祇園、天橋立、倉敷、長崎、由布院――、前任の谷先輩（「男性自身」でのコードネームは「須磨君」）と二人で分担して全国を巡り、酒も食事もご一緒させていただいた。

浩チャン（著者註、竹中浩さん・陶芸家）とF君（福井鉄也さん・サントリー宣伝部出身の写真家）の計算によると使われた松葉蟹は計十杯であるという。正直なことを言うと、私は日本海の鯛の薄造り（大好物）と焼蟹と蟹雑炊と御新香だけでよかった。なにしろ、これらすべてを食べるのに三時間近くを要したのである。なお、会席とは懐石料理の宴会ふうのものを指すようになったものらしい。

飽食と談笑のうちに天橋立の第一夜は静かに暮れてゆき静かに更けてゆき、猫もいなくなった。こんなに仰山《ぎょうさん》に料理が出てきても私達は少しも困らない。坪やんは学生時代はバスケットの選手であり私達の「食べ役」であり、浩チャンもなかなかに頑張れるほうのタイプであるからだ。浩チャンとF君は「飲み役」でもある。大病以来カロリー制限をしている私としては、他人がよく飲みよく食べるのを見るのが楽しみになってきている。昔から、うんと食べる人が好きだった。私の住んでいる東京の多摩地区では、たくさん食べる人のことを「オオマクリャア」と呼ぶ。オオマは大飯《めし》だろうか。私の母は大食漢を嫌ったから私の大食漢（他人の場合）好きは遺伝ではない。

（『行きつけの店』ティビーエス・ブリタニカ　一九九三年）

O編集長（弊社サントリー広報部長）からは出張精算のたびに「いつもおいしいものを食べてるねえ」と言われるが、Y先生から「食べ役」を厳命されているので、「文殊荘別館」で松葉蟹十杯も仕方がない。連載最終回、国立谷保の「文蔵」のモツ焼きで同行取材は終了し、「食べ役」も解任、もうご一緒出来なくなったと思っていたら、単行本の版元ティビーエスブリタニカが初めてつくるY先生の本ということもあって、ことのほか力が入り、装丁が当初の予定よりもかなり豪華に、そして大判になってしまった。それじゃあ、これまで撮影したものだけでは写真が足りない、ということで、今度はY先生がプライベートでお店を訪ねる時に撮影隊としてご一緒させていただくことになったのである。有難い。もちろん「食べ役」も復活、六月には関門トンネルをくぐり由布院の「亀の井別荘」にお供をさせていただいた。Y先生は飛行機に乗ることをできるだけ避けていらっしゃるため、新幹線から在来線を乗り継いでの長旅である。よりによって追加取材が由布院とは贅沢な、と思われるかもしれないが、この宿の魅力を伝えるには浴衣姿のY先生のショットがどうしても必要だったのである。仕方がない。九州出張を申請した時にO編集長から、全面呆れ顔で「まだ、食べ続けるのか？」とお言葉を頂戴したが、これも仕方がない。

名古屋を過ぎるあたりから青空が広がっていった。いま僕等は由布院温泉へ行こうとしている。僕と妻とは遊びである。やっと遊びの旅が出来るようになった。講演旅行だ取材旅行だという最中には遊びの旅行なんていう暇がなかった。坪やんとカメラのF君とは、『サントリー・クォータリー』の「行きつけの店」という僕の連載読物が終って書物にするときに由布院亀の井別荘の写真が足りない（雑誌掲載のときには金鱗湖《きんりんこ》の大きな写真一枚だったと記憶している）ので追加撮影するために同行してくれた。土・日の休日と続くので彼等も半分は遊びである。

（『年金老人奮戦日記　男性自身シリーズ26』新潮社　一九九四年）

早朝の靄が立ち込める金鱗湖、眺めているとどうしても登りたくなってしまう青い由布岳、写生するY先生の横で白い雲を追い、宿に帰れば、まず肌あたりがやわらかい湯に浸かり、さらに喫茶室「天井桟敷」でコーヒーを飲みながら宿のご主人・中谷健太郎さんの映画に対する情熱あふれる話をうかがう。夕食は豊後牛の温泉蒸し、地鶏の煮物、山菜の天婦羅、鯉濃汁、明くる晩は鮃の刺身、ビーフステーキ、地鶏とモツの肉ジャガ、さらに鹿の肉、馬の肉、山の幸と海の幸がとめどなく出てくる。あまりにも楽しんでいる様子だったのか、Y先生に「半分は遊び」と書かれてしまった。イケナイ。少しだけ反省しつつ、はしゃぐ心を極力おさえて、気を引き締めて、今回の「はち巻岡田」である。

「鉢巻岡田の鮟鱇鍋を食べなくちゃ、冬が来ない」

そう思っているから、十一月二十九日金曜日という日を選んで、銀座松屋裏の岡田へ行った。ある雑誌に「私の学校」というコラムがあるが、私にとって、鉢巻岡田も、まさに私の学校であって、いろいろなことを教えられた。

（『行きつけの店』ティビーエス・ブリタニカ　一九九三年）

店の奥のテーブルで行なっていた料理の撮影を手際よく切り上げ（決してうっちゃっているのではない）、後はY先生が飲み、食べ、話しているカットだけ。福井さんには撮影を引き続きお願いしつつイソイソと同席させていただくことにする。残念ながら鮟鱇鍋にはまだ早い。しかし、岡田茶碗に粟麩田楽、揚げしんじょ、あいがも塩焼、ついつい酒が進んでしまいそうなメニューが並ぶ。サントリーモルツが何本も空き、Y先生が菊正宗の樽酒を注文されたところで、そろそろ頃合いか、と天皇賞の話を切り出した。本日のもうひとつの、とても大切な本題である。Y先生の「ダービーニュース」は預けた鞄の中、少し行儀は悪いが赤坂見附駅で購入した「日刊ゲンダイ」を広げることにする。金曜日売りの終面とその裏面、二ページにわたっての天皇賞特集である。この新聞の優れているところはGIレースの場合、厩舎関係者からの情報として、金曜日発売版では出走発表後に聞きとられたコメントを、土曜日発売版では枠順確定後に出されたコメントを、二日にわたって一頭一頭、出走番号順に載せていることである。コメントは調教師、厩務員によって質が異なるので、紙面上の言葉をそのまま受け取ってはいけない。強気に言い切る、正直に不安をにじませる、極めて控え目な答えに終始する、とぼける。そのクセ、傾向をふまえながらこの二日連続のコメントを眺めていると、厩舎側がレースに向けてどんな手応えをつかんでいるのか少しだけ感じられるようになる。できれば木曜日発売版を読んでいれば、さらに良い。各馬の追い切り後のコメントが載っているからである。したがって週後半の夕方には欠かさず、会社を出た後、まずは赤坂見附駅改札口手前の売店でこの夕刊紙を購入することにしている。週末の競馬はここからはじまる。今年の天皇賞はなかなかの好メンバーが顔を揃えている。「日刊ゲンダイ」の予想記者たちの印もばらついている。出馬表をご覧になりながら、Y先生が緑の枠を指さして、いきなり

「ムービースター楽しみだねぇ」

とおっしゃる。もう十分に予習は済まされているようである。ムービースターは半年前の安田記念のパドックでY先生が抜擢した馬である。十番人気、後方から直線追い込み、内に切れ込みながら伸びるも惜しくも三着だった。鞍上は武豊、したがって夫人は見事に複勝九四〇円を的中、さら

に八月十八日、というご自身の誕生日馬券⑧カミノクレッセ（二着）⑱ヤマニンゼファー（一着）の馬連一六二一〇円まで持っていたので大勝利となった。もしもムービースターが二着にくればY先生も的中、さらに大儲けだったのである。鞍上との相性も良く「次はもっと走るよ」Y先生のレース後の少し悔しさまじりの言葉を忘れてはいない。しかし、天皇賞で、いきなりムービースターとは、驚きである。

実はこの馬には別の意味でも少々因縁がある。従兄の長門裕之の妻、南田洋子が共同馬主の一人なのである。長門は牧野省三の四女・笑子の長男、末娘・博子のそれも四十歳過ぎの子である私とは親子ほどの年の差がある。こどもの頃はよく赤堤の長門夫妻宅に遊びに行っていた。しかし、芸能人とサラリーマン、棲む世界が違うので最近はなかなか会うことがなくなった。たまに顔を合わせるのは法事の席、牧野家は兄弟姉妹が多く、そのために年に何回か必ず集まる機会がある。名古屋から、京都から、大勢親戚が集まる。その輪の中心にマキノ雅広伯父夫妻と長門・津川の兄弟夫妻がいる。これまでは洋子姉から「あんたまた太ったでしょ」「奥さん、大事にしなさいよ」と、ひと言、ふた言、話しかけられる程度だったが、先日の夏の法事の席で、安田記念のムービースターの立派な走りっぷりを伝えたくて、Y先生のお供で東京競馬場に通っていることを打ち明けたのである。「毎週行ってるの?」「もうかってる?」「あまり熱くなっちゃ駄目よ」と言いつつ、洋子姉が競馬場に通っていた頃の話が次々に出てくる。社台レースホースの共同馬主として何頭かのサラブレッドのオーナーにもなっているが、その中で最も活躍したのはダイナアクトレスだろうか。名牝メジロラモーヌと同期、そのため牝馬クラシック制覇はかなわなかったがGII三勝、ジャパンカップでも日本馬最先着の三着に入り、二年連続で最優秀五歳以上牝馬に選ばれている。「アクトレス」は、もちろん洋子姉にちなんでつけられた馬名である。

最近はもう競馬場には通っていないが、競馬には参戦し続けている。PATという電話投票で日曜日のメインレースを中心に馬券を買っているという。PATとはPersonal Access Terminal――JRAが管理する馬券購入者からの「自動集金システム」である。馬券購入用にあらかじめお金を預ける。しかし、熱中の週末が過ぎると、いつの間にか残高が減ってしまっている。補充しなければ次の週の馬券が買えない。仕方がないのでお金を預ける。そして、また週末が来る。本当に良くできたしくみである。ここでもやはり「毎度有ッ」なのである。しかし、洋子姉は加入時に一度入金したきりだという のだ。つまりプラス収支、ずっと儲かったままだというのである。「今度、買い方教えてあげるから電話してきなさい」と余裕のお言葉である。


たまの休みに旦那はメンバーを集めて麻雀をし、洋子夫人は競馬場へ出かけていく。我々がフラフラになって徹マンなどやっているところへ帰ってきて、

「競馬はいいわねえ、健康的だし、儲かっちゃうし――、そこへいくと麻雀はねえ」

などといっているが、彼女もまた決して、麻雀が嫌いな方ではない。夫婦はともに似る、などとよくいうが、旦那にそっくりの打ち方をする。

(阿佐田哲也『ギャンブル人生論』けいせい出版　一九八〇年)

晃夫兄（長門裕之）の麻雀への傾倒ぶりは有名だが、妻の腕前もなかなかのもの、夫婦揃ってのギャンブラーである。「週刊ポスト」に連載されていた「有名人麻雀大会」では見事五週勝ち抜き、「週刊現代」の「麻雀日本一決定戦」でも晃夫兄とともに準決勝まで勝ち上がっている。切れ味の良い手づくりをする。決断が早い。勘の働かせどころも心得ている。読みも鋭い。ハッとするような打ち回しもする。気まぐれのように振舞うが、実はなかなかに渋太い。親戚とはいえ一緒に卓を囲みたくないタイプである。

馬券は気になる馬を一頭選び、そこから三点ほど流すか、あるいは本命・対抗・単穴の三角買い、いずれにしても点数は少ないが、そこになぜか枠のゾロ目が加わる。「ゾロ目だとつく（配当が高くなる）から」という理由である。馬連がまだ存在していない時代から必ず思いがけないゾロ目が一点か二点、買い目に加わっていた。フジテレビの「ミュージックフェア」という歌番組の司会者を長い間夫婦で務めていたこともあり、「8」をよく選んで買っていた。この枠の⑧⑧、洋子姉が買うと不思議に来るのである。麻雀同様に引きが強い。実は、この勝負強さについてはY先生もかつて「天才である」（『変奇館の春』新潮社　一九七三年）と評している。

現在の持ち馬、ムービースターについて、Y先生がご執心であったこと、末脚に見どころがあったことを伝えると、「ああそう、なかなか勝たないのよね」と言いながらとても嬉しそうな顔になった。これまで四十戦七勝、成績はひとつ足りないがとても可愛い子だという。法事も終わり、帰り際、「ちょっとうちに寄りなさいよ」と誘われる。まだ競馬の話がしたいようである。赤堤の長門夫妻邸の地下には麻雀専用ルームがある。学生時代、正月の時など、大勢の麻雀好きの有名人が集まる時は、面子あわせのためによく駆り出された。レートが高く、かなり緊張を強いられた。色川武大（阿佐田哲也）さんの手筋を一晩中、拝見させていただいたのもこの部屋である。ほぼ十年ぶりである。玄関を入るとすぐにクローゼット部屋に連れてゆかれる。今日は地下室ではない。晃夫兄のものだろう、紳士用のジャケット、コートが並んでいる。その中から一着取り出して「あんたこれ持ってきなさい」と肩に合わせる。ツイードのジャケットである。袖を通すと丈も身幅もちょうど良い。「ぴったりだと思ったのよ」、スコットランド製、襟裏には「長門」の刺繍ネームが入っている。「こんな高そうなの、着てゆくとこないよ」と断ると、眉をしかめながら「競馬場に着ていけばいいじゃない」と、もう一着、夏用の麻のジャケットを取り出す。これも誂えたかの様にジャストフィットである。洋子姉、寝室から写真を持ってくる。写っているのはダイナアクトレス、毎日王冠勝利の口取り写真である。「ムービースターでもう一回」「もう、ＰＡＴで十分よ。代わりにあんたがそのジャケットを着ていきなさい」そういえば勤め人になってから会う時はいつも喪服姿、長門邸に通っていた頃はくたびれたジーパンと首のゆるんだTシャツにすりきれたジャンパー、「この子は今でもまともな服を持っていない」とでも思っているのだろう。姉のような、母のようなやさしさである。帰り際、「あんた、若い頃付き合っていた彼氏にちょっと似てるのよ」と囁く。さすが女優である。その日はもう一着、クリーニングの「ナガト」名のタッグがついたカシミアのセーターも持たされて引き揚げた。

そのムービースターが天皇賞に出る。昨晩、電話をしてみた。競馬場もすっかり秋らしくなった。「長門」ネームのツイードのジャケットを着てゆくにはちょうど良い季節である。その御礼を言いたかった。洋子姉はジャケットを二着プレゼントしてくれたことなどすっかり忘れている様子だったが、「ムービースター様から行くよ」と告げたら「本当に来ると思うの?」と疑っている。「あまり、つっこまないほうがいいわよ」、馬主らしからぬコメント、しかし、この冷静さがＰＡＴで損をしない人には必要なのである。とはいえ、競馬は血のスポーツである。馬券購入者も血のつながりを大切にしなければいけない。今週は従姉のムービースターで仕方がない、と思っていたところに、Ｙ先生の御託宣である。Ｙ先生も今のところはこの馬から入る、と考えていらっしゃる。こうなったらもう、ムービースターから逃げられる訳がないじゃないか。むしろ、何か運命めいたものさえ感じたりもするが、こんな極めて個人的な事象がＪＲＡに通じる訳がない。

「はち巻き岡田」取材継続中である。しかし、ムービースターと心に決めたら、頭も、胃袋も、肝臓もとてもすっきりした。モルツも、菊正宗も、清らかな水のように流れ落ちる。白木のテーブルの上には松茸の土瓶蒸しである。これ以上の幸せがどこにあるというのか。すっかりムービースターが勝ったような心持ちである。仕上げはお漬物に白いごはん、これがまた美味い。もちろんお替り、三杯目をそっと出し、というところで福井カメラマンは店の入り口に掛けられたＹ先生の手による暖簾「小鰯も鯵も一ト鹽時雨かな」の撮影を終えた。今日の取材はこれにて終了。天皇賞の攻略のヒントもいただいた。「明日の朝はいつものように八時三十分までに来てください」それは八時十五分集合ということである。Ｙ先生は明日の競馬の準備があるので、今日はここでお別れ、新潮社「フミヤ君」と銀座一丁目方向に歩いてゆかれる。それを見送りながら、福井カメラマンは並木通りに、「食べ役」はコリドー街へそれぞれ向かう。福井さんはこの街にいくつも隠れ家を持っている。自由自在、水を得た魚、今夜はどこにひっかかるのか。こっちの目的地はもちろん「クール」である。

酒場考

今年は酒場のことを教えよう。

酒場へ行くなら、超一流の酒場へ行き給え。安っぽい酒場で飲むな！　超一流というのは「いわゆる銀座の高級酒場」のことではない。

まず、カウンターのない酒場は失格だ。できれば、カウンターがあって、そこで立って飲ませるような酒場を選び給え。若いんだから、立って飲め。

六時開店、十一時閉店という店がいい。終電までに帰れ。タクシーで帰宅するのは十年早い。ママさんが、美人でスター気取りであるような店は避け給え。バーテンダーは無口なのがいい。

「金を払っているのだから何をしてもいい」と思っている客は最低だ。

だけど、超一流の酒場へ行っても怖気づくな。なぜならば、きみは「金を払っている客」なのだから……。正々堂々、平常心でいけ！　目立ちたい一心で、隣の客に話しかけたりするな。

キチンと飲み、キチンと勘定を払い、キチンと帰るのを三度続ければ、きみは、もう、超一流の酒場の常連だ。立派な青年紳士だ。店のほうで大事にしてくれる。

なんだ、酒場の話かと思うかもしれないが、そうじゃない。僕は、新しく社会人になったきみたちに社会のルールを説いているつもりだ。大いに遊び給え、大いに飲み給え。しかし、社会のルールは確《しっか》りと守り給え。

(サントリーオールド新聞広告　一九八六年一月)

成人の日と四月一日、Y先生の若者に向けたメッセージが新聞に掲載される。一九七八年一月十五日から開始された、年に二回のサントリーオールドの「長期連載広告」である。毎回タイトルがつけられている。第一回は「人生仮免許」、さらに「ぼくたちの失敗」「一人前とは何か?」「あわてず、おそれず」「ゴメンナサイ」「正直貧乏」「青年よ、思いきって行け」「ゆっくりゆっくり」と続く。酒の飲み方、会社員としての働き方、大人になるとは、ということを自身の体験、特に失敗談を披露しながら語っている。「酒場考」篇で取り上げた「超一流の酒場」は「クール」を想定して書かれたものである。Y先生はこのバーが並木通りにあった昭和三十年代からずっと通い続けている。まさに「行きつけの店」である。

主でありバーテンダーである古川緑郎さんがカウンターの中に立っている。店に入ると富久子夫人がその真正面に案内してくださった。古川さんは一九一六年生まれ、わが母より一歳年上、十三歳で「サンスーシー」のバーテンダーとなり一九四八年に独立して「クール」をオープンした。バーテンダー歴は六十年を超える。古川さんの前に立つとこちらの背筋が数センチ伸びるような気がする。これぞ「テンダー」という柔らかな笑顔でにこやかに迎えていただくのだが、いつも緊張してしまう。もう数十回と通っているのに、まだまだ「人生仮免許」である。

## 人生仮免許

二十歳の諸君！　今日から酒が飲めるようになったと思ったら大間違いだ。諸君は、今日から酒を飲むことについて勉強する資格を得ただけなのだ。仮免許なのだ。最初に、陰気な酒飲みになるなと言っておく。酒は心の憂さを払うなんて、とんでもない話だ。悩みがあれば、自分で克服せよ。悲しき酒になるな。次に、酒を飲むことは分を知ることだと思いなさい。そうすれば、失敗がない。第三に、酒のうえの約束を守れと言いたい。諸君は、いつでも、試されているのだ。ところで、かく言う私自身であるが、実は、いまだに、仮免許がとれないのだ。諸君！　この人生、大変なんだ。

（サントリーオールド新聞広告　一九七八年一月）

Y先生はよく「酒場は学校である」とおっしゃるが、古川さんはまさに「学校」の先生である。こちらは廊下に立たされてバケツを持つ悪ガキあたりか。しかし、本来の学校と違って、この夜の学校ではお酒を飲ませていただける。有難い。これなら何時間立たされていたって苦にはならない。勉学も、人生も、学びの基本は立たされることなのである。もちろん、一杯目はサントリーオールドのハイボールである。

ちなみに古川さんのハイボールは、十二オンスのタンブラー、サントリーオールドのダブル、氷三個、炭酸はタンブラーに書かれたクールのマークまで。こうすると、飲み終るときに三箇の氷が溶けるのだそうだ。

（『行きつけの店』ティビーエス・ブリタニカ　一九九三年）

古川さんの前に立つと酔えない。飲むほどにどんどん冴えてゆく。二杯目はマティニにしようかとチラッと思ったが、スイッチが入ると止まらなくなるので、しばらくハイボールを続けることにする。古川さんとの会話は一言、二言、ほとんど黙ったまま、杯数だけが重なる。古川さんのたたずまいを感じながら、この店の空気を吸いながら、知らず知らずのうちに、立ったまま飲んでいることがとても心地よくなってゆくのである。最後に一杯だけ古川さんにマティニをつくっていただく。切れ味と柔らかさ、古川さんのマティニは同時に二つの魅力を楽しませてくれる。今日はここで切り上げる。ほかの店には引っ掛からない。もちろんラーメンの誘惑も断つ。Y先生もいっているじゃないか。なんとしても「終電までに帰れ」である。新橋駅で「一馬」土曜日版を購入する。背広の内ポケットには「日刊ゲンダイ」、準備万端。東京駅で中央線に乗り換える。つり革につかまりながら明日の午前中のレースの検討である。

## 細心かつ大胆

僕は、博奕や勝負事の好きな少年だった。だから、会社員になったとき、博奕で学んだ智慧を仕事に生かせないかと考えたものだ。博奕の要諦は細心かつ大胆ということに尽きるのである。小心・果断とも言う。僕の会社員生活は主に小心で通してきたが、サントリーのTVCFに浪曲を使うなど、時に重役室を震撼《しんかん》かつ顰蹙《ひんしゅく》させることもやった。新入社員諸君！　細心と大胆とは矛盾している。この世は矛盾に満ちているのを知ることが社会人となる第一歩だ。新入社員諸君！　会社員は小心であり細心でなければならぬ。しかし、ビクビクするなとも言いたい。そうして更に言う。あんまり博奕をやってはいけないよ。

（サントリーオールド新聞広告　一九八三年四月）

土曜日の第一レースは三歳（現二歳）の未勝利戦、ダート一四〇〇メートル、九頭立てのレースである。この朝一番のレースの入り方が大切である。まずは頭と身体を徐々に馴らして、なんてのんびり考えていたら痛い目に遭う。乗り遅れたまま一日が終わってしまう。明日の馬場コンディション、芝は良、ダートは雨が少し残っているか。おそらく第一レースは逃げ馬の①ビッグダーバンに人気は集中するだろう。できれば違うところから入りたい。足抜きの良い府中ダートは先行有利だが、センヨンでは後ろから来る馬を探したい。府中の高速馬場と相性のよさそうな穴馬はどれか。⑦マイネバレンタイン、⑨アイアンクリードあたりか。人気サイドではあるが⑤オースミダンサーの末脚も強力だ。騎手は的場均に武藤善則、さらに栗東からやってきた四年目の若手・角田晃一か。調教のタイムはどうだろう。ええっと、どの馬をピックアップしたんだっけ。ああ、この三頭、調教タイムは、あれっ騎手は誰だったっけ。ぐるぐると思考が回りはじめる。馬名がにじむ。馬柱がゆがむ。ここで古川さんのマティニが効きはじめたか。中野駅を過ぎてもまだ第一レースの深淵にはまりこんでいる。検討は明日の朝、ムービースターよ、今夜はぐっすりと眠ってくれ。

## 2

第二日、十月三十一日、土曜日の朝、天皇賞前日である。七時三十分、国立駅、週末の始動は、毎日の出勤時刻よりもかなり早い。典型的な夜型で朝は大がつく苦手だが、競馬のある朝は寝坊をしたことがない。風が軽やかに吹いている。紅葉が進む桜並木がわずかに揺れる。その葉音がよく聴こえるほど静かな街並である。揃いのウインドブレーカーを着た老夫婦が犬を連れて散歩している。すっかり秋である。こうして毎週末の朝、季節の移り変わりを実感している。もうすぐ十一月である。競馬をしていると、土曜日と日曜日が肩を組んで、それも急ぎ足でやってきては通り過ぎてゆくために、一週間はあっという間、その積み重ねで一年もあっ、あっ、あっというくらいの間に過ぎてゆく。

八時十五分、想定通りにベルを鳴らす。外出用の帽子をかぶったY先生がドアを開けてくださった。玄関には二つの鞄がすでに置かれている。今朝はもうすっかり準備万端である。四時半には目が覚めていらっしゃったようだ。そのまま眠ることなく「ダービーニュース」を開いた、とのことである。夫人はトレンチコートを羽織っての登場である。秋の装いである。ベルトを結びながら、いきなり「明日はムービースターでしょ」とおっしゃる。いつになく目が鋭い。気合が入っている。「総流しでゆくのよ」こっそりと囁く。Y先生には内緒らしい。なんとなく最近の夫人の馬券の買い方がY先生に似てきたように感じられる。どちらかというと武豊を中心に本命サイドの馬券が多いと思っていたが、最近はかなり穴党にシフトしてきている。色川武大名人は長門・南田夫妻の麻雀の打ち方を「そっくり」と描写していたが、やはり夫婦というものはギャンブルの仕方も似てくるものなのだろうか。

第一レースのパドック、食堂ウラ、四階テラスからの眺めもすっかり秋模様である。欅が色づきはじめている。さすが、東京競馬場は農林水産省管轄である。立派な樹木が多い。特に東門からトキノミノル像あたりにかけての紅葉は実に見事である。二〇〇円の入場料でその美しさを存分に堪能することができる。さらに単一種ではあるが毛艶輝く動物たちを詳細にわたって観察することもできる。馬券を買いさえしなければとてもリーズナブルで贅沢な観光スポットなのだが。

《午前中のY先生の成績》

▼第一レース　三歳未勝利戦　ダート一四〇〇メートル　稍重
　パドックでの気合乗りから①ビッグダーバンと②コウエイホワイトの馬連一点勝負◎
　極めて幸先の良いスタート。

▼第二レース　三歳新馬戦　ダート一四〇〇メートル　稍重

パドックから五番人気①グローリーデイズを選び、相手には五点、馬連的中◎
圧倒的一番人気馬との組合せだが、相当に分厚く購入しているご様子。

▼第三レース　三歳新馬戦　芝一六〇〇メートル　良
断然の一番人気②ハシノハヤトと三番人気①カナディアンミルの枠連一点◎　三連勝。

▼第四レース　障害四歳以上五〇〇万以下戦　芝・ダート三三〇〇メートル　良・稍重
パドックの気配から再び⑦ベルマーベラスと⑤ヒートウェイブの一点勝負。的中◎
絶好調すぎるほどの絶好調。

午前中、Y先生は全レース的中、九頭、十一頭、八頭、七頭、と少頭数で荒れる要素が極めて乏しく、穴党のY先生にとっては厳しい状況だったはずだが、秋の澄んだ空の下、パドック眼が冴えに冴えている。天高くY先生の財布膨らむ秋、まさに収穫の季節である。一方、夫人は時折、マークシートに記入している様子だが、穴場に向かった気配がない。レースが始まってもバルコニー席は空いたまま。昼休みはサンドウィッチを食べながら明日の天皇賞のページを熱心にご覧になっている。「この河内っていう人、うまいのよね」と誰かに話しかける様子でもなくつぶやいている。

《午後のY先生の成績》

▼第五レース　四歳以上五〇〇万以下戦　ダート一二〇〇メートル　良
四番人気②タニノライイセンスから入り、単・複・枠連的中◎
二着に六番人気③ホッカイサラセンが来て馬連②③は四四五〇円、止まらない。

▼第六レース　四歳以上五〇〇万以下戦　ダート一六〇〇メートル　良
ここもパドックから迷わず五番人気①レンショウキングを抜擢し、相手にも人気薄をズラリと揃える。二着に六番人気⑨ニューモンが来て馬連◎　凄すぎる。

▼第七レース　四歳以上牝馬九〇〇万以下戦　ダート一六〇〇メートル　良
パドックでキビキビと歩く⑧ユメノトビラから入る。当然のように一着、単勝と馬連的中◎
今日初めてバルコニー席に坐った夫人も的中、今日の十五号室は恐ろしいぞ。

▼第八レース　精進湖特別　四歳以上五〇〇万以下戦　ダート一四〇〇メートル　良
田中勝春鞍上の②ウィンザーモレノに人気が集中、ここは「A↓xyz」、しかし二着に四番人気⑤サンエイテックが来てしまったため×　ここでパーフェクトが途切れるが、ほっとしたご様子である。

▼第九レース　白秋ステークス　四歳以上一五〇〇万以下戦　芝二〇〇〇メートル　良

二番人気の③イタリアンカラーはパドックで大物の予感。迷わずここから、単・複・馬連的中◎　馬連の配当は五一二〇円。夫人は枠連三一五〇円を的中。

▼第十レース　多摩川ステークス　オープン　芝一六〇〇メートル　良
今日のメインレースである。戸山為夫厩舎の⑦キョウエイボナンザがとにかく良く見える。やはりハードな坂路調教で鍛えられているのだろう。鞍上はダービージョッキーの小島貞博騎手である。迷いなくここから入る。相手に当り前のように八番人気⑪コウエイダッシュを選んでいて単勝一〇八〇円、馬連一〇三五〇円的中。当り過ぎで少し困った顔をされている。

▼第十一レース　四歳以上九〇〇万以下戦　芝二〇〇〇メートル　良
パドックで良く見える二番人気⑧ソブリンドリームから迷いなく入り二着、一着に七番人気の⑦オークツリーが来て、三二四〇円の高配当となる。道中、最後方に居た二頭の決着だったが、すでに向こう正面、双眼鏡を覗きながら「この二頭だね」と断言されていた。

Y先生の本日の戦績、十一レースのうち十レース的中。恐れ入りました。何をやってもうまくゆく。Y先生でも、こんなに調子の良いことは一年の間でそう何度もない。秋の東京開催が始まった頃、レース前に騎手を振り落としたダイタクヘリオスが日本レコードで逃げ切ってしまった毎日王冠ではしきりに首をひねっていたのだ。休み明け四週目、秋の大一番に向けて万全の態勢である。

こちらもY先生のアドヴァイスのお蔭でなんとか資金を減らさずに明日を迎えることができた。普段は、土曜日は「からきし」なのである。帰りは来場者の群れの中を京王線府中駅まで歩く。途中でお気に入りの駄菓子屋さんに寄る。決まっていることである。この店は倉庫のようなつくりになっている。高い棚の上から下まで、溢れるほどに商品が置かれている。Y先生、早速に最近お気に入りの黒糖麩菓子を手にとる。夫人に「まだ家にあるわよ」と柔らかく忠告されるも「坪やんも食べるからいいんだよ」と二袋の購入を決行する。夫人がこちらを振り返り「迷惑じゃないの」とつぶやくが、Y先生は一向に構わず、白いビニール袋を提げて足取り軽やかに府中の駅から国立駅行きのバスに乗りこむ。やはり勝者は強い。

府中JRA。やっと青空というものを見る。夕焼けもあった。府中からバスで帰る。妻は初体験。「いい旅・夢気分ね」なんて言っている。

（『年金老人奮戦日記　男性自身シリーズ26』新潮社　一九九四年）

Y先生が競馬場帰りにバスを利用するようになったのは昨年からである。ご夫妻は空いていれば必ず進行方向左側後方から二番目の二人掛けの席に並んで坐る。いつもはY先生の隣でうつらうつらと気持ちよさそうな夫人なのだが今日は違う。朝、Y先生が精読していた「サンケイスポーツ」をハンドバッグから取り出して熱心に読み込んでいる。「佐藤洋一郎さんはどれなの？」Y先生に確認しながらである。馬柱を指さして「レッツゴーターキン、大崎騎手は腕がイイからね」「ターキーじゃなくてターキンなのね」バスの中で早くも明日のメインレースの検討会がはじまっている。夫婦ともに気合十分である。恐ろしい。

国立駅前でバスを降りて、いつものように金文堂、紀ノ国屋をのぞき、さらに、いつものように「繁寿司」である。Y先生の「行きつけの店」として、最も頻度の高いお店は実はこの「繁寿司」である。しかし単行本『行きつけの店』の中にこの店は含まれていない。

私の読者なら、なぜ国立《くにたち》の繁寿司が登場してこないのかと不思議に思うかもしれない。私自身、とても残念に思っているが、繁寿司の人は家族の誰もが写真を撮られたり記事を書かれたりするのが大嫌いなのである。私は、こういう原稿は無理を通して書くという性質のものではないと思っているので、ひきさがることにした。

(『行きつけの店』ティビーエス・ブリタニカ　一九九三年)

しかし、「男性自身」にはほぼ毎週のように登場しているので、国立でY先生の足取りをたどりたいという読者の方々は、まずこの「繁寿司」を探そうとするだろう。ひょっとしたらY先生がカウンターで鮃あたりをつまんでいるかもしれない。

女房が、あまり脂濃いものを好まぬということもあって、まず繁寿司(その頃はいまの主人のタカーキーの父が握っていた)と親しくなった。いま九十歳を越えているがタカーキーの父は草野心平さんの話になると夢中になる。口角泡を飛ばすとはこのことかと思った。刺身包丁を持ったまま飯台から身を乗りだしてくる。その細君も同じだった。主人を押しのけるようにして話に割りこんでくる。主人の機嫌の悪いときは草野さんの話を持ちだすのに限るのである。

「まず一升だ。酒を十本飲んで、それから本気で飲みだすんだから……」

「カラスを飼っていてね」

「とにかく貧乏だ。家の中に何もない」

草野さんが藝術院会員になって宮中に挨拶に行くとき、繁寿司の父は自分の紋付羽織袴を貸した。草野さんは大男で貸したほうは小柄だからツンツルテンであったに違いない。いまでは私達はその繁寿司の人たちと親類以上に親しくつきあっている。

（『行きつけの店』ティビーエス・ブリタニカ　一九九三年）

お店に入ると、カウンター席から「やあ、おかえりなさい」と声がかかる。文藝春秋の豊田健次さんが杯を傾けていらっしゃった。そろそろ、と待ち構えていたようである。結婚式の帰り、顔色も相当に良く、すでにわれわれの十馬身ほど先を走っているご様子である。Y先生はいつものように「イカ、タコ、シロミ」、今日の「シロミ」は脂ののった鮃である。エンガワも歯ごたえよし。豊田さんが「やあやあ」と徳利を注ぐ体勢で構えている。Y先生のビールのグラスが空くのを待っているのである。先行馬強力、ハイペースであるが、追いかけるY先生も軽快に杯を重ねる。「瞳さん、今日はすごかったのよ」と夫人が今日の戦果を報告すると、豊田さん「それは珍しい」と話半分に杯のやりとりがさらに加速する。いつもなら土曜日の酒量はビール小瓶一本と酒二合程度だが、きょうは馬券の調子がよかったせいかかなり前向きである。アワビの歯ごたえが心地よい。秋の鯖は脂がのっている。調子がさらに上がる。Y先生はタカーキー氏に小鰭、鮪を握ってもらっている。仕上げはかんぴょう巻き、明日もあるのでこのあたりで切り上げて銀星交通を呼ぼうか、と思っていたら、Y先生が

「ウイスキーを飲みにゆこう」

とおっしゃる。「書簡集」である。「繁寿司」の後、この店か「ロージナ茶房」に寄ることは珍しくない。それは、今日はまだ飲むぞ、という意味である。競馬ならマイル（安田記念）から十八ロン（天皇賞・秋）へ距離を延長、というところか。スイッチが入っている。GI前夜、しかも「繁寿司」での酒量もいつもより多いが、Y先生はまだまだ「飲る気」満々である。こちらとしては有難い、この後、Y先生をお見送りしてからどこにひっかかろうか、と考えていたところである。蒸溜酒を飲まなければ、平穏に明日を迎えることができない身体になっている。ということで、すっかり上機嫌になった先行馬・豊田氏を「繁寿司」に置き去りにして、富士見通りの直線を「書簡集」に向かう。

さて、私は、この町で、喫茶店のロージナ茶房、書簡集、Catfish、寿司の繁寿司、鰻の押田などを発見し親しくなることができた。これで充分だ。その上に友人としての八木方敏さんを知ることになり誰にも喜ばれるモツ焼キの文蔵と親しくなることが出来た。

私は国立市を永住の地にしようと思っている。おそらく女房も同じ考えでいると思う。いや、もし、この町を出ていこうと私が言いだしたら、女房は顔面蒼白になって抗議するだろう。

（『行きつけの店』ティビーエス・ブリタニカ　一九九三年）

「書簡集」はY先生が長男・正介さんから教わった店である。茶室のにじり口のように小さな扉をくぐりながら入るとカウンターとボックス席がひとつ、本来は自家焙煎の香り豊かなコーヒーを楽しむ店だが酒場としての魅力も十分に備えている。実はいつもY先生と一緒、それも「繁寿司」の後なのでこの店のコーヒーをいただいたことがない。今日もやはり山崎12年のハイボール、棚には輸入ウイスキーが並んでいるが、Y先生が店主にお願いをして取り扱っていただいている弊社サントリーのウイスキーである。

Y先生は三十年前、弊社の前身、壽屋のコピーライターとして働いていた。当時、爆発的な人気を博していたトリスウイスキーの新聞広告の制作担当だった。

トリスを
飲んで
Hawaiiへ
行こう！
（トリスウイスキー新聞広告　一九六一年）

Y先生の手による代表作である。競馬を題材としたコピーもつくっている。

逃げる。
追う。
差す。
伸びる。
とらえる。
勝つ！
2分28秒8
三冠馬シンザンのダービーの記録

帰る。
着かえる。
キャップをとる。
注ぐ。
飲む。
愉快！

２分28秒７
（トリスウイスキー新聞広告　一九六六年）
小説家になってからは、ＴＶＣＦの出演者として何度も登場している。

月の夜、雁は木の枝を口にくわえて、北国から渡ってくる。
飛び疲れると、波間に枝を浮かべ、
その上に止まって、羽根を休めるという。
そうやって津軽の浜までたどり着くと、
いらなくなった枝を浜辺に落として、
さらに南の空へと飛んでいく。
日本で冬を過ごした雁は、早春の頃、再び津軽に戻ってきて、
自分の枝を拾って、北国へ去っていく。
あとには、生きて帰れなかった雁の数だけ枝が残る。
浜の人たちは、その枝を集めて風呂を焚き、
不運な雁たちの供養をしたのだという。
「あわれな話だな、日本人って不思議だな」
（サントリー角瓶ＴＶＣＭ「雁風呂」篇　一九七三年）

Y先生が出演した角瓶のTVCMである。撮影地は津軽、企画・演出は東條忠義氏。Y先生、そして開高健というサントリーから出た文豪二人が登場するウイスキーのTVCMをすべて制作した監督である。このCMは一九七三年のACCグランプリを受賞している。いかにもY先生が語りそうなナレーションは実は東條監督が書いている。

「ふーん、上手いもんだね。君はコピーも自分で書くんだね」CFの絵コンテをかいている私の背中から山口文豪が声をかけてきた。「はい、コピーで何をどう言うか決まらないとコンテの絵が描けないんです」多分、私は鼻の頭に汗をかいて小生意気な持論を振りかざしていた。「ところで僕も絵を描こうと思う。水彩絵の具は何がいいかなあ。これから買いに行くんだけどつきあってくれる？」「はい、いいえ、今忙しいんです」文豪の誘いを断ってしまった。数時間後「こんなのを買っちゃったよ、どうかね」文豪は日本橋の「紀の国屋」で一番高い英国製の箱入りの水彩絵の具のセットを広げて見せてくれた。私が指をくわえて睨んでいた奴だった。文豪はしばらくすると見事に精密な水彩画を描く「画伯」にもなってしまった。才能と言うものの存在に私は相当にいじけてしまった。

（東條忠義「若僧CM屋と二人の文豪」『SUN-AD at work』宣伝会議　二〇〇二年）

ナレーションの最後の一行はY先生の声で吹き込まれている。絵コンテの時点では「……ん、日本人はやさしいのだな」だったが録音時に変更された。Y先生はこの一行のために、スタジオで角瓶を飲んで待機していたという。緊張をほぐすためか、実感を出すためだったのか。雁たちのエピソードといい、月夜に焚火のシチュエーションといい、たまらなくウイスキーが飲みたくなるCMに仕上がっている。今夜は角瓶ではなく山崎を飲みながら、明日の天皇賞の検討を進める。「トウカイテイオーが一番人気です」「分からないなア、明日のパドックだね」「ナイスネイチャ」「強そうだけどなかなか勝てないね」「ダイタクヘリオス」「距離がどうかね」「メジロパーマー」「府中はどうだろうね」「白石（ホワイトストーン）さん」「成長力がね」「レッツゴーターキン」「気になるね」「ヌエボトウショウ」「ひょっとすると、ひょっとするかな」「イクノディクタス」「二着は十分にあるよ」「タニノボレロ」「戸山厩舎ね、来たらすごいけどね」「だとしたら」「やっぱりムービースターだね」、合間に夫人は「なんでヤマニンゼファーさんは出ないのかしらね」と鋭い疑問を投げかける。夫人、今年一番の大当りとなった安田記念のチャンピオンはこの秋はマイル、スプリント路線に挑戦中である。府中マイルでのあの鮮やかな勝ち方、特に第三コーナーから第四コーナー出口にかけてのまさに左利きと思わせるコーナーワークの巧みさは必ず府中二〇〇〇メートルでも通用するはずである。とはいえ、今夜の見解がやっぱりムービースターに順当に落ち着いたところでY先生、「もう一杯、今度はバーボンを飲もう」とおっしゃる。さらに「飲る気」である。メニューを見て「ワイルドターキー、ストレートで二つ」と二本指を立てる、エッ？　夫人がすかさず「レッツゴーターキーねっ」Y先生、ニヤッと笑いながらひと息にぐっと飲みほした。つられてこちらもグイッと一気、レッツゴーターキン、確かに気になる馬である。この夏は小倉競馬に参戦して、秋は福島、前走の福島民報杯は二着に〇・五秒差をつける鮮やかな勝ちっぷりだった。大崎騎手はダイシンボルガードとカツトップエースでダービーを二勝したジョッキーである。一九六三年にデビューしたベテランだが今年はいつになく勝ち星を順調に重ねている。特に夏競馬、橋口厩舎の馬での活躍ぶりが目立つ。お互いの信頼はかなり篤い。橋口調教師は戸山師と同様に坂路調教主義である。ということは府中の直線でこそレッツゴーターキンの末脚は生きる。勝負がかりの気配である。そんなことを考えていたらなんだか頭が冴えてきた。ウイスキーは覚醒の酒である。しかし、某洋酒メーカーの社員としては絶対にターキーで締め括るわけにはいきません。社員OBであるY先生ももちろんそうです。最後に改めて山崎オン・ザ・ロックスを注文してグッとひと息、やっぱり、

山崎
飲んで
Fuchuuへ
行こう!

で、あります。ここで銀星交通を呼んで、お二人を見送った。ポケットには明日の「一馬」、手には国立駅で買った「日刊ゲンダイ」、前夜祭も無事終了、しかし、頭の中は覚醒したままだ。いくらガラガラの上り中央線の中でクールダウンしたって、このまま吉祥寺の街を素通りする自信は

ない。ムービーよ、君はそんなことは構わないで、今夜もぐっすりと眠ってくれたまえ。

飲み過ぎて眠れなくなることがある。十時に就寝したのだが、陰鬱な気分になり、悪い夢ばかり見てしまって、午前三時半に目が覚めて、これはもう決定的に眠れないぞと思ったので起き出して天皇賞の競馬新聞を見る。それから、武豊騎乗のムービースターからの総流しの投票カードを作る。フルゲート（馬券は十七通り）だから大変なのだ。相手タニノボレロなら千七百倍（百円で十七万円）程度、五百倍以上が五通りもあって、これはいいぞと思っているうちに気分もよくなって五時半に再び就寝。

（『年金老人奮戦日記　男性自身シリーズ26』新潮社　一九九四年）

吉祥寺の店を何軒か渡り歩いている時、実はY先生宅ではこんな事件が起こっていたとは、もちろん知る由もない。

3

第三日、十一月一日、決戦の日曜日である。

国立に向かう中央線の中で「サンケイスポーツ」を開く。佐藤洋一郎はやはりレッツゴーターキンが本命である。橋口・大崎コンビの勝負気配を察知しているのだろう。水戸正晴もこの馬を取り上げている。恐ろしい。Y先生も今ごろピンクと水色の細字ペンで「ダービーニュース」に二重丸を書き加えているだろう。

今日は旭通りから行く。集合は七時三十分、ということは七時十五分にベルを鳴らす。やはり、Y先生がドアを開けてくださる。今朝もすっかり支度は整っている。ゲタ箱の上に昨日金文堂でまとめて購入した細字水性ペン六色セットが置かれている。「これ調子がいいよ」と頂戴する。しかし、表情が冴えない。昨晩よりもさらに一時間早く、夜中の三時半に目が覚めて、それから予想とマークシートづくりをはじめた、とのことである。決して口には出さないが、昨夜の深酒を少々反省されているご様子である。最後の山崎ロックが余計であったか。スミマセン。

## 初心忘るべからず

僕がサントリーに入社したとき、初めの半年間は、定刻三十分前に出社し、室内を掃除して、お茶を淹れて先輩社員が出てくるのを待っていた。社屋は村の公会堂のようなオンボロだった。難関を突破した新入社員諸君！　君達がそんなことをする必要は毫《ごう》もない。自分の仕事だけをやっていればいい。

僕は、時折、入社当時のことを思いだす。実に懐《なつか》しい。柳原良平は無遅刻無欠勤の模範社員だったし、卓抜なアイディアを出す開高健は、小売店廻りという営業サイドの仕事にも精出していた。そうして、むろん、三人で屢々《しばしば》大酒を飲んだ。あれはあれで意味があったのではないか。いったい、どう思うかね、新入社員諸君！
（サントリーオールド新聞広告　一九八四年四月）

銀星交通のお迎えが来た。その気配を察してマダム・トレンチが颯爽と登場、今日も朝から気力充実、清々しい笑顔である。「そのジャケット、素敵ねぇ」気配りの人である。手には記入済みのマークシート、ハンドバックの中にしまいながら「いよいよユタカよ」相当に気合が入っている。

天皇賞・秋はＪＲＡのすべてのレースの中で最も面白いレースだと思っている。府中の二〇〇〇メートルは、最初のコーナー（第二コーナー）までの距離、向う正面の一〇〇〇メートル地点前後の坂ののぼりくだり、第三コーナーから第四コーナーへと続く左回りの大きなカーヴ、さらに直線、勝負どころの上り坂、東京競馬場の芝コースの特徴のすべてが生かされている、最も府中らしいレース形態なのである。したがってただ強い馬が勝つとは限らない。府中の二〇〇〇メートルに強い馬が勝つのである。

スタートから第二コーナーにかけて十八頭の馬たちが内からも外からも殺到する。最初の直線三〇〇メートルの間で位置取りを確定させなければならない。いかに外に膨らまず、内に詰まらず、いい位置をとることができるか。騎手たちの技量とそれに応える馬の性能が問われるコーナーである。何が何でも主導権をとりたい馬たちは消耗を覚悟でここで脚を使う。その先行馬たちに引っ張られるように馬群全体のスピードが上がる。先行馬同士が激しくやりあえば向う正面の直線に入ってもそのスピードは緩まない。必然的にハイペースになる。一〇〇〇メートル一分を切るか、切らないか、そこでレースの行方がみえてくる。さらに第三コーナーから「大ケヤキ」（実はケヤキではなくエノキだが、「大ケヤキ」と呼ばれている）を過ぎて第四コーナーへ、先頭を走る馬と、好位につけている馬との攻防がある。後方の馬もこのカーヴで加速をはじめる。ムービースターのような追い込み馬も、ここで先行馬群との距離を詰めるが、最後の直線まで末脚を温存させるためには、ここではできるだけ体力・脚力を使わずに前の馬たちに引っ張られるようにスムーズにスピードをあげる必要がある。馬は真っ直ぐ走るのが得意な動物である。コーナーワークには巧拙がでる。したがって、府中を制するのはカーヴワークがうまい、それも例えばヤマニンゼファーのような左回りを得意とする馬でなければならない。直線坂までの攻防は切れ味、さらに坂を越えてからはタフさが要求される。最後の最後、追い込み馬たちの台頭はあるか、ゴール直前まで何が起こるかわからない。二分にも満たない時間の中でいくつもの闘いが重ねられてゆくのである。その目まぐるしい展開に、観ている方ものぼったりくだったり大変である。「ジェットコースターに乗っているような」そんな感覚である。どこまでもレースを深く、そしてリアルに読まなければ、正しい結論は導き出すことはできない。府中に通いし者、必ず当てなければいけない。「いざ、勝負！」なのである。

昨年の天皇賞はその府中二〇〇〇メートルの難しさがスタート直後にいきなり表出したレースだった。一番人気メジロマックイーンは一位入線しながら最下位に降着となった。一九九一年に降着制度が導入されて以来、GⅠレースではじめて下された厳しい裁定だった。騎手は武豊、七枠十三番、先行馬として好位置を得ようと果敢に前に出た。後続の馬群の何頭か、騎手が立ち上がり、手綱を引いた。ごちゃついている。「審議だ」と声があがる。スタンドからも何かが起こったことは分かった。しかし、前にスンナリ出たメジロマックイーンを確かめて武豊の好騎乗だと思われた。理想的なポジションを得た武マックイーンは直線で前を行くプレクラスニーを楽々と交わし、六馬身差をつけて独走のゴールイン、圧勝ともいえる内容だった。鞍の上で武豊もムチを持つ手を大きく振り上げてガッツポーズである。もちろん、夫人は武豊から馬券を買っていたので大喜び、それだけに審議の後、降着が発表された時の落胆ぶりは声も掛けられないほどだった。メイショウビトリア、プレジデントシチー、ムービースターの三頭の進路を妨害した、とアナウンスが流れた。マックイーンの強さだけが際立っていたレースだった。スタートのあの事象がなくても恐らく圧勝だっただろう。今年は何の因果か、マックイーンから不利を受けた一頭、ムービースターに武が騎乗する。そうか、今日の天皇賞は一年前のリベンジだったのか。夫人は一年間待っていたのだ。それも武豊と一緒に。だから、土曜日からあれほど熱心に研究し続けていたのだ。恐ろしい。

正門を抜け、色づく欅を眺めながら、十五号室へ向かう。ゴンドラ席からの多摩丘陵の眺めも秋模様である。サントリー武蔵野ブルワリーの建物が朝日を浴びて白く光っている。今日は格別の爽やかさである。パドックを回る馬たちもひときわ毛艶が輝いている。しかし、Y先生は体調がすぐれない。パドックに向かう足取りも重い。そうなると馬券もうまくゆかなくなる。昨日はあれほどぴたりとはまっていた選択眼が微妙にズレはじめている。ちょっとしたズレでも馬券は当たらなくなる。競馬とは恐ろしいものである。

《午前中のY先生の成績》
▼第一レース　三歳未勝利戦　ダート一二〇〇メートル　良
六番人気のセントホーガンから入り二着も、惜しくも相手が揃わず×
▼第二レース　三歳牝馬新馬戦　芝一四〇〇メートル　良
五番人気、的場均騎手⑤ライラックスマイルから入るも四着×
▼第三レース　三歳新馬戦　芝一八〇〇メートル　良
五番人気、柴田善臣騎手④ネイビーダンサーから入り二着、しかし四番人気⑩ツミカサネが抜けていたため×
▼第四レース　四歳以上五〇〇万以下戦　ダート一七〇〇メートル　良
中舘英二騎手④クレアーナイトから入るも五着×
▼第五レース　四歳以上五〇〇万以下戦　芝一四〇〇メートル　良
逃げ馬⑬ドリームワンから入るが直線で脚が鈍り三着×
五レース中ひとつも当らず、溜息をつくY先生。特に第一レース、パドックで注目していた十一番人気⑦ヴァンダムシチーを一点加えていれば馬連一五二三〇円が的中しているはずだった。が、なぜかそこまで手を伸ばさず。第三レースも軸馬をちゃんと見出しながら、パドックで「あの馬名はどういうものか」と気になっていた⑩ツミカサネを加えないとは、一体何が起こっているのか。昼食時も全く食欲ナシ、いつものように朝一番で注文した二人前のカレーライスは「食べ役」がすべて頂戴した。仕方がない。Y先生は夫人のサンドウィッチをため息まじりに一切れだけつまんでいる。一方、夫人は気力充実、Y先生の体調を気遣いつつも一年越しのリベンジの準備を着々と進めている。朝から机の上に置かれていたムービースター総流しのマークシートはすでに馬券に換えてしまっている。その他に、どんな馬券を買おうか、さらに熱心に検討中である。「十八頭もいると大変よね」「今日は特に難しいですよ」「パドックの様子をちゃんと教えてね」大変重要な役割を仰せつかった。

《午後のY先生の成績》

▼第六レース　四歳以上五〇〇万以下戦　ダート一四〇〇メートル　良
気分一新、五番人気⑨ウエスタンレヴュー、六番人気②ラポストの二頭から入るも、それぞれ十一着、五着×

▼第七レース　四歳以上五〇〇万以下戦　ダート一六〇〇メートル　良
圧倒的な一番人気③ファイブパワーから「A↓xyz」三頭へ流すも一点届かず×

▼第八レース　いちょうステークス　三歳オープン戦　芝一六〇〇メートル　良

パドックで輝いていた六番人気①ライブハウスから入り一着、二着には武豊騎手⑭マルカツオウジャが後方からやってきて馬連三二九〇円◎。しかし、ライブハウスの単勝を買い忘れ、十四倍を逃す。とはいえ、今日初めての的中に、双眼鏡を下ろして額の汗をぬぐうY先生。一方、夫人は天皇賞に向けての試運転、「武から馬券」で単勝・複勝・馬連的中。お見事。武騎手とのコミュニケーションは今日も極めて良好である。

▼第九レース　紅葉特別　四歳以上九〇〇万以下戦　芝一六〇〇メートル　良

小島太騎手、六番人気⑧ハヤトラから入る。二着に⑨カチタガールが入り、今度は単勝九二〇円、馬連二一一〇円的中、的中という良薬は体内に残ったアルコールをきれいに排出してくれるのだ。間にあった。

第八レースが終わったあたりで急に雲行きが怪しくなった。黒い雲が広がる。多摩丘陵の向こう側で激しい雷光、しかし雷の音は聴こえない。大粒の雨が降ってきた。嵐の予感である。例によって第九レースはゴンドラ席で観戦せず、早めのパドックである。四階テラスに行くと、もうすでに雨は止みつつある。さきほどの不穏さが嘘のような明るい陽射しに馬たちも輝いている。雨が降ったせいで、パドックを見る人は減ったが、熱心なファンが傘をさして並んでいるので、ここはいつもの秘密の場所へ行くことにする。今日も顔見知りの二人がすでにパドックに集中している。軽く会釈をするが、まだ言葉を交わしたことはない。一番の注目馬はやはり⑮トウカイテイオーである。春の天皇賞で骨折し、六ヶ月の休養後、ぶっつけでこの大レースに出走してきた。常識的に考えれば難しいとは思うが、父親シンボリルドルフ同様にダービーを無敗で制した馬である。どんなポテンシャリティを秘めているか分からない。なによりも容貌が良い。鼻に浮かぶ白い流星、その長さといい、幅といい、流れ方といい、理想的な美しさである。美形である。お尻を振りながら「ポカッ、ポカッ」とややバランスを崩した歩き方はバネの強さを示している。四歳時はこの後肢の強さだけで走っていた印象だった。古馬になっても首筋が細く、パドックではやや華奢に映る。まだ成長途上というところなのか。時折、イライラする仕草をみせるが体調は悪くなさそうである。やられるんだったら、あっさりやられてしまいそうだ。他に目立つところでは、まずは③メジロパーマーの気合のりが素晴らしい。キビキビとパドックを回っている。走る気持ちが溢れている。オレが逃げる、とパドックで主張している。馬体も光っている。一方、もう一頭の先行馬候補⑥ダイタクヘリオスは前走・毎日王冠から一枚衣を脱いだようなたたずまい、少し闘志が前に出過ぎているような気もするが体調は明らかに上向きである。十八頭の中でひと際輝いて見えるのが⑪ナイスネイチャである。パドックの様子ではこの馬が一番強そうだ。オッ、と思ったのが牝馬⑧イクノディクタス、この馬はパドックで眺めていても強いのか弱いのかなかなかつかめないのだが、今日はいつになく仕上がりの良さが伝わってくる。粘り強い末脚は東京の長い直線でこそ生きる。位置取りによっては食いこんでくる可能性は大いにある。要注意である。昨晩の話題の主、②レッツゴー「ターキー」、小柄な馬である。十八頭の中では目立たないが、ヒタッ、ヒタッと小気味よい歩様は、職人の仕事ぶりを感じさせる。どんな舞台でも力は出せる、プロフェッショナルの気配である。出走馬中最低人気、戸山為夫厩舎の④タニノボレロも不気味な気配を漂わせている。今年のダービー馬ミホノブルボンを育てた名伯楽である。Y先生は必ず馬券にこの一頭を加えるだろう。さて、我が⑫ムービースター、この馬も決して大きな馬ではないので目立たないが、それはいつものパドックと変わらない。ということは、力は出せるということである。後肢の張り、弾力性のありそうなお尻は相変わらず素晴らしい。その末脚にかけているのだ。

Y先生は十八頭を何回も何回も繰り返しご覧になっている。トウカイテイオーには「?」すでに六頭の馬に○がついている。もうすぐ「止まれ」の声がかかる。引き揚げる直前、Y先生、「ウーン」とうなってから「ヤマニングローバルが抜けてるね」とおっしゃる。電光掲示板で七番の単勝・複勝のオッズを確認している。驚きながら「一馬」で確かめる。もちろんこの馬の姿は何回も追ったが、それほど良くは感じられなかったのである。成績を見ていたら決して買える馬ではない。その先入観からパドックでちゃんと見ていなかったかもしれない。慌てて、改めてその姿を追う。ウォーターブルーのメンコがリズムよく前後に動く。仕上がりの良さがきびきびとした歩き方に現われている。が、やはりこのレースを勝つ、とまでの確信は持つことができなかった。しかし、Y先生は駿馬ひしめくパドックでこの馬の何かを確かに見出している。アルコールは完全に抜けて、昨日のパドック眼をすっかり取り戻しているご様子である。恐ろしい。この馬を絶対に無視してはいけないことだけは理解できた。

青年よ、思いきって行け

此の世で好ましいもののひとつが「礼儀正しい青年だ」。反対に、猪口才《ちょこざい》な奴、青二才、嘴《くちばし》の黄色い奴、甘ったれは大嫌いだ。

「若者だから、このくらいは許されていい」なんて思っていたら大間違いだ。……こう書いてきて、僕なんか、顧《かえり》みて忸怩《じくじ》たるものがある。

成人式を迎えた諸君！　今日から酒が飲める。そこで、僕は、諸君に「酒の上の失敗を怖れるな」と言いたい。思いきっていけ！　ガンガン行け！　先輩は馬鹿じゃない。諸君の若さを理解してくれるはずである。ただし、それは、その根底に、礼儀正しさと謙虚さがある限りにおいては、という話になる。

（サントリーオールド新聞広告　一九八四年一月）

Y先生、十五号室に急ぎ足で向かいながらもヤマニングローバルの印象を話し続けている。パドックに通い続けても一年に一度目撃することができるかできないかの出来映えだという。かなり確信を抱いているご様子である。その勢いでさらに十五号室の方々にこの馬の馬券購入を勧めている。「複勝で十分ですよ」。穴場の前でオッズを眺めている夫人にも、もちろんこの馬のことを真っ先にお伝えした。返し馬はやはり今日のレースを引っ張るであろうメジロパーマー、ダイタクヘリオスの二頭が目立つ。トウカイテイオーの後肢の伸びが素晴らしい。ナイスネイチャはここにきて、少し気負い気味か。ムービースターはターフに立ってもその名前のような華やかさは全くない。しかし、それでいいのである。馬券は予定通り、もちろん⑫ムービースターの単・複というオーナー兼親戚代行の馬券をまず購入し、さらにムービースターが来るならば必ず後方の馬同士の決着になるだろうと願いつつ、絶好調の先行馬二頭を消して、⑧イクノディクタス⑪ナイスネイチャ⑬ヌエボトウショウの三点、これを本線に、昨晩のご夫妻のやりとりからも外すことができない②レッツゴーターキン、戸山厩舎の不気味な④タニノボレロ、さらに、Y先生パドックの大推奨馬⑦ヤマニングローバルも加え、最後にやっぱり一番人気の⑮トウカイテイオーも押さえて馬連七点、いつもよりは少し手広く流すことにする。

天皇賞、総流しの投票カードで前売馬券を買っておいて、パドックで馬を見て買い足すというのが僕の馬連策戦だが、一番よく見えたのは河内騎手騎乗のヤマニングローバル、ついでメジロパーマー、イクノディクタス、ナイスネイチャ、ヌエボトウショウ、カリブソングの順。絶好調というレッツゴーターキンは馬っぷりという点で見劣りする。ムービースターも小柄なので見栄えはしない。

そこで、ヤマニングローバルの単（十五番人気・五十九・八倍）複、ムービースターの単、ムービースターからレッツゴーターキンを含めて五点の買い足し。

（『年金老人奮戦日記　男性自身シリーズ26』新潮社　一九九四年）

入場人員十七万七千人、大観衆である。ファンファーレに手拍子、観ているこちらも心拍数があがる。ゲート前で②レッツゴーターキンが尻っぱね、何かを主張しているのだろう。大崎騎手が一度馬を降りるが、再び跨った時には馬もすっかり落ち着いている。スタート、⑥ダイタクヘリオスがフライングかとも思えるほどの抜群のスタートを切る。岸滋彦騎手の青に黄一文字の勝負服が馬群から一馬身躍り出た。しかし、ハナは譲ることができない③メジロパーマーが気合をつけて内側から交わしてゆく。回転数が早い。かなり脚を使っている様子である。その後ろ、凄い脚で二頭に迫ろうと馬群を貫いてきた馬がいる。⑮トウカイテイオーである。細く映った前肢がしなやかに芝をとらえる。後肢のパワーを引き出している。まるでゴム毬が弾むように、ストライドを伸ばしている。獲物を追うライオンのような精悍さである。明らかに闘志が溢れている。本気のスイッチが入っている。鞍上の名手・岡部幸雄騎手の丸い背中が硬直している。コントロールをするのに苦労しているようである。その⑮トウカイテイオーの勢いに追い立てられるように前の二頭のスピードがさらに上がる。馬群は瞬く間に縦長になった。我が⑫ムービースターは最後方、これは定位置、「武さん頑張って」小さな声で夫人が応援している。

一〇〇〇メートル通過はなんと五十七秒、いくら馬場コンディションが良くてもこれは早過ぎる。これ以上早く走ろうとすれば馬が壊れてしまう、そんな限界に近いハイペースである。第三コーナーを回り、急激に③メジロパーマーの脚の回転が鈍くなりはじめる。「大ケヤキ」（実は大エノキ）の向こうで⑥ダイタクヘリオスが簡単に交わしてゆく。⑮トウカイテイオーがその後ろに続く。まだライオンの気配である。③メジロパーマーはあっという間に馬群に飲み込まれてしまった。⑥ダイタクヘリオスがリードを広げる。二馬身、三馬身、四馬身、四コーナーを回りながら後続を確認した岸騎手はここが勝負と気合をつける。そこへ隣の十四号室から喚声と実況を切り裂くように「ヘリオーース」と声がかかる。パヴァロッティなみの見事なテノールヴォイスである。勝負所の坂はまだ先である。しかし、展開、位置取りからすれば⑥ダイタクヘリオスが仕掛けるのはここしかない。ところがこれまでのハイペースがたたったのか、「ヘリオーース」は岸騎手の合図に応えられない。思ったほどの伸び脚がない。さあ、勝負はここからだ。まず、テイオーが二番手から迫ろうとする。しかし、この馬にもスタート直後の精悍さはない。弾むようなストライドが消えている。普通のサラブレッドになっている。なかなかヘリオスを交わせない。なにしろ一六〇〇メートルの通過タイムが一分三十三秒、あのオグリキャップのコースレコードと一秒も違わないのだ。十四号室から今度は女性の悲鳴が聴こえてくる。そこに後続の馬群が迫る。勢いが違う。主役交代は明らかである。その群れの中から直線ど真ん中、⑪ナイスネイチャが先頭に出ようとしている。この馬か。しかし、群れを脱け出した途端にこの馬も脚が鈍る。坂を越えるのに相当苦労している。外によれながらやっと先頭、そこに一頭、いとも簡単に交わしてゆこうとする馬がいる。そうだ、ここから脱け出す馬こそ府中二〇〇〇メートルを制する正真正銘の強者である。ウォーターブルーのメンコが躍動している。なんと⑦ヤマニングローバルである。真一文字に坂を越え、伸びてくる。「そうだ」珍しくY先生の声がでる。「カワチッ!」である。もう、二日酔いの気配など全くない。恐ろしい。奇跡のパドック眼、Y先生の横顔が悪魔にさえ見えてきた。これは押し切られるか。しかし、府中二〇〇〇メートルはまだまだこれでは終わらなかった。視界の外から鬼のような脚の馬が飛んできた。なんとレッツゴー「ターキー」である。強者⑦ヤマニングローバルをはるかに上回る脚で軽々と交わしてゆく。鞍上・大崎昭一騎手の思惑通りだろう、実況アナウンスはその勝利を確信したかのような「レッツゴーターキン」の連呼である。ああ、これは、と思ったら、②レッツゴーターキンに引っ張られるようにもう一頭、視界の外から馬がやってくる。なんと、⑫ムービースター、そうだ千両役者は最後に、馬券購入者が買ったことさえ忘れた頃に登場するのだ。いい伸び脚、武が懸命にムチを連打している。しかし、ターキンのような切れ味がない。これは前の二頭には届かない。するとゴール直前も直前、夫人が声をあげた。「ユタカァ、ユタカァ」回りにもはっきりと聴こえる立派なアルトヴォイスである。するとY先生も、今度は「ユタカ！」こちらは少しかすれたバリトンヴォイス、婦唱夫随、似たもの夫婦の美しい混声合唱である。何だ、この夫婦は！　しかしその声に応えるように武もムチを入れて、さらに懸命に手綱をしごく。⑫ムービースターがもうひと伸び、もう届かないと思った⑦ヤマニングローバルの青いメンコにムービースターの頭が覆いかぶさる。届いた。その瞬間は何故かスローモーションのようにはっきりと見えた。間違いない。

夫人は「ユタカは二着ね、二着よね」、少々興奮気味である。⑫ムービースターからの総流し馬券をY先生に見せている。「風に飛ばされるからしまいなさい」とY先生、笑いながら押さえて押さえて、という仕草である。十五号室はヤマニングローバルの怪走に熱狂の渦の中、ターフヴィジョンにゴール前の映像が流されている。一着②レッツゴーターキン、二着⑫ムービースター、三着

⑦ヤマニングローバル、確かに的中したのだが、あまりののぼりくだりにその喜びが全く湧き起ってこない。凄いレースだった。観ているこちらも十八頭の馬たちと一緒に無事にゴールにたどり着いたという安堵感だけが心の中に広がっていた。今年の府中のジェットコースターははるか西の空の下、富士急ハイランドクラスだった。そうだ、あの突然の雷光の方角だ。Y先生も気力、体力を使い果したのか、第十二レースのパドック行きを見合わせた。

レースが確定した。Y先生の成績だが、まずは朝購入した⑫ムービースターからの総流しと、レース前に買い足した「xyz→xyz」、馬連②⑫の配当は一七二二〇円、いったいいくら買っているだろうか。さらに五千円を投入した⑦ヤマニングローバルの複勝は一四一〇円もついている。やっぱり悪魔である。しかしY先生以上に恐ろしい悪魔は実はその隣にいた。夫人の成績、総流しの馬連は宣言通り、枠連一九四〇円、⑫ムービースター（四七〇円）に加えて、⑦ヤマニングローバル、さらに②レッツゴーターキン（七九〇円）まで、三頭すべての複勝馬券を持っている。リベンジ大成就である。「絶対に勝ちたかったのよ」満面の笑みである。そうだった。この恐ろしい悪魔のような人にバスの中で、「書簡集」で囁かれたおかげでこちらもなんとかレッツゴーターキンにたどり着いたのである。ありがとうございます。

今日もまず、駄菓子屋さんに寄り（しかし、今日は購入品なし）、府中からバスに乗って国立へ向かう。バスの中、夫人はなにかをつぶやいたと思ったらY先生の肩にもたれてすぐに寝息を立てはじめた。Y先生、肩はそのままに、こちらを振り返り笑っている。仕方がない。大勝負だったのである。

また、バスに乗って帰る。バスに乗ると不思議に心が和む。「坐れればバスだって平気よ」と妻は言う。電車にも乗れなかったのに——。

（『年金老人奮戦日記　男性自身シリーズ26』新潮社　一九九四年）

バスを降りて、金文堂、紀ノ国屋、そして「繁寿司」で「イカ・タコ・シロミ」、ここまでは前日と変わらない。しかし、今日は先行馬不在なので、Y先生もゆっくりとビールを飲んでいる。時折、思い出したようにカウンターに手をついて「ハンセイッ」とおさるのポーズである。Y先生、実はこのポーズがとても気に入っている。

三人とも大勝というのは滅多にあることじゃない。繁寿司で天皇賞のことを話している客がいたが僕等は黙って乾盃。目が笑っている。前夜のことがあるので少しだけ飲む。国立は天下《てんが》市《いち》という一種のお祭りが行われていて、歩いて帰りたいところだが、妻の足が悪いのでタキシーで帰宅。

（『年金老人奮戦日記　男性自身シリーズ26』新潮社　一九九四年）

もちろん今日は早めに切り上げる。Y先生を見送り、国立駅で赤堤の従姉に電話をかけてみる。つながった。今日もPATは好調だったようだ。天皇賞は複勝・枠連・馬連が的中、「ヤマニングローバルが二着でも良かったのよ」とまたまた馬主らしからぬ発言、その他、第九レースの枠連ゾロ目の7 7（二〇七〇円）、最終レースの4 4（一八〇〇円）、さらに「あんたの電話のせいで今日は朝から忙しかったわよ」と第一レースの6 6の万馬券（一三六九〇円）まで……。受話器の向こうにはY先生夫妻よりももっともっと恐ろしい悪魔がいた。やっぱり今夜も魔除けのウイスキーが必要だ。

# 第三章　一九九三年日本ダービー　東京競馬場

高い天井の木目をたどりながら考える。やっぱり競馬は難しい。なんで、あのウイニングチケットがいとも簡単に負けたのか。同じコース、同じ距離の弥生賞ではあれ程の強さを見せていたのに。

「ウーン」

ガレオンはどこでステージチャンプの邪魔をしたんだ。TVを観ていた限り、全く分からなかった。よりによって異母兄弟同士で、何をやってるんだ。それにしてもゴール前の脚は圧巻だった。ナリタタイシンよりも凄かったじゃないか。左回りだったらもっと伸びるぞ。このリアルシャダイの仔はひと味もふた味も違う。間違いない。でも、NHK杯で上位に来なければダービーには出られないゾ。

「ウーン」

ところでガレオン、おそらく杉浦騎手は騎乗停止だろう。NHK杯では誰が乗ってくれるのか。まあ、誰が乗ってもあの末脚さえ爆発させてくれればと思うが、でも、本番前にあまり消耗もさせたくない。そっと乗って、直線で予行演習程度に脚を伸ばして権利獲得、それが理想だが、そんな上手な騎手、残っているだろうか?

「ウーン」「ウーン」

……？　そうだった。隣の部屋にY先生が寝ていらっしゃるのだ。何か苦しそうだぞ。夢にうなされている訳じゃなさそうだ。そういえばさっき洗面所に行かれていたな。声を掛けたほうが良いか？　でも、その声で起こしてしまったとしたらどうだろう？　いや、やっぱり何かあっちゃいけない。声を掛けよう。あくまでもそっと、そーっとである。

## 1

四月十八日、日曜日、山梨・湯村温泉の常磐ホテル、Y先生の麻布中学校の同期・有志の会がここで開かれている。昨年リニューアルしたばかりの豪華な離れの客室に泊まる。広い和室が二間、ふすま一枚隔ててY先生と同部屋である。明日、弊社の山梨ワイナリーにみなさんをご案内するので、前日からお供させていただいている。

十一時四十七分、立川駅で中央線特急かいじ号に乗った。浅川を渡り、高尾を過ぎて山の中に入る。ポツポツと山桜が咲いている。Y先生は電車の中では決して眠らない。読書もしない。競馬新聞も読まない。あまり喋らない。背筋を伸ばして、やや座席浅めに坐り、窓の外を流れる景色をじっと眺めている。東京から博多まで六時間、新幹線に乗り続けてもそうである。北海道行きの寝台特急でもその姿は変わらない。寝台室には入らず通路の椅子を出して坐り角瓶のポケット瓶をすすりながら、車窓に無限に広がる暗闇を見つめていらっしゃった。

笹子トンネルに差し掛かったところで、実にタイミング良く社内販売のお嬢さんが現れる。「笹子餅」、もちろんY先生はやり過ごしたりはしない。急いで紙箱を開く。草餅、つぶあん、十粒入り。Y先生とひとつずつ頬張る。よもぎの香りが鼻の奥に届く。持ち込んだ水割りウイスキー缶との相性も悪くない。食べ役はもうひとつつまませていただく。Y先生のお供をさせていただくようになって、和菓子を食べる機会が著しく増えた。京都・麩嘉の麩饅頭、松江・風流堂の朝汐、栃木・かのこ庵の勝栗まんじゅう、あんこを食べると必ず十四歳年上の兄のことを思い出す。あんこをカステラの生地ではさんだ「シベリア」なるものが大好物だった。なんであんなものが、とこども心に思っていたが、今はなんとなくわかるような気がする。あんこには愛とやさしさが詰まっているのだ。「シベリア」は吉永小百合ファンだった兄貴の青春を支えていたのだ。かいじ号で頬張る「笹子餅」もやっぱりやさしくて、香ばしい。トンネルを出ると左手の車窓の景色がいきなり開ける。甲府盆地である。列車は葡萄畑広がる斜面を大きなカーヴを描きながら降りてゆく。今度は右手に桃畑が広がる。ちょうど花開く季節である。

ところで、車窓から見た桃畑であるが、遠くの山に薄い紅でもって、サアッと一刷毛《はけ》刷いたような所がとてもよかった。

(『年金老人奮戦日記　男性自身シリーズ26』新潮社　一九九四年)

前方には茅ヶ岳、後方に眼を向ければ大菩薩嶺、左手には三ッ峠から連なる尾根の上に雪を冠った富士山が白く光る。いたるところ新緑がまぶしい。浮きたつ季節、しかし景色に見とれている暇はない。愛情たっぷりの「笹子餅」も鞄にしまって降りる準備、終点・甲府ではなく、石和温泉で途中下車である。

僕と坪やんは石和駅で降りた。何故って、あんた、四月十八日は皐月賞なんですよ。石和WI

ＮＳは百円単位から発売されるので、僕みたいに五百倍千倍の馬券を買うには都合がいい。
（『年金老人奮戦日記　男性自身シリーズ26』新潮社　一九九四年）

ウインズ石和は石和温泉郷の中にある。スウェットの上下、サンダル履き、「ちょっこし行ってくるわ」というスタイルがここのファッションの主流である。まだメインレースまで時間がある。のんびりとした雰囲気の中、Ｙ先生は空いている四人掛けベンチに荷物を置き、早速、穴場に向かう。無駄のない動作、今日は第七レースから参戦する予定である。締め切り十五分前、マークシートの記入はすべて自宅で済まされている。場所は変われど五〇〇円玉コレクションは実行中、やはり一枚一枚窓口を変えながらの樽前船である。一度、ベンチに戻りモニターでメインレースのオッズを確かめながら、新たな記入済みマークシートを鞄から取り出している。第二次樽前船、今度は皐月賞の馬券である。まだ穴場も混雑していないので樽前船の出入りも極めてスムーズに進む。これで夫人から頼まれた分も含めて、すべての馬券を購入した。Ｙ先生、ベンチに坐って確認中、その隣では五人家族がピクニックシートを広げてのランチタイムである。楽しそうだ。ウインズ石和にはこういう楽しみ方もあるのだ。こちらもやはり父親と息子二人はスウェット上下の「ちょっこし」スタイル、お揃いの赤いダウンベストを羽織っている。

この石和ＷＩＮＳは、お花見気分というか村祭気分というか、牧歌的で大変によろしい。
（『年金老人奮戦日記　男性自身シリーズ26』新潮社　一九九四年）

「日刊スポーツ」を読んでいた父親が顔をあげて、「おい、あれ、大川さんじゃないか？」となぜか良く聴こえるひそひそ声で、赤ン坊を抱いている奥さんに確認している。「大川さん、て誰？」「あの競馬のＴＶに出てる……」「フーン、知らない」奥さん、首を傾げている。確認相手としてはあまり役に立たない様子、「きっと、そうだよ」父親は一人で納得している。時々、こういう、正解までもう一歩という惜しい競馬ファンが現れる。府中でＹ先生を間違える人は居ないが、なぜか水道橋のウインズや中山競馬場に行くと、Ｙ先生を見て、「大川さんだ」という表情をしている人とよくすれ違う。髪型か？　体型か？　顔のかたちか？　でも、あんた、今日は皐月賞なんですよ。大川さんが石和に居るわけがないでしょ、と思いつつも、会話には気づかないふりをする。Ｙ先生もその声に気がついたかどうか、購入した馬券を鞄にしまいながら立ち上がり、「少し歩こうか」とおっしゃる。今日はパドック通いがないので、少々運動量が不足している。ウインズのすぐ裏手、笛吹川の支流、平等川沿いの土手を歩く。右手に「競友」、左手に赤ペンの男性とすれ違う。耳にイヤホン、急ぎ足、やはりスウェットにサンダル履きである。背後には、白く光る甲府の街の向うに鳳凰三山の青い嶺々、地蔵岳、観音岳、薬師岳、ここでも湧き立つような新緑である。このウインズは日本で一番山の姿が美しい場外馬券売り場である。山に向かって両手でアングルをつくりながら「難しそうだねェ」、どうやらＹ先生はスケッチのポイントを探していらっしゃるようだ。

ウインズ石和から常磐ホテルへはタクシーで向かう。途中、昼食に名物ほうとうでも、とも考えたが、皐月賞をじっくり観戦する場所を確保することが先決である。携帯ラジオから散策中に行なわれた第七レースの結果および配当をお伝えする。

▼第七レース　舞浜特別　四歳以上九〇〇万以下戦　ダート一八〇〇メートル　良
一着⑩トミケンドリーム（土谷智紀）、二着③マルダイダンサー（的場均）
一番人気、四番人気の決着で馬連③⑩九四〇円

Y先生の表情はほとんど動かない。どうやら、聴きたい結果とは違っていたようだ。最近はごく微小な表情の動きで的中しているかどうか、ある程度判断ができるようになってきた。後部座席のやりとりに気がついてタクシーの運転手さんが「ラジオつけましょうか？」とおっしゃる。もしかしたら運転手さんも自分が業務中に購入した馬券の行方を知りたいのか。しかしY先生「それには及びません」とあっさり断っている。

午後二時前に常磐ホテルに到着する。まだ他の同期生の方々の姿はない。Y先生を除くご一行様はバスで一挙に到着する予定である。実は、今回の麻布中学校の同期有志の会・春の甲斐路ツアー、プランを立てたのはY先生なのである。

明日から麻布中学時代の同期の有志と甲府へ行くことになっているので、いろいろ連絡を取る。「いよいよだな」と誰もが言う。去年の秋の同期会で東京銀行の重役で、後にユアサ産業の社長になった横山壽一郎が四月十八日決行と神がかり的に発言して会費の内金二万円を強制的に徴収

されてしまった。心配された天気のほうも大丈夫らしくて、桜がいい桃がいいなんて聞くと老いても胸躍る思いがある。そのために少し無理をして仕事を片づけた。この横山が会計をやって、検事総長だった前田宏が監査役、弁護士の増岡章三と外科医の有馬忠正が参加するのだから、たいがいのことがあっても驚かない。僕は中学時代は落ちこぼれだったので、こういう頭のいい連中と一緒に行くのが嬉しい。

（『年金老人奮戦日記　男性自身シリーズ26』新潮社　一九九四年）

昨年、新たに完成した常磐ホテルの離れに泊まり、次の日は山梨ワイナリーでワインを堪能する。Y先生が考えた特別プランである。そのために一ヶ月前、冬の東京競馬が終了した後、Y先生は夫人を伴って新しい離れの客室の泊まり具合を確かめている。

十二時に妻とともに家を出て、立川駅構内のレベッカという店で珈琲を注文したときに岩橋邦枝さんがあらわれた。毎年のことだが、甲府湯村温泉の常磐ホテルに行く。電車が山にさしかかるに従って梅が満開になる。

（『年金老人奮戦日記　男性自身シリーズ26』新潮社　一九九四年）

この時も特急かいじ号の中でやはりY先生はじっと景色を眺めている。おそらく隣で夫人と岩橋さんは熟睡中であると思われるが。この下見宿泊の時、ちょうど常磐ホテル会長笹本吾朗夫人昌子さんの一周忌が執り行われていた。

常磐ホテルのロビーに入ると、志と書かれた袋を持った数人の男女が目についた。坊主頭の人がいる。「中庭に僧一人いて山の宿」。これじゃ無季だなと思っていると、一人どころじゃない。五人だか六人だかの坊さんらしい人がいる。

(『年金老人奮戦日記　男性自身シリーズ26』新潮社　一九九四年)

さらに明くる日、Ｙ先生はもっと大勢の僧侶たちと遭遇している。

一階のコーヒーショップで軽食を摂っていると、またしても坊さんに会う。これが三人か五人かと思っていると、二十人三十人、いや五十人はいるんじゃないか。何事が起ったのかと思ったら、これ日蓮宗総本山身延山の坊さんの結婚披露宴であるという。してみると、あの五十人のなかの尻《けつ》のでかいのは尼さんか。こんなに一遍にたくさんの坊主頭を見ると眩暈《めまい》がする。

夕食後に大浴場へ行くと、七つか八つの坊主頭がポカーリポカーリ浮いている。ソニーのＴＶＣＦで大猿が目を閉じてウォークマンを聴いているのがあったが、あんな表情で微動だにしない長老もいる。人間、悟りを開くというのはたいした貫禄だなと思った。

(『年金老人奮戦日記　男性自身シリーズ26』新潮社　一九九四年)

大浴場、露天風呂の心地よさもしっかりとチェックされていた。

新しく建てられた離れは、広い中庭に面してつくられている。数奇屋造りの客室が並ぶ。その中でひときわ大きな「松風」という部屋を覗かせていただく。ここもY先生はチェック済みである。昭和天皇が宿泊するためにつくられた部屋、広い和室、十八畳、豪華な応接室、立派な控えの間も用意されている。その隣が、Y先生が今夜泊まる「九重」である。前回の宿泊の時に定めた幹事部屋である。立派な部屋が並ぶ離れの中ではやや小ぶりではあるが、「その方が落ち着く」とY先生、お気に入りのご様子である。和室二間、十二・五畳と次の間八畳、今日はご夫人不在なので次の間にご一緒させていただくことになっている。テレビは床の間の横にある。競馬中継はまだ始まっていないが、念のためにフジテレビが映るかどうか確かめてみる。大丈夫、ちゃんと映る。もう、皐月賞が終わるまでこの部屋は出ない。携帯ラジオから新しいレース結果を報告する。荒れた。

▼第八レース　中山ヤングジョッキーズステークス

※出場できるのは数え年で二十六歳以下の騎手

五歳九〇〇万以下戦　芝一六〇〇メートル　良

一着の②オギボニータ（水流添久）は十頭中九番人気、単勝は一〇六九〇円。

二着にも六番人気③フレンチボーイ（徳吉孝士）が来たために、馬連四四九五〇円。

しかし、Y先生、今度も表情が動かない。競馬新聞だけでは、この二頭の組み合わせにはなかなかたどりつけない。「なんでかね」とポツリつぶやく。ちょっと遅めの昼食にはそばでも注文しよう、ということになった。天麩羅付きのざるそばを二人前、いつもならただの「もり」で済まされるところだが、「もり」二人前ではわざわざ部屋まで運んでいただくかたちにならない。せめて天麩羅をつけなきゃ、というY先生の心遣いである。これで午後の段取りも万全、麻布中学ご一行様を載せたバスも無事到着したようだ。

僕と坪やんは電車だったが、横山、前田、増岡、有馬、津田、中原、春山、服部君等は新宿からバスで来る。ここに赤坂料亭石島の母娘、手伝いの女子大生二人が同乗する。
(『年金老人奮戦日記　男性自身シリーズ26』新潮社　一九九四年)

ご一行様、次々に幹事部屋「九重」に顔を出す。「文豪お気に入りの部屋はここか!」同期生の方々の第一声はほぼ決まっている。「俺たちの部屋は広すぎてまいっちゃうよ」「庭もすごいね」「風呂に行ってもいいかな?」評判も上々、Y幹事もほっと一息である。しかし馬券は一向にうまくいかない。

▼第九レース　卯月ステークス　四歳以上一五〇〇万以下戦　芝一二〇〇メートル　良
一着は四番人気⑥ビンゴハナコながら、二着に二番人気①ベストフラッシュが来て馬連①⑥は一〇七〇円と固い決着。これではどうしようもない。

三連敗、やはりパドックで馬を見ないとY先生の調子は出ないのである。それじゃあ、と素早く浴衣に着替えている。気分一新である。

午後三時、競馬中継開始、Y先生、テレビの前のかぶりつき席に速やかに移動、座椅子と座布団の位置を定める。テーブルも移動させて、その上には「ダービーニュース」、報知・小宮記者、サンスポ・佐藤洋一郎、水戸正晴の印も記入されている。TVの中では大川慶次郎さんがちゃんと解説者として登場している。やはり中山競馬場に居た。

さて、いよいよ皐月賞、Y先生の本命は①シクレノンシェリフである。特急かいじ号の中では、④ウイニングチケットが一番強い、まともに考えたら皐月賞もこの馬が勝つだろうね、とおっしゃっていた。しかし、この馬を本命にはしなかった。昨年のダービー馬はミホノブルボン、一昨年はトウカイテイオー、いずれも皐月賞を勝ち、そしてダービーでも圧倒的な強さを示して二冠を獲得している。その馬たちに比べてウイニングチケットには何かが足りない。むしろ、皐月賞前に圧倒的な強さが高く評価されながらも無冠に終わったメジロライアンとイメージが重なる、とおっしゃる。そうか、やっぱり柴田政人騎手は今年もダービージョッキーにはなれないのか。では、どの馬が勝つか？　今日の皐月賞は二強対決と言われている。ウイニングチケットのライバルは⑱ビワハヤヒデ、Y先生はこの馬の、最後の詰めの甘さがひっかかっている。GⅠ朝日杯三歳ステークスはハナ差の二着、GⅢ共同通信杯四歳ステークスはアタマ差の二着、この馬はどんなレースでも必ず強い競馬はする。しかし、勝ちきれない。じゃあ、どの馬か？　⑭ナリタタイシン、⑬ステージチャンプ、②ツジユートピアンはすでに弥生賞でウイニングチケットとの勝負づけは済んでいる。そこで新星シクレノンシェリフ、ここ数年、クラシックレースでの活躍馬が目立つリアルシャダイ産駒である。二戦二勝、デビューは二月二十八日の新馬戦、三馬身半差をつけての圧勝、二戦目でGIII毎日杯に挑戦し、鮮やかに勝利を摑んだ。二戦目で重賞を制覇したのは史上初、スタートから好位につけるレースセンス、直線で競り合った相手には絶対に抜かせない勝負根性、伸び代も十分にありそうだ。三戦目で皐月賞を勝てば、これも史上初となる。

僕はシクレノンシェリフ本線で買った。どうしてかというと、この馬のおっ母《か》さんのダイナシュガーに惚れていたからだ。九年前の桜花賞でダイアナソロンが勝ってパーソロンの偉大なることを見せつけたとき、阪神のパドックでのダイナシュガーの気合いの良さに魅せられて単勝式一万円を買ったのだ。「凄い気合いですね」と大川慶次郎さんに言ったら「山口さん、あれは焦《い》れ込みですよ」笑われてしまった。シュガーは惨敗したが、好きだったことに変りはない。

（『年金老人奮戦日記　男性自身シリーズ26』新潮社　一九九四年）

実はもう心の中で決めている。皐月賞のことではない。その先のダービーである。ガレオンが勝つ。この馬もリアルシャダイ産駒、昨年の秋、十月十七日、アイビーステークスを見て、この馬をクラシックまで追いかけようと決めた。東京競馬場芝一四〇〇メートル、鮮やかな差し切り勝ちだった。上がりタイムは三十五・五秒、杉浦騎手はかなり余裕を持った手綱さばきだった。鞍上が一所懸命に追えばさらにタイムは詰まったはずだ。ゴールを過ぎてからさらに加速してどこまでも伸びようとするその脚はこの馬の能力の奥深さを十分に示していた。間違いなく大物である。さらに左回りの第三コーナーから第四コーナーにかけてのスムーズな加速ぶりは中山よりも府中への適性の高さも十分に感じさせた。母はオークス馬のシャダイアンバー、リアルシャダイ産駒でダービーを、という明確な目標を掲げてつくられた馬なのである。リアルバースデー、ライスシャワー、リアルシャダイ家の兄たちの二着の無念を晴らすのはこの馬しかいない。しかし、二番人気と期待された府中三歳ステークスではレース中に心房細動を発症し、直線ヨタヨタ、二十七馬身差の最下位八着と惨敗してしまった。脚部にも少し不安を抱えているようだ。体質の弱さが唯一気になる点である。今日のレースは決して無理をする必要はない。杉浦騎手にうまく立ち回ってもらってなんとか三着、ダービーの優先出走権確保を目標に無事に一周してきてほしい。

ＴＶにパドックが映る。④ウイニングチケットが大写しである。あまり闘志を前面に出さないタイプ、しかし馬体は輝いている。四六〇キロ、前走からはマイナス六キロ、強い勝ち方をした弥生賞時はまだ仕上がり途上といった印象だったが、今日は格段の出来栄えである。完成の域に近づいている。やはり、この馬が一番強そうだ。ライバル、⑱ビワハヤヒデも素晴らしい。芦毛、四七八キロだが、五〇〇キロを越えているんじゃないか、と思えるほど馬体が雄大なのである。画面を通じてもこの二頭が抜けているのは明らかである。馬券の売れ行きもこの二頭に集中している。しかし、そう簡単に終わらないのが競馬である。いや、終わっては困るのだ。わが⑤ガレオンは四八四キロ、前走からはマイナス六キロ、首をグッと下げて、とても良い気合いの入り方を示している。

豊かな腹袋、後肢の運びも素晴らしい。体調は良さそうだ。楽しみだ。

もちろん迷わず⑤ガレオンから入る。金額は単・複が中心、特に複勝厚め、馬連の相手にはやはり④ウイニングチケット、⑱ビワハヤヒデの二強、伏兵として武豊騎乗の⑭ナリタタイシン、さらにY先生の本命①シクレノンシェリフと⑬ステージチャンプを加える。実はステージチャンプもやはりリアルシャダイ産駒である。母はあのダイナアクトレス、南田洋子の親戚筋として買わなければ叱られてしまう。弥生賞のあの早いペースを前目に進みながら四着に粘りこんだ脚は昨年のダービーでのライスシャワーの好走を思い出させる。一八〇〇メートルのフジTV杯を凡走したからといって評価を落とす必要はない。距離が伸びて、突然、頭角を現わす可能性は十分である。ということで、シェリフ、チャンプの二頭は複勝も購入している。いつの間にかリアルシャダイ一家の「追っかけ」になっていた。

レースは⑥アンバーライオンが逃げる展開。岡部幸雄騎手⑱ビワハヤヒデは大外からスムーズに中団へ、柴田政人騎手④ウイニングチケットはその後につけてライバルを徹底的にマークしている。二人の騎手の牽制状態が馬群全体のスピードを抑制している。一〇〇〇メートル通過は六〇・五秒、弥生賞よりも幾分ゆったりとした流れである。⑤ガレオンは七、八番手あたり、伸びやかなストライド、気持ちよさそうに走っている。美しい。第三コーナーを過ぎてレースが動き始める。馬群の中でひと際目立つのが⑱ビワハヤヒデ、きわめてスムーズに岡部騎手が中団から前へと押し上げてゆく。他馬との推進力の違いは歴然としている。第四コーナーから直線に向くと、もう先頭に立つ勢いである。さらに加速して後続馬を突き放そうとする。やはり強い。早めの勝負、そのまま押し切ろうという狙いである。柴田騎手はこの岡部騎手の動きを見逃してはいない。④ウイニングチケットにゴーサインを出している。これまでじっと我慢をさせていたパートナーを弾けさせようとしている。さあ、どこで交わすか？　しかし、④ウイニングチケットにいつもの伸び脚がない。アレアレ、逆に差を広げられている。柴田騎手が必死に追ってはいるが、明らかに馬に走る気が出ていない。勝手にレースをやめてしまっている。Y先生の本命、①シクレノンシェリフが内ラチ沿いに粘っこい末脚で伸びてくる。⑱ビワハヤヒデ、堂々の先頭、⑤ガレオンよ、どこにいる？　三着でいいんだぞ。おそらく馬群の後方、画面の中になかなか現れてこない。おいおい、どうした？　勝負はこれで決まってしまうのか、と思われた時、大外から武豊⑭ナリタタイシンがやってくる。④ウイニングチケットを簡単に交わし、⑱ビワハヤヒデに迫る。その内側にもう一頭、なんと⑤ガレオンである。待ってました。⑭ナリタタイシンを上回る切れ味で突っ込んでくる。もしかしたら勝ってしまうのか？　三頭がもつれるようにゴールインする。

結果は、一着⑭ナリタタイシン、武豊騎手がはかったようにキチッと差し切っていた。クラシック初制覇である。千両役者、ラストのひとまくりですべてを持っていってしまった。武豊が勝ったということは、今日は国立で待機している夫人が単勝（九二〇円）・複勝（二二〇円）・馬連（一三三〇円）の大的中である。岡部騎手⑱ビワハヤヒデがわが⑤ガレオンの猛追を凌いで二着。一番強いレースをしたのはこの馬だと思うが、やはり詰めが甘い。⑤ガレオンはあと十メートルあれば、という惜しい三着だった。馬連ははずれたが、これでダービーに出走できる。複勝も的中、思惑通り、視界良好である。

さあ、気分も軽やかに風呂に行く準備、浴衣に着替えて複勝の配当を確かめようと思ったら、三着に①シクレノンシェリフの名前、あれ、ガレオンの名前がない。なんとガレオンは降着らしい。TVで見ている限り、降着になるような出来事は何もなかったのである。Y先生も「降着？」と少し驚いていらっしゃるが、これでシクレノンシェリフの複勝が的中である。いったい何が起こったんだ？　TV、ラジオの情報から状況を整理すると、「リアルシャダイの仔」ガレオンは最後の直線コース、画面では見えないところで急激に外側に斜行して、同じく「リアルシャダイの仔」ステージチャンプの進路を妨害しながら進出し、さらにもう一頭の「リアルシャダイの仔」シクレノンシェリフを交わして三着に入線するも、降着、そのお蔭でシクレノンシェリフがダービーの出走権を確保した、ということである。異母兄弟同士、複雑な馬関係、三頭がかりで一枚のダービーの切符を獲得した。足を引っ張っているのか、助け合っているのか。リアルシャダイ家「三本の矢」ということか。とはいえ、降着制度導入以来、購入した馬券が初めて降着対象となった。そして同時に繰り上がり的中（複勝四二〇円）も体験させていただいた。喜んでいいのか、悲しんでいいのか。加害者と被害者の心境を同時に味わっているような気分である。なんとも持て余す心持ち、なにより、ガレオンの先行きが心配だ。

とはいえ、温泉だ。手ぬぐいひとつを持ち、Y先生とともに離れから渡り廊下をゆく。大浴場は東館の奥にある。すでに風呂上がりの同期生の方々が「いい処だね」と声を掛けながらすれ違う。庭の緑に夕陽がかかる。大浴場はガラス張り、湯舟の向うに南アルプスの山なみ、さらに富士山を眺める。壁面にも床にも木材をたっぷり使い、落ち着いた趣きを醸しだしている。

Y先生の旅のお供をさせていただいていると風呂にご一緒する機会がしばしばある。その時はY先生のお背中を流すことにしている。天の橋立の文殊荘別館にご一緒した時に、陶芸家の竹中浩さんが実に自然な所作でY先生の背後に屈み、そして背中を流していたのである。やはり道を極めた修業の人である。尊敬の気持ちとは、こういうところでさりげなく示すものなのだな、と二つの背中から教えていただいた。それ以降、必ず機会があればY先生のお背中を流させていただくようになった。いつもY先生の丸い背中をタオルでこすりながら、いつか親父の背中もこうやって流す事があるのだろうか、と思うのだが、人生はなかなかすんなりとはいかない。

背中をこすっていたらY先生から「ガレオン、いい馬だね」と慰められる。「ダービー向きだよ」なんと優しいお背中なのか。ガレオンよ、この有難いお言葉が聴こえているか？　なんとしてもダービーには出走するのだぞ。湯舟につかりながらY先生、深いため息、本日の馬券的中はシクレノンシェリフの複勝のみに終わった。幹事役としても少々お疲れ気味か？　この温泉は無色透明、においもほとんどしない。肌の当たりもさらっとしているが、両手で掬うとわずかにトロッとした感触が残る。擦り傷や切り傷に良く効くという。さすが湯村温泉、「武田信玄の隠し湯」である。ガレオン降着の心の傷もすっかり癒された。

宴会には甲府の芸妓三人（そんなに若くはないが決して老女ではない）も加わって勢いがついた。僕は依然として食欲がなく、山菜だけ食べていたが、坪やんはもとより、爺さん連中のよく飲みよく食べるのに一驚を喫する。戦後のあの時代を乗り切って一廉《ひとかど》の人物となった連中はどこかが違う。基本的に体力がある。そのあと大きなカラオケのあるサロンでもよく飲んだ。僕も食欲はないが酒はノドを通る。
（『年金老人奮戦日記　男性自身シリーズ26』新潮社　一九九四年）

Y先生、今日は朝から笹子餅一ケと天ざる（それも海老一尾は食べ役がいただいた）しか口にされていないが、全く食欲が出ないご様子である。芸妓さんと仲居さんと交差しながら同期生のお酒の注ぎ役に徹している。それにしても同期のみなさんのエネルギーは凄まじい。Y先生と同い歳の方々である。幹事の不調などそっちのけ、食事中もそうだが、カラオケサロンでもよく飲み、よく歌い、よく笑う。盛り上がりっ放しである。夜が更けてもその勢いは一向に衰える気配がない。もう一度温泉に入って、今度は部屋で飲むぞ、と渡り廊下を急ぎ足である。Y幹事はカラオケサロンからやっと同期生を送りだして「ヤレヤレ」か、と思ったら同い年のパワーに刺激されたのか、よし、こっちも露天風呂だ！　部屋に帰って飲み直すぞ！　である。いつの間に体調は戻ったのだろうか？

露天風呂で汗を流した後、「九重」に戻り、山崎12年のオン・ザ・ロックスをつくる。つまみは笹子餅、箱を開けると再びヨモギの香りが漂う。さらにナッツ、チーズ、山梨特産巨峰の大粒干し葡萄も広げる。万全である。Y先生、「ちょっと失礼するよ」と床の間の横に立て掛けていた一澤帆布製の鞄の中からノートを取り出し、すぐに何かを書きはじめていらっしゃる。週刊新潮「男性自身」のための取材メモだと思われる。旅のお供をさせていただく時は、自室に戻ってから書かれているので、決してそのお姿を拝見することはない。今回は同室のため、初めてその場に接することとなった。こちらが緊張する。文豪はいったい何を書かれているのだろうか、とても、とても、気になるがもちろん覗く訳にもゆかない。「鳳凰三山は地蔵岳と、ほかはなんていったっけ?」「常磐ホテルに着いたのは二時頃かな」「今夜の献立はあるかい?」仲居さんからいただいたメニューを眺めながら「しかし、老人たちは元気だね」とおっしゃる。もう今日の分の構想はほぼ出来上がっているご様子である。極めて手際よく(もちろん想像の域だが)書き進まれて、今夜の作業は終了、と思ったら、もう一冊、大学ノートを鞄から取り出した。今度は笑いながらテーブルの上に広げる。拝見しても良いようである。なんと、それは馬券対策用のノートだった。一ページ目は昨年の夏のローカル開催からはじまっている。新馬、明けて四歳(現・三歳)馬しか登場しない。クラシック対策用のためのマル秘ノートである。東京競馬場で目撃した馬、勝ちっぷりが良かった馬の名前が並んでいる。走破タイム、上がり三ハロンのタイム、短評も書き添えられている。競馬場で目撃した馬だけではない。東西の重賞レースの勝ち馬、印象に残った馬たちも取り上げられている。四歳馬の実力をこのノートで見極めようとしているのである。

Y先生は馬の能力をまずマイル戦での走りっぷりに求めている。

競馬は芝の千六百メートルのレースが基本になると僕は考えている。千六の競馬は、逃げてもなかなか逃げきるのは困難で、そうかといって後方一気というのも難しい、好位につけて直線で抜けだすというのでないと勝てない。途中で息をいれることが出来ないので激しいレースになる。瞬発力も必要で、馬の力量を計るには千六の競馬が一番だ。
（『年金老人奮戦日記　男性自身シリーズ26』新潮社　一九九四年）

競馬場によってタイム差は生じるが、クラシックホースの有力馬を選ぶ基準としてY先生は必ずマイル戦の走破タイムをチェックしている。

僕はダービー馬を検討するときの重大な尺度として千六にいまの馬場なら一分三十五秒台の持時計があるかどうかを真っ先きに調べる。これはとても有効だと思っている。
（『年金老人奮戦日記　男性自身シリーズ26』新潮社　一九九四年）

Y先生があのオグリキャップを最強馬としていち早く見出したのも東京競馬場のマイル戦の走破タイムからである。

僕は千六を一分三十二秒台で走る競馬が見たいと思っていた。だけどそれはたぶん僕の夢で終るだろうとも思っていた。つまりスピード感に溢れる最も激しいレースである。昭和六十三年六月五日府中競馬場のニュージーランドトロフィーというGⅡのレースで、芝の千六百メートルを騎手が追わずに馬なりで一分三十四秒で駈け抜けた馬がいた。明け四歳で笠松という公営競馬から来た馬と知って二度ビックリした。これは追えばあと一秒ぐらいは短縮できそうな感じで僕は胸が高鳴るという思いをした。これがオグリキャップである。このとき二着したのが後に千六のスペシャリストとなるリンドホシであって時計は一分三十五秒二、これも立派なものだが、これではオグリキャップの河内騎手は追う必要がなかったのである。

(『年金老人奮戦日記　男性自身シリーズ26』新潮社　一九九四年)

だから、武豊騎乗のオグリキャップに千六の安田記念を好タイムで勝ってもらいたかった。結果は一分三十二秒四という驚異的なレコードタイムで大楽勝。武豊はほとんど追わずにこのタイムなのだから怖しい。オグリキャップが向正面から戻ってくるときに、立ち上って、「ユタカ、豪《えら》い!」と叫んで妻に叱られてしまった。

(『還暦老人極楽蜻蛉　男性自身シリーズ25』新潮社　一九九一年)

Y先生、深夜に今日の皐月賞の感想を、ダービーニュースにメモしたレースタイム、上がりタイムなどとともに書きとめている。皐月賞を観たことによってその年のY先生のダービーのための馬検討はほぼ終了する。

今日の皐月賞での収穫はただひとつ。ダービーの馬券の見当がついたことだ。勝つのはトウカイテイオー、連勝はイブキマイカグラか道中ひっかかる不利のあったイイデセゾンへの二点で充分だろう。

（『年金老人奮戦日記　男性自身シリーズ26』新潮社　一九九四年）

これ以降、もうこのノートに書き加えられることはない。さて、今年のダービーである。常磐ホテル「九重」でのY先生の結論は、なんとウイニングチケットだった。今日勝ったナリタタイシンでも、一番の強さを示したビワハヤヒデでもない。今日本命にして繰り上がりながら三着にきたシクレノンシェリフでもない。皐月賞のレース前まで、ダービーで勝つにはなにか足りないと評価していたウイニングチケットである。むしろ今日負けたことで柴田騎手はウイニングチケットの乗り方を完全に手に入れただろう、とおっしゃる。同じコース、同じ距離、今日の皐月賞よりも弥生賞の方が数段、レースとしての価値が高かった。そのレースでずば抜けた強さを発揮したウイニングチケットがこの世代では間違いなく一番強い。今日は全く実力を発揮していない。ビワハヤヒデをマークして道中我慢を強いたことで馬に嫌っ気が出たのだろう。柴田騎手も固い表情をしていた。騎手がうまく実力を引き出してやればこの馬が必ず勝つ。でもビワハヤヒデ、ナリタタイシンとは僅差、乗り方次第で順位は変わる。いずれにしてもダービーはこの三強、残念だけどシクレノンシエリフはちょっと力が足りないかな。ガレオンは三強の一角くらいは崩せるかもしれないが今日の降着でローテーションが厳しくなったね。

山口瞳（作家）

①勝つと思う馬は？

ウイニングチケット
皐月賞では騎手も気負っている感あり。今度はやや気楽に走れる。
②応援する馬は?
シクレノンシェリフ
私は母のダイナシュガーに惚れていました。
③今年のダービーで注目していることは?
注目ではないのですが、大レースは静かに固唾を飲むようにして観戦したいのです。御協力お願いします。
(「著名人アンケート『私が推す第60代ダービー馬』」「優駿」日本中央競馬会 一九九三年六月号)

Y先生、日付けが変ってからやっと就寝である。

夜中になって僕は唸っていたらしい。「どうしたんですか、苦しいんですか」と坪やんが言う。
(『年金老人奮戦日記 男性自身シリーズ26』新潮社 一九九四年)

午前三時を回っている。Y先生は起きていた。

苦しい。気分がよくない。あげそうになる。夢を見る。夢のなかで嘔吐という字はどう書くのか考えている。嘔が書けない。歐になったり鷗になったりする。こんなことで苦しむのは損な性分だ。

（『年金老人奮戦日記　男性自身シリーズ26』新潮社　一九九四年）

先程、洗面所に行かれた時に咳き込んでいらっしゃると思ったが、どうやら少し嘔かれていたようだ。しかし、気分が良くならない。再び嘔き気をもよおしても良いように「金盥みたいなものが何かないかな」とおっしゃる。寝呆け頭で大浴場から桶を持ってきた。バスタオル、さらにハンドタオルでおしぼりをつくり、水を一杯差し上げる。「もう大丈夫」とおっしゃる。しかし、何かあってはいけないので襖は開けたままにさせていただいた。傍らで起きていたらY先生も気を遣われるだろうと思い、横になりながらご様子をうかがうことにする。眠ってはいけない。再び、ダービーのことを考えよう。ガレオンは出走できるか？　Y先生はウイニングチケットが一番強いとおっしゃったな、などと考えていたら、どうやらいつの間にか眠ってしまったようだ。情けない。

眠れない。坪やんはいかにと見るに、仰向けに寝て掌を胸の上で組んで健康そのものといった軽い鼾声《かんせい》。お行儀がいい。これなら、死んだときに合掌させる手間がはぶけるなと思った。

（『年金老人奮戦日記　男性自身シリーズ26』新潮社　一九九四年）

目が覚めたら辺りはすでに明るくなりはじめていた。六時、お供としては失格である。しかし、何事もなくて良かった。静かに眠っていらっしゃるご様子を確認して、桶の返却がてら朝風呂に行く。晴天、富士山も甲斐駒ケ岳も静かに輝いている。ホルンの音が山の嶺はるか彼方から聴こえてきそうな爽やかさだ。Y先生には申し訳ないが何とも気持ちが良い朝である。

八時朝食。とても駄目だと思ったが湯豆腐だけ食べた。

(『年金老人奮戦日記　男性自身シリーズ26』新潮社　一九九四年)

この豆腐は木綿豆腐なのだが絹ごしのような滑らかさがある。温泉水仕込みだから、と仲居さんから説明を受ける。こなれた大豆の香りが鼻から抜け、口の中で旨味が溶けてゆく。この湯豆腐があれば海の幸も山の幸も要らないほどの御馳走である。朝風呂、そして湯豆腐、朝っぱらにして身体の外から内からすっかりほぐされている。Y先生もため息をつきながらひと口、おっ、という顔をされている。

今日の同期有志の会ご一行様の目的地はサントリー山梨ワイナリー、登美の丘の斜面に葡萄畑が広がっている。「登ると美しい丘」眼下に広がる甲府盆地の向こうに富士山を望む。時期が合えば桜が美しいのだが、残念ながら今年はもうすっかり散ってしまっている。ならば花よりワイン、ということで昨年秋に収穫した葡萄によって仕込まれ、熟成の春眠を続けている若いワインを何種類もテイスティングしていただく。

今日はトップ・ソムリエを招いて利酒《ききざけ》の会。去年の秋に仕込んだ葡萄酒の品定め。僕等もそこに紛れこんで俄《にわか》ソムリエ。むろん、まだ若くて刺戟が強い。白衣を着て皆熱心に感想を書きこむ。僕は「これ埼玉県立高女のチアガール」とか「帯広親不孝通り一杯呑屋のＮＯ１」とか訳のわからぬことを記入する。

（『年金老人奮戦日記　男性自身シリーズ26』新潮社　一九九四年）

さすが開高先生を引き継いで「洋酒天国」の実質的編集長を務めた人である。ロアルド・ダール作品の精読者でもあるY先生、ワインの味わいは女性に例えるべし、としっかり心得ていらっしゃる。なにしろ、テイスティングのことを「官能」検査というじゃないか。充実した味わいは「フルボディ」、つまり豊満な肉体と表現されるのである。短篇集『あなたに似た人』に収められている「味(taste)」は洋酒メーカー勤務者必読の一作なのである。

『PLAYBOY』日本版・創刊第二号に出ているロアルド・ダールの「スワッピング決行」という小説が、やたらに面白い。素敵な小説であり、上等なるエンタテインメントである。

（『元旦の客　男性自身シリーズ12』新潮社　一九七六年）

ロアルド・ダール、永井淳訳『少年』（早川書房刊）を読む。訳文が上手で、まるでダール本人が話しかけてくるような感じで読める。開高健はダールの愛読者だった。

（『還暦老人極楽蜻蛉　男性自身シリーズ25』新潮社　一九九一年）

ロアルド・ダール、永井淳訳『単独飛行』（早川書房刊）を読む。

（『還暦老人極楽蜻蛉　男性自身シリーズ25』新潮社　一九九一年）

ロアルド・ダール死去の報あり。七十四歳。ナイーブな感じのする作家だった。彼が勇敢な飛行機乗りだったことが信じられないような気がした。パトリシア・ニールと結婚してカーク・ダグラスが嫉妬したのは有名な話。繊細な作品を書くのに、どこかに商売上手な職人という感じもある。００７のシナリオを書いたり、ベストセラーになった童話や自伝を出版したりする。すなわち一筋縄でいかない男であるが、そのへんのところも好きだった。

（『年金老人奮戦日記　男性自身シリーズ26』新潮社　一九九四年）

実は三年前、山梨ワイナリーで新酒の利き酒をした時もやはりその味わいを女性に例えている。「山梨県立第一高女」「フェリス女学院」「実践女子短大」その時は女子学生シリーズだった。今回の表現はその発展形ともいえる。しかし、いくらテイスティングしてもシャルドネから浦和や熊谷で元気に脚を跳ね上げている女子高生に、カベルネ・ソーヴィニヨンから帯広の居酒屋の美人おかみにたどり着くことはできなかった。まだまだ人生経験が足りない。

昼食はバーベキュー。これはとても無理なので焼き方にまわる。初夏の気温だが風があって気持よし。これ禿頭の一得なり。

（『年金老人奮戦日記　男性自身シリーズ26』新潮社　一九九四年）

麻布中学同期・有志の会はこれにて終了、ご一行様はお土産のワインを手にバスで東京へ出発した。Y先生は甲府市内に戻り、印傳屋の本店へ向かう。このお店にはひと月前にも立ち寄っている。

息子が印伝に凝っている。財布を掏《す》られたか落としたかしたことがあって財布は滑らない鹿革に限ると思い込んでいる。それも「ふすべ焼き」でないと駄目だそうだ。「ふすべ焼き」（藁で燻《いぶ》したもの）は鮭の燻製の匂いがする。こんどは猫に持っていかれるんじゃないか。印伝屋勇七の十三代目上原勇七氏にお目にかかって製造工程を教えられる。上原は青山と大阪西区に支店がある。なお、印伝とは印度伝来の意味である。

（『年金老人奮戦日記　男性自身シリーズ26』新潮社　一九九四年）

今回、Y先生はご長男・正介さんのために「ふすべ焼きの車券入れ」を注文している。さらに財布を二個購入された。「ふすべ焼き」の魅力は手にとるとすぐに分かる。極めて滑らかな触り心地、すぐに手に馴染む。正介さんが気に入っているのも良く分かる。文様化された菖蒲の模様もシンプルで良い。皐月賞でガレオンが大駆けさえしてくれていれば買うこともできたのだが、今日はとても手が出せない。ダービーの後で外苑イチョウ並木前の青山店に買いに行こう。ガレオン、頼むぞ。帰りの特急かいじ号では山梨ワイナリーでこっそり確保した貴腐ワインをテイスティングしながら、Y先生は桃の花が開く車窓の景色をずっと眺めていた。

　国立駅前そば芳で坪やんと打上げ。僕、酒も駄目で山菜おじやを半分。そこへ妻を呼んで皐月賞の配当を渡す。東北弁で言うならば、妻は「ヌッコヌッコ顔でやんした」。
（『年金老人奮戦日記　男性自身シリーズ26』新潮社　一九九四年）

　もちろん的中馬券は換金できていないので、夫人への配当はY先生の財布から供出されている。深夜の出来事は夫人には報告しない。もっぱら同期生の方々の達者ぶりである。しかし、いっこうに食欲が出ないY先生の様子を見て、「飲み過ぎたんでしょ」とほぼ全容を見抜いていらっしゃる。「どの位?」あくまでも穏やかな口調ではあるが、こちらを向いて共犯者への尋問に移る。Y先生「朝飯の湯豆腐がうまかったんだよ」と話を紛らせようとしている。「あら?」と夫人が鞄の横の印傳屋の紙袋を発見する。「お土産ですよ」夫人の追求はこれにて終了した。Y先生「ひとつは坪やんに」とおっしゃる。なんと、買うのを諦めた「ふすべ焼き」の二つ折りの財布を頂戴してしまう。今回の旅の御礼だとおっしゃる。火急中にぐっすりと眠ってしまったお間抜けなお供である。夜更かしと飲み過ぎを助長した失格添乗員である。そんな資格はございません。いただけません。それなのにY先生「これだとダービーの人混みの中でも掏られないよ」である。有難い。でも、Y先生、ダービーのガレオンだけは譲れませんよ。

2

五月九日、日曜日、ガレオンは東京競馬場に姿を現わした。ダービー出走のための再挑戦、NHK杯である。三着まで優先出走権が与えられる。芝二〇〇〇メートル、ガレオンのための左回り、ガレオンのための長い直線、この競馬場に帰ってきたらもう大丈夫である。さらに朗報、騎乗停止中の杉浦騎手にかわり鞍上はなんと名手・岡部幸雄である。これ以上の「代役」はいない。そもそも馬名のガレオンとは、大航海時代、スペインの無敵艦隊の主力となった大型帆船のことである。風をとらえたらどこまでも進む。これまでいくつか紆余曲折はあったが、岡部騎手という追い風を受けてこれからは順風満帆、といきたい。

五月八日（土）晴
府中ＪＲＡ。本田さん、松成さん、坪やんに会う。この頃は当る当らないよりは面白ければいいと考えるようになった。レース前の期待、レース中の昂奮（叫んだりはしない）、それだけでいい。この日も面白かった。
（『年金老人奮戦日記　男性自身シリーズ26』新潮社　一九九四年）

前日、ゴンドラ十五号室に本田靖春さんが顔を出された。本田さんもこの部屋の「住人」である。

府中JRA。赤木駿介、本田靖春ほか五人で鰻の押田へ行く。本田さんは大当りしたそうで奢ってくれる。

（『還暦老人極楽蜻蛉　男性自身シリーズ25』新潮社　一九九一年）


府中JRA。黒鉄ヒロシ夫妻、本田靖春さんが来る。繁寿司。客の一人に「今年は乾燥して爪が割れた」という人がいた。

（『年金老人奮戦日記　男性自身シリーズ26』新潮社　一九九四年）


本田靖春さんには弊社PR誌「サントリークォータリー」にたびたび原稿を頂戴している。原稿、ゲラのやりとりは必ず下井草のご自宅にうかがうことにしている。本田さんはがっちりと鍛えた身体の持ち主ではあるが、書かれる字は極めて小さい。そして太い。ゴツゴツもしている。原稿用紙の真ん中に黒い塊がぐっと置かれている。その一字一字には世の中のあいまいさをはね返すような力強さがある。しかし、未熟な編集者がその文字を正確に読み取るには少々鍛練が必要である。特に「さ」「お」「よ」あたりの平仮名の判別が難しい。間違えちゃいけない。原稿を頂戴する時はいつも本田さんの前で原稿を読ませていただく。しかし、大抵の場合いつも二〇〇字詰めの原稿用紙を数枚めくったところで「もう、いいだろ」と切りだされる。そして、二人で連れだって必ず西武新宿線沿線の呑み屋に行く。

南浦和で乗り換えて、大宮駅へ行った。階段をあがると、そこがすでに新幹線の入口になっていて、柵の向うに本田靖春さんが立っている。

「やあ……」

トレンチ・コートでぴたっと決まっている。東北新幹線でなく、成田空港に立たせたい。やや大ぶりな鞄。三百万円ぐらいは楽に入る。商売人は違うなあ。

本田さんは競馬好きであるが、府中と川崎以外はめったには行かない。左廻りが好きなのだろう。そうしてまた、その気持はよくわかる。僕もそうなのだ。中山というのは田舎臭い。それならいっそ草競馬という気持が濃厚にある。川崎は柄が悪いというか、なんとも苛烈な感じがするところがいい。府中と川崎で何度本田さんに遇《あ》ったことか。

（『草競馬流浪記』新潮社　一九八四年）

本田さんのご自宅にうかがうようになってしばらくしてから、偶然、東京競馬場のパドックで、それも柵ぎわ、かぶりつきの場所で一人立つ本田さんを発見した。鋭い視線で馬を眺めている。決して声をかけてはいけない雰囲気だった。レースがすべて終了してから府中の居酒屋にご一緒させていただいた。「何だ、君も競馬をするのか」、以来、原稿のやりとりでお邪魔した時、その後に居酒屋に行く時も競馬の話が中心となった。秋のＧＩシーズンになると用件がなくても様子伺いとして下井草にお邪魔するようになった。厩舎の話、騎手の話、海外の競馬場体験記、競馬について話をする時、本田さんは饒舌になる。その話はどこまでも広がり、そして深い。ジャーナリストの視座がある。取材者の眼差しがある。話す内容のひとつひとつがすでにノンフィクション作品として成立している。

天皇賞を前に、9レースの精進湖特別の観戦は放棄して、早々とパドックの柵ぎわに陣取った。待つほどに十三頭の出走馬が現れた。美人コンテストなどというものをのぞいたことはないが、華やかさという点に絞っても、いま目の前にする光景には一歩も二歩も譲るであろう。小生、年来の糖尿病で、美人くそくらえの心境が、とみに深化しているのである。

先頭のオグリキャップの体重は、毎日王冠のときにくらべてわずか2キロ減だったが、いちだんと引き締まって見えた。休養前からの14キロ増は成長分と受け取ってよさそうである。

だが、タマモクロスは一頭地を抜く好馬体をしていた。こちらは同じ芦毛でもオグリキャップよりかなり白い。それでいて、銭形の模様をくっきりと浮かび上がらせている。気合いの乗り、後肢の踏み込みも素晴らしくよい。早くから厩舎関係者の自信満々といえるコメントが聞こえていたが、まさに絶好調のできであった。

実をいうと、パドックを見るまで、私はオグリキャップの勝利を予想していた。もちろん、そこには、思い入れも少なからず働いていた。しかし、タマモクロスをひと目見るなり、その予想は崩れた。おそらくこの五歳馬が、春秋の天皇賞を連覇することになるであろう。

（本田靖春「第98回天皇賞・秋詳報・観戦記」「優駿」日本中央競馬会　一九八八年十二月号）

本田さんもY先生と同様パドック派だが、さらに徹底している。Y先生よりも年季が入っている。馬を自分の眼で見なければ馬券は購入しない。したがって場外馬券売り場には絶対に行かない人である。競馬新聞も購入はするが、その情報は参考程度にとどめ、それまで目撃したレースの記憶、そしてパドックに馬券の根拠をほぼ一〇〇％求めている。したがって競馬場で最も長く居る場所はもちろんパドックである。競馬をしている時の本田さんは孤独の人である。誰とも会話をせず、馬を見ることだけに集中している。周回する馬たちを一頭一頭しっかり見極めてから、返し馬へ、そして穴場に向かう。

競馬場へ行くと、忙しいですよ。レースはほぼ30分間隔で行われる。そのうち、パドックにいる時間が約15分間、それから馬場に出て、返し馬を見て、馬券売場に向かう。その繰り返しですから、最終レースのあたりになると、疲れてきちゃって。だから、私は競馬場へ行く前の晩には、まず酒を飲みすぎないこと、次に夜ふかしをしないこと、この二点を心懸けているくらいです。

（インタビュー「第51回日本ダービー予想と『私の馬券戦略』」「優駿」日本中央競馬会　一九八四年六月号）

インタビューでは、そう答えていらっしゃるが、一度、ジャパンカップの前夜にご一緒させていただいた時は決して酒量をセーヴされていたご様子はなかった。夜遅くまで府中の街を何軒も回らせていただいた。しかし、明くる日は朝早く、第一レースの馬が登場する前にはすでにパドックのかぶりつき、柵の前に立っていらっしゃった。本田さんの馬券はギリギリまで絞られている。無駄なもの、あいまいな要素は排除されている。馬連である。これが勝つ、という一頭の馬から三点、多くても四点、観察力、洞察力で磨かれた馬券である。美しい。こういう馬券を買うことが出来たら、的中しなくてもなにも悔いることはないんじゃないか、と思えるほど練り込まれた馬券なのである。本田さんの馬券を見ていると、競馬をしていることが有意義だとさえ思える。人生の経験値の高さがしっかりと伝わってくるのである。馬券は買う人のかたちを表わしている。癖も、性格も、そして人生観さえ示されている。いつの日か、本田さんのような馬券が買えれば、と思うのである。

まだ、早いのは承知で今年のダービーの本命をうかがうと、Y先生と同じく「ウイニングチケット」という答えだった。相手にはガレオンが面白いんじゃないか、ともおっしゃる。「あのゴチャつきがなければ皐月賞は勝っていたね」本田さんも実は、あのアイビーステークスのガレオンの末脚の目撃者なのである。「あの馬は大物になるよ。でも、ダービーは難しいよ。当った記憶がないんだよ」四歳の若い馬たちの戦いだから不確定要素が多すぎる。「今年もTV観戦だよ」と笑っている。そうおっしゃりながらも、この日の第十一レース、薫風ステークス、Y先生と本田さんはともに本命⑭セサロニアン、六番人気の馬を抜擢して馬連五一〇〇円を的中させている。ゴンドラ十五号室のこの馬しかいないよ」本田さんはやはり三点でこの的中にたどりついている。「勝つのは「住人」たちは魔物のような人びとばかりなのである。本当に油断がならない。

先日お会いした、同じく十五号室の「住人」、いとも簡単に万馬券を当てる魔物中の魔物、一橋大学の長島信弘教授は今年のダービーの本命としてガレオンの名を挙げていた。この「住人」お二人のお墨付きを励みとして、NHK杯はもちろん⑦ガレオンから行く。単勝一・九倍、断然の一番人気に支持されている。皐月賞のあの幻の末脚が高く評価されているのである。しかし、ガレオンよ、人気になっても、今日は決して無理をしてはいけない。実力はダービーで発揮すればよい。あくまでもトライアル、試運転だ。馬体重は四七八キロ、前走からマイナス六キロ、仕上がり状態はいいが、この気配の良さがダービーまで保たれるだろうか。Y先生が本命に抜擢した馬はガレオンの隣の枠⑥マイシンザン、前走の皐月賞から一〇キロ増えて五一二キロ、立派な身体の持ち主である。「いい馬になったなあ」厚みのある馬体、大きなお尻に惚れ込んでいらっしゃる。四馬身差ながら九着に終わった皐月賞の時もそうだったが、今日もパドックでの焦れ込みが激しい。こんな様子で大丈夫か？　とも思うが、Y先生はいつものこと、とあまり気にされていない。むしろ走る気満々と捉えている。さらに返し馬を確かめながら「大丈夫。二〇〇〇メートルまでだったらひとまくり。この馬が一番強いよ」とおっしゃっている。確かに第一コーナーからスタート地点へ真っ直ぐに向かう後ろ姿はひと際目立っている。立派なお尻である。ガレオンも悪くない。柔らかいストライド、この馬には府中のターフが良く似合っている。どうやらこの二頭で決まりそうだ。ここはダービーのための資金稼ぎ、馬連一点で勝負である。

レースはY先生の予言通り、⑥マイシンザンの圧勝、その末脚はナタの切れ味だった。⑦ガレオンは二着、馬連⑥⑦は九一〇円だった。スタート良く、スローペースの中、好位を進み、直線もスムーズに足を伸ばし、危なげないレース。負担をかけない騎乗を心掛けながら、ちゃんと二着に持ってくるとはやはり名手・岡部幸雄である。マイシンザンに豪快に交わされても無理に抵抗しない。なかなかできることじゃない。結局、三馬身半の差をつけられたが、これは前哨戦、距離が四〇〇メートル伸びれば違う結果に必ずなる。心配はいらない。実はこのレースで二番人気に支持されていた南井克巳騎乗の⑨グロリークロスはレース中に骨折を発症して競争を中止している。無事に走ってくれることが名馬の証しなのである。

3

五月三十日、日曜日、さあ、ダービーである。
朝、ゴンドラ十五室で戸山為夫調教師の訃報に接する。二十九日の早朝に亡くなられたようだ。坂路スパルタ調教で鍛えたミホノブルボンが圧倒的な強さでダービーを制したのはつい一年前のことである。そして、今日新たなダービー馬が誕生する。常に競馬は更新される。時は止まらない。敗者はもちろん、勝者でさえ、明くる日には置き去りにされてゆく。それは競馬が予想というファクターによって成立している存在だからである。レースが終われば、もう振り返ることはなく、次のレースへと人びとの関心は動く。過去は個人的感傷の中でしか存在することができない。馬券購入者にとって競馬とは極めて刹那的な営みなのである。ダービーも天皇賞も有馬記念も、すべてその刹那の中にある。ミホノブルボンは菊花賞で二着に敗れた後に故障を発症し、現在、長期休養中である。戸山師の後、誰が管理するのだろうか？　そして再び、刹那の狭間から脱け出して、我々の前に姿を見せることができるのだろうか？


繁寿司、ロージナ茶房。気候よく競馬は面白かったが、ニシノフラワー、シンコウラブリイ、シスタートウショウにイクノディクタスが先着するとは到底考えられなかったので惨敗を喫した。

（『年金老人奮戦日記　男性自身シリーズ26』新潮社　一九九四年）


第54回優駿牝馬（オークス）。パドックでのベガの出来が素晴らしい。落ちつきがある。しなやかである。やわらかい。それでいて全体の動きに力強さがある。

部屋に戻ってそれを言うと、妻は素直に信じて単勝式馬券を買いたした。妻は他にユキノビジンの複勝とベガの枠から総流ししていたから、またしてもＧＩ大勝利。

僕はどうかというと、ベガの次によく見えたのがデンコウセッカであったし、ユキノビジンはサクラユタカオー産駒《さんく》で千八から二千がベストと思って軽視した。だから、またしても惨敗。僕のこの日の心のありようは中原誠か駒田徳広（巨人軍一塁手・打率一割八分三厘）というところであって、頻りと「命まで取られたわけじゃないから」と呟いていた。

（『年金老人奮戦日記　男性自身シリーズ26』新潮社　一九九四年）


Ｙ先生は東京開催が始まってからあまり調子が良くない。特に東京競馬場で行なわれたＧＩ二戦はともに「惨敗」に終わった。馬券もうまくゆかないが、さらにダービーに向けて日に日に高まる競馬場の喧噪が気になっているご様子である。

安田記念でキットウッドはパドックにいたときから激しく尻っ挑ねするなど焦《い》れ込んでいたが、本馬場入場で馬鹿者共がワッと騒ぐから更に焦れ込み、遂に武豊騎手を振り落としてしまった。それが面白かったらしくてまた騒ぐ。

＊＊＊

騒ぎたい自分勝手な人はサッカー場へ行って「俺《オレ》、俺《オレ》、俺《オレ》！」と叫んでいて貰いたい。

（『年金老人奮戦日記　男性自身シリーズ26』新潮社　一九九四年）

今日の入場者数はすでに十五万人を超えようとしている。ダービーは無事に行なわれるだろうか。Y先生は不安を募らせている。

一方、夫人は「武さん」とともに絶好調である。桜花賞・ベガ（一着）、皐月賞・ナリタタイシン（一着）、天皇賞・メジロマックイーン（二着）、オークス・ベガ（一着）、いま、この騎手に逆らったら馬券を当てることはできない。これ程の存在感を持った騎手が今までいただろうか。昨年の勝利数は一三〇勝、複勝率は四割を超えている。今年はさらに上回るペース、複勝率は五割を超えている。皐月賞を最後のひとまくりで勝ってしまったように、ダービーもあっさりと持っていってしまうんじゃないか。そんなふうに思えてしまうのである。「武さんが絶対に勝つわよ」夫人には一片たりとも迷いがない。一方、競馬新聞、スポーツ各紙の予想陣は悩みに悩んでいる。皐月賞の一戦で予想は混沌の中に突き落とされてしまったようだ。印を見るとウイニングチケット、ビワハヤヒデ、ナリタタイシンの三強にシクレノンシェリフを加えた四頭が有力視されている。しかし、四頭とも予想家たちの◎の根拠はあいまいで、いずれも深く頷かせるような説得力がない。ちなみに「サンケイスポーツ」佐藤洋一郎はガレオン本命である。これはどう判断したらよいだろうか。馬券の売れ行きは三強中心、一番人気はウイニングチケット、しかし、倍率は三倍後半台を推移している。僅差でビワハヤヒデ、ナリタタイシンが続く。馬券購入者も迷っているのである。

第八レース、むらさき賞発走前、やはりパドックは例の秘密の場所へ行く。最近、二人の常連に加え新顔が一人増えた。大きな画板を持って手づくりの予想表を貼りつけて、熱心に何かを書き込みながら双眼鏡をのぞいている。毎レース、パドックに来ると必ず先に来て、馬を観ることに集中している。Y先生が返し馬に向かう時もまだ馬を観ている。「パドックの住人」である。いったい何時、この人は馬券を買っているのか？

さすがダービー出走馬の十八頭である。どの馬もきっちりと仕上げられている。美しい。いつまでもこのパドックを眺めていたい。その中でも特に素晴らしい出来と思えるのはやはり⑦ビワハヤヒデと⑩ウイニングチケットである。芦毛の馬体、⑦ビワハヤヒデは四七四キロ、前走からマイナス四キロ、十八頭はこの馬を中心として周回している。他馬を従えている、そんな風格をこの馬は身につけているのである。一方、⑩ウイニングチケットは闘志の塊が薄いベールを一枚だけまとったような雰囲気である。臨戦態勢は整っている。四五八キロ、マイナス二キロ、これ以上は出来ないと思えるほどの仕上がり具合である。凄みすら感じさせる。「柴田騎手とともになんとしてもダービーを獲る」伊藤雄二調教師の執念がそのまま馬のかたちになっているようである。馬っぷりの良さという点では⑤マイシンザンも負けてはいない。五一四キロ、前走よりもさらに二キロ増、出走馬中、一番大きな馬である。お尻の盛り上がりは他馬を圧倒している。しかし今日も激しく焦れ込んでいる。三強の一角①ナリタタイシンは気配をなかなか表面に出さない馬である。二強ほどの迫力は感じさせないが、その静けさがかえって不気味な雰囲気をにじみだしている。予想家たちの評判急上昇の⑬シクレノンシェリフは今日は少し力んでいるような様子、⑫ステージチャンプは素軽さを感じさせる歩様だが、こちらに伝わってくるものが乏しい。割引きが必要か。さて、わが④ガレオン、四七六キロ、マイナス二キロ、お稽古を強化して今日に臨んでいる。豊かな腹袋も相変わらず、仕上がりは良さそうだ。アイビーステークスのレース前、そして、TVで観た皐月賞のパドックではもう少しぐっと気合いが入った、弾むような歩き方をしていたように思ったが、今日はゆったりとした歩様、これは大人になったということなのか。それとも疲れ、気配落ち？　少し不安はあるが、もう今さら、である。信じることにしよう。パドックからの帰り、森田芳光監督とすれ違う。本命はビワハヤヒデのはずだが、「ウイニングチケットの出来が凄い」と唸っている。

返し馬、ゴール前にはギッシリと人が詰まっている。もうダービーが終わるまで動くことはできないだろう。来場者数は十六万人を超えた。大観衆である。気がついたら、空が黒い雲に覆われている。いつの間にか照明がつけられている。競馬場は広い。もう、どこかで雨が降っていても不思議じゃないほどの空模様である。嵐の予感？　何頭かの馬が、大観衆を避けて第一コーナーから向う正面に馬を向かわせる。直線を逆走せず、第一コーナーから第二コーナーへと廻ってゆく。ガレオンは静かな返し馬、しかし、伸びやかなストライドである。心房細動、降着を乗り越えてようやくここにたどり着くことができた。ロング&ワインディングロードであった。この瞬間に、このターフの上で、この馬の姿を目撃するために東京競馬場に通った一年である。すると、その感慨をかき消すようにバチバチバチバチと音を立てながら走り去ってゆく馬がいる。ウイニングチケットである。まるで火花でもスパークさせているように、すっかり暗くなったターフの闇を切り裂くように一文字の軌跡を描いて第四コーナーに向かってゆく。鞍上に丸まった柴田政人騎手の背中からも闘志がはっきりと伝わってくる。劇画調に表現するならば、その背中からは炎がメラメラと燃え上がっている、というところか。こんな鬼気迫る返し馬はこれまで見たことがない。Y先生も双眼鏡で追いながら「凄いね」とひと言、他の十七頭の存在をすべて吹き飛ばしてしまったような凄まじい返し馬だ。

Y先生はウイニングチケットが待機所に収まって他の馬たちと交わるまで双眼鏡から目を離さない。締め切り間近、今日の樽前船は極めて小規模である。「あの返し馬を見せられたらね」馬連もウイニングチケットから、かなり点数を絞られているご様子。わがガレオンは五番人気、こちらも初志貫徹、まずは単・複、馬連の相手は三強に絞った。

スタート直後、⑯マルチマックスが落馬、南井克巳騎手はNHK杯のグローリークロスの骨折による競争中止から不運続きである。③アンバーライオンが逃げ、②ドージマムテキが追う。④ガレオンは四番枠を生かし、前目の内ラチ沿い、絶好のポジションをとっている。⑦ビワハヤヒデは中団、いつもよりはやや後ろの構えか？　最後の直線までできるだけ脚をためたいという狙いだろう。⑩ウイニングチケットはその後ろ、今日も⑦ビワハヤヒデを捉えているのか。①ナリタタイシンはさらに後方、定位置である。夫人がつぶやく。「武さん、後ろすぎないかしら」レース前、評論家の中にはこの馬がダービーを勝つには、もう少し前目のポジションをとる必要がある、と指摘する人もいたが、「武さん」はそんな常識的な戦法を踏襲する騎手ではない。天才なのである。①ナリタタイシンの闘い方は決まっている。大丈夫、定位置ですよ。一〇〇〇メートル通過は一分ジャスト、澱みのない流れ、本当に実力のある馬にしか勝てないペースである。岡部騎手と柴田騎手、今日もこの二人の駆け引きが馬群全体に強い緊張感を伝えている。張りつめている。双眼鏡を通してもそのピリピリした空気が伝わってくる。見ているこちらも緊張する。一瞬たりとも目を離すことができない。

勝負の分かれ目は第四コーナーだった。

「大ケヤキ」を過ぎて、⑦ビワハヤヒデが動く。馬群の中、やはりこの馬の推進力がひとつ抜けている。馬群の先頭に立ち、前を行く二頭を捉えている。巧みなコーナーワークから岡部騎手はインをつかず外に⑦ビワハヤヒデを出そうとする。その動きに反応するように馬群全体が外に膨らむ。ビワハヤヒデが馬群全体を導いているのである。④ガレオンは馬群の外側、⑦ビワハヤヒデを射程に入れながら、いつでも、どこでも抜けだせる絶好のポジションである。やはり左回りはスムーズである。もたつくところがない。馬群が直線を向いたところで、まず、岡部騎手が前を行く二番手②ドージマムテキを交わそうとする。しかし、この馬がコーナーワークとともに少し外に膨れる。

このわずかな動きが岡部騎手の戦術を少し狂わせる。ビワハヤヒデの行く手が窮屈になる。そのため追い出しをワンテンポ送らせなければならなかった。スピードも少し緩む。②ドージマムテキが外に膨れたことにより馬群全体の力は外にかかり続ける。そのために内ラチ沿いにぽっかりと穴があいた。その空いたスペースに果敢にも一頭だけ突っ込んできた馬がいる。⑩ウイニングチケットである。もともと内ラチにくっつくように走っていたこの馬は群れ全体が外に動こうとも、自分の針路は変えなかった。柴田騎手は⑦ビワハヤヒデをマークしていた訳ではなかった。あくまでも⑩ウイニングチケットの走りをそのままにさせていたのである。そして目の前に勝利への道を見い出した。柴田騎手はゴーサインを出している。鞭を一閃、⑩ウイニングチケットも抜群の反応を見せる。外に膨れた馬群を内からあっという間に交わし、前を行く③アンバーライオンをもう捉えようとしている。直線の坂の手前、ちょっと早くないか、とも感じられたが、柴田騎手はここしかないと心に決めているようだ。全力の手綱さばき、手が何本も生えている。阿修羅の如きボディアクションである。忘れるな、このレースの主役は俺なんだ、と十六万人の観衆に強烈にアピールしているようにも感じられる。やや遅れをとった⑦ビワハヤヒデが外から②ドージマムテキを交わし、今度は内へ切れ込みながら⑩ウイニングチケット目指して足を伸ばす。やはり強敵はこの馬である。率いていた馬群を簡単にちぎり捨て⑩ウイニングチケットと内ラチの間に芦毛の馬体を潜り込ませようとする。しかし、そこに一頭、外から猛然と⑦ビワハヤヒデよりもはるかに切れる脚でやってくる馬がいた。④ガレオンだ。⑩ウイニングチケットを捉える勢い。この脚だ。この切れ味だ。リアルシャダイ家の宿願達成もあと少しだ。思わず声が出る。ところがもう少しで⑩ウイニングチケットを交わそうか、という瞬間、いきなりガクンとスピードが落ちてしまう。明らかに何かが起こった。突然、④ガレオンのダービーは終わってしまった。ゴールが迫る。④ガレオンを振り切った⑩ウイニングチケットが必死で逃げる。しかし、抜けだした時の勢いはもう残っていない。迫るのはやはり⑦ビワハヤヒデ、さらに、忘れたころ、最後に①ナリタタイシンがやってくる。最後方から馬群の内目、最短距離を縫うように貫き、ケタ違いの末脚であっという間に前を行く二頭に迫る。ダービーでこんな乗り方があるのか。恐ろしい、やはり、この騎手は我々の想像の域を超えている。夫人手を叩いて、しかし、あくまでも控え目に喜んでいる。小さな声で「武さん」の連呼である。しかし、柴田騎手は抜かせやしない。大きな口を開けている。鞍上で何かを叫んでいる。なんとか馬を一歩でもゴールへ近づけようと、身体が限界近く、前に乗りだしている。馬の頭よりも柴田騎手の黄色のヘルメットの方が前に出ているような、身体を一杯につかって渾身のムチの連打である。足の底から頭の先まですべてのものを絞り出すような気迫である。そのままウイニングチケットと柴田騎手は皐月賞の一、二着馬を従えて先頭でゴールイン、柴田騎手はゴールを過ぎても何かを叫び続けている。

レースは、一番人気、二番人気、三番人気の順に入着し、騎手も柴田、岡部、武と実力者ばかりだった。こういうレースもいいものだ。一万頭に近いサラブレッドから選ばれた十八頭が人気通りに入着（四番人気マイシンザンは五着）するのは不思議な気がするが、これが競馬である。

（『年金老人奮戦日記　男性自身シリーズ26』新潮社　一九九四年）

走破タイムは二分二十五秒五、ウイニングチケットの単勝は三六〇円、馬連⑦⑩は七二〇円、実に見応えのあるレースだった。実力のある騎手が強い馬に乗って結果を出す。競馬の一年を締め括るのにふさわしいレースになった。Y先生はレースが終わってもしばらく双眼鏡をはずさない。ゴールを過ぎて第一コーナーへと走り去ってゆく馬の姿を追っている。

四着。ガレオンの夢は届かなかった。実力がひとつ足りなかった。「追っかけ」として勝手に夢を膨らませていただけなのだろう。双眼鏡でターフを見続けていたY先生が「ガレオン、騎手が降りているよ」とおっしゃる。故障発生だったのか。やはり無理をしていたんだな。Y先生こちらを振り向き、胸ポケットからガレオンの単勝、複勝馬券を取り出しながら「惜しかったね。一瞬、勝ったかと思ったよ」無理して天ざるを頼む人である。やはり心遣いの人なのである。思わずY先生にお願いしてその馬券をいただくことにした。馬券は温かかった。二枚ずつになった単勝・複勝馬券を印伝「ふすべ焼き」の財布にしまいながら切なさと嬉しさが湧きだしてきた。的中した馬券よりもいとしく思えるはずれ馬券があるなんて、今まで考えたこともなかった。ガレオンは秋になったら帰ってくることができるだろうか。それともこの馬もダービーという刹那の中に消えてしまうのだろうか。

柴田政人とウイニングチケットがスタンド前に帰ってきた。マサトコールが起こる。アイネスフウジンの「ナカノコール」以来、ダービー終了後、騎手の名を連呼するのがレース後の競馬場の若者たちの新たな楽しみになりつつあるが、実はどうしたものかと感じていた。競馬の主役は馬である。堅い話をするようだが、連呼するのは本来なら馬の名前ではないか、といつも思っていた。もちろん、勝手につけられた名前なのでその名を呼ばれても馬は群衆が何を叫んでいるか理解できないと思うが、騎手名コールは主役を置き去りにした熱狂のように思えていたのである。しかし、今日マサトコールが起こるのは当然のように思われた。もちろんウイニングチケットはダービーを勝つのにふさわしい、強い馬だった。しかし、明らかに柴田政人騎手でなければこの馬をゴールへ導くことはできなかった。このレースの主役は間違いなく「マサト」だった。

ウイニングチケットが勝って「マサトコール」が起った。去年は「ナカノコール」であったが、本来ならば「エイジコール」でないとおかしい。中野栄治は、みんなエイジと呼んでいる。柴田弘之《ひろし》、柴田善臣《よしとみ》、柴田政人《まさと》と柴田姓は三人いるから、柴田政人はマサトである。さすがに若い人達は反応が早い。競馬は老人の見るスポーツ（ギャンブル）だと思っていたが、ここも若者に占領されつつある。これは結構なことであって、今年の「マサトコール」は感じがよかった。

（『年金老人奮戦日記　男性自身シリーズ26』新潮社　一九九四年）

「武さんが勝ったらユタカよね」夫人が少し残念そうにつぶやく。「ターケ、じゃねエ」。心配いりませんよ。近々、その名を連呼する時が必ず来ますから。レース後のインタビュー、柴田騎手は「世界中のホースマンに、私が第六〇回日本ダービーを勝った柴田政人ですと言いたい」と胸を張る。十九回目のダービー挑戦だった。やはり、今年はこの騎手とウイニングチケットが勝つことに決まっていたのである。Y先生、恐れ入りました。

さあ、今日は飲むぞ。まずは「繁寿司」に、もちろんY先生のお供である。

# 第四章

一九九三年東北優駿　上山競馬場

小園《せうゑん》のをだまきのはな野のうへの白頭翁《おきなぐさ》の花とともににほひて　茂吉

ウイニングチケットで見事ダービーを的中させたＹ先生は、とても忙しい六月を過ごした。『行きつけの店』の献本作業に続いて、サイン会が日本橋丸善、池袋旭屋書店、神田三省堂書店で行なわれた。さらに吉行淳之介先生との対談集『老イテマスマス耄碌』も刊行され、その献本作業も重なった。

千代田区三番町のＴＢＳブリタニカ訪。書店からの要望で拙著『行きつけの店』に署名する仕事。

日本橋丸善で同書のサイン会。午後五時からというのは帰宅するサラリーマンを狙ったものだろう。四階の小さな展覧会場で行うものとばかり思っていたが、一階の正面を入ってすぐのところにテーブルが置かれていたのでビックリする。サテライトスタジオじゃあるまいし、これじゃ目立ってしょうがない。丸善は親しくしている店員も多いので照れ臭い。

僕は筆で相手の名前も書くことにしているから、ちょっと大変。ただし、こんどの本は、僕としても一冊一冊読者に直接手渡ししたいくらいに思っていたので、辛いけれど楽しくないこともないといった按配。

（『年金老人奮戦日記　男性自身シリーズ26』新潮社　一九九四年）

したがって七月前半は夏休みである。早速、七月二日にY先生は山形新幹線、車上の人となった。目的地は上山温泉郷、今回の旅は講談社の大編集長・大村彦次郎さんご夫妻とご一緒である。食べ役は東京駅でお見送り、競馬開催日の前日に合流させていただくことになっている。福島駅で東北新幹線から切り離されたつばさ号は在来線奥羽本線の軌道を行く。新幹線なのに踏切がある。スピードも制限されている。ミニ新幹線と呼ばれている。間もなく山間部に入る。奥羽山脈の南端を抜ける。通常の新幹線では体験できない急勾配である。いくつかのトンネルを抜けてその名も峠という、ホームがすっぽりと大きな屋根に覆われている駅を通過、今度は羽黒川に沿って走り下る。細かいカーヴに車体を軋ませながら鉄橋を渡り、再び渡り返し、やがて右に大きな弧を描き平地へと下ってゆく。一気に窓外の視界が開ける。米沢盆地である。さらに、米沢駅を出発したつばさ号が市街地を抜けると線路の両側に青々とした田んぼが広がる。両側に緑茂る丘陵が迫り、再び視界が開けると、今度はラ・フランス、ぶどう、さくらんぼなどの果樹畑が広がっている。一瞬にして別世界に来たような、そんな感覚が湧いてくる。この世のどこかに桃源郷というものがあるならばこういう風景なのではないか、それほど豊さにあふれた景色なのである。銀色の少し小さな新幹線は陽光をキラキラ反射させながら緑あふれる中をまっすぐ走ってゆく。目的地・上山は別世界の真ん中にある。

この山形新幹線は昨年七月に開業された。東京駅で列車に乗り込むとそのまま別世界までY先生夫妻を運んでくれる。あとは乗り越しさえしなければ大丈夫、網棚の荷物のチェックを夫人が怠ることはない。かみのやま温泉駅のホームでは「葉山館」の五十嵐航一郎社長が待ち構えている。さらに安心である。この新幹線が開通したおかげで朝一番の列車に乗れば、午前十一時三十分出走の上山競馬第一レースに十分間に合ってしまうのである。東京の日本ダービーの借りは上山で返す。そんな不穏な志を抱きながら北上する馬券購入者たちがいても何の不思議もない。Y先生の話では夏の福島競馬開催期間中はＪＲＡの騎手たちも馬券を買いにこの地までやってくるという。

むかし、福島競馬場へは何度も行った。そのとき、中央競馬のジョッキーたちが、休日（つまり月曜日）に上山へ行って温泉で休養し、かつ競馬場で馬券を楽しんでいることを知った。彼等の馬券戦術は実に単純だ。予想紙の第一予想に一万円を投ずる。負ければ次のレースに二万円、それも取られれば、その次のレースに四万円。すなわち倍々戦術である。ルーレットの赤黒、丁半と似たような張り方をする。これも競馬というものがアテにならないことの証明になるだろう。専門家はそう思っているのである。

（『草競馬流浪記』新潮社　一九八四年）

ジョッキーたちの一日だけの夏休み、やはり上山は別世界なのである。

警しめのサイレンの音ひびきぬる上《かみ》ノ山《やま》過ぎここに来《きた》りき　茂吉

上山競馬場は山形県上山市が運営・管理する市営競馬場である。Y先生は一九八一年、『草競馬流浪記』の取材で初めてこの競馬場を訪れている。全国の公営競馬場全二十七場を完全踏破したこの競馬界の金字塔的著作は、当時、JTB「旅」編集部に在籍していた石井昂さんが企画・立案したものである。前半の七篇は「旅」、そして後半の十四篇は「小説新潮」に連載されている。石井さんは、前半は「旅」編集者として、後半は新潮社の担当者として、この連載企画に携わっている。上山競馬場「萩すすき、上山子守歌」篇は「旅」誌での最後の旅、一九八一年十一月号に掲載されている。

九月十八日、金曜日、午前十時。僕は上野駅十四番ホームに立っていた。そこへ、スバル君が、例によって、息せききってという感じで駈け寄ってきた。これが、旅をするときの喜びのひとつである。同行者と、無事に待ちあわせ場所で会えるということは——。

（『草競馬流浪記』新潮社　一九八四年）

石井さんは「スバル君」としてY先生の作品の中に頻繁に登場しているが、もともとJTB時代には壽屋宣伝部のY先生の同僚だった開高健先生の担当をした経験を持つ編集者なのである。

そこへ久しぶりに『旅』の石井君が遊びにやってきて、何やら競馬で大当てに当てたという話をひとしきりやったあとで青森県の田代高原へちょっといって書いてくれませんかと切りだした。

本題をさきにいわないで馬のラッキー・ストライクの話をしたのはよほど穴をあてたのが嬉しかったのであろう。どうやらここでも〝ツキ〟といえるほどの玄妙は何年かに一度の割りでくるらしい気配であった。

＊＊＊

東京をでるときに海釣用のルアーを何種類かリュックに入れておいたので石井君にしゃくり方を教えた。彼はなかなかいい素質があり、それはかねてよりニランだとおりだったが、キャスティングの姿勢がよく整ってきた。ただ一つ難をいえば力みすぎることだが、近く結婚するそうだから、そうなれば精をぬかれてちょうどよくなるかもしれないと思われた。

（開高健『完本私の釣魚大全』文藝春秋　一九七六年）

茅ヶ崎に通い、そして釣魚行にも同行してマエストロ開高からキャスティングの素質を見出され、一方、『草競馬流浪記』ではY先生と全国の競馬場へ、さらに、新潮社に移ってから『温泉へ行こう』の担当者として北海道の登別から九州は由布院、五島列島の荒川まで、名だたる温泉処にも行く。出版社の中でこの壽屋出身の大小説家二人を受け持ち、それぞれ旅のお供までした編集者は恐らく石井さん以外には居ないのではないだろうか。

「これからが辛いんだぜ」

僕はそう言ったのだけれど、スバル君は少しも衰えることなく、悠々と四十杯を通過した。僕がスバル君を偉いと思ったのは、そのまま食べ続けて、ついに五十二杯まで達したことである。これ以後、僕はスバル君のことを食べ役と呼ぶようになった。厩舎関係の人はジョッキーのことを乗り役と言う。好きな言葉だ。

（『草競馬流浪記』新潮社　一九八四年）

さらに強靱な胃袋の持ち主、水沢競馬場の帰りに「直利庵」のわんこそばを五十二杯平らげ、福山競馬場の夜、「福島」という小料理屋では蝦蛄を三十四以上食べ尽くしている。Y先生担当、初代食べ役である。

スバル君は別名〝歩く時刻表〟であって交通関係・地理関係は何でも知らないことがない。こういう人が同行すれば、まことに安心である。そのうえ、彼は僕の主治医であって、僕の肉体および心的傾向を知悉《ちしつ》している。さらにまた、彼は膂力《りよりよく》の人であって、僕の荷物はすべて引っ担いで疾駆する。こういう人と一緒に旅をすれば、安心かつラクチンである。

（『温泉へ行こう』新潮社　一九八五年）

いざという時には用心棒にも、「主治医」にまでなってしまう。一人で助さん、格さん、そして八兵衛、果ては赤ひげまでこなす人である。さらに麻布中学のほぼ二十年後輩にあたる。「こういうことは非常に有難く、かつ、便利である。いざというときに先輩風を吹かせることができるからである」(『草競馬流浪記』)。まさにY先生担当、筆頭格の人なのである。そしてなにを隠そう、大きな馬券をいとも簡単に当ててしまう勝負師でもある。『草競馬流浪記』の中でもしばしばその活躍ぶりが取り上げられている。その凄腕に対してY先生も「天才」の称号を与えている。

輓曳に人気があるのは配当が良いからである。だいたい千円前後の配当になる。つまりは専門紙の予想が当らないのである。不確定要素が多すぎるからではないか。

そうだとすれば、馬体を見て買うよりほかにない。輓曳の馬は、僕が思っていたよりずっと大きい。これは象だ。僕にはわからない。ところが、スバル君は、馬体良し、気合良しとか言って、ずばずばと的中させるのである。力の強そうな感じ、スピードのありそうな感じ、というそれはわかる。しかし、その取捨となると頭をひねらざるをえない。

(『草競馬流浪記』新潮社　一九八四年)

姫路競馬場、紀三井寺競馬場、旭川競馬場、川崎競馬場、大井競馬場、園田競馬場、Y先生と全国を巡りながら「スバル君」の武勇伝は積み重なる。しかし、それは公営競馬だけのことではない。ジャパンカップ開催日には必ず東京競馬場ゴンドラ十五号室に現れる。

ムーンマッドネス騎乗のエデリー騎手は、こんどは最後方からインを突くという去年とは逆の策戦。変なジョッキーだなあ。ペイザバトラーがいい具合に走って圧勝。直線であわや⑧⑧という場面もあったのだが、ムーンマッドネスは六着。代用品は屈辱的だが、馬券的には儲かった。スバル君はペイザバトラーの単勝一本で大勝利。

(『還暦老人憂愁日記　男性自身シリーズ24』新潮社　一九八九年)

一九八八年の第八回ジャパンカップは⑤タマモクロスと⑧オグリキャップの天皇賞・秋以来の対決が注目されていたレースである。凱旋門賞を勝った⑥トニービンも加わり、人気は三つ巴となった。⑯ペイザバトラーはアメリカからの参戦馬、九番人気、クリス・マッキャロン騎手が騎乗していた。直線を向いて大きく内に切れ込みながら、前を行くタマモクロスを捉える。鮮やかな差し切り勝ちだった。オグリキャップは三着に終った。枠連[3][8]は九八〇円、単勝⑯は一四九〇円の高配当となった。

朝々はすがしくもあるか此庭に雀あらそひて松の皮おとす　茂吉

『草競馬流浪記』上山行には特別ゲストとして、棋士の大内延介さんも参戦している。もちろん、この時はまだ山形新幹線は開通していない。東北新幹線も大宮始発である。山形方面へ行く時は在来線、特急つばさ号を利用する。したがって三人は上野駅に集合、五時間をかけて上山入りしている。列車の中では食堂車で朝食がわりのカレーライス、さらにおでん、座席に戻ってからマグネット将棋盤で車中の対局が開かれる。目指す宿は「葉山館」である。

大内八段の主催する将棋の大内会の最高幹部の一人が、上山温泉葉山館の社長である五十嵐航一さんである。大内会は年一回、この葉山館で総会を開き、将棋を指し、蔵王に登る。大内八段が、上山なら一緒に行こうと言いだしたのは、そういうことがあったからである。

（『草競馬流浪記』新潮社　一九八四年）

さらに大内棋士はY先生のためのサプライズゲストとして京都・山科の陶芸家、竹中浩さんを呼んでいる。竹中さんはY先生の古くからの友人である。

夕食の直前に、京都の陶芸家である竹中浩さんが来たのには驚いた。もっとも、これは大内八段が僕を驚かせようと思って仕組んだことであった。こういうときは、素直に驚いてあげないといけない。

その竹中浩作の白磁の盃でぐいぐい飲む。勢いがつく。

（『草競馬流浪記』新潮社　一九八四年）

竹中さんは競馬には初日の午前中だけ参戦、午後はスケッチのために近辺の葡萄園へ、さらに二日目は蔵王に向かった。芸術の人である。作品づくりのための題材集めに余念なし。節度が保たれている。もちろん、昼は別行動でも夜はギャンブラーたちにとことんつきあっている。

大内八段が地下の酒場で待っているという。元気なんだ。「無法松」なんかを歌う。芸者らしい女が出てきて唱和する。モテルというのは、大内八段の発散する勢いのようなもののせいではあるまいか。竹中浩さんも歌う。こっちは、ちょっと女形《おやま》っぽい歌い方。僕は早々に退散する。スバル君は午前一時まで、大内さん竹中さんは三時まで飲んだり歌ったりしたようだ。

（『草競馬流浪記』新潮社　一九八四年）

残念ながらY先生が歌う姿をいまだ拝見したことがない。上山の夜には何か歌われたのだろうか。歌といえば、Y先生は梶山季之さん、そして向田邦子さんの通夜の席で軍歌「戦友」を歌っている。

威勢のよかった歌声が、だんだんに心細くなっていった。私は、声を張りあげて歌っている自分一人が薄情な男に思われてきた。

〽肩を抱いては口ぐせに
どうせ命はないものよ
死んだら骨を頼むぞと
言いかわしたる二人仲

なんだかおかしい。歌っているのが私一人になっている。私はＴＶ関係者の席を見た。吉村実子もいしだあゆみも目を赤く泣き脹らしている。これはいけない。豊田だけが頼りだ。

（『木槿の花　男性自身シリーズ17』新潮社　一九八二年）

しかし、最近はなかなかＹ先生が人前で歌うようなシチュエーションにならない。そもそもカラオケにご一緒する機会がないのだ。『温泉へ行こう』ではこう告白されている。

僕は、ひどい音痴である。スバル君もそうだ。それで、僕は、万一の場合を考えて松田聖子の歌を勉強しようと思ったが、バカバカしいのでやめてしまった。もし、指名されることがあったら、僕の住んでいる谷保《やぼ》村の数え唄を歌おうと思っていた。カラオケ大会にならなかったのは、とても有難かったのであるが、なんだか拍子抜けしたような感じでもあった。

（『温泉へ行こう』新潮社　一九八五年）

鼻唄はよく聴いている。東京競馬場のパドックは頻度が高い。定番ソング「富士ィの高嶺ぇに」（『お座敷小唄』）をはじめ「忘れられないのォ」（『恋の季節』）、「別れた人に会ァった」（『別れても好きな人』）、「渚のバルゥコニーで待っててぇ」（『渚のバルコニー』）など幅広いレパートリィが確認されている。歌うこと自体は決してお嫌いではないようだ。

私は、まともに歌える（当人はそう思っている）歌は、タカラヅカの『すみれの花咲く頃』一曲しかない。それで、宴会で、どうにも断りきれなくなったときに、それを歌う。さらに、私のところで客寄せがあったときは『すみれの花咲く頃』が散会を意味するサヨナラの歌になっている。そういうことで、余計にタカラヅカのファンだと思われてしまうらしい。

（『人生仮免許　男性自身シリーズ14』新潮社　一九七八年）

「すみれの花咲く頃」については『江分利満氏の優雅な生活』を連載した当時の「婦人画報」編集長であり、後にサン・アドの仕事仲間ともなる矢口純さんがエッセイの中で次のように記している。

山口瞳さんはどうしてもうたわなければならなくなると、「すみれの花ナ——」をうたう。まことに個性的な「すみれの花ナ——」である。それも聞き手がハラハラして手助けしたくなる歌い方で、いつもきいている方が一人、二人と助太刀して、最後のころには大合唱になるのが決まりである。これもやはり並々ならぬ異能タレントであろう。

（矢口純『酒を愛する男の酒』新潮社　一九七七年）

銀婚式のハイライトもこの歌だった。それも夫人とのデュエット、涙の熱唱だった。旅先で、いつでも対応できるように歌詞カードもギター演奏用コード進行表も鞄の中に忍ばせている。しかし、なかなかY先生にマイクを握っていただくシチュエーションにはならない。編集担当者としてはまだまだ力量不足、ということだろう。そうだ。金婚式の締め括りは再びお二人の「すみれの花咲く頃」で、それ以外にチャンスはないぞ。

朝寒ともひつつ時の移ろへば蕎麦《そば》の小花に来ゐる蜂あり　茂吉

上山競馬は堅い。決して本命・対抗で収まってしまう訳ではないが、競馬専門紙の予想と結果がズレたとしても簡単に配当が跳ね上がったりはしないのである。ちなみに今年前半（六月の開催まで）の枠連の配当は全三六一レース中二二二レース、じつに六割以上が三桁で収まっている。一〇〇〇円台まで含めると八割になる。一日に一レースか二レース、紛れるレースがあるかないか、という競馬場、少々の予想のズレは上山で馬券を買う人たちにとっては想定内のことなのである。とても上手い。さらに、三桁配当のうち五〇〇円未満が一二九本、三レースに一レースは必ず堅く、堅く収まってしまう。一二〇円、一三〇円などダイヤモンド級硬度のレースも稀ではない。したがって、三桁配当のレースでも五〇〇円を超える配当となれば荒れた、と認識しなければいけない。買い目を三点までに抑え、五〇〇円以上の配当を待つ。この辺りが上山の穴党の狙い方か。やっかいな競馬場だ。

将棋で五連敗。競馬で十二連敗。そのうえ、部屋に備えつけの魔法瓶で火傷する。押すだけでいいというのを、傾けたら、左手に熱湯を浴びてしまった。そこへ蜂が入ってきた。なんとかという牛をもたおすという凄い蜂だそうだ。このうえ蜂に刺されたら泣きっ面に蜂だ。懸命に追い払う。酷いところへ来てしまった。もう東北はゴメンだと思った。

（『草競馬流浪記』新潮社　一九八四年）

その一方で、時々、間欠泉のように高配当が飛び出す。今年前半では枠連五〇〇〇円〜七〇〇〇円台が十六本、八〇〇〇円〜九〇〇〇円台が四本、万馬券は九本、一回の開催（六日間）のうちに一本か二本は出ている計算になる。Y先生はそこを狙っている。しかし、その波がいつやってくるかわからない。来ないかもしれない。穴党には忍耐力と強い意志、そして諦観力が要求される競馬場なのである。

『草競馬流浪記』上山初見参の時、Y先生は一日目の第一レースで幸先よく的中する。枠連二五〇円、一番人気だった。幸先良しと思われたが、その後、全く当らなくなった。スミイチ、野球なら初回の一点だけで、後はなんとか守り抜いて勝つことができるかもしれないが、競馬の場合の守りとは馬券を買わない、ということなのである。したがって、競馬場にいる限り守りなどというものは存在しない。

①馬券を買わない

必勝法はこれに尽きるのである。馬券を買わない競馬ファンは意外に大勢いるのである。しかも偉い人が多い。庭造りに凝っていた人が、最後には松だの梅だのを取り払って庭を雑木林にしてしまうようなものだ。書画骨董に凝っていた人が、すべてを売り払って、拾ってきた石と睨めっこするようになるのと同じだ。しかし、俗人は、なかなかこういう境地に達することができない。僕だってそうだ。

(『草競馬流浪記』新潮社　一九八四年)

この場合、Y先生も「俗人」の部類に入るので、これは仕方がない。第二レースから最終レースまで八連敗、そのまま初日は終ってしまった。しかし、Y先生は諦めない。勉強の人である。大敗北の夜、楽しみにしていた大内棋士、五十嵐さん、「スバル君」との対局を自重し、翌日のレース検討をじっくりと行なっている。旅館の部屋で一人、孤独の作業である。

勉強勉強と自分に言いきかせる。今回の忘れもの、天眼鏡。競馬は目に悪いということをご存じか。距離や走破時計の数字は、まことに小さい活字で組みこまれている。上山では千二百五十メートル、千三百三十メートル、千五百二十メートルという半端な距離があり、僕の視力では識別が困難になっている。そうして、馬場へ行けば、うんと遠くのほうを眺めなければならない。

(『草競馬流浪記』新潮社　一九八四年)

二日目も午前中は全く当らず、連敗記録は十四まで伸びる。孤独の検討作業の成果が出たのは第七レースからだった。突破口を開いたら、あとは押すのみ、たたみかけるのみ。大内棋士曰く「終盤の寄せは鋭い」（『草競馬流浪記』）、Y先生、名づけて「怒濤流」である。

いよいよ、メインの月岡特別。ここは、もう、英剛《ヒデツヨシ》から幻想的《ファンタスティック》の③⑥一点と決めてあった。連複一万円。

長旋風《ロングセンプウ》、野性力《ワイルドパワー》、YM大関《ワイエムオオゼキ》、英剛《ヒデツヨシ》が先行する。それを、三コーナーで、幻想的《ファンタスティック》が立木を薙ぎ倒すようにして抜き去る。

「強いなあ」

競馬ファンなら、ご承知だろう。これらは、すべて中央から降りてきた馬である。それにしても、中央で一勝しただけの幻想的《ファンタスティック》はこんなに強い馬だったろうか。（中央から来た馬は、強弱と無関係に、どこか垢抜けて見えるから不思議だ）

英剛《ヒデツヨシ》は余裕のある逃げだと思っていたのに、伸びてこない。やっぱり九歳馬は駄目かと、あきらめる。

むろん、余裕たっぷりで幻想的《ファンタスティック》が目の前のゴール板を通過した。二番手は長旋風《ロングセンプウ》、この⑥⑦で決まったかと思われたとき、粘っこく追走していた英剛がちょいと鼻だけ突っこんできたように見えた。

長い長い写真判定。英剛《ヒデツヨシ》がハナ差で長旋風を退けたのは奇蹟としか言いようがない。

（『草競馬流浪記』新潮社　一九八四年）

最終レースが終わった時には、初日の負け分をすっかり回収していた。一方、特別ゲスト、大内棋士は深夜三時までカラオケを楽しみながらも、初日、二日目ともに絶好調、さすが盤上に人生を賭けている人である。しかし、「スバル君」は珍しく完敗、上山は、あの天才勝負師をしても手を焼くほどのやっかいな競馬場だということである。

この村にのがれ来《きた》りてするどくも刹那《せつな》を追はむ六十四歳のわれ　茂吉

一度はもう「ゴメンだ」とおっしゃっていたY先生だが、二年後、『温泉へ行こう』の山形県碁点温泉取材時に、タクシーで小一時間、わざわざ上山競馬場まで遠征に出かけている。この時の取材同行者はもちろん「スバル君」である。


「ときにだね、散歩をしなかったね」

「はい」

「上山《かみのやま》に散歩に行かないかね」

「………」

「やってないかな」

スバル君が電話を掛けた。幸か不幸か、やっている。

「山形県の老人福祉にも貢献しないとね」

そういうわけで上山競馬場へ行くことになった。

（『温泉へ行こう』新潮社　一九八五年）

タクシーの運転手さんも誘い、三人で上山に乗り込んでいる。「山形県の福祉事業に若干の貢献をして帰ってきた」（『温泉へ行こう』）とあるので、結果はあまり芳しいものではなかったようだ。『草競馬流浪記』の連載終了後、全国二十七場のうちY先生が改めて訪れた競馬場は限られているが、総括のための編集担当者との座談会で「東北でも、上山はわりあい好きなんだ」（『草競馬流浪記』）と明かしているように、この競馬場にはなぜか心が惹かれていたのである。そして一九九〇年、『草競馬流浪記』をTV番組化した「競馬場のある町」の撮影で再度、上山競馬場を訪れることになる。恐らくこのロケが今回の上山行計画のきっかけになったと思われる。

上山競馬場ロケ。蒟蒻《こんにやく》屋ロケ。そばの原口屋ロケ。上山がこんな観光地であることを知らなかった。

（『還暦老人極楽蜻蛉　男性自身シリーズ25』新潮社　一九九一年）

撮影は四日間、盛岡競馬場と併せて行なわれた。

八月十八日　上野↓盛岡競馬場
八月十九日　直利庵（ワンコそば二十杯）↓葉山館
八月二十日　上山競馬場↓蒟蒻屋（タマコン）↓原口（そば）
八月二十一日　春雨庵↓上山城↓蟹仙洞↓上山南小学校↓旧尾形家住宅↓栖下宿

ハードな撮影スケジュールが組まれてしまったために、じっくりと上山競馬を楽しむ、という訳にはいかなかったようだ。しかし、「原口」のそば、「蒟蒻屋」のタマコンはとても気に入ったご様子で、長期にわたったロケですっかり覚えてしまった「取りあえずルービー」「ケツカッチン」などのテレビ業界用語とともに、しばしばこの上山の味覚が話題にのぼった。特に「原口」のそばがきは「食べ役なら一度は」とおっしゃるほどの代物らしい。「サントリークォータリー」連載の「行きつけの店」松江・皆美館篇の原稿を頂戴した時には「番外編として上山温泉・葉山館の芋煮鍋篇、というのもあるゾ」とさえおっしゃっていた。それだけ上山がY先生の馴染みの場所になりつつある、ということだ。『行きつけの店』売れ行き絶好調、重版出来、もちろん編集担当としては「続編」、大いに望むところでありますョ。

坪やん来。七月の上ノ山《かみのやま》行の打合わせ。臥煙君来。上司の病気報告。
（『年金老人奮戦日記　男性自身シリーズ26』新潮社　一九九四年）

四月二十四日、第二回東京開催初日、土曜日の朝、国立にお迎えにうかがった時にY先生から「夏は上山に行こうと思うけれど、どうだろう」と突然に声を掛けていただいた。「どうだろう」も何もありません。もちろん、即「イエス・サー」である。山形名物タマコンをかじりつつゴール前で馬の名を叫ぶ自分の姿がはっきりと思い浮かんだ。夏の上山である。彼方には緑あふれる蔵王の山々、炎天下、麦わら帽子も必要だ。実にエキサイティングである。「タマコンもいいけど、芋煮も、米沢牛のすき焼きもいいぞ」と食べ役に向けられた推薦の言葉がさらに心を揺さぶるじゃないか。

夏至《げし》すでに過ぎたることをおもひいで蔵王《ざわう》の山をふりさけにける　茂吉

早速、調べてみると今年は上山競馬場で東北優駿（ダービー）が開かれるという。Y先生はその情報をすでに入手済みだったようだ。宿泊先はもちろん「葉山館」と決まっている。競馬場の指定席の手配をしようと上山市競馬事務所の企画広報係に電話を入れると、すでに三日間、Y先生の名前で来賓室の予約が入っていた。準備万端、あとは行き帰りの切符の手配くらいである。担当者は先生の後についてゆくだけ。そんな旅にご一緒させていただくのは少し心苦しいが今回は仕方がない。

■七月二日（金）上山行第一日

新しき歩みの音のつづきくる朝明《あさあけ》にして涙のごはむ　茂吉

上山行の初日、Y先生ご一行はまず斎藤茂吉記念館に向かう。斎藤茂吉は上山が誇る大歌人である。なにしろ、この地の人々は茂吉先生のことを想い「上山市の木」としてアララギを選んでいるほどなのである。街中の至るところに歌碑が立っている。記念館は上山競馬場の向かいにある。国道13号線、そして山形新幹線の跨線橋を渡ると、木立の中、斎藤茂吉先生の胸像が迎えてくれる。バスで競馬場に行く時は「斎藤茂吉記念館前」というバス停で降りる。電車の場合はJR奥羽本線かみのやま温泉駅から一駅、やはり「茂吉記念館前」駅下車である。これほどブンガクの香り漂う競馬場が他にあるだろうか。

はじめての口づけせしは稲村の岬のはなの砲台の跡
口づけしままに歩きし鵠沼の松の林を夢にこそ見き
（山口治子　歌集『鵠』文藝春秋　一九七九年）

実は夫人は「アララギ」に投稿する歌人なのである。この歌が誰との、そしてどのような状況を描いているかは、ご想像にお任せしたい。実に情熱的な歌人であることは間違いない。さらに今回の旅の同行者、大村彦次郎さんは「小説現代」「群像」の編集長を経て短歌研究社の社長となった大編集長なのである。昨年の湯村温泉行の時も、Y先生ご夫妻、岩橋邦枝さんとともに山梨近代文学館を訪れている。決して石和ウインズではない。上山に来て、このお二人が揃って、斎藤茂吉記念館を訪れない理由がないじゃないか。とはいいつつも、Y先生はこれまで何度もこの競馬場に足を運んでいらっしゃるが、実は今回が初の訪問、記念館が向かい側にあることさえご存知なかったようだ。

研究員の高橋宗仲氏にお目にかかったときシメタと思った。なぜならば僕は茂吉の「朝明にして涙のごはむ」という歌が好きなのだが上の句が思いだせない。調べてみたがわからない。高橋さんのような方ならすぐにわかるはずだと思った。はたして高橋さんは「そんなの簡単です。二、三分待ってください」と言う。二、三分どころか数秒で「ハイ、わかりました。新しき歩みの音のつづきくる、です。歌集は『小園』」

（『年金老人奮戦日記　男性自身シリーズ26』新潮社　一九九四年）

山形県上山市金瓶、上山競馬場の所在地の住所はそのまま斎藤茂吉の出生地の住所でもある。上山尋常高等小学校高等科を卒業した茂吉は父とともに上京し、そのまま東京で暮らすが、太平洋戦争の悪化にともない、一九四五年、六十四歳のときにこの金瓶に疎開して、実妹の嫁ぎ先である齋藤十右衛門方に身を寄せている。庭に建つ土蔵を仮家としていた、という。この金瓶での暮らしも含めて六十二歳から六十五歳までの間につくられた歌を収めたのが茂吉の第十五歌集『小園』である。岩波書店から一九四九年に刊行されている。その後記には「昭和十八年、昭和十九年の作から平和なものを選び、それに山形縣金瓶村疎開中の大部分の歌を加へて一巻としたものである」と記されている。

私は別に大切な為事もないのでよく出歩いた。山に行つては沈黙し、川のほとりに行つては沈黙し、隣村の觀音堂の境内に行つて鯉の泳ぐのを見てゐたりした。また上ノ山まで歩いてゆき、そこの裏山に入つて太陽の沈むころまで居り居りした。さうして外氣はすべてあらあらしく、公園のやうな柔かなものではなかつた。それでも金瓶村の山、隣村の寺、神社の境内、谷まの不動尊等は殆ど皆歩いた。さうして少年であつたころの經驗の蘇へつてくるのを知つた。

（斎藤茂吉『歌集　小園』あとがき　岩波書店　一九四九年）

疎開をした直後の東京大空襲では茂吉が院長を務めていた青山脳病院、そして自宅が全焼している。

焼けはてし東京の家を忘れ得ず青き山べに入り来《きた》りけり　茂吉

戦時下にあっては戦争の勝利を一心に願い、止むにやまれぬ気持ちから自ら「制服歌」と称した歌も詠んでいた歌人でもある。疎開者としての悲哀、傷ついた心を癒すふるさとの山河、その金瓶にも迫る戦争の気配、戦後の暮しの困窮、そして少しずつ忍びよる「老い」、茂吉は上山でなにを見て、なにを考えていたのだろうか。「涙のごはむ」についてのY先生の解釈はこうである。

（吉野秀雄）先生は歌の解釈はされなかったが僕は新しい時代が来てどんどん世の中は変ってゆく、自分も涙を拭って新しい動きに参加しようというぐらいに考えていた。あるとき夢の中で「涙のごはむ」をコウシチャイラレナイと解釈して朝起きてからがっかりするようなこともあった。しかし今思うとそう間違ってもいないという気もする。これは終戦直後の歌であって、老いも若きも気負っていた。そうやって今の繁栄がある。だから僕は金丸や竹下のような手合いに日本を汚してもらいたくないという思いが強い。

しかし、この歌は、新しい時代がきて、私なんか役に立たない、涙を拭って生きてゆくより仕方がないというようにも読める。さあ、どっちだろうか。

（『年金老人奮戦日記　男性自身シリーズ26』新潮社　一九九四年）

見学後、『斎藤茂吉の世界とその時代』という記録映画をご覧になる。上山の少年時代から、師の伊藤左千夫や森鷗外、石川啄木らとの出会い、『赤光』の出版、金瓶での疎開生活、敗戦、七十歳で亡くなるまでの生涯が描かれている。

理事長室でサクランボが供されたが、捥《も》ぎたてというのは本当に美味い。桜桃を食べながら、また映画の話をしているとき、突然、妻が掌で顔を覆って声をあげて泣きだした。僕は感動して泣く妻を結婚以来初めて見た。ずっと昂奮が続いていたのだろう。

（『年金老人奮戦日記　男性自身シリーズ26』新潮社　一九九四年）

その時、情熱のアララギ派歌人の胸中に去来したものはなんだったのだろうか。

たたかひのをはりたる代《よ》に生きのこり来向《きむか》ふ冬に老いつつぞゐる　茂吉

別世界から帰ると、Y先生は直木賞の選考委員会に出席しなければならない。短い夏休みである。したがって、東京から候補作をどっさりと鞄の中に詰めて持ってきている。夜は夏休みの「課題図書」の読書をしなければならない。もちろん感想文（選評）も書かなければならない。今回は極めてブンガク性の高い旅なのである。今期の候補作は髙村薫『マークスの山』、北原亞以子『恋忘れ草』、今井泉『ガラスの墓標』、本岡類『真冬の誘拐者』、中島らも『ガダラの豚』、Y先生は現在、中島らもの長篇に取りかかっているようだ。

実はY先生、上山に来て、どうしても再会を果たさなければならない女性が居た。マッサージ師のてっちゃんである。Y先生がてっちゃんのマッサージを受けたのは『草競馬流浪記』の取材で訪れた初めての夜のことである。

マッサージを頼んだ。色白で力のありそうな若い女性である。

「早く来すぎて、ごめん」

「……」

「でも、私《わだす》、ちゃんと待っていたでしょう。将棋、どっちが勝った？」

「俺の負けだ」

「（約束の時間より）早く来すぎても、ちゃんと待っていたでしょう。偉いでしょう」

「えらい、えらい」

「気持《つもっ》いいでしょう。これくらいの強さでいい？」

「ああ、ちょうどいい。いい気持だ」

「ほんとに気持いい？」

「ああ、ほんとに気持いい」

「気持いいと思うわ」

「あなた、幾歳《いくつ》？」

「昭和三十年生まれ」

「じゃあ、二十五、六歳というところか」

「二十六歳」

「旦那さんがいるんだろう」

「あらいやだ。わだす、まンだ、処女《しょんじょ》ですよ」

あとは笑ってばかりいてオシマイ。

（『草競馬流浪記』新潮社　一九八四年）

Y先生はいっぺんにてっちゃんを気に入ってしまった。次の日の夜も競馬で八連敗を喫してコチコチに固まってしまった身体と心をてっちゃんに揉みほぐしてもらっている。

部屋に昨夜のマッサージが待っている。

「気持《つもつ》いいでしょう」

「ああ、気持がいい」

「夕方のお客さんねえ、下手なアンマにかかって、かえって凝っつまったんだって。それで、わだす、揉みなおしに行ったの」

「……」

「気持いい？」

「ああ、いい気持だ」

「本当？」

「ああ……」

「嬉しい。これで、どう？」

「ああ、痛い、痛い」

「気持いいはずなんだけんどなあ」

「ツモツいいよ」

マッサージの言葉を子守唄として、良夫は早く寝たのである。
（『草競馬流浪記』新潮社　一九八四年）

その甲斐もあり、翌日、Y先生はお釣りがくるほどのリベンジを果たした。てっちゃんは握力が少し強い勝利の女神だった。実は、今回も直前までは女神様にマッサージをお願いするつもりでいた。てっちゃんが今も上山温泉郷で働いていることは事前に確認済みだった。

実は、マッサージのてっちゃんが贔屓なんだが、頸椎症で変に揉まれると危険だと思ったし、中島・高村両氏の大作を読まなければいけないので敬遠した。このてっちゃんは葉山館の人気者であって、山形弁まるだしの陽気な女性である。
（『年金老人奮戦日記　男性自身シリーズ26』新潮社　一九九四年）

残念ながら今回は、十二年ぶりの奇跡の再会は見送られた。

■七月三日（土）上山行第二日

沈黙《ちんもく》のわれに見よとぞ百房《ひやくふさ》の黒き葡萄に雨ふりそそぐ　茂吉

上山行第二日、今日は昼にあの「原口」に行く予定になっているので、食べ役としては万難を排して午前中に合流しなければならない。夏休みである。そのまま蔵王ドライブというプランもある。朝一番のつばさ号で北上して駅でレンタカーを借りて、急ぎ「葉山館」に向かう。さくらんぼの季節である。駅の改札口を抜ける時、佐藤錦の販売ブースが光り輝いているじゃないか。その隣には緑のビニール製の籠に入ったタマコンが並べられている。五〇〇円、これも実に魅力的だ。お土産はこれにしよう。

昼頃、坪やん来。駅からレンタカーで来る。それで蔵王へ行くつもりが昨夜来の強い雨で迷うことなく中止。蕎麦の原口へ行く。ここはソバガキが独特で美味。胡麻垂れと納豆の二種。ソバガキと胡瓜の糠漬けで飲んでモリソバ。原口の農家ふう佇いがいい。蕎麦好きのO老年と坪やんは堪能したと思う。

(『年金老人奮戦日記　男性自身シリーズ26』新潮社　一九九四年)

「原口」はさくらんぼやラ・フランスなどの果樹畑の中にポツンと建つ、農家の一軒家のたたずまいである。青菜をつまみながらそばがきを待っていると、それはまんまる、ボワンと皿の上に置かれて出てくる。湯気が立っている。もちもち、ふわふわ、そしてねっとり、まずは、何もつけずにパクリ。口の中で溶ける。そばの香りが鼻に抜ける。知らぬ間にニュルンと胃袋の中に収まってゆく。その後でじんわりとそば独特の奥ゆかしい甘さがこみあげてくる。たれは胡麻ダレと納豆の二種類、胡麻だれの甘さたっぷりの濃厚な味わいも良いが、納豆がからまることで飛びだすように出てくるそばがきのふくよかな味わいには驚かされる。箸が止まらない。あっという間になくなってしまう。できればもう一人前お替りがしたいところだが、いきなり本領を発揮しては、と少々遠慮をさせていただいた。そばは十割りそば、これもうまい。しばらくはつゆをつけずにそのままする。歯ごたえの中に溢れるほどのそばの香りを楽しむ。やはり、Y先生が「一度は」とおっしゃったそばがきとそばである。しかし、これまでは文豪の旅にふさわしく文学性の高い旅であったはずなのに、なぜ、食べ役が加わると急にエンゲル係数が上がってしまうのだろうか。

そのあと、デザートは近くの果樹園でサクランボ狩り。すべて葉山舘内儀が手配してあった。サクランボの時期は短い。そろそろ終りではないか。岩橋邦枝嬢は故郷佐賀の母君の容体が悪化して参加できないという電話あり。残念。夜は米沢牛の鋤焼《すきや》き。坪やんがいるから、いくら肉を持ってこられても平気。

（『年金老人奮戦日記　男性自身シリーズ26』新潮社　一九九四年）

岩橋邦枝さんはY先生ご夫妻の旅のお相手として熟練の技が際立っている人である。東京競馬場ゴンドラ十五号室にも、国立駅前の「繁寿司」にも頻繁に顔を出される。

府中JRA。昼頃、岩橋邦枝さんが来られる。妻はとても岩橋さんを頼りにしているが、僕も岩橋さんを見ると安心する。有難いと思っている。
（『還暦老人極楽蜻蛉　男性自身シリーズ25』新潮社　一九九一年）

旅の移動中、列車の中では必ず夫人の隣に坐る。大きなハンドバッグの中には欠かさずお菓子を忍ばせている。「岩橋セレクト」、最近の定番は麻布十番「豆源」のおとぼけ豆である。夫人のお気に入り、向かいの窓際の席のY先生も掌に載せて一粒一粒つまみながら景色を眺める。岩橋さんと夫人はずっと話し続けている。会話が途切れたと思ったら夫人が居眠りをはじめている。その隣で岩橋さんも寄り添うようにコックリ、どこまでも付き合いのいい人である。

岩橋邦枝嬢来。面倒見のいい人で、例によって色々と持ってきてくれるし、妻の話相手にもなる。大変な迷惑を掛けているのに、僕密かに「文壇の準看護婦」と渾名している。実際、病院のこと病気のことにも精《くわ》しくて助かる。
（『還暦老人憂愁日記　男性自身シリーズ24』新潮社　一九八九年）

岩橋さんはハマの大魔神・佐々木主浩投手の大ファン、文壇でも数少ないベイスターズ贔屓のお一人である。話が合う。今年のベイスターズは面白い。佐々木のフォークボールは低目に決まりはじめたらもはや打たれることはないし、エース野村弘樹も実に頼りになる投手である。若き司令塔・谷繁元信のインサイドワークはいまや球界屈指だと思っている。打撃陣ではローズ、ブラッグスの助っ人二人がいいところでよく打ってくれる。ヴェテラン高木豊、屋鋪要に代わる若き新リードオフマン、石井琢朗の活躍も楽しみだ。それなのになぜかBクラスに低迷中である。今夜は積もりに積もったベイスターズトークで盛り上がろうと思っていたが残念である。

星空《ほしぞら》の中《なか》より降らむみちのくの時雨《しぐれ》のあめは寂《さび》しきろかも　茂吉

それにしても、いきなり初日にそばがき、さくらんぼ、そして米沢牛のすきやきである。まだ、競馬に勝ってもいないのに、こんな御馳走ばかりいただいてしまって大丈夫だろうか。しかし、Y先生は上山の怖さをよくご存知である。大御馳走の後でもちゃんと前夜の検討会は開かれる。Y先生の部屋は三〇二号室、芳雲の間である。酒保担当、シングルモルトの山崎12年を持参することを忘れてはいない。今夜は夏競馬らしくハイボール、テーブルには漬け物の王様・番菊と山形の銘菓、山田家の白露富貴豆、さらに夫人から熟れ時、佐藤錦の差し入れである。Y先生のお供をさせていただくようになって、ウイスキーの相手は甘味ものであることが多くなった。ややつぶれかけの富貴豆のほくほくした一粒一粒はつまみはじめると止まらなくなるが、佐藤錦とウイスキーの取り合わせが、これまた不思議なうまさなのである。良く熟した佐藤錦を口の中で転がし、山崎を生のままあおると、サクランボの甘さが口いっぱいに広がり、まるでカクテルの「マンハッタン」を飲んでいるかのような感覚になるのである。

僕、何を隠そう、小博打《こばくち》が好きなんだ。やれオークスだ、ダービーだ、安田記念だということになると、僕だって一レースに三万円から四万円ぐらいは投資する。それこそ、ギンギンになってしまう。そうではなくて、千円を三千円にして、その三千円を四千五百円にして、そうなったら四千五百円をそっくりメインレースに賭けて、あわよくば十万円にして巨大で一人では持てないようなコケシを買って帰ろうなんて馬鹿なことを考える。これ性分なんだから仕方がない。文句あるか。

（『年金老人奮戦日記　男性自身シリーズ26』新潮社　一九九四年）

競馬専門紙は主にタクシーの運転手さんへのヒアリングの結果、一番売れている「かみのやまKEIBAニュース」を用意した。タブロイド紙よりも一回り大きなベルリナー判、他に「Bestホース」「Mainichiヒント」という二紙も念のために手に入れてある。

上山競馬は一回の開催が六日間、前半の三日間と後半の三日間の間に四日間のインターバルがある。前半がサラブレッド系、後半がアラブ系、今回Y先生が参戦する三日間はサラブレッド系である。サラブレッド系は三歳、四歳、古馬（一般）、それぞれA・B・Cとクラス分けされ、さらに1・2・3、イ・ロ・ハへと細分化されている。距離は七五〇メートル、一二五〇メートル、一三〇〇メートル、一五〇〇メートル、一七〇〇メートル、一八〇〇メートル、さらに長距離二三〇〇メートルという番組もある。総延長一〇〇〇メートルという競馬場なので一五〇〇メートル戦以上はゴール前の直線を二回走ることになる。朝一番に組まれているのは七五〇メートル戦、スタートしてすぐにコーナーへ、直線も短い。あっという間の決着だろう。スタートが得意な騎手は誰だろう。上山競馬場から発行されている騎手名鑑に紹介されている騎手は三十四名、七月現在のリーディングジョッキーは前野幸一騎手、明後日の東北優駿の日が誕生日で二十九歳になる。昨年は一一二勝を挙げて二位に三十九勝差の圧倒的な強さでリーディングを獲得した実力者、今年もすでに五十勝に到達している。連対率も四割八分一厘、二回に一回は連対を果たしている堅実さ、上山の「岡部幸雄」というところか。二位につけているのが小国博行騎手、二十六歳、今年躍進の四十一勝、若手注目株ナンバーワン、こちらは上山の「武豊」というところだろう。当地所属馬として東北優駿初制覇に無敗で挑むカブラヤテイオーの主戦ジョッキーでもある。どうやらこの二人の騎手に逆らってはいけないようだ。トレーナーでは渡辺徹夫調教師が今年三十五勝で二位以下を大きく引き離している。連対率は四割六分七厘、厩舎としては驚異の数字である。

Y先生は、いつもの蛍光ペンと細字サインペン、天眼鏡を駆使して狙いを定めている。机に向かい合わせ、夏休みの宿題を一緒に片付けさせていただいているようで、なんだかとても楽しい。思わず山崎のハイボールも進んでしまう。夫人もノートを取り出していらっしゃるが、こちらはアララギ派、歌作りのための思索である。なにしろ競馬場の隣には斎藤茂吉記念館、なのである。

第一レースから最終レースまで狙いたい馬のあたりを一通りつける。どのレースも頭数が手ごろで堅そうに見えるが、面白そうな穴馬も適度に散らばっている。A・B・C、1・2・3、細かいクラス分けをどう明確に摑めるか、上山の攻略はそこから始まる。クラスを上がったり下がったり、そこに予想のズレを生じさせる馬が潜んでいるはずである。実は「公営競馬で万馬券」が今回の秘かな目標である。馬柱を確かめているとJRAからの転入馬が目立つ。初日に出走する七十七頭のうち三十八頭、およそ半数がJRA経験馬である。第二レースは出走馬十頭のうち八頭、第三レースは六頭のうち五頭、第六レースは九頭のうち七頭、第九レースは九頭のうち八頭、特に一般（古馬）戦はJRAからの転入馬によって番組が成立しているといっても過言ではないだろう。JRAでの戦績は未勝利から五勝、六勝のツワモノまで、実績は様々だが上山の馬場に合う馬合わない馬、その見極めが鍵を握っているようだ。第三レースの出走馬を見て驚いた。セントスクイズはいつの間に上山に移籍していたのか。確か昨年の中山金杯に出走していたはずである。こんなところで再会するとは。

《Y先生、第七回上山競馬第一日の特注馬》

第一レース　③エクセルフォンテン　小国博行騎手
第三レース　②セントスクイズ　前野幸一騎手
第四レース　③レークサイド　前野幸一騎手
第五レース　②サンキョウフレンチ　菅原幸志騎手
第六レース　⑨シービーオデッセイ　小国博行騎手
第八レース　③リトルナエボ　前野幸一騎手

Y先生は、やはり、トップジョッキー二人が乗る馬に注目している。馬柱を眺めていると、どうしても鮮やかな直線一気を期待して末脚の鋭そうな馬に目が行ってしまうが、この競馬場の形態だと本来は行って粘って前残り、という馬が穴を演出する可能性が高いだろう。第二レースの⑥トライフォポイント、第三レースの⑤アクロスザシー、第五レースの①マチカネオーテモンあたりに印をつけておく。上山競馬での今年の万馬券の最高金額は一七四〇〇円、一開催に一本か二本、もしかしたら明日あたり出るんじゃないか。そうなったらお土産はタマコン改め、佐藤錦（三千円～一万円コース）か、米沢牛（三万円～五万円コース）か、野望は勝手に膨らむばかりである。

■七月四日（日）上山行第三日　第七回上山競馬第一日

空ひくく疾風《はやち》ふきすぎしあかときに寂しくもわが心ひらくる　茂吉

Y先生上山行三日目、いよいよ第七回上山競馬初日である。前途の明るさを暗示しているかのように快晴、蔵王連山も美しく輝いている。まさに「カミノヤマ（神の山）」である。「あれが斎藤茂吉記念館よ」、アララギ派歌人が胸をそらして国道の向こうの木立ちを指さす。「興味ないわよね」、いえいえそんなことはありませんよ。「実は北杜夫先生の娘、つまり斎藤茂吉大先生の三代目、サイトウユカ、というOLがうちの職場にいるのです」「いじめてるんじゃないでしょうね」逆です。いつもいじめられてヘトヘトです。正門の近くに競馬専門紙三紙それぞれの販売ブースが並んでいる。元気のいい妙齢の上山レディが威勢よくそれぞれの専門紙を売り込んでいる。さすが東北優駿ウイーク、初日の朝から盛り上がっている。
競馬場の入り口で人ごみの中、上山市競馬事務所企画広報係長の羽島健夫さんが直立不動の姿勢で待っていた。その横には競馬事務所の面々が一堂整列してお出迎えである。早速、来賓席にご案内いただく。階段を上がりながらY先生、こちらを振り返り「なにしろ府中より凄いんだぜ」笑っていらっしゃる。夏休み満喫中である。来賓席は個室、メインスタンド奥の二階、ゴール真ん前の席だった。ガラス張り、冷暖房完備、とてもレースが観やすい階段席である。

競馬は初めてという○老年は訳がわからないだろうが、もっと陰惨な面もあるんだぜ。昔は階段にへたりこんでいる中年夫婦なんかがいて、僕は小説を書くための刺戟を求めて川崎、浦和、船橋へ出かけたもんだ。いまは、もう、思いっきり明るい。第一、ガラス張りの来賓席には冷房がある。ええ、おい、冷房装置だぜ。
(『年金老人奮戦日記　男性自身シリーズ26』新潮社　一九九四年)

パドックはメインスタンドの裏手にある。来賓室から出て廊下の突き当たり、二階の窓から少し遠いがパドックを見下ろすことができる。府中四階のテラスよりも馬は大きく見える。Y先生はその窓から毎レース、双眼鏡で出走馬の様子を一頭一頭チェックすることになる。もうひとつ確かめておきたいことがあった。タマコンはどこで買えるのか。実は蒟蒻がなによりも大好物なのである。最後の晩餐も秘かに蒟蒻と決めている。したがって上山に来たら必ずタマコンなのである。さすが名物、階段を下りてすぐの売店に大きな鍋があった。一串四個、すでに醬油色に染まっている。

では、馬のどこを見て買うのか。何に注目するのか。偉そうなことを言ってしまったが、僕には何もわかっていない。また、人それぞれ、見方が違うと思う。

僕はさあ、何と言うか、充実感と言ったらいいだろうか、馬全体に漲るところの張りとか、緊張度といったものに注目する。そういう感じは、素人にもわかるはずだと思っている。

返し馬より、パドックを重視したい。騎手が乗ると、どの馬もよく見えてしまうという傾向がある。充実感は、裸馬のほうが、よく感じとれるものである。返し馬では、キビキビした感じを大切にする。ノッソリと走っている馬は、まず駄目だ。

（『草競馬流浪記』新潮社　一九八四年）

タマコンをかじりつつY先生の教えに従い、まずはパドックかぶりつきまで行くことにする。

金瓶《かなかめ》の木原《きはら》いで入る人見えて蔵王《ざうわう》白くかがやきわたる　茂吉
思えば茂吉大先生もこの金瓶の丘に立ち、ここと同じような方向から蔵王を毎日眺めていたのである。その場所でいま、馬たちを眺めている。振り返ると二階の窓辺に双眼鏡を持つY先生が立っていた。馬が近い。濃厚な馬の匂い、鼻息、蹄の音、ああ、上山に来てるんだ、という実感がにわかに湧き起こってきた。もちろんＪＲＡとは違う。同じ公営競馬場でも川崎や大井、船橋、さらには園田などとも全く異なる空気である。時折、目に入る蔵王連峰が気づかせてくれるのだろうか。自然の中で人も馬たちも暮らしている。馬が生き物であることを思い出させてくれる競馬場なのである。自然に帰れ！　ここは本能で勝負だ。

▼第一レース　三歳二級・七五〇メートル・八頭立て　距離が距離だけに、やはり先行脚質の馬の中からパドックで走る気に溢れている一頭を選びたい。目についたのは③エクセルフォンテン、準備万端、早く走りたいという気配である。返し馬は来賓席に急いで戻りＹ先生と一緒に確かめる。ゴール板過ぎの馬場入場口から入ってきた馬たちはそれぞれ好きな方向を目指して返し馬をはじめる。同じ方向に走り出さないので番号順に馬を確かめてゆくことができない。よほど馴れないと返し馬で数多くの馬たちの調子を見極めるのは難しそうだ。馬場は重、昨日までの雨がしっかりと残っている。脚抜きが良く走りやすそうなコンディションである。やはり先行馬の残り目に注意したい。③エクセルフォンテンの鞍上はリーディング二位の小国博行騎手、湿った砂をしっかりととらえて加速してゆく。悪くない。上山最初の馬券はこの馬の単勝とする。廊下のモニターでオッズを確かめる。おあつらえ向き。四番人気か五番人気か。挨拶代わりにいつもより多めの資金を投入する。さらに、もう一頭、パドックでとても足捌きの良かった⑧トキノギャロップの複勝を購入する。この馬は全く人気がない。ここは自分の選択眼を試してみることにする。とても楽しい。蔵王連峰も輝いている。

④必ず単複を買う
穴っぽく狙った馬は、必ず単複の馬券も買うこと。連複だから、二着までに入着すればいいと思って、バラバラ流して買うのは得策ではない。単複というのは、ムダな馬券を買わないですむということにも通ずる。公営では単複の売上げが少ないので、かたよったりして意外な好配当になることがある。九月二十日に、僕が狙った勝春桜《カツハルザクラ》は、単勝八百五十円、複勝四百七十円の配当になった。連複で四百七十円の馬券を取るのに苦労するぐらいなら、この馬の複勝式は、非常に楽に取れるはずだった。
（『草競馬流浪記』新潮社　一九八四年）

窓口で勝馬投票券を購入して、再びモニターで確かめると、③エクセルフォンテンの人気が急に上がっている。いつのまにかの三番人気、何故か。「そこの東京の人、買いすぎだよ」来賓室の入口の前でY先生がこちらを向いて笑っている。そういえば昨晩「朝一番は小国騎手だな」と何度もおっしゃっていた。午前中のレースの単勝馬券は売れても総票数は一五〇〇票（一票一〇〇円）程度、一番人気の馬でも五〇〇票売れるかどうかというところだろう。人気のない馬を少しまとめて購入すると途端に人気馬の仲間入りをしてしまうのである。席に戻ると夫人が「ここなら乗り出さなくてもよく見えるものね」冷暖房完備の階段の来賓席がよほど気に入ったご様子である。大村さんご夫妻もすでに第一レースの馬券は購入済み、大編集長は机の上で両手を組み、泰然自若の構えである。表情をひとつも変えず、馬場を真っ直ぐ見据えている。すでにいくつもの艱難辛苦を乗り越えてきたベテラン予想家の風貌を漂わせている。とてもビギナーには見えない。

ゲートが開いた。いよいよ上山競馬がはじまった。スタート直後から一番人気の⑤スーパーステージと二番人気の⑦ロングチェッカが軽快に飛ばす。期待の③エクセルフォンテンは前を行く二頭を追いかける。その位置どりのまま直線へ、人気二頭の競り合いは続く。小国騎手が必死に追うが、③エクセルフォンテンはなかなか並びかけることができない。後方から物凄い脚でやってくる馬あり。⑧トキノギャロップである。いきなり来たか、とも思ったが上山の直線は短い。届かない。ゴール前、⑦ロングチェッカが半馬身抜けだして一着、⑤スーパーステージ二着、③エクセルフォンテンは一馬身差の三着だった。複勝狙いの⑧トキノギャロップがさらに一馬身遅れて四着に突っ込んできた。鞍上の富樫英利騎手はなかなか腕っぷしが強そうだ。馬券を購入した二頭の三着、四着という微妙な結果は馬が見えていると考えるべきか、それともズレていると思うべきか。枠連[5][7]は二九〇円、Y先生は③エクセルフォンテンの複勝一三〇円が今回の上山初の的中となった。「上山というのはこういうところなんだよ」困った顔のまま笑っていらっしゃる。

▼第二レース　一般C3イ級・一五〇〇メートル・十頭立て　このレースもパドックのかぶりつきにゆく。十頭中八頭がJRA経験馬、一番人気は中央未勝利ながら上山で十分に実力を発揮している①アイネスブロディー、前走、同級同距離のレースで好タイム勝ちしている。パドックで良く見えたのは笠松競馬場から来た⑧オパールキング、それはそれはとても良い出来に見える。調教タイムも良く足捌きも上々である。鞍上は第一レースを快勝した白谷正美騎手、六番人気、まずはこの馬の単勝、さらに枠連の相手はやはり①アイネスブロディーと思ったが、⑧オパールキングの同

枠に二番人気⑦ルスタムレッドがいるので一番人気[1][7]二二〇円はとても買えない。オッズを確かめながらゾロ目[7][7]を購入する。Y先生も返し馬を見ながら「オパールキングいいねェ」、この馬の単複、枠連は人気薄の馬に流しているようだ。

レースの大勢はゲートが開いた直後にほぼ決してしまった。①アイネスブロディーが抜群のスタートから軽快に飛びだす。そのスピードについてゆけるのは⑦ルスタムレッドだけ。バックストレッチでは狙った⑧オパールキングをはじめ後続馬たちはすでに五馬身以上も離されてしまっている。その位置どりのままゴールまで、第一レースに続き、一番人気、二番人気の組み合わせとなった。三着には⑧オパールキングが一秒ほど遅れてやってきた。三着の複勝は三五〇円、なかなかの配当である。「買っておけば」とチラッと思った時には手遅れである。Y先生はしっかりと持っている。しかし、笑顔に力がない。

▼第三レース　一般A1級・一八〇〇メートル・六頭立て　いよいよリーディングジョッキー前野幸一騎手の登場である。それも中央六勝の②セントスクイズに騎乗する。ここは上山の「岡部」の腕前とJRA実績馬の強さを確かめておきたい。Y先生の昨晩からの注目馬でもある。迷わずこの馬から入っているようだ。単複、枠連は一番人気の③ダイゴウガルダン、渡辺徹夫・小国博行コンビの二番人気①マスコットトム、さらには三番人気の④ガルーダヒカリまでの三点にまとめている。ここはY先生に従って、②セントスクイズからの枠連で勝負である。しかし、オッズを見ていると四番人気の馬なのに人気馬との組み合わせだと倍率が上がってゆかない。これが上山の人々の懐の深さである。仕方なく人気馬は避けて、中央五勝馬ながらあまり人気のない⑤アクロスザシー、

中央三勝の⑥ユーショウプロミスといった伏兵陣へ流す。どうしても手堅く行けない。下流へ、下流へと目指してしまうのである。

スタート直後、なんと狙った一頭⑤アクロスザシーが勢いよく飛び出す。そのまま軽快に逃げる。九歳馬、やはり中央五勝は伊達ではない。その後に②セントスクイズ、さすが、上山の「岡部」騎手、いつでも前を交わせるような手応えである。合わせて中央十一勝の二頭のレースとなった。第三コーナーから第四コーナー、コーナーワークも実にスムーズ、⑤アクロスザシーが先頭のまま直線に現れる。いいぞ、そのまま。しかし、これは、と思った途端に走るのをやめてしまった。競争中止、故障発症である。先頭に立った「岡部」②セントスクイズがそのままゴールイン、二着には④ガルーダヒカリが来た。レースが終ってもしばらく直線半ばで⑤アクロスザシーは立ちどまったまま、明らかに右前脚首の様子がおかしい。そんな事故があったもののY先生、単複、さらに枠連[2][4]が的中する。一〇二〇円、本日初の四ケタ配当である。しかし、四番人気と三番人気の組み合わせなのにこの金額とは、これが上山の人々の馬券の上手さである。それに対して単勝②は五九〇円、複勝②は二〇〇円となかなかの配当である。枠連よりも単勝、複勝のほうが妙味がある。ここで初めて気がつく。何故、前野騎手の単勝を買っていなかったのか。今日は単複からと朝一番では考えていたのに、三レース目ですっかり忘れている。それにしてもさすがリーディングジョッキー、スタートといい、位置取りといい、馬のうながし方といい、指示は的確、無駄な動作がない。やはり一枚上手の騎手、上質のパフォーマンスだった。⑤アクロスザシーの怪我の具合が気になる。九歳馬、復帰はかなうのだろうか。

《第三レースまでのY先生の成績》
第一レース　単③×　　　　　　　　複③○（一三○円）枠連×
第二レース　単⑧×　　　　　　　　複⑧○（三五○円）枠連×
第三レース　単②○（五九○円）複②○（二○○円）枠連[2][4]○（一○二○円）

あっという間に三レースが終ってしまった。やはり、上山は難しい。パドックを見ていると、もしかしたら、と思えてくるのだが、結局はとてもとても堅く収まる。少しズレてもやはり崩れない。そんなことは十分に分かっていたはずだが、いざ、始まるとうまく対応ができない。いつものように買ってしまっている。Y先生も軸の選択はうまくいっているが、打ち回しに苦労をされているご様子である。それに対して、アララギ派歌人、そして大村大編集長夫妻はいきなり絶好調、足並み揃って三連勝である。

O老年、意外な博才があることを披露することになる。それともビギナーズラックか。単・複・連的中してO夫人が「これも、これも当っているんですね」なんて言っている。固い本命サイドが多いから、妻もよく当って上機嫌。こういう時って坪やんも僕も駄目なんだ。小博打でいこうなんて思っていても、ついつい連複三百倍なんてところに目が行ってしまう。
（『年金老人奮戦日記　男性自身シリーズ26』新潮社　一九九四年）

すでに上山の流儀を手に入れていらっしゃる。一昨日、斎藤茂吉記念館を訪れて金瓶の心をすっかり自分たちのものにされているのである。今日の最終レース終了後、まだ記念館が開いているようだったら是非とも見学させていただかなければいけない。

蟬いまだ鳴くこともなく山中の土《つち》の平《たひら》に蟆蚱《ばつた》飛びいづ　茂吉

上山競馬は十一時三十分スタートなので、レースの進行スケジュールに昼休みが組み込まれていない。十二時三十五分発走の第三レースあたりが昼休みとなる。昼食には豪華な幕の内弁当をご用意いただく予定だったが、Y先生はもちろん朝一番で昼食にはカレーライスを、と注文している。場所は変われど勝負飯は変わらない。しかし、ここはやっぱり上山である。食べ役が第三レースのゴールリプレイを確認してから急ぎ階段を駆け下り、タマコンを人数分購入して戻ると、すでに、アララギ派夫人も大村さんご夫妻もタマコンにかぶりついているじゃないか。「蒟蒻は辛子がきくのよね」、どうやら企画広報係の方々にご用意いただいていたようである。

▼第四レース　四歳A3級・一五〇〇メートル・七頭立て　このレースはY先生と二人並んで二階の窓から馬たちの様子を確かめることにする。A3級戦だが、このクラスの有力馬が出走していない手薄なメンバー構成、下級からの格上挑戦馬の勢いが目立つ。中でも注目されているのが⑦エイシントーマスである。圧倒的な一番人気、B1クラス戦で二着続き、上山の人々はその能力を高

く評価しているようだ。確かに馬体の張りが素晴らしい。あっさり勝ってしまっても不思議ではない。Y先生の注目馬はもう一頭の格上挑戦馬、③レークサイドである。二番人気、今年四戦してすべて三着以内、さらに今回は前野騎手への乗り替わりである。勝負気配が色濃く漂う。パドックで軽快な歩様をアピールしているのは①スピーディナウ、逃げ馬、鞍上の富樫英利騎手は第一レースでブービー人気のトキノギャロップをあわやの四着まで持ってきた強腕騎手である。

②先行有利
公営競馬は、すべて小廻りの馬場で行われる。逃げ馬買うべしと断言してもいい。

中央でも、小廻りで直線の短い福島競馬で増沢騎手が好成績をあげるのは有名だが、増沢は、三コーナーで仕掛けて、直線に入る前に先頭に立つか、悪くとも二、三番手につけるという騎乗法で成功している。それがやれる馬でなければ勝てない。

追込み馬は軽視するか、初めから嫌ってしまったほうがいい。

（『草競馬流浪記』新潮社　一九八四年）


適度に気合も乗り、いかにも走りそうな雰囲気である。返し馬でもしっかりとこの馬の気配を確かめる。重馬場との相性もとても良さそうだ。二走前のB1級一三〇〇メートル戦は同じく重馬場で五馬身の圧勝劇だった。しかも今回は絶好の一番枠、ここはこの馬の単勝と、③レークサイド、⑦エイシントーマスとの枠連1 3、1 7の二点で勝負である。二着はあるだろう。今度は複勝も忘れずに購入した。

ゲートが開く。抜群のスタートから軽快に逃げる①スピーディナウ、一周目の直線、とても気持ちが良さそうである。これはいける。コーナーワークも素晴らしい。バックストレッチでは後続にさらに差をつける。しかし、二度目の直線に入って急に脚色が鈍った。「粘れ！」しかし、その失速ぶりは半端ではない。前野「岡部」騎乗の③レークサイド、さらに⑦エイシントーマスにも簡単に交わされて三着に沈んだ。結局、格上挑戦ながら人気を集めた二頭の決着となった。上山の人々は上がり馬の見極めも正確なのである。前野騎手連勝、Y先生は単勝四二〇円、複勝一八〇円の的中、しかし、枠連は一番人気馬との組み合わせを嫌ったために抜けている。二九〇円を的中させるわけにはいかないのである。

▼第五レース　一般B3イ級・一七〇〇メートル・九頭立て　いよいよY先生も階段を下りてパドックの砂かぶりまでいらっしゃる。なんと絶好調のアララギ派夫人も降臨である。「ずいぶん大きいわね、あの馬」⑧ワールドテイオーがお気に入りのご様子、中央一勝馬、五一五キロ、前走から八キロ増の雄大な馬体の持ち主である。近走は五着、五着、七着と振るわず三番人気だが、予想陣の評価は極めて高い。「かみのやまKEIBAニュース」大木トラックマンは「小国騎手騎乗で万全の布陣」と本日自信の一頭に挙げている。Y先生は②サンキョウフレンチに大きな二重丸を書き込んでいる。昨晩からの特注馬、名古屋から移籍してきた。足腰の張りが素晴らしい。こちらはその前を行く①マチカネオーテモンが気になった。中央未勝利、上山でもまだ勝利はないが調教の動きが良く、今日の気配も素晴らしい。特に前肢の捌きがスムーズで好感が持てる。三人で来賓席に戻

り、返し馬を確かめる。「八番どうかしら」⑧ワールドテイオーが実に雄大なフットワークで直線を行く。「とても強そうです」パドックで歩いている時よりもさらに気配が上昇している。夫人は自信に満ちあふれた表情で何度も頷いている。

　上山競馬場のモニターはオッズの倍率だけでなく、その時点での投票数も表示される。売れ行きを確かめながら購入金額を考えることができる。Y先生の②サンキョウフレンチも①マチカネオーテモンも票が伸びていない。Y先生は②サンキョウの単複、さらに②を軸として人気馬三頭に①オーテモンを加えた枠連四点を購入されている。先生、ここは勝負ですよ。①マチカネオーテモンの単複、そして枠連はご夫妻の推奨馬も加えて[1][2]、[1][8]の二点を購入する。

　もう折り返し地点、ここらでなんとかしなければいけない。さあ、どうなる、と思った途端、スタートで飛びだしたのは夫人が抜擢した⑧ワールドテイオーだった。幾分かかり気味に飛びだし、そのまま先頭に立つ。すぐにペースは落ち着いた。後ろから競りかける馬もいない。バックストレッチに入ったところでもう一度加速すると後続馬はもうついてゆけなかった。Y先生は中団で喘ぐ②サンキョウを確かめながら「どうしてだろうね」笑っている。こちらもいつまでも控え目に走る①オーテモンを追いながら笑うしかない。アララギ派夫人推奨馬⑧ワールドテイオーは最後の直線も一切脚が衰えることなく、なんと二着に八馬身差をつけての圧勝だった。そのはるか後方、Y先生との勝負の二頭は複勝の末席争いを続けている。ゴール前、わが①オーテモンはY先生の②サンキョウに突き放されて四着、Y先生は複勝の三二〇円を的中させながら、とても苦々しく笑っていらっしゃる。枠連は再び一番人気、二番人気の決着、[7][8]三〇〇円だった。金瓶派馬券師たちの連勝は続く。

ここで、絶好調の金瓶派馬券師の片割れ、大村大編集長ご夫妻が当りっぱなしのままで競馬場を去る。強い意志の持ち主である。一階通路までお見送り、Y先生とそのまま次のレースのパドックへ向かう。

▼第六レース　一般B２ロ級・一七〇〇メートル・九頭立て　これは困った。良く見える馬が最内枠の一番人気①チョウカイパワーと最外枠の二番人気⑨シービーオデッセイの二頭だけなのである。当らないうちにとうとうパドックで穴馬さえ見出せなくなってしまった。Y先生は仕方なく、二強のうちの一頭、⑨シービーオデッセイを選んでいるが、穴馬をなんとか見つけるために返し馬も間近で見ようとおっしゃる。パドックで騎手が乗る前に急ぎ足、メインスタンド前に移動する。馬場入場、順回り、逆回り、やはり馬たちはそれぞれ好きな方向を目指して走り出す。一回りして再び直線にやってくる馬もいる。Y先生は双眼鏡で直線からコーナーに向かう馬を一頭一頭丁寧に追っている。やる気である。こちらはかぶりつきで直線を流す馬に注目する。間近に観るとやはり迫力が違う。すると、とても素晴らしい走りっぷりの馬がいた。④アサカスプリングである。パドックでは全く覇気が感じられず、とても馬券を買う気になれなかったが、馬場ではまるで別馬のようである。「俺を見ろ！」と主張している。その姿も美しいのだが、なによりもダートを踏む蹄音である。鉈で砂を切るような歯切れのよい音を残しながら直線を逆方向に真っ直ぐ走ってゆく。ちょっと湿った上山の馬場との相性の良さも十分に感じられる。鼻息も力強い。Y先生もこの馬に新たな二重丸をつけている。騎手の田代義久君はなんと十七歳、騎手名鑑に載っていない、上山三十

五人目の騎手である。今年の新人騎手なのだろう、☆印がつく三キロ減量の「アンちゃん」（アンコともいう）である。現在、上山で登録されている騎手の中でただ一人勝ち星がない。二着六回、そのうちの一回がアサカスプリングの前々走、やはり一七〇〇メートル戦だった。その時の馬場も重、もしかしたらもしかするかもしれない。田代君、初勝利の舞台は秘かに整っているぞ。

もちろんこの馬から入ることにする。まずは単複、モニターで確認するとこの馬の単勝は自分の分も含めてまだ四〇票そこそこしか売れていない。枠連はあれこれ考えず七点総流しである。Y先生はやはりパドックの判断通り⑨シービーオデッセイから購入されている。小国博行騎手への信頼は厚い。そこから人気薄の馬たちへの枠連である。その中にはもちろん返し馬二重丸の④アサカスプリングも含まれている。

Y先生とスタンド前から戻ると、国立「Catfish」のマスター、関増雄さんが来賓室の入口に立っていた。夫人から「かみのやまKEIBAニュース」を受け取っている。ベレー帽をかぶっている。その姿で来賓席の最上段の席に坐ると「ゑびす」様のようなたたずまいである。「マスヲ」さんは国立のドストエフスキー、彫刻家の関頑亭先生（本名は関保寿）の甥、「Catfish」に隣接する画廊「エソラ」の経営者でもある。国立以外の街でお会いするのは今回が初めてとなる。競馬場にご一緒するのももちろん初めてである。どんな馬券を買うか、なかなか想像ができない。早速、葉書サイズの小さなスケッチブックを傍らに置き、競馬専門紙を熱心に読み込みはじめている。

画廊エソラで僕たちのはがきゑ展の初日。

これは関保寿先生の弟の関敏《びん》さんの企画でハガキ大の絵を描いて、二万円均一で即売する。亡くなった滝田ゆうさんの細密画が二万円で手に入れば、ずいぶん格安ということになる。その他国立在住の有名画家や美術大学教授の作品もある。額縁も規格品に近いから割安で、これは名企画であり敏さんのヒットと言うべきだ。しかし毎年の時期が時期だから何だか歳末助けあい運動のような感じになる。画廊の主人の関増雄さんと作者とがお互いに助けられたり助けたりである。

（『年金老人奮戦日記　男性自身シリーズ26』新潮社　一九九四年）

さて、なによりも返し馬から勝負の第六レースである。田代君、頼むぞ。ゲートが開く。なんと④アサカスプリング、好スタートから果敢にハナを切る。一番人気の①チョウカイパワーがその直後につける。Y先生本命の二番人気⑨シービーオデッセイは中団後方につけている。第三コーナーから第四コーナーへ、一周目の直線、田代君、迷いのない逃げ脚である。失うものは何もないぞ。若さとは素晴らしい。コーナーワークでも脚色が全く衰えることがない。バックストレッチ、後続馬との距離をうまくとっている。うまいぞ、田代君、そうだ、みちのく一人旅だ。もうこの馬しか見ることができない。二度目の第三コーナー、狭くなった視界の端っこに①チョウカイパワーが入ってくる。コーナーワークでジワジワと距離を詰める。やめてくれェ。さらに外から小国博行⑨シービーオデッセイが猛然と追い込んできた。最後の直線だ。田代君、頑張れ。必死で逃げる。二頭が迫る。イケナイ、交わされる、と思ったところがゴールだった。なんと半馬身、④アサカスプリングが逃げ切ってしまった。田代騎手、お見事である。単勝四七八〇円、複勝三〇〇円、上山競馬初的中は上山競馬初勝利の騎手からの大きな大きな贈り物だった。

Y先生がこちらを振り返っている。Y先生の本命⑨シービーオデッセイがゴール前で①チョウカイパワーを交わして二着に来たのだ。枠連④⑧二五一〇円、Y先生、今日初めての会心の笑み、隣のアララギ派夫人も手を叩いている。一人残った連勝中の金瓶派馬券師はY先生からのアドヴァイスでちゃんと④⑧をおさえていた。千手観音のような手の広さ、恐るべしである。
▼第七レース　一般C2イ級・一五〇〇メートル・九頭立て「かみのやまKEIBAニュース」によると④トウショウアズマと⑥ストックホールダー、前走勝ち馬同士の一騎打ちの様相である。ところが、二頭ともあまり良く見えない。パドック、返し馬で終始良く見えていたのは①アイノドラセナ、⑨ウィッチギャロップの二頭である。どちらの馬も何故か人気がないが、見れば見るほど良く見えてくる。どちらにしようか決めかねる。人気を確かめながら単勝は⑨ウィッチギャロップ、複勝に①アイノドラセナ、さらにこの二頭から枠連は手広く購入する。Y先生の狙い目は水戸賢二騎手⑧モガミジェスト、逃げ馬に狙いを定めている。
ゲートが開く。Y先生注目の⑧モガミジェストが潔く逃げる。人気馬二頭はじっくりとレースを進める。狙った①アイノドラセナ、⑨ウィッチギャロップの二頭は後方馬群の中にいる。今日の上山競馬、一度、隊列が決まると出入りがあまりない。そのままバックストレッチへ。第三コーナーの入口、⑧モガミジェストが後続をタイミング良く引き離す。ここで勝負は決まった。直線に入って、二強が後ろから懸命に迫ってくるが、半馬身差で⑧モガミジェストの逃げ切り勝ちである。水戸騎手の好騎乗、やはり、今日の脚抜きの良い馬場だとマイペースで気持良く逃げた馬をつかまえ

るのは至難の業である。単勝⑧は八二〇円のなかなかの配当となった。しかし、二着に上山の「岡部」騎手が一番人気の④トウショウアズマを連れてきてしまったために枠連[4][8]は六五〇円、Y先生は的中しながら再び苦い笑いである。あれほど良く見えた①アイノドラセナ、⑨ウィッチギャロップの二頭はそれぞれ三着馬から五馬身、さらに三馬身離された四着、五着だった。前のレースの勢いで、と思ったが、どうやらそんな簡単な競馬場ではないのだ。後ろを振り返るとマスヲさんが自分の馬券を何度も確かめて、うっすらと笑っている。どうやら的中したようだ。アララギ派歌人は改めて確かめなくても分かっている。「あまりプラスにならないのよ」、あくまでも気品を大切にする歌人である。

▼第八レース　文月特別　四歳A1級・一七〇〇メートル・十頭立て　もうメインレースなのである。ここまで的中したのは新人騎手・田代君にプレゼントしてもらった第六レースのみ、いまだ手探り状態である。とはいえ、馬を見なければ始まらない。パドックへ。さすがA1クラスである。どの馬もきっちりと仕上げられている。その中でも目立っているのが④ダイゴヒカリ、毛艶がピカピカ、五十嵐智調教師は渡辺徹夫調教師に続いてリーディングトレーナー第二位、なんとこのレースに三頭の馬を出走させている。Y先生は同厩舎の⑥ローズツバサに注目している。逃げ馬、前走逃げ切りで勝ち上がり、このレースが昇級初戦である。五十嵐厩舎三頭目の②ビューテイキャストは上山のダービー「こまくさ賞」三着の実力馬、三頭の中では最も人気を集めている。勝負気配が色濃く漂う。ここは④ダイゴヒカリの単複と同厩舎馬への「親子どんぶり」の枠連[2][4]、[4][6]、念のために一番人気の⑨ジェベルネバーへの[4][8]もおさえる。この馬の前レースの上がり三ハロン

三十八秒七は破格のタイムである。これで万全だろう。Y先生は⑥ローズツバサの単複を厚めにして、やはり「親子どんぶり」珍しく[2][6]、[2][4]、[4][6]の三角買いである。

レースのペースをつくり出したのはY先生の本命馬⑥ローズツバサだった。実力馬②ビューテイキャストが好位置につける。わが④ダイゴヒカリは⑧ジュベルネバーと並んで後方から進む。ちょっと嫌な予感が脳裡をかすめる。バックストレッチ、相変わらず⑥ローズツバサが気持よく逃げている。余裕のある伸びやかなストライドで②ビューティキャストが徐々に間合いを詰めている。後続は少し離される。④ダイゴヒカリはすでに馬群のなかでもがいている。これは無理だ。第四コーナーから直線へ、前を行く⑥ローズツバサに②ビューテイキャストが迫る。その後から⑨ジェベルネバーが物凄い脚で迫るが五十嵐厩舎の二頭には届かない。⑥ローズツバサを②ビューテイキャストが頭ひとつ交わしたところがゴールだった。もう一頭の僚馬、わが本命馬④ダイゴヒカリはレースに参加することがなく離れた五着に終わった。Y先生は単勝は惜しくも逃したが、複勝⑥一七〇円、さらに枠連二五六〇円を見事的中である。堅いレースが続く中で、枠連二〇〇〇円台をきっちりと二本取る。やはり上山競馬場での穴党馬券購入者としての打ち回し方を十分に心得ていらっしゃる。一方、五十嵐厩舎の勝負気配を感じ取り、絶対に「親子どんぶり」と読みながらも、なんと下手くそなことか。三角形の一辺をつなげていれば良かっただけのことなのである。この馬券が買えなくて、いったいどのレースが獲れるというのだろう。

▼第九（最終）レース　一般C1ハ級・一五〇〇メートル・九頭立て　気を取り直してパドックへ行く。Y先生は気力充実、最終レースも勝負気満々、さすが「怒濤流」である。目下三連勝中の

⑥カシワクエストが圧倒的な一番人気、単勝の票数の五〇％以上を集めている。この馬は仕方がない。パドックでは⑤マリーアヅサ、返し馬では①インターダストが良く見える。ここは絞らずに⑤マリーアヅサと①インターダストの二頭から⑥カシワクエストを本線として枠連を手広く流す。Y先生はやはりこのレースも逃げ馬⑨ユーワシュートに狙いをつけている。その馬の単複と⑥カシワクエストとの枠連[6][8]の一点勝負である。

⑥カシワクエストが抜群のスタートである。何が何でも逃げたいY先生の本命⑨ユーワシュートがかなり脚を使って先頭に立つも、直後の⑥カシワクエストに突かれて苦しい展開である。その後に前野騎手④タマオラ、他の六頭はレースに参加できていない。バックストレッチで早くも⑨ユーワシュートの脚が鈍りはじめる。第三コーナーの入口からロングスパートを仕掛けた④タマオラに、さらに⑥カシワクエストにも簡単に交わされてしまう。「こりゃだめだ」Y先生が笑っている。ゴール前、⑥カシワクエストが④タマオラを余力十分に差して一着、二着④タマオラという結果となった。先頭二頭から少し離れたところでゴール前、Y先生の⑨ユーワシュートを交わそうととてもいい伸び脚を見せている馬がいる。なんとわが①インターダストである。ここでハッと気がついた。複勝を買っていないじゃないか。なぜだ。見事、①インターダストがきっちりと三着に入線である。一着⑥カシワクエストの単勝は一五〇円、④タマオラとの枠連は五〇〇円、それに対してわが①インターダストの複勝はなんと一一五〇円もついているじゃないか。Y先生、私も笑うしかありません。

それに対して、アララギ派夫人はニッコリ、なんとパーフェクト達成である。さらに「一番の馬だって教えてくれたでしょ」と二十九票しか売れていない①インターダストの複勝を五〇〇円（五票）も持っているのである。恐れ入りました。その斜め後ろの席でマスヲさんも「ウフフ」極めて控えめに笑いながら馬券をじっと見ている。枠連を一点で仕留めていたのだ。来賓席はまさに悲喜こもごもの笑いが交錯していた。

《本日、午後のY先生の成績》
第四レース　単③〇（四二〇円）複③〇（一八〇円）枠連×
第五レース　単②×　　　　　　複②〇（三二〇円）枠連×
第六レース　単⑨×　　　　　　複⑨〇（一七〇円）枠連④⑧〇（二五一〇円）
第七レース　単⑧〇（八二〇円）複⑧〇（一九〇円）枠連④⑧〇（六五〇円）
第八レース　単⑥×　　　　　　複⑥〇（一七〇円）枠連②⑥〇（二五六〇円）
第九レース　単⑨×　　　　　　複⑨×　　　　　　　枠連×

Y先生、今日は上々の成績である。最終レースこそはずれたが、勝負どころでの三レースの打ち回しは見事である。それに対して、こちらは一レースのみだった。なによりも第八、第九レース続けて大事な一点を買い逃しているのは痛い。一見、簡単そうに見えて、実は難しいレースばかり。一歩一歩慎重に探りながらたどらなければ正解を見つけることはできない。勢いだけで攻めるといつの間にかお金を失くしている。本当に恐ろしい競馬場である。

ひむがしに直《ただ》にい向ふ岡にのぼり蔵王《ざわう》の山を目守《まも》りてくだる　茂吉

今日の入場者数は四八二八人。羽島広報係長によると初日としては上々の盛り上がりだという。「毎度有ッという顔ですね」とY先生、係長は笑みを隠すことができない。正門前の専門紙三紙の販売ブースでそれぞれ四部ずつ購入する。「当るわよー」上山レディはとても元気だ。「また、明日ねー」沢山の甲高い笑い声に見送られる。さあ、「葉山館」に戻って、激闘の汗を流そう。上山温泉は別名「鶴脛の湯」という。傷をいやし、やけどにもきくという。心の傷にはどうだろうか、などと考えていたら、今日の競馬で傷をひとつも負っていないミセス・パーフェクトが青い山なみを眺めながら「これから蔵王に行きましょう」とおっしゃる。ここはやはり「カミノヤマ（神の山）」アララギ派歌人として血が騒いでいるのである。

せっかくここまで来たんだからと妻が言う。それに滅多にはない好天なんだからと言う。これには一理も二理もある。最終第九レースは四時十分に発走する。それが終ってからでも充分にまにあう。なんてっても一年で一番日中の長い七月の初めである。僕は迷いかつ悩んだが妻の意見に従うことにした。なぜならば妻はアララギの歌人であるのだから、旅の歌を詠みたいと思っているに違いない。文学優先でありたい。「上ノ山の競馬場に吾在りしとき外れ馬券を破り捨てにし」じゃ困るんだ。

（『年金老人奮戦日記　男性自身シリーズ26』新潮社　一九九四年）

「お釜まで歩けるかしら」競馬場で下から見上げていた時は頂上まできれいに見えていたが、タクシーが山道を上りはじめると急に雲行きが怪しくなってきた。山の上の駐車場に到着した時はすっかり霧に包まれてしまった。今日のレースと同じ程度の視界不良、数メートル先がまったく見えない。風も強い。時折、踏ん張らなければ立っていられないほどの強風がやってくる。寒い。これではお釜まで歩いていくどころではない。蔵王が彷徨の山になってしまう。

そうやって九十九折《つづら》りの蔵王への道を登ることになる。白とピンクのウツギが満開。お釜のあたりは、七月の好天であっても寒い。「パステルにいいわね」と妻が言う。そのように山の断層は奇怪にして多彩である。しかし、この強風下「どうやって描くかね。十五分もじっとしていれば凍《ここ》えるぜ」「ああそうか」。

（『年金老人奮戦日記　男性自身シリーズ26』新潮社　一九九四年）

強風の中、アララギ派夫人が手帳を取り出している。斎藤茂吉記念館で「小園」から数首、蔵王の歌を書き写してこられたらしい。口の中でつぶやいている。詠じているのか、それとも歌づくりのための言葉を探していらっしゃるのか。眼下に雲が勢いよく流れ、その切れ間から上山の街が一瞬、見えるが、すぐに隠れてしまう。駐車場一番奥に軽ワゴンを停めたカップルは二人寄り添いながら深い霧の中に消えてゆく。夫人「まさか自殺じゃないわよね。見ていてあげなくてもいい？」それはアヴェックにとってはなはだ迷惑だと思いますよ。

日曜日でアヴェックが多い。手をつなぎ寄りそい、あくまでも密着して彼等は寒さを知らぬ。

（『年金老人奮戦日記　男性自身シリーズ26』新潮社　一九九四年）

無事に下山、振り返ると霧はいつの間にかどこかへ消え失せ、蔵王連峰は何事もなかったように夕陽に輝いている。葉山館に帰り、早速、Y先生と大浴場へ行く。いつものように背中をお流ししていると、「大村さんにあんな博才があるとはね」と笑いながらおっしゃる。「難しいですね」Y先生の背中が笑っている。「面白いだろ」夏休みなのである。湯加減、すこぶる良し。軽やかな肌ざわり、さすが「鶴脛の湯」、いつの間にか第八レース、第九レースを逃した心の傷もすっかり癒されて幸せな気分になってきた。

郭公と山鳩のこゑきこえ居《を》る木立《こだち》の中に心しづめつ　茂吉

夕食は山菜鍋、これがまたたまらなく幸せな味である。さらに米沢牛のステーキも出てくる。口の中でとろける。お土産はやはりこの肉だ。念のために仲居さんに飛びきりおいしい米沢牛の塊が置いてある精肉店の場所を教えてもらおう。

なかでも葉山舘の仲居さんたちがいい。やえさん、のぶさん、ともさん、あきさん、としさん、みんないい。東北の誇りだ。とりわけ、先々代三遊亭圓歌にそっくり（O老年が言ったんだ。僕じゃないよ）のやえさんが秀逸だった。東北の人は無口だなんて言う人がいるがとんでもない。東北の人は明るくてお喋りでユーモアに富む。

（『年金老人奮戦日記　男性自身シリーズ26』新潮社　一九九四年）

米沢牛のためにはもうひところがししなければいけない。もちろんY先生も大いなる野望を抱いていらっしゃる。

もとより僕は上ノ山で大儲けしようなんて気持はない。一人では持てないコケシなんてあるわけがない。小博打を楽しむだけだ。「旦那はギャンブルで儲けてはいけない。少し損をするくらいがいい。ギャンブルで儲けるのは下品である」というのが僕の持論だ。

（『年金老人奮戦日記　男性自身シリーズ26』新潮社　一九九四年）

今夜ももちろん検討会、もちろん山崎12年ハイボールである。テーブルの上も実に豪華である。番菊に、茄子、うり、きゅうりの漬け物が色鮮やかに並んでいる。今日の甘味ものは中條饅頭である。

「明日も単複で勝負だな」、確かに枠連の払戻し額の重苦しさに比べて、単勝、さらには複勝の配当は活発に動いていた。上山の人々は枠連を重視しているのだろう。単複はそれほど票数が伸びていない。だから三着に潜り込む人気薄馬の複勝の狙い目がピタリとはまれば、結構楽しめそうだ。今日の最終レース、①インターダストの複勝がなぜ買えなかったのか。上山攻略の糸口はそこにあったのだ。「困ったな」、明日版の「かみのやまKEIBAニュース」をめくりながらY先生がつぶやく。第一レースから最終レースまで、どのレースも荒れる要素がなかなか見つからないのである。その堅さは、今日の比ではない。溶けるようなこしあんたっぷりの中條饅頭が少ししょっぱく感じるのはなぜだろう。

《Y先生、明日の注目馬》

第三レース　⑥ダイヤプリティ　宮﨑謙一騎手
第四レース　⑥ロッキーパワー　菅原幸志騎手
第六レース　⑦クイックスルー　長橋秀樹騎手
第八レース　⑧モナンファン　山中初騎手
第九レース　②カールスモーキー　白谷正美騎手

なんとかY先生がひねり出した穴馬たちである。逃げ、先行脚質の馬を揃えている。「あとは明日のパドックだね」やはり馬の調子中心主義は変わらない。確かに競馬専門紙を読めば読むほど、レースの堅さは増してゆく。印が集中している馬がそのまま来てしまいそうな感じになってくる。第一レース⑦ノーザンビジン、第二レース⑩ホウサンサベイヤー、第三レース③トネタックス、第四レース④ミョウエイアリー、いずれもよほどのことがない限り連をはずすとは思えない。やはり、単勝のズレ、複勝の紛れをどう拾えるか、ということだろう。午後のレースも専門紙記者たちの印の強弱ははっきりとしている。つけ入る隙があるとすればメインレース「文月特別」である。このレースはJRA出身の馬が八頭中七頭も出走している。上山に出続けている馬、能力試験明けの上山デビュー馬、キャリアは様々だが、どの馬を選ぶか、記者たちも頭を悩ませているようだ。以前、JRAの馬券でお世話になった馬も出ているじゃないか。ここは正確な見極めが必要だ。

〈文月特別、出走馬たちの戦歴メモ〉

①オギサンライズ（牝馬七歳）中央二勝馬　三月まで五〇〇万以下戦で走っていた馬である。東京競馬場でも二月に走っているが憶えていない。前走、重賞・鳥海大賞典、二三〇〇メートルを三着に入った実績から「かみのやまKEIBAニュース」本紙担当・荒井友昭記者はこの馬を本命に推している。

②アタゴイズミ（牡馬七歳）中央二勝馬　柴田善臣騎手がよく乗っていた、芝中距離の逃げ馬だったように思うが、あまり憶えていない。今年は上山のA３級で好位から粘り二着二回、中堅クラスの評価である。

③ビップフライト（牡馬八歳）中央三勝馬　この馬のことは良く知っている。デビュー戦は五年

前の秋、東京芝一四〇〇メートル戦、計ったような差し切り勝ちだった。次走、二戦目でＧＩ朝日杯三歳ステークスに出走したが七着、しかし次走、東京ダート一二〇〇メートル戦で一着となり、再び共同通信杯四歳ステークスに挑むも着外に敗れてしまった。父・ノーザンダンサー、母・シャダイフライトという血統も魅力的で勝ち上がってきたらクラシックレースもこの馬を狙おうか、と考えていたが、その後はなかなか勝ち星に恵まれずダート短距離の条件戦の馬となってしまった。最後に会ったのが昨年の十一月二十二日の東京競馬最終レース、ルーキー後藤浩輝騎手への乗り替わりに惹かれて久し振りに狙ってみたが着外に敗れた。その馬とここで会えるとは。何かの縁だろうか。今季はＡ３戦すでに二勝、無視することはできない。

④ダイソウリュウ（牡馬七歳）中央三勝馬　この馬の馬券も買ったことがある。今年の一月三十一日の最終レース、九〇〇万以下戦、中舘英二騎手騎乗、確かＹ先生も狙っていた馬である。十五着。さらに二月六日、連闘で挑んで鞍上は橋本広喜騎手に乗り替わり、再び狙ったが七着に敗れた。三月までＪＲＡで走っていた。上山転入後はなかなか結果が出ず、今回も人気がない。

⑤ライフセーバー（牡馬六歳）中央三勝馬　五月までＪＲＡで走っていた馬。中山芝二五〇〇メートル九〇〇万以下戦、雨の房総特別で三着に突っ込んできた。次走、鹿島特別、東京での八ヶ岳特別も狙ったがいずれも着外に敗れた。つい一ヶ月半前のことである。明日が上山緒戦となるが、予想陣の評価は高い。

⑥スズランジョニー（牝馬五歳）上山の生え抜き馬である。今年は桜花特別二着から重賞さつき賞に挑戦するが八着に敗れ、その後も結果が出ていない。「かみのやまKEIBAニュース」渡部デ

スクの本命、女傑の復活を期待している。

⑦ビクターソネラ（牡馬九歳）中央二勝馬　その後、高崎に移籍して上山にたどり着いた。三年前の夏までＪＲＡで走っていたが、栗東所属馬で関西を中心に走っていたからか、この馬のレースを見た記憶がない。しかし、上山ではしっかりと実績を積み重ね、一年を締め括る昨年の「上山優駿樹氷賞」二着、九歳にしてさらに充実、「老雄」として予想陣の評価は高い。

⑧モナンファン（牡馬九歳）中央六勝馬　この馬に会えるとは、という一頭である。忘れもしない二年前の四月、雨の中山芝一二〇〇メートル、卯月ステークス。十三番人気、蛯沢誠治騎手、ダートでも勝ち星はあるが芝こその馬と狙ってみた。直線一気、鬼脚、十三頭のゴボウ抜き、単勝は五〇倍近くついたはずだ。忘れる訳がない。その後も狙い続けたが馬券の対象にはならなかった。上山ではまだ勝ち星がない。ダート戦では先行脚質、あの鬼脚馬が「末が甘い」と評価が低い。

生え抜きの五歳牝馬から中央六勝の九歳馬まで、明日のメインレースはみちのくまでやってきた馬たちのそれぞれの過去が交錯するスクランブル交差点のような組み合わせとなった。このレースが明日一番の勝負レースであることに間違いはない。隣のマスヲさんはＹ先生の評価を確認しながら第一レースから二頭ずつ、◎と○を選んでいる。枠連一点作戦、人気どころが中心だが、一番人気の組み合わせを微妙にはずそうとしている。全九レース中、五〇〇円超が二本獲れれば十分プラスになる。もしかしたらこれが上山競馬にふさわしい買い方なのかもしれない。そういえばトウカイテイオーが勝った一九九一年の日本ダービー、マスヲさんは枠連5 8三五〇円を見事一点で仕留めていた。


Catfishの関増雄さん、ニコニコ顔で、野菜やらパンやら、いろいろ、どっさり持ってくる。

「どうだい。ダービーは僕の言った通り買ったかい？」

「それが、少し違うんです」

「二万円が四万円になったろう」

一万円でトウカイテイオーの単、連複⑤⑧を七千円ばかりと言ってあった。

「違うんです。二万円で全部⑤⑧を買ったんです。ですから……」

「じゃあ、七万円か、それはよかった」

「ありがとうございました」

すべては結果論だが、増雄さんの買い方のほうがギャンブル的には正しい。若いっていうのはいいことだなと思った。

（『年金老人奮戦日記　男性自身シリーズ26』新潮社　一九九四年）


Y先生は今夜も課題図書読みがあるのであまり遅くまでお邪魔をしてはいけない。早めに切り上げて部屋に戻る。布団の上で秘かに鞄に入れてきた『草競馬流浪記』と『日本競馬論序説』を引っ張り出す。遠く山形まで来て競馬のことばかり考えている。こんな幸せなことが世の中には時々あるのだ。

②思いきって買う

狙っている馬を思いきって買う。自分で考えて、この馬で勝てると思う。どの新聞の予想も無印か△程度。千載一遇のチャンスである。こういうことは一年のうち六回か七回ぐらいだろう。月収三十万円の競馬ファンなら、一点で一万円を投じても誰も咎めない。いくらかの博才のある男なら、一回や二回は的中するものだ。第一、そういうことがないならば、競馬にかぎらずギャンブルをやる資格がない。思いきって勝負することだ。そういう馬券が外れても悔いはないはずだ。

（『草競馬流浪記』新潮社　一九八四年）

今日の第六レースの返し馬の光景がよみがえってきた。④アサカスプリングはとても美しかった。砂を切る蹄の音、目が冴えてきた。底のほうに残った山崎12年はY先生の課題図書読み込みのお供として置いてきた。寝床でスキットルのボウモア12年をすすりつつ「かみのやまKEIBAニュース」を第一レースから読みかえすことにした。

■七月五日（月）上山行第四日　第七回上山競馬第二日

一日《ひとひ》すぎ二日《ふたひ》すぎつつ居りたるにいつの頃よりか山鳩啼かぬ　茂吉

上山行四日目、上山競馬第二日である。夜明けとともに大浴場へ行く。目が覚める。ゲタのままで辺りを歩く。曇り空、蔵王連峰の頂上は厚い雲に覆われている。

今日も一時間前に競馬場に到着、朝から専門紙三社ブースの女性たちは賑やかだが、やはり平日なので昨日に比べて来場者の出足は鈍いようだ。今日も羽島広報係長のご案内で来賓室へ、前列にY先生とアララギ派夫人、最後列の真ん中にマスヲゑびすが坐る。すでに定位置になっている。競馬場に着く頃から空がぐずつきはじめた。ポツポツと雨が落ちてくる。蔵王の頂きは拝むことができない。気にするほどの雨じゃない。パドックへ行く。大切な競馬新聞は濡れないようにポケットにしまう。パドックの回りには誰もいない。独占状態である。二階の窓辺の定位置にはY先生、なんとゑべっさんがその背後から半分だけ顔を出しているじゃないか。かなりのやる気である。

▼第一レース　三歳3級・七五〇メートル・八頭立て　今日も朝一番はやはり超短距離戦である。圧倒的な一番人気、渡辺徹夫厩舎、小国博行騎手騎乗の⑦ノーザンビジンの歩く姿が麗しく、他馬を圧倒している。返し馬でもこの馬だけ次元の違う走りである。雨中にもかかわらず黒鹿の馬体が輝いている。蹄音も切れ味鋭く響く。来賓席に戻るとY先生「人気だけど仕方がないね」、このレースは⑦ノーザンビジンの単勝一本で勝負、のようである。そのやりとりをマスヲさんが背後でじっと聞いて頷いている。モニターで確かめると単勝支持率は五〇%を超えている。どうやら逆らってはいけないようだが素直には買えない。枠連、この馬から人気薄三点へ流す。

レースは最初の五〇〇メートルで決まってしまった。⑦ノーザンビジン、好スタートから一頭だけ抜けだし、他馬を大きく引き離す。スピードが違う。そのまま、影さえ踏ませず二着に三馬身の差をつけて悠々とゴールイン、相手に選んだ三頭、③タケノエンペラー四着、⑥サファリボーイ五着、①ブルーコーム七着、どの馬も競馬に参加する前にレースが終っていた。Y先生は単勝⑦一五〇円、さらに締め切り間際に一点だけ購入した二番人気⑤セフティーカラーと枠連5 7一八〇円も的中である。「こういう馬券がいつも買えたらね」と苦笑い、背後ではマスヲさんも目を細めている。⑦ノーザンビジンの走破タイムは四十六秒二、昨日の三歳2級戦よりも一秒早い。今日の馬場は稍重、走りやすい馬場なのか、それともノーザンビジンが強かったのか。

▼第二レース　一般C3ロ級・一五〇〇メートル・十頭立て　パドックの雨脚が強くなってきた。傘を差して馬を見る。一番人気馬、板垣吉則騎手の⑩ホウサンサベイヤの気合い乗りがとても良い。人気も集中している。狙いたいのは⑤タケイチウメノオー、JRA経験馬だが、八戦走って一度も馬券に絡むことができないままに上山にやってきた。好調教、パドックでの素軽い歩様が体調の良さを物語っている。「府中が駄目なら上山があるさ」来賓席に帰って返し馬を確認する。Y先生は①アズママームードを狙っている。この馬もパドックで走る気に満ち溢れている様子だった。内枠を利して、逃げてそのままも考えられる。ということで⑤の単勝と①⑤の複勝、さらに枠連もこの二頭から流す。ここで弾みをつけたい。

しかし、ゲートが開いたところでまたもや目論みは潰えた。⑩ホウサンサベイヤが絶好のスタートからハナを切り、二番人気の②センターユウユウが続く展開、①アズマも⑤タケイチも、後手を踏んでいる。⑩ホウザンサベイヤ鞍上の板垣騎手、実に思い切りの良い騎乗、第一コーナーから第二コーナーへ、コーナーワークでさらに後続との距離をとる。ついてゆけるのはもはや②センターユウユウだけ、バックストレッチでもう勝負は決まっている。そのまま一着、二着、枠連は再び一番人気、二番人気の組み合わせ、[2][8]二三〇円となった。⑤タケイチウメノオーは四着、①アズママームードは五着、一着の⑩ホウサンサベイヤからは十馬身以上の差をつけられている。

▼第三レース　四歳B1級・一五〇〇メートル・九頭立て　雨は止む様子がない。馬場も稍重から重へ変わっている。競馬も天候も視界不良である。連闘でC2、B3と連勝、それも前走は二着を八馬身もちぎった③トネタックスが圧倒的な一番人気、単勝支持率はやはり五〇%を超え、パドックでも他馬を圧倒している。Y先生は昨晩の検討会通りハギノカムイオー産駒、⑥ダイヤプリティの単騎逃走を狙っている。前走から十キロ絞れ、臨戦態勢は整っている。ここはY先生の狙いに乗ってこの馬から③トネタックス、さらには返し馬で絶好の手応えを見せている板垣騎手⑨トウホートラックへの枠連[3][6]、[6][8]の二点勝負、単勝、複勝にももちろん手を伸ばす。

レースは⑨トウホートラックが好スタートからハナを切る展開、板垣騎手の手綱さばき、実に鮮やかである。狙った⑥ダイヤプリティは逃げることができない。スタートで少し出遅れた③トネタックスがバックストレッチで追い上げてゆく。しかし、コーナーから最後の直線に入っても⑨トウホートラックの逃げ脚は鈍ることがない。そのまま先頭でゴールイン、二着に③トネタックス、⑥ダイヤプリテイはいいところが全くなく八着に敗れた。枠連[3][8]は二六〇円、これじゃ手も足も出ない。板垣吉則騎手は第二レースに続いて巧みな逃げで連勝、意図が明確な騎乗、ペースのコントロールも絶妙である。二十一歳、将来有望なジョッキーと見た。降り続く雨によって砂を踏みしめる蹄音もにじみはじめてきた。逃げ馬にとってはさらに走りやすい馬場になったということか。昼休み。やはり、今日も午前中はひとつも当らなかった。ひねりだした穴馬は全く走ってくれない。一方で一番人気馬はきっちりと責務を果たしている。今日の昼もY先生はカレーライスとタマコンである。しかし、昨日よりもタマコンが少ししょっぱく感じるのは何故だろう。

なにしろ荒れない。連複でも三桁配当ばかり。三コーナー奥からスタートして◎◯の馬が飛びだしてそのまま。四角で◎◯が更に引き離す。「ぼく笑っちゃいます」と坪やんが言う。百九十円とか二百三十円という坪やんや僕が真先きに消す組合せでもってゴールインする。笑うよりほかはない。

　最上川逆白波《さかしらなみ》のたつまでに
　ふぶくゆふべとなりにけるかも

というのは茂吉の絶唱だが、僕、だんだんに逆白波が立ってきた。

(『年金老人奮戦日記　男性自身シリーズ26』新潮社　一九九四年)

▼第四レース　一般C2ロ級・一五〇〇メートル・八頭立て　前走同級同距離戦を直線一気で二着に来た④ミョウエイアリーが一番人気だが、逃げ馬①シンボリキャメロン、⑥ロッキーパワーも差のない人気を集めている。Y先生は昨晩の予想通り⑥ロッキーパワーの単複、差し馬を軽視して

逃げ先行の組み合わせの枠連1 6、3 6、6 8で勝負である。三走前、早めの競馬で④ミョウエイアリーを完封した③ヤマテツノブナガが面白そうだ。ここ二戦は揉まれて大差負けをしているが、スタートさえ決まればきっとやってくれる。今日は間違いなく走る気が漲っている。この馬の単・複、そして前めの馬との組み合わせ、1 3、3 6、3 8で勝負である。

ゲートが開いて飛び出したのは小国博行騎手①シンボリキャメロンと菅原幸志⑥ロッキーパワー、二頭の先行争いである。好位を行くはずの③ヤマテツノブナガはスタートで後手を踏み、ついて行けずに馬群のなかである。今回もきつく揉まれている。どうしたものか。前を行く二頭が譲らないまま、一周目の直線を行く。少しペースが早い。第一コーナーに入ったところで①シンボリキャメロンが⑥ロッキーパワーを引き放す。そのまま⑥ロッキーパワーは失速して馬群にのみ込まれる。Y先生、額に手をあてる。その隣で夫人が逃げる小国騎手を手を叩きながら応援している。上山の「武豊」である。どうやらこの馬の単勝勝負らしい。後続馬から抜けだしてきたのは一番人気④ミョウエイアリーと⑤クインメモワール。直線に入り、闘いはこの三頭に絞られる。小国「豊」①シンボリキャメロンが半馬身差、二頭の猛追を凌いで一着、二着には④ミョウエイアリーが入り、三番人気と一番人気の決着となった。単勝三八〇円、枠連1 4は四一〇円、この額でも本日の最高額なのである。金瓶アララギ派馬券師はこれで昨日から十三連勝、止まらない。こちらは七連敗、止まったままま。すでに収支は大きくマイナス領域に踏み込んでいる。Y先生もしばらく額に手を当てたままである。マスヲさんも昨日の検討会通り枠連一点で勝負しているが、なかなかうまく行かないらしい。

《Y先生、午前中の成績》
第一レース　単⑦○（一五〇円）　　　　枠連5 7○（一八〇円）○
第二レース　単②×　　　　　　　複②×　枠連×
第三レース　単⑥×　　　　　　　複⑥×　枠連×
第四レース　単⑥×　　　　　　　複⑥×　枠連×

Y先生は波乱をじっと待っている。無風状態の上山、いつ嵐がやってくるのか。それでも我慢の人である。逃げる穴馬を狙い続ける。今日はこのスタイルを変えないだろう。動くにはまだ早い。Y先生が手を打つとしたら最終日の午後、そして東北優駿で勝負だろう。

いきほひは西より動きこの朝け蔵王を包む雲の渦《うづ》みゆ　茂吉

しかし、洋酒メーカーのサラリーマンの夏休みの申請は一日だけ、勝っても負けても今日で帰らなければいけない。残り五レース、動かなければもうどうにもならない。流れがつかめないまま勝手に動いてうまく行ったためしはないのだがここは仕方がない。まずは馬券はシンプルに単・複に絞ることにする。それもあまり金額を積み込むとオッズも変ってしまうので、静かな人知れずの金額投入が必要とされる。最終レースでの大逆転のためには少し資金を転がしてゆかなければならない。

▼第五レース　四歳A２級・一五〇〇メートル・七頭立て　トイレの中で有り金を確かめる。まずは所持金の半分をここに投入しよう。パドックに行こうとしたら階段の薄暗い踊り場でマスヲさんが傘を持って待っていた。ゑべっさん、動く。馬を近くで見たい、という。二人並んで傘をさしながらのパドックである。一人旅が見込める③ヒメリンゴが人気を集めている。マスヲさんの注目馬もこの馬である。確かに強そうだ。しかし、どうも末が怪しそうな感じがする。勝つのはこの馬じゃない。①マルカンドリーム、前走はB１戦ながら鮮やかな好位差しを決めているじゃないか。それも鞍上は板垣騎手である。この馬だ、と思ったら、もう一頭、⑥グロウサンテスの気配がとても良い。こちらは白谷騎手、前走A３戦で二着、調教タイムも素晴らしい。迷う。「どの馬？」とマスヲさんに訊かれても絞れず二頭の名を挙げた。マスヲさん、席に戻り、Y先生にもヒアリングである。Y先生が選んだのは①マルカンドリームだった。マスヲさん、何度も頷きながらマークシート記入を始めている。人気を確かめると二番人気が①マルカンドリーム、三番人気に⑥グロウサンテス、ここはもちろん人気のない方へ、複勝のみ、とも考えたが決心を固めるために三分の一を単勝に回すことにする。

③ヒメリンゴが抜群のスタートから飛び出す。かき込みが鋭く、ぐんぐん加速して後続を離そうとする。板垣騎手①マルカンドリームが追う。白谷騎手⑥グロウサンテスは少し離れてその後ろを行く。ついて行けるか。一周目の直線から第一コーナー、第二コーナーへ、流れが少し落ち着いた。明らかに逃げ馬のペースである。いけない。このままでは③ヒメリンゴだ。そう思ったら板垣騎手

が仕掛けた。鞍上の指示に応えて①マルカンドリームが③ヒメリンゴを交わそうとするが、③ヒメリンゴがそこから再び加速する。ペースが上がる。コーナーを回って二頭の争いは続く。しかし直線に入ったところで先に動いた①マルカンドリームの行き脚が鈍る。そこに白谷騎手⑥グロウサンテスがやってきた。そうだ。末脚炸裂、ゴール前、③ヒメリンゴの脚もあがっている。⑥グロウサンテスが迫る。並ぶ。二つの馬体がピタリと揃ったところがゴールだった。ハナ差で一着⑥グロウサンテス、単勝四三〇円、複勝二九〇円、本日初めての的中である。Y先生の本命①マルカンドリームは六着に沈んだ。マスヲさんもうまく行かなかったようだ。

▼第六レース　一般B2イ級・一七〇〇メートル・八頭立て　再びマスヲさんと傘を並べてのパドックである。一番人気が③ワンダーリベリオン、前野騎手、二番人気②ナガトシ、小国博行騎手、ともに渡辺徹夫厩舎、二頭出しである。パドックでも人気の二頭しか見えてこない。特に③ワンダーリベリオンの馬体の仕上がりが素晴らしい。「親子どんぶり」の気配濃厚、おそらくこの二日間でもっとも堅く収まる鉄板レースである。なぜ、勝負どころでこのレースなのか。頭が痛い。ここは三着馬の複勝狙い、④マルサンリードか⑧アームステハニー辺りか、と考えるがパドックの様子ではとても買う気になれない。かといって枠連②③一三〇円を一点だけ買う度胸もない。困った。悩みながらモニターで馬券の売れ行きを確かめると、このレース、なぜか単勝馬券がよく売れている。締切り十分前ですでに総票数が四千票を超えた。すでにこれまでのレースの二倍、三倍の売れ行きである。その中で③ワンダーリベリオンの単勝支持率が六割を超えている。恐らく一・二倍、下手をすれば一・一倍だろう。一方、複勝の一番人気はなぜか②ナガトシで、③ワンダーリベリオ

ンはなんと五番人気、何かの間違いか、とも思ったが、何度見直しても変わらない。締め切り直前までその傾向が変わらないことを確かめて、この馬の複勝に資金を注ぎ込むことにする。オッズは少し下がってしまったが、仕方がない。ここは利息を受け取りにゆこう。Y先生はあくまでも逃げ馬狙い。ぶれていない。人気馬二頭が牽制するなか、⑦クイックスルーのまんまの逃げ切り勝ちを狙っている。

レースはスタートから②ナガトシ、③ワンダーリベリオンのマッチレースとなった。その前を行くはずだったY先生の本命⑦クイックスルーはスタートで後手を踏み、ハナを切ることができない。「こりゃ、ダメだ」今日はY先生が額に手を当てるシーンが多い。一周目の直線から第一コーナー、第二コーナー、バックストレッチまで、その態勢がどこまでも続く。最後のコーナーを回ったところで前野騎手③ワンダーリベリオンがちょっとだけ仕掛けて小国騎手②ナガトシを交わし、そのままゴールへ。一着③ワンダーリベリオン、単勝③は一二〇円、それに対して複勝③は一三〇円、これで良し、としよう。やはり上山の人たちは複勝馬券へのマークが緩い。

▼第七レース　一般B1ロ級・一七〇〇メートル・九頭立て　第六レースのプラスが利息分だけだったためにメインレース前にもうひところがししたいところである。一番人気は②グロウアーサー、前走同級同距離のレースを鮮やかに差し切り勝ちした実力馬、芦毛の馬体は今日も気迫が漲っている。二番人気は、そのグロウアーサーに最後の最後に差されて二着だった⑥コマノローマン、同じく芦毛、こちらも絶好調、どうやらこのレースもワン・ツーの鉄板レースの様相である。「いくらつくかな」マスヲさんはこの二頭の組み合わせの配当が気になっている。買い目はもう決めて

いる。パドックから早々に引き揚げて二階に上がっていった。恐らく二〇〇円に届くか届かないか、とても買える馬券じゃない。どうする。悩みながら返し馬を確かめにスタンド前に回る。そこにはなんとY先生が居るじゃないか。傘を並べてゴール板近くで返し馬を確かめることにする。二頭がやってきた。前を行く②グロウアーサーも良いが、⑥コマノローマンがしびれるほどの走りっぷりである。雨を含んだ今日の馬場はこの馬にピッタリなのだろう。そのまま迷わず穴場へ、オッズを確かめると⑥コマノローマンの単勝は二・五倍を超えている。これは勝負できる。Y先生も⑥の単複と枠連[2][6]一点、夫人もマスヲさんも[2][6]一点勝負、来賓室は見事に意思が統一されている。

ゲートが開く。⑥コマノローマンが逃げて、その直後を②グロウアーサーが追う。一周目の直線で早くも二頭のマッチレースの様相である。二周目のバックストレッチから第三コーナーに入ったところで⑥コマノローマンが馬なりのまま二馬身、三馬身と差を広げる。ここで勝負あり。最後の直線に入ってもその脚は衰えることなく、②グロウアーサーの追撃を完全に封じた。結局、⑥コマノローマンが二着②グロウアーサーに二馬身差をつけての完勝、単勝⑥二七〇円、枠連[2][6]は二〇〇円、Y先生、本日二本目の的中、マスヲさんもやっと雨中のパドック通いが実ったようである。

▼第八レース　一般A2級・一七〇〇メートル・八頭立て　メインレース「文月特別」、昨晩から決めていた今日一番の勝負のレースである。なんとかここまでたどり着くことができた。マスヲさん、さらにY先生と傘をさしてパドックまで下りる。一番人気は「老雄」九歳の⑦ビクターソネラ、上山緒戦の⑤ライフセーバーが続き、鳥海大賞典三着の①オギサンライズが差のない三番人気となっている。混戦模様、人気が割れている。上山の人たちも珍しく迷っているようである。昨晩

のY先生の注目馬は中央六勝馬⑧モナンファンだったが、パドックで二重丸をつけたのはなんとわが追憶の馬③ビップフライトだった。デビュー戦からパドックで見続けてきた馬である。府中のターフが似合う馬だった。あの頃よりは一回りも二回りも大きくなり、すっかりダート中距離がこなせる身体になっている。調教強め、五〇三キロ、前走から五キロ減って締まった馬体も好感がもてる。この馬から入らない理由が見つからない。Y先生は、さらにただ一頭の上山生え抜きの五歳牝馬⑥スズランジョニーにも大きな丸をつけている。近走は不振続きだが、今日の仕上がりは素晴らしい。美貌が輝いている。返し馬はスタンド前でやはり三人並んでチェックする。外枠の九歳馬コンビ⑦ビクターソネラ、⑧モナンファンの二頭が目立つ。⑥スズランジョニーも素敵だ。最後にやってきたのは③ビップフライトである。美しい。力感に溢れている。府中でもない、中山でもない。いま、ここ上山がこの馬の晴れ舞台なのだ。ここは迷わず③ビップフライトの単複、枠連は③⑥、③⑦、③⑧の三点で勝負である。Y先生ももちろん③の単複、枠連は女傑⑥スズランジョニーと年長馬二頭との組み合わせも併せて購入されている。

抜群のスタートを切ったのは⑦ビクターソネラと⑧モナンファン、九歳馬の二頭だった。やはり馬社会にも年功序列は存在するのだ。しかし、その二頭を交わして⑥スズランジョニーが先頭に立つ。③ビップフライトがその後ろにつけている。なんと印をつけた四頭の争い、少しは予想がうまくなったか。金瓶派馬券師の仲間入り近し、である。⑥スズランジョニーの中鉢利弘騎手、絶妙な手綱さばき、一周目の直線でペースを落ち着かせる。コーナーを回り、バックストレッチで後方の①オギサンライズ、⑤ライフセーバーが追い上げを図るが、好位勢もタイミング良くペースを上げたためにその差は縮まらない。第三コーナー入口で年長馬二頭が⑥スズランジョニーを突いている。とても元気なおじさんたちである。その圧力のせいか⑥スズランジョニーの行き脚が鈍りはじめる。直線に入ったところで⑦ビクターソネラが勇躍、先頭に立つ。⑥スズランジョニーも必死に抵抗しようとするが差し返すことができない。そこに⑧モナンファンが迫る。少し外によれながら交わそうとする。しかし、もう脚が残っていない。「鬼脚」はやはり失われていた。そこに鮮やかな伸び脚で迫ってくる馬がいる。③ビップフライトである。鞍上で冨士木秀四郎騎手が躍動している。渾身のムチ連打である。あっという間に⑥スズランジョニー、⑧モナンファンを交わし、前を行く⑦ビクターソネラに鋭く迫る。「届く」③ビップフライトが半馬身前に出たところがゴールだった。単勝③六五〇円、枠連[3][7]は七九〇円、本日の最高配当である。Y先生も思い通りのレースとなった。背後でも笑う気配あり。マスヲさん、パドックに下りてきてから昇り調子である。

これで最終レース、米沢牛の塊勝負に挑むことができる。やはり仲居さんに精肉店を確認しておけばよかった。パドックに向かう前、階段を下りながら財布の中身を再び確かめる。つばさ号に乗りさえすれば東京へ帰ることはできる。今夜は銀座に寄るつもりもない。かみのやま温泉駅までのタクシー代として千円札二枚、あと五〇〇円玉一枚、これは駅で買う緑の籠のタマコン代、胸ポケットに別にしておく。残りの金はすべてこのレースに注ぎ込むことにする。

▼第九レース　一般C1ロ級・一五〇〇メートル・十頭立て　C2戦、C1戦ともに圧勝で二連勝中の⑤ツルマイロードが人気を集めている。この馬をはじめ逃げ馬が四頭、パドックでもそれぞれ気合い乗り上々である。Y先生の本命馬は②カールスモーキー、逃げる馬が揃っている中でさら

に逃げ馬を狙っている。逃げ馬が多いと競ってハイペースになりそうに思うが、逃げ馬同士が牽制して案外ペースが落ち着いてしまう場合が多い。そこでマイペースで気持ち良く走る無欲の馬が残ってしまう。「逃げの穴は逃げ」なのである。しかし⑤ツルマイロードの気配は見れば見るほど抜群である。この馬が行きたいだけ行ってしまえば、他の逃げ馬は潰れてしまうのではないか。そこで、⑤ツルマイが勝った後、最後にヒョコッと顔を出す差し馬を一頭選ぶことにする。三月までJRAで走っていた⑧ファイアーフォース（三番人気）か、前走、直線一気の脚で二着に来た田代君騎乗の③スーパージャック（二番人気）か、同レース三着に突っ込んできた①プレスマン（五番人気）か、ここは人気も考慮して①プレスマンに狙いを定める。なにしろ鞍上は板垣吉則騎手、上山の将来を必ず背負うはずのエースである。パドックでも抜群の脚捌きをみせている。末脚爆発だ。うまくはまれば勝ち切れるかもしれない。まずは単勝、さらにこの馬から人気馬への枠連三点、1̲5̲を厚めに、1̲3̲、1̲7̲、当たれば必ず米沢牛の塊に届く。それともタマコンのみか。板垣騎手の未来の力にすべてを託す。

さあ、いよいよ最終レースのゲートが開いた。やはり⑤ツルマイロードが好発進、②カールスモーキーが続き、⑧ファイアーフォースが追う展開である。一周目の直線、躍り出るようにして⑤ツルマイロードが加速する。②カールスモーキーも実に伸びやかなストライド、⑧ファイアーフォースの追走も余力十分である。バックストレッチも位置どりは変わらない。少し嫌な予感がよぎる。この二日間、後方からの馬を狙って何度も感じてきた不安である。第三コーナーを回って後続馬群が動き出す。やはり⑤ツルマイ以外の逃げ馬たちは脚を失くして後退してゆく。二頭、鮮やかな加速で抜け出してくる馬がいる。三番手から⑧ファイアーフォース、そして後方から①プレスマンである。最後のコーナー、大外から飛んでくる。板垣騎手、鞭の連打、物凄い脚である。直線一気だ。上山競馬場の直線は短いぞ。逃げる⑤ツルマイロード、迫る①プレスマン、その間に⑧ファイアーフォース。届けプレスマン。届けェ。三頭の馬体が重なろうとしたところがゴールだった。一着⑤ツルマイロード、二着⑧ファイアーフォース、①プレスマンは三着、半馬身及ばなかった。

《Y先生、上山競馬二日目の成績》
第五レース　単①×　複①×　枠連×
第六レース　単⑦×　複⑦×　枠連×
第七レース　単⑥◯（二七〇円）複⑥◯（一〇〇円）枠連［2］［6］◯（二〇〇円）
第八レース　単③◯（六五〇円）複③◯（二三〇円）枠連［3］［7］◯（七九〇円）
第九レース　単②×　複②×　枠連×

Y先生も今日は完敗だった。じっと我慢の一日だった。しかし、勝負は明日だ。おそらく今夜もマスヲさん相手に綿密な検討会が開かれるだろう。一方、夫人は再び全レース的中、二日連続のパーフェクトである。「駄目よ、当っても当ってもお金が増えないもの」いえいえ、上山ではお金を失くさないことこそが素晴らしいのです。マスヲさんは第七、第八、第九レースと枠番連勝をそれぞれ一点で仕留めて、大幅なプラス収支で今日を乗り切ったらしい。来賓席一番の勝者は小さなスケッチブックの一片に今日の枠連の払戻し額を書きだしている。

〈第七回第二日上山競馬　枠連の払戻し金額〉

第一レース　[5][7]一八〇円
第二レース　[2][8]二三〇円
第三レース　[3][8]二六〇円
第四レース　[1][4]四一〇円
第五レース　[3][6]五二〇円
第六レース　[2][3]一三〇円
第七レース　[2][6]二〇〇円
第八レース　[3][7]七九〇円
第九レース　[5][7]四四〇円

なんと、五〇〇円以下の配当が七レース、そのうち二〇〇円台以下が五本、一三〇円というダイヤモンド級決着もある。最高配当は七九〇円、万馬券どころか一日に三本か四本は出るはずの四桁さえ一本もない。堅い上山の中でも特別に堅い一日だったのではないだろうか。よりによってそんな日に、こんな恐ろしい競馬場にいて、よく最後まで馬券を買い続けることができたものである。

その紙を眺めながらマスヲさん、ぽつりとつぶやく。「買っていいレースと買っちゃいけないレースがあるんだよね」「Catfish」のマスターはどうやら上山で「俗人」の域を出ようとしているらしい。

たたかひにやぶれし国の山川を今日ふりさくと人に知らゆな　茂吉

スッカラカン、大敗北だった。「ケツノケマデヌカレタ」というのはこういう状況を指すのであろう。生命を取られなかっただけ良しとしよう。ズボンのポケットに残った「ケツノケ」を数えて最後のタマコンを購入する。

最終レースで坪やんが帰った。明日は無敗のカブラヤテイオーの出走する東北優駿（ダービー）があるというのに。いやあ、感心、感心。

（『年金老人奮戦日記　男性自身シリーズ26』新潮社　一九九四年）

あまりの惨敗ぶりにご心配いただいたのだろうか。Y先生と夫人にかみのやま温泉駅まで送っていただくことになった。別れ際、夫人から「奥様へ」と紙袋を渡される。なんと佐藤錦が四パックも入っているじゃないか。いけない、いけない、「涙のごはむ」である。お二人を載せたタクシーが角を曲がるまで見送っていると、背後に人の気配、マスヲゑびすが立っていた。「はい、これ」渡されたのはタマコンの緑の籠である。「かたきはきっととるからね」いけない。さらに、いけない。今度はゑべっさんの大きな身体を載せたタクシーを見送る。一人になった。右手にはマスヲさんからもらったタマコンの緑の籠、そして左手には夫人からの涙の佐藤錦、ポケットにまだ千円札二枚がある。売店でこりもせず角瓶ポケット瓶を購入する。東北帰りの列車の窓辺にはこのぺったりとした瓶が良く似合うのである。あてにバターピーナッツを買ってつばさ号に乗り込んだ。

西船橋の駅で、競馬場行きのバスを待っているときに、殻にはいった南京豆の袋を買った。

「それは南京豆じゃないんです」とコーガンが言った。「そういうのは落花生です。皮のついたのが南京豆。皮を剝いてあるのがピーナッツ」

＊＊＊

続いて、四レースの、私の勧めた連勝複式が適中した。その配当は二千七百三十円だった。コーガンは電車に乗ったときから緊張していたし、競馬場では非常なる昂奮を示していたけれど、そのあたりで、それが極点に達した。当るべからざる勢いだった。私にしても、ビギナーズ・ラックを信じたい気持になっていた。

馬券の適中はそこまでだった。肝腎の大レースになったとき、コーガンは帰りの電車賃まで使いはたしていて、私とはぐれないように、常に私の体に軽く触れていた。

「ようし。こうなったら南京豆を喰っちまう。俺はね、腹をこわすまで南京豆を喰うよ。モトを取らなきゃ損だから」

彼は袋を破り、凄い勢いで南京豆を食べはじめた。彼は南京豆が大好物で、食べだすと止まらなくなり、必ず下痢をするのだと言った。

（『金曜日の夜』新潮社　一九七八年）

席に坐った途端、帰りたくなくなった。明日も無断欠勤、仕事もすべて放ったらかして、ワキゲでもスネゲでもインモウでもさらに抜かれていいから、東北優駿をY先生と一緒に観戦したかった。馬券代は今日勝ったマスヲさんから借りれば良いことだ。そう思った時につばさ号はゆっくりと動き出した。仕方がない。Y先生の夏休み、別世界「カミノヤマ」、来年も、ですね。なにしろてっちゃんとの奇跡の再会が残っています。次回はきっと万馬券を獲ります。決してご迷惑はお掛けしません。お土産は必ず米沢牛の巨大塊にします。今年来られなかった岩橋さんもきっといらっしゃるでしょう。大村大編集長夫妻も勝ちっ放しのままで終わる訳にはいきませんよ。もしかしたら麻布中学同期会の会場になることもありますか。京都勢はどうしましょうか。みんなみんな、夏休みは大集合である。そうなると二階の来賓室だけでは収まらなくなってしまう。企画広報課の羽島係長に相談しなければいけない。

このくにの空を飛ぶとき悲しめよ南へむかふ雨夜《あまよ》かりがね　茂吉

きのう憶えた茂吉大先生の歌を口ずさむ。ケツノケがなくても人間は生きていけるのである。いつの間にかつばさ号は峠駅を通過していた。窓の外は暗がりである。どうやら現実の世界に帰ってきてしまったらしい。角瓶も空になっている。

■七月六日（火）上山行第五日　第七回上山競馬第三日

いばらの実赤くならむとするころを金瓶村《かなかめむら》にいまだ起き臥す　茂吉

上山行五日目、上山競馬第三日、いよいよ東北優駿である。蔵王連峰は姿を現わしただろうか。随行者は矢尽きて刀折れ、肛門までツルツルになって帰京したため、この日の模様はY先生の名文でぜひお楽しみいただきたい。

第十六回東北優駿（ダービー）。七戦して無敗のカブラヤテイオーが出走するので東京からも取材の人が来ている。勝てば八勝無敗、上ノ山から初のダービー馬ということで競馬場も厩舎も湧いている。

東北優駿のパドックで見るにカブラヤテイオーは実に素晴らしい馬である。すらっとして馬っぷりがよく垢抜けて見える。ウインザーノットに似ていると思った。過去七戦いずれも逃楽勝、本気で走ったらどこまでタイムが詰まることか、と予想紙も書いている。むろん、上から下まで◎ばかり。僕も勝ってもらいたいと思った。

「しかし、待てよ」。そこに難がありはしないか。カブラヤテイオーはどう見たって芝のほうがいい。すっきりしすぎてはいないか。昨日今日と好天でインコースの砂が深くなっている。逃げ馬不利。一方の対抗となるべき岩手のエビスサクラは十戦して九勝、一敗は三歳時に四歳強豪に挑んだときのもの。あのユキノビジンをも破っている。それより何より、これはダートむきだ。がっちりとしている。カブラヤテイオーを貴公子とするならばこれは野武士だ。

そこで僕はエビスサクラから同じ岩手のアンダーキングへの馬券を買った。どうもそれだけでは寝覚めが悪いような感じがするので、カブラヤテイオーからエビスサクラへの連複馬券（一番人気）も少し買うことにした。Catfishの増雄さんはその馬券に有銭《ありがね》全部を投入している。

スタンドに戻ると、向正面にある厩舎の屋根に大勢の人。たぶん、俺《おら》がのテイオーが優勝して一着賞金九百万円を獲得したら米沢牛でもってドンチャン騒ぎの大祝賀会をやらかそうという魂胆だろう。僕は自分の馬券より増雄さんの馬券が的中して彼のガッツポーズをとる所が見たいし、厩舎関係者が屋根から転げ落ちんばかりの拍手大喝采を見たいものだと思った。

カブラヤテイオーはスタートで安目《やすめ》を売り、岩手No.１二十六歳の小国博行騎手がのっつけるようにすると忽ち先頭を奪った。「そのスピードが怖い」と僕は思った。これに岩手のアンダーキングが搦む。「素晴らしい走りっぷりだ」と目の前をカブラヤテイオーが走るのを見て思った。二周目の三角を過ぎ四角の手前でカブラヤテイオーのスピードが鈍るとただちにエビスサクラがハナに立ち直線で差をひろげる。アンダーキングは渋太《しぶと》く二位を守ってゴール。岩手・岩手で結着した。無いものねだりをするのだが、カブラヤテイオーを芝で見てみたいとつくづくとそう思った。

第十レース。パドックで人気薄のアカネオーヒメの気配がいい。予想紙によると稽古時計も悪くない。そこで妻に複勝馬券を買うように勧めた。締切直前、場内テレビのオッズを見ると、アカネオーヒメの複勝は四票（四百円）しか売れていない。シメタと思って僕は複勝を五百円だけ買った。実は僕は最後だから一万円買ってみようかと思っていたのだ。しかし、公営でそんなことをしたら、自分の金で自分を喰うことになる。

従って、テレビのオッズのアカネオーヒメの複勝式売上げの数字が4から9に変るはずだと思っていると、19に変った。おかしいな、ここにも馬のわかる奴がいるんだなと思って席へ戻ると、なんとアカネの複勝を千円も買ったのは妻だった。

このアカネオーヒメ、直線凄い追込みで二着。複勝配当一千百五十円というのは上ノ山ではちょっとした記録ではないか。僕は連複も的中したから前日までのマイナスをほとんど引き揚げたことになる。

正面入口まで送りにきてくれた企画広報係長の羽島健夫さんに、

「残念でしたね。今夜は大宴会をやろうと思っていたんじゃない？」

と言うと、

「いや、すぐに残念会にきりかえますから」

ということだった。米沢牛の鋤焼きが芋煮会に変るということか。

「来年も来ましょうよ。これから一年間、上ノ山競馬の馬券の方法論を研究しますから……」

Catfishの増雄さんが、やや昂奮気味に言った。

（『年金老人奮戦日記　男性自身シリーズ26』新潮社　一九九四年）

■七月七日（水）上山行最終日

たたかひの終末《しゆうまつ》ちかくこの村に鳴りひびきたる鐘をわすれず　茂吉

昼下がり、東京駅でお出迎えである。Y先生も別世界から帰ってこられた。東の間の夏休みだった。マスヲさんはもう少し山形観光を続けているらしい。よほど、別世界がお気に入りのようだ。列車を降りるなり、東北優駿でのY先生大勝利の報、さすが「怒濤流」の人である。夫人に佐藤錦の御礼を申し上げる。「途中で帰らなかったら、きっと大当りだったわよ」、どこまでも優しい人である。いやいや、あんな怖ろしいところ、もう一日いたら、生命まで取られていたかもしれません。

帰りの車中、中央高速で東京競馬場を通りかかる辺り、Y先生が「来年も夏は上山だな」とつぶやくようにおっしゃる。「マスヲ君が言うんだよね」笑っている。「もうこりごりよねェ」夫人は勝者の微笑である。いいえ、ちょうど「原口」のそばがきを納豆だれでもう一人前、食べたかったと思っていたところであります。

夕刻前に帰宅した。疲れているが快い疲労という感じ。

上ノ山はいい所だった。温泉、山菜、米沢牛、蕎麦、蒟蒻《こんにやく》、蔵王、競馬、齋藤茂吉記念館。東京駅から新幹線で二時間四十分というのもいい感じだ。家に着いたとき僕にとっての最初の夏が終ったナと思った。

（『年金老人奮戦日記　男性自身シリーズ26』新潮社　一九九四年）

Y先生は、まだ夏休みの課題図書が残っている。

「ところでタマコンはちゃんと買ったの？　美味しかった？」アララギ派歌人からのご下問である。

はい、それはそれは、「涙のごはむ」の味がいたしました。

＊本章で引用した斎藤茂吉先生の歌は『歌集　小園』（岩波書店　一九四九年）を底本としていますが、漢字については新字体に改めさせていただきました。

# 第五章

一九九三年阪神三歳牝馬ステークス　祇園ウインズ

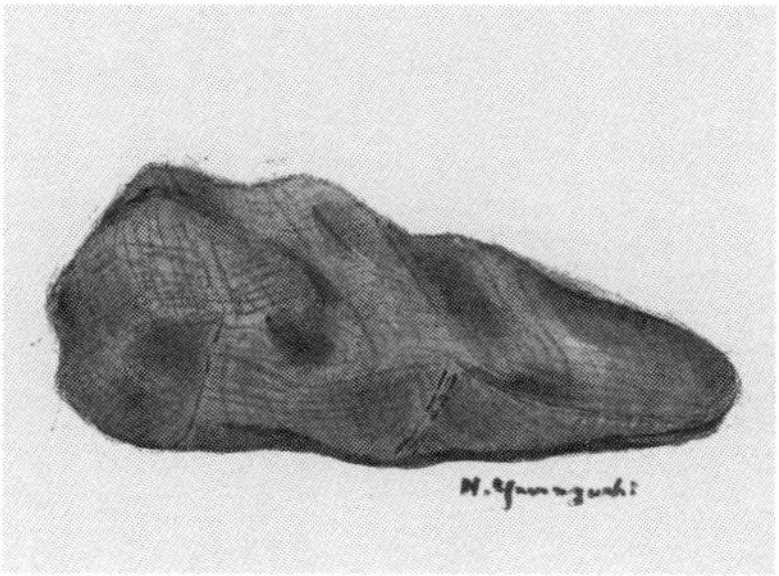

1

二鶴（A地点）
山ふく（B地点）
サンボア（C地点）

Y先生の「京都」はこのA、B、Cの三地点によって成立している。この三地点はいずれも料亭「一力」横を通る花見小路から路地に入った一画にある。一本目の路地にひっそりと「山ふく」がまずあり、その真裏、二本目の路地を入ったところに「二鶴」、さらにその路地を進み、右に折れると「サンボア」にたどり着く。黄昏どきになるとA→B→C、明くる日もやはりA→B→C、A地点からB地点へは一〇〇歩、B地点からC地点が一番の長駆けで二〇〇歩、C地点からA地点への帰り道は一五〇歩、いずれも歩数で表現できるこの三点間、計四五〇歩を何度も循環することが、Y先生にとって「京都にいる」「京都で過ごす」ということなのである。なお、「一力」横から花見小路を真っ直ぐ建仁寺方向へ行くと、祇園甲部歌舞練場の隣に祇園ウインズがある。したがって週末の循環行動には、このウインズが加わることもある。

京都へ行けば二鶴に泊り、山ふくで食べ、サンボアで飲む。山ふくからサンボアまで、感じで言うと百五十メートルぐらいのものであろうか。だから、活字で〝小京都〟という文字を見ると笑ってしまう。私にとっての京都は、そもそもが、とてもとても小さいのである。
（『行きつけの店』ティビーエス・ブリタニカ　一九九三年）

京都には三軒の「サンボア」がある。それぞれ中川家の兄弟たちが経営をしている。長男の英一さんは三条寺町の「サンボア」を、次男・滋夫さんが四条寺町の喫茶店「サンボア」を、そして、四男・志朗さんが開いたのが、C地点、祇園「サンボア」である。

Y先生は壽屋（現サントリー）に勤めていた時代、大阪の本社で会議があれば帰りには必ず新地の「サンボア」に立ち寄っていた。大阪の宣伝部のメンバーに紹介され、やがて行きつけのバーになった。スタンディングバー、立ち飲みである。頼むのはもちろん角瓶のハイボール。まだ新幹線が開通していない時代、大阪駅から夜行急行列車「銀河」に乗って東京に帰る。

その後、小説家となり、講演や取材で京都を訪れた時、あるいは淀の競馬場で天皇賞、菊花賞に参戦した帰り途、寺町の「サンボア」に寄るようになり、さらに「二鶴」を常宿にするようになって祇園の「サンボア」を知ったのである。

淀駅から電車に乗って、終点の三条駅で降りた。三条から歩いて、Mという一杯呑屋へ行こうと思った。このMがわからない。私は方向とか道路とかということになると、まるで駄目なのだ。

そこで、京極のSという酒場へ行って、どこか食事の出来るところを紹介してもらおうと思った。このSは祇園のSの本店にあたる。
よろしいとSのマスターが言った。歩いて三分ですと言った。Sでウイスキイを二杯飲んだ。Sのマスターの連れて行ってくれたのは、ほとんど斜めむかいのビルの地下の店だった。
(『元日の客　男性自身シリーズ12』新潮社　一九七六年)

祇園「サンボア」は一九七一年にオープンしたカウンター席だけのオーセンティックバーである。志朗さんがカウンターの中に立ち、夫人の歓子《よしこ》さんが手伝っていた。Y先生はカウンター奥目の席に坐って、二人の働く様子を眺めながら志朗さんがつくるカクテルやウイスキーを飲む。この店で必ず注文するのがマテニーである。

志朗は客からマテニーの注文があるときは常に二杯分作り、一杯を歓子に飲ませた。そうやって、歓子を教育したのである。歓子は、毎晩、十杯のマテニーを飲んだ。店にいる間はなんともない。家に帰ると、ぶっ倒れた。ご承知のように、マテニーというカクテルはジンのストレイトと変らない。
(『行きつけの店』ティビーエス・ブリタニカ　一九九三年)

しかし、志朗さんは一九七六年二月二十五日に突然、亡くなってしまった。店の片付けを終えて家に帰ったところで、いきなり倒れた。心臓麻痺、祇園「サンボア」は主を喪った。オープンしてからまだ五年もたっていなかった。

昭和五十一年の三月の末、三条寺町のサンボアへ寄った。たしか、淀の競馬場の帰りであったはずだ。マスターの英一さんの様子がおかしい。妙に燥《はしや》いでいる。私に写真を撮ってくれという。さらに、私にカウンターのなかに入ってくれという。二人で肩を抱きあったところを、私の同行者に写真に撮らせたりもした。ふつう、酒場のマスターは、客がカウンターのなかに入るのを嫌うものだ。マスターが自分からそんなことを言いだすのは、客に対する無礼である。

「おい、どうしたんだ」

私の声が強くなった。……やがて、そのわけが判明した。祇園サンボアのマスターである四男の志朗が、一ヵ月前に急死したというのである。志朗を贔屓にしていた私が突然にあらわれたので、英一はカッとなってしまったのだろう。志朗は四十三歳だった。

(『行きつけの店』ティビーエス・ブリタニカ　一九九三年)

未亡人となった歓子さんは店を続ける道を選ぶ。ある日、取材旅行の帰り途、祇園「サンボア」へ立ち寄ったY先生は、歓子さんから東京の有名な酒場を教えてほしい、と相談される。東京に行ったこともない、新幹線にも乗ったことがない、という歓子さんである。しかし、どうしても銀座の「クール」で古川緑郎さんがつくるマテニーを飲んでみたいという。ちょうど明日は休業日である。そこでY先生、朝十一時に「二鶴」で待ち合わせ、歓子さんを新幹線にのせて東京に連れて帰る。

ってしまう。新幹線を降りた二人はまず「はち巻岡田」で鮟鱇鍋を食べ、「クール」に向かう。さらに、Y先生行きつけの老舗バー「ボルドー」にも行く。一晩のうちにY先生の「銀座」を歓子さんに体験させようとしたのである。歓子さんはその夜、Y先生の手配で銀座東急ホテルに泊まり、翌朝、無事に祇園に帰っていった。

「明日の朝、起きたら、一階のコーヒー・ショップへ行く。トーストぐらい出来るだろう。ホテルの前にタクシー乗場がある。乗ったら東京駅八重洲口へ行けと言う。駅へ行くと緑の窓口というのがある。そこへ行ったら、京都まで乗車券一枚、グリーン券一枚と叫ぶ。いいか、やれるか。ホテル代は払っておいたが、コーヒーとトーストとタクシー代と帰りの電車賃は自分で払う。金はあるか」

(『行きつけの店』ティビーエス・ブリタニカ　一九九三年)

東京初体験の京都の未亡人一人、いきなり連れ出し、銀座を連れ回す。Y先生、実に大胆な行動である。祇園の「サンボア」をなんとかしなくちゃいけない。あの日、京都競馬場の帰り途、寺町の「サンボア」で中川英一さんの涙に触れた時からY先生の心の中には強い想いがあったのだろう。この事件は歓子さんの名前は伏せられているが当時の「男性自身」にも取り上げられている。

このあたりで、私は、ちょっと不安になってきた。私の心づもりでは、彼女を家へ連れていって女房にひきあわせ、銀座裏の小料理屋でアンコウ鍋を御馳走し、銀座の古い酒場を二軒か三軒案内して、彼女に勉強してもらうということになっている。しかし、祇園から女を連れて帰ったということで、女房は、いきなり、ヒキツケを起すかもしれない。また、ツケウマが京都からついてきたと思って卒倒するかもしれない。

（『人生仮免許　男性自身シリーズ14』新潮社　一九七八年）

白地に筆文字で「サンボア」と横書きした暖簾を届けたのもこの時期だと思われる。歓子さんは店を開ける時、扉の前に欠かさずこの暖簾を掛けるようになった。夕方、青く暮れてゆく祇園の街並みに白い暖簾がまたよく似合うのである。志朗さんと歓子さんが二人でつくりあげた、祇園のバーならではのたたずまいを大切にしたい、バーという店の形態には珍しい暖簾を敢えて贈ったのは、そんなY先生の気持ちの表われだったのだろう。

祇園のサンボアの開店十周年祝賀会が、京都のホテルで開かれ、私は二鶴の内儀、陶芸家の竹中浩さんと一緒に会場へ向った。

そのときも、私は乾盃の音頭取りを頼まれた。

「中川英一さん、いらっしゃいますか。……三条寺町のサンボアのマスター、いらっしゃいますか。……いらっしゃったら、ここへあがってきてください」

私は壇上で叫んだ。京都流もへったくれもあるものか。東京流でやってやれ。東京流は、どんなことがあっても、主賓に恥をかかせたりしないぞ。私は、またしてもヤケクソ気分になっていた。

なんのことはない。会場の最前列の中央で赤いシャツを着て立っていたのが英一だった。……英一は、おずおずといった感じで壇に上り、私と並んだ。

私は英一と肩を組み、

「祇園サンボアの開店十周年、おめでとうございます。中川歓子さん、おめでとうございます」と大声で言ってグラスを持った手を高くあげた。英一さんの身体の慄えが伝わってきた。彼は泣いていた。しかし、彼の涙は、あの昭和五十一年三月の末の涙とは別のものだった。

(『行きつけの店』ティビーエス・ブリタニカ　一九九三年)

もちろん中川兄弟たちの強力なサポートもあっただろう。歓子さんは見事に「サンボア」の「暖簾」を守った。Y先生は「サンボア」に行けば、必ず歓子さんがつくるマテニーを飲むようになった。

読者諸賢に告ぐ！　祇園のサンボアへ行ったら、マテニーをオーダーしてもらいたい。そのとき、歓子の目が輝くのに気づくだろう。「勝負だ！」という気合が伝わってくるはずである。

(『行きつけの店』ティビーエス・ブリタニカ　一九九三年)

二年前、一九九一年十月二十五日には祇園サンボア開店二十周年のパーティが京都東急ホテルでめでたくも開かれた。Y先生は残念ながら出席することがかなわなかったが、パーティの案内状にはY先生のお祝いの長文が印刷された小冊子が同封されていた。それは二十年の間、Y先生が心の底で持ち続けていた想いがそのままかたちになったような、とても贅沢な小冊子だった。Y先生は「サンボア」を近く、遠く見守り続けていた。

それ以後のことは関西在住のサンボアの常連客のほうがよくご存じだろう。まだ見ていないのだが、祇園の店が広くなったという。祇園で、たとえ一坪でも店をひろげるのは容易ではないということぐらいは私にもわかる。中庭つきと聞いて仰天している。早く見に行きたい。

そのうえ、東京のトニーズバーで修行していた長男の立美さんが一本立ちしたという。トニーズバーも、いわゆる酒場らしい酒場の一軒であって、かねがね私も敬愛している。これで祇園のサンボアにもう一本の筋金が通ったことになる。

（「祇園サンボアと私」『祇園サンボア二十周年記念』小冊子　一九九一年）

現在、リニューアルしたばかりのピカピカのカウンターの中には長男、立美さんが立っている。志朗さんが亡くなった時、立美さんはまだ十三歳、中学一年生だった。しかし、父から受け継いで「サンボア」という店を守り続けることを「家業」と心得て、歓子さんを支えてゆくことを心に決めた。中学、高校に通いながら店に立ち、さらに銀座トニーズバーで修業をして、再び祇園に帰ってきた。繊細な味覚の持ち主、シェイクもステアもこの業界では群を抜く腕前であることは間違いない。しかし、Y先生のマテニーはいまでも歓子さんがつくる。

歓子さんは忙しい身である。それでもY先生が京都に滞在中は、実に細やかな心遣いを施されている。真っ先に「二鶴」に顔を出し、Y先生の京都でのスケジュールとリクエストを完璧に把握し、あちらこちらに手配をして、必要とあれば同行し、もちろん祇園「サンボア」では入口に暖簾を掛け、Y先生が坐る席を空けてずっと待っている。

山ふくのあとサンボアへ廻った。もっとも、いつでも同じコースなのだが……。本来サンボアは月曜が休みなのだが、ママさんの中川歓子《よしこ》さんがどうしても店を開けると言いだしてきかない。

＊＊＊

旅先きでは八時朝食と決めてある。早くに飯を済ませて散歩兼買物に出る。中川歓子さんも一緒に行くという。

（『還暦老人極楽蜻蛉　男性自身シリーズ25』新潮社　一九九一年）

Y先生が東京に帰る時には必ず電話で予約した「いづう」の鯖の姿寿司を手に京都駅八条口に現われる。

心遣いは京都だけにとどまらない。四月になるとY先生のご自宅に筍を必ず届ける。そして、季節の挨拶として沢山のお届け物を手に提げて国立までやってくる。

蒸暑い日。『小説現代』篠田義孝氏来。同誌グラビア撮影。祇園サンボアの中川歓子《よしこ》さんが来たので一緒にロージナ茶房へ行く。つい先日、ロージナの伊藤さんが京都へ行くというのでやまふくとサンボアを紹介した。中川さんは御礼にロージナに顔を出したいと言うので御互いに都合がいい。そのあと繁寿司。説明が厄介になるが繁寿司の常連客であった山坂危内《あぶない》さんが関西に転勤になり、サンボアへ飲みにゆくようになった。よく繁寿司の噂が出るので、お店を見たいと中川さんが言うのだ。

（『年金老人奮戦日記　男性自身シリーズ26』新潮社　一九九四年）

京都にはもう一人、強者が存在する。その方は、真っ先に現われる歓子さんよりもさらに一歩早く姿を現わす。陶芸家の竹中浩さんである。京都駅、新幹線のホームにY先生が降り立つと、必ずそこに竹中さんが待ち構えている。

京都駅に竹中浩さんが迎えに来てくれている。妻の足が完治していないので大助かり。今度の旅は京都髙島屋での「竹中浩作陶展」を見に行くのが主目的。

（『年金老人奮戦日記　男性自身シリーズ26』新潮社　一九九四年）

もちろん竹中さんのY先生への心遣いも京都だけでのことではない。「男性自身」を読んでいると、いかに竹中さんが折々に国立にご挨拶に来られているか、よく分かる。

松江発、途中伯備線になり、夕方東京に着いた。竹中さんが京都で降りないで国立《くにたち》まで来てしまった。十一月にまた東京日本橋壺中居で展覧会をやることになっていて、目録に推薦文を書くのだが、その原稿依頼のために僕の家に来るというのが、その名目だそうで、ずいぶん変な人だ。

(『還暦老人極楽蜻蛉　男性自身シリーズ25』新潮社　一九九一年)

昨日は竹中浩夫妻が国立に来られた。関保寿先生の孫の「子褒め」だったようだ。あくまでも懇篤叮嚀《こんとくていねい》に生きる人だ。

(『年金老人奮戦日記　男性自身シリーズ26』新潮社　一九九四年)

Y先生が頸椎の損傷による神経障害、軽い脳血栓を起こして体調を崩された時は竹中さんからこんなものが届いている。

京都の陶芸家竹中浩氏、溲瓶《しびん》を送ってくる。十年前に骨壺と溲瓶を頼んだのを覚えていてくれたのだ。やはり溲瓶から骨壺というのが順序であるようだ。形は古墳時代の須恵器《すえき》の平瓶《ひらべ》から取ったそうだが、沖縄のチョカに似ている。

(『還暦老人憂愁日記　男性自身シリーズ24』新潮社　一九八九年)

もはや、何から何まで、最強の二人である。京都駅のホームに竹中さん、歓子さんのお二人が揃ってしまうと、それこそ新幹線の出口から直接、Y先生を担ぎ出すんじゃないか、という勢いである。二人は助さん・角さんである。大政・小政である。東大寺南大門の阿形・吽形の金剛力士像、いや東寺、教王護国寺の薬師如来を挟む日光菩薩・月光菩薩様だろうか。三地点とともにY先生の「京都」を成立させているのは実はこのお二人なのである。

寒い。九時半に竹中浩さんとサンボアの歓子《よしこ》さんが迎えにきてくれて麩屋町の湯波半《ゆばはん》老舗へ行く。これは麩嘉の小堀正次さんがセッティングしてくださったもの。

（『年金老人奮戦日記　男性自身シリーズ26』新潮社　一九九四年）

Y先生をB地点、「山ふく」に最初に案内したのも竹中さんである。「お互いにまだ若くて、知りあったばかりでもあったので遠慮があり、どこかギコチない感じだった」（『行きつけの店』ティビーエス・ブリタニカ　一九九三年）頃だとおっしゃる。その時、すでに「山ふく」には竹中さんの白磁の面取りの盃が置かれていた。この店は山田たねさんが開いた店である。一膳飯屋か総菜屋のようなものを始めようと考え、長女の芙喜子さんを「辻留」に修業に出している。メニューの構成をはじめ、今の「山ふく」のかたちはたねさんと芙喜子さんが二人で考えたものである。

ところで、私は、山ふくを教えられて、一度で気に入ってしまった。いまでこそ『京都うまいもの地図』といった案内書を手にしたギャルが、店内を見廻して「ああ、ここなんだ」と叫んで、そのまま出ていってしまうようなことがないでもないが、当時は祇園町の一力の裏にあることが信じられないようなヒッソリとした一膳飯屋の名に相応《ふさわ》しい店だった。私は、ヒトメ、ここは祇園町の御主人連の来る店だと思った。

（『行きつけの店』ティビーエス・ブリタニカ　一九九三年）

一九八九年十一月二十一日、今から四年前、「行きつけの店」の取材としてY先生にこの店を訪ねていただいている。この時は谷浩志先輩とカメラマンの福井鉄也さんが同行している。実はこの取材の二ヶ月前に「山ふく」を興した女将・山田たねさんが亡くなっている。現在、たねさんの遺志を継ぎ、料理長として店の切り盛りをしているのは長男・以佐男さんの奥方、勝子さんである。

歩いて祇園に引き返して、一力の裏の一膳飯屋の山ふくで夕食。これが『サントリー・クォータリー』の取材。菜っ葉と肉じゃがとヒジキを注文して、

「刑務所の食事みたいだな」

と言ったら妻に睨まれた。これが美味いんだ。あと、オカラ、目刺し、賀茂茄子の田楽その他いろいろをわけあって食べる。おしまいは松茸御飯かかやく御飯だが実はこれがメインであって山ふくの雑《ま》ぜ御飯の紹介が取材の目的。

（『還暦老人極楽蜻蛉　男性自身シリーズ25』新潮社　一九九一年）

小上がりの奥の黒板にその日のメニューが書かれている。二段書きである。

小芋　うなぎのきもに
おから　あまごの南蛮漬
きんぴら　柳川
もずく
千切り　でんがく
こんにゃく　肉じゃが糸こんにゃく
川えび　なっぱ
ひじき　温泉玉子
もろきゅう　ゆどうふ
じゃこおろし　揚出し
ほうれん草　冷やっこ
わさび芋
しゃけ
青とう

貝柱　　　　かす汁
いわしに　　鴨ロース
しをから
ささがれい　小あゆに
なっとう　　たいの子
もろこ　　　てつかわ
さざえうに　やきなす
たら子
きもに　　　ごりに
たにし　　　ぎんなん
つけもの　　大根に

「行きつけの店」取材当日のメニューである。品切れになったものには×がつけられてゆく。この黒板を見ると、食べ役としては上から、右からすべて注文したい衝動に駆られる。Y先生が必ず最初に注文するのはおから、ひじき、肉じゃが、なっぱ、あたりである。もちろん注文は人それぞれ自由なのだが、ひとつだけ個人的な意見をいわせていただければ、この店を訪れたらなっぱだけは必ず注文していただきたい。はじめて「山ふく」にお邪魔した時、テーブルに運ばれてきたつゆたっぷりの温かいなっぱ煮を一口食べたあの感動と衝撃は忘れることができない。なんともやさしく、ふくよかな味わい。酒を飲むことを忘れ、箸を置くことができなくなる。器の中の汁を一滴も残らず飲み干したいと思うのは私だけではないはずだ。肉じゃがのしっかりとしながらもキレの良い甘さも、おからの口の中で膨らむような味わいもどうかしみじみと楽しんでいただきたい。どの料理もここでしか出会えない味なのになぜかおふくろの味と会ったような懐かしさがあふれ出てくるのである。一人、心の中で泣いている。ラストはもちろん季節の雑ぜ御飯である。

僕はこの店の雑《ま》ぜ御飯が好きで、いつでも一杯分だけ残しておいてくれるように頼んでから飲みはじめる。筍御飯を特に好む。たねさんはそれを知っていて筍の時分には黙っていても丼《どんぶり》一杯の筍を出してくれたものだ。

（『還暦老人極楽蜻蛉　男性自身シリーズ25』新潮社　一九九一年）

その心配りは勝子さんにしっかりと引き継がれているが、極めて人気が高く、早く品切れになること必至なので、来店者は要注意なのである。しかし、「ヤマ」になっていてもくれぐれもオーバーなリアクションで嘆かないように。店を出ようとは思わないように。美味しいものは他にいくらでも、それこそ売るほどある店なのです。

A地点「二鶴」は吉田一也・三千子夫妻が経営している小さな旅館である。Y先生がここを常宿としたのは今から二十年近く前のことである。京都での宿泊場所がこの宿に定まったことで、Y先生の三地点は確立された。

私はその説に賛成であり、では、祇園のその旅館の内儀のどこがいいかというと、まず、説明のしやすいところで言うと、夕食のとき、一緒に酒を飲んでくれるところがいい。どの部屋でもそうだというわけにはいかないだろうけれど、彼女は、ちゃんと、自分の盃を持って席につくのである。その感じが実にいい。そうかといって、大酒を飲むのではない。こっちも、彼女の体のことを考えて、少しずつしか酌をしない。市中で買ってきた酒の肴《さかな》を彼女にも食べてもらう。こういうことで、彼女は、私たちの好みを知悉《ちしつ》するようになる。朝もそうなのだ。朝のお茶のとき、彼女も一緒にお茶を飲むのである。

(『迷惑旅行』新潮社　一九七八年)

Y先生は「二鶴」に宿泊しながら、一晩目だけ「二鶴」で食事をし、明くる日の晩からは「山ふく」に出掛けることになる。その後はもちろん「サンボア」である。時には「二鶴」の内儀三千子さんを連れ出して一緒にB→Cコースをたどってしまうこともある。そしてAに還る。「二鶴」を中心に、この三地点は実に強固につながっていた。それぞれが深く結びあいながらY先生の「京都」を支えている。いわば「鼎《かなえ》」のような存在だったのである。

しかし、そのY先生の「京都」存在の危機が突然に訪れた。なんたることか、偉大なるA地点「二鶴」が宿を閉めてしまったのである。「鼎」のひとつが消えてしまう。Y先生はもともと「二鶴」に泊るようになって「サンボア」を知り、「山ふく」に通うようになった。この宿がなければY先生の「京都」は存在しなかった。これは一大事である。

二鶴まで歩いて帰る。その二鶴だが、今年一杯で廃業する。主人も内儀も疲れてしまった。主人の胃潰瘍、内儀の乳癌と大病が続いた。いま旅館の女中になろうとする女性はいないし、若いうちならともかく老齢となっては体力的に無理だ。「このままでは夫婦別れせんならんようになって」というぐらいに疲れて不機嫌になることがあったらしい。板前をする主人は仕入れのために早く起きるし、内儀は飲みに出かけた客を一時二時まで起きて待つということであれば、いくら仲のいい夫婦だって諍いが生ずる。奈良に近い学園都市の田辺市に家を建てて学生相手の素人下宿を始めるという。祇園で長く商売していた人が祇園を離れるにはよくせきのことがあったのだろう。「この三年間、悩みに悩みました」と内儀は言う。

（『還暦老人極楽蜻蛉　男性自身シリーズ25』新潮社　一九九一年）

『行きつけの店』の取材で「山ふく」を訪れた時、それがＹ先生、最後の「二鶴」滞在となった。竹中さんが自作の陶板、筆筒、盃などを部屋に持ち込み、Ｙ先生は染付をする。最後に一枚残った陶板には「祇園町に二鶴といふ旅籠ありき」と書いた。

内儀はいろいろと見て廻って、床の間に近い「祇園町に二鶴といふ旅籠ありき」という陶板に目を留めた。

「まあ、嬉しい。わたし嬉しいわ」

女学生のように笑い、大きな声でそれを言った。それから、陶板をもっとよく見ようとするようにペタンと腰をおろし前屈みになった。キャアキャア騒いでいたのが急に静かになった。内儀は「祇園町に二鶴といふ旅籠ありき」と口のなかで念仏を唱えるように何度も繰返して読んでいるようだった。誰もが無言でそれを見ていた。妻が何かの気配を察したようだ。内儀の背後に廻って背中を撫でた。

「これからは空気のいいところへ住むんですからね。元気をだしてください」

歔欷《すすりなき》が、静かに静かに部屋に流れた。

(『還暦老人極楽蜻蛉　男性自身シリーズ25』新潮社　一九九一年)


京都で、どこに泊るのか？　それがここ数年のY先生「京都行」の課題となっている。超難題である。日光・月光菩薩様のお二人も頭を悩ませている。


京都へ行く。一年に一度は京都へ行かないと精神衛生によくない。

(『年金老人奮戦日記　男性自身シリーズ26』新潮社　一九九四年)


という人である。「二鶴」が閉じた後、白川沿いの瀟洒な宿を試されたこともある。高名な高級旅館S、TやHなどを検討したこともある。しかし、「二鶴」に代わる宿など見つかる訳がない。

不可能である。昨年、京都高島屋で催された「竹中浩作陶展」で訪れた時は、麻布中学の同期生、弁護士の増岡章三さん御夫妻とご一緒だったので、増岡さんの紹介ということで鴨川畔のホテルフジタに宿泊している。

ホテルフジタ京都のロビーで、弁護士で麻布中学同期以来の友人の増岡章三夫妻に会う。このホテルフジタは増岡に紹介されたもの。陶芸好きの増岡が、そんなら俺も行く、向うで会おうということになっていた。

（『年金老人奮戦日記　男性自身シリーズ26』新潮社　一九九四年）

Y先生はプライベートの旅行の時、ここ数年、増岡さんご夫妻と行かれる機会が多くなった。三年前には甲府・湯村温泉の常磐ホテルに、そして昨年は暮れの京都にご一緒されている。もちろん麻布中学同期有志の会の旅行にも二人揃って参加している。

麻布中学同期会、横山、増岡、前田、尾関、有馬、服部等八人で木曽福島の横山の会社（ユアサ産業）の寮へ行く。中央高速を自動車を運転していく、新幹線を名古屋で下車して北上するといった組に分れたが、僕は弁護士の増岡章三と二人で中央線を塩尻で乗換えて中津川まで行き、いわゆる木曽路をタクシーで木曽福島へ出る。これは増岡の計画《プラン》だったが、木曽路は初めてなので有難かった。

（『還暦老人極楽蜻蛉　男性自身シリーズ25』新潮社　一九九一年）

旅馴れている。フットワークも軽い。何事も楽しもう、という心をお持ちのご夫婦である。京都では午前中はお互いに自由行動、と決まっている。朝、寺町あたりをぶらぶらしていると増岡さんご夫妻が「進々堂」でモーニングセットを二人仲睦まじく楽しまれている様子を目撃したりもする。Y先生の「小京都」も、その外側もちゃんと知っているお二人である。つかず離れず、お互いちょうどよい距離というのを心得ていらっしゃる。この距離の取り方が実は難しい。

弁護士の増岡章三夫妻来。増岡の家が近いので、何かで世話になるかもしれないと思い連絡したのだが「近くの慶応病院に入院しているんだ」という電話は、まるで見舞にきてくれと催促しているようで深く反省する。

（『還暦老人憂愁日記　男性自身シリーズ24』新潮社　一九八九年）

Y先生が慶應病院に入院した時のやりとりである。増岡さんは牛丼の吉野家が一二〇億円の負債を抱えて会社更生法の適用を申請した時に更生管財人となった方である。倒産に陥った会社の社員一人一人と丁寧に会話を重ね、細部にまで心の行き届いた経営指導にあたり、見事に再建に導いた中心人物、凄腕の弁護士なのである。

友人増岡章三の長女京子さんの結婚披露宴に出席。於ホテルオークラ別館。新郎は川鉄勤務の石渡英房さんで京子さんの兄の研介さんと中学高校大学が一緒だったそうだ。増岡章三は弁護士で、麻布中学時代に僕と同級生だった。中学生の頃、彼とそんなに親しかったわけではないが、国立市に家を新築する際にトラブルがあって、大変に世話になった。彼がいなかったら僕は家も土地も放棄していただろう。世話になったというより助けてもらったのであり、それ以後、昵懇《じっこん》になった。

（『還暦老人極楽蜻蛉　男性自身シリーズ25』新潮社　一九九一年）

こういう方と旅をしているのである。なにがあっても大丈夫、これ以上心強いパートナーはいない。Y先生の旅のお供をさせていただく時、何よりも心掛けなければいけないもの、それは「安全・安心」なのである。

坪やん来。暮に京都に行くことにしているので、いろいろ相談。

（『年金老人奮戦日記　男性自身シリーズ26』新潮社　一九九四年）

十月二十七日、国立にうかがって今年の京都行きのあらかたの段取りを決めさせていただいた。十二月三日から六日の四日間、滞在中の五日、日曜日には阪神競馬場でGＩ阪神牝馬三歳ステークスが行なわれる。Y先生の主戦場は祇園ウインズとなる。日程中、馬券購入機会の確保が何よりも重要である。今年も増岡さんご夫妻とご一緒である。したがってホテルフジタに宿泊する予定になっている。Y先生夫人は部屋からの眺めがとても好き、とおっしゃる。大きな窓から鴨川の向うに東山三十六峰がひと目で見渡せる。「清水も、五重の塔も、知恩院も、南禅寺も見えるのよね」朝起きてその景色を観ると、京都に来ている、と実感できるのだそうである。前回はY先生も窓からの眺めをスケッチされていた。新しい宿泊処としての感触良し、まずは一安心、今回もなんとかA地点喪失の危機を乗り越えられるだろうか。夫人、さらに曰く「今年は金閣寺に行きたいのよ」、Y先生よりはちょっぴり大きめの「京都」を思い描いている人である。

ホテルフジタは木屋町通りが二条通りに突き当たったところにある。鴨川、二条大橋のたもとである。先斗町で飲んでちどり足、ヨロヨロと高瀬川をたどってゆくと、ちょうど良い加減でたどりつくことができる。母方の親戚、牧野家の親戚一同がよく泊まらせていただく宿である。特に母親は京都といえば絶対にこの宿、と決めている。二条大橋を渡るとすぐに「加藤順漬物店」がある。木屋町通りを下がれば幼い頃から好物だった「望月」と「月餅家」が並んでいる。母がこのホテルでもっとも気に入っていたもの、それは夫人と同様、客室からの景色だった。東山三十六峰の向こうには比叡山、標高は八四八メートルしかないが、京都から眺めるその姿は異界の気高ささえ感じさせる。母は「エイザン」と呼ぶ。幼い頃、京都人のドライヴの目的地といえばまずは琵琶湖、そしてこの山だったそうである。ホテルフジタからの景色を眺めながら、父・省三に連れていってもらった思い出話をする。さらに話は景色を離れて、父親と最後に行った三津ヶ浜での海水浴の思い出に続く。何度も聞かされている。その心境が京都に帰ってきた、という母の実感なのである。京都を何よりも愛している。「お墓に入るのはいややデ」死んだら遺骨は「エイザンから撒いてェナ」と言う。荷物を解いて真っ先に「加藤順」に行き、冬ならすぐき、春ならちりめん菜の花漬けを友人、知人に発送し、「望月」と「月餅家」を必ず覗き、御池通りを渡り、河原町通りを横断して寺町へ、「鳩居堂」経由で「晦庵河道屋」に行き鴨なんばかみぞれそばを食べる。さらに生まれ育った上七軒から北野天満宮辺りをぶらぶらし、今宮神社門前「かざりや」のあぶり餅、今出川千本の「寿司寅」で鯖寿司を買い、日が暮れると「山ふく」で食事をする。それが母親のふるさと「京都」である。知らぬうちにY先生の「小京都」にも足を踏み入れていたことになる。

2

さて、十二月三日、Y先生は京都に出発した。東京駅のホームでお見送り。金曜日である。「週刊競馬ブック」で出走馬を確かめながら明日、土曜日のJRAのY先生の買い目を確認する。このまま食べ役・飲み役兼ポーターとして同行できないのは極めて残念だが、京都駅のホームには日光・月光菩薩様がお揃いのはずである。恐らくY先生は地面に足をつけないままホテルフジタに運ばれる予定である。

十一時発の新幹線ひかり227号車中の人となる。二階席である。電車のなかで読書することのない僕も新幹線なら読める。外の景色を熟知しているからだ。すなわちJRA馬事文化賞候補作を読む。隣の妻は洋食弁当なんか喰っている。新幹線に乗るとハンバーグ・ステーキを食べたくなるから妙だ。

(『年金老人奮戦日記　男性自身シリーズ26』新潮社　一九九四年)

余計なお世話ではあるのだが、今回の京都行、Y先生の懐はとても潤っています。なぜなら、東京競馬最終日、ジャパンカップで大当たりしたからである。

僕の考えは、こうだ。もし、ここにメジロマックイーンが出走していたとしたら間違いなく一番人気になるだろう。メジロマックイーンには劣るが、これと大きな差がなく好走してきたのがレガシーワールドである。この馬は昨年のJCで、とても見ていられないくらいに焦れこんでいたにもかかわらず果敢に逃げて四着。しかも昨年は四歳だった。少くとも日本の馬のなかでは最強と考えていいのではないか。

(『年金老人奮戦日記　男性自身シリーズ26』新潮社　一九九四年)

レースが始まる十五分前、パドックから十五号室に戻ってきたY先生は「レガシーワールドが勝ちます。四コーナーを廻ってから先頭に立ち、あとはオイデオイデの大差楽勝」と高らかに宣言する。レガシーワールドは今年のダービー前日に亡くなった故・戸山為夫調教師の管理馬だった。現在は戸山師の愛弟子、森秀行厩舎に所属している。激しい気性が災いしてデビューから五戦、全く勝てずに去勢された馬である。昨年のジャパンカップ四着、有馬記念は二着と健闘しながらも駘馬ゆえ、その実力がなかなか評価されない馬だった。

今年のジャパンカップは実に難解なレースだった。何よりも海外から参加する馬たちの顔ぶれが凄い。一番人気はアメリカからやってきた⑦コタシャーンである。高額賞金でも知られる世界最高峰レース、ブリーダーズカップターフのチャンピオンが府中にやってきた。二番人気⑮ホワイトマズルは凱旋門賞二着、外国馬ではあるが社台ファームの吉田照哉氏が持ち主である。三番人気はアーリントン・ミリオンの覇者③スターオブコジーン、四番目にやっと日本のダービー馬②ウイニングチケットの名が現れる。さらに高速馬場不得手と低評価ではあるが凱旋門賞でホワイトマズルを破った⑭アーバンシー、昨年のジャパンカップ二着のオーストラリア馬⑫ナチュラリズム、ドイツ、イタリアのチャンピオンホースも顔を揃えている。その中で⑧レガシーワールドは六番人気だった。鞍上は河内洋騎手、前走の京都大賞典からのコンビである。このレースの予想の難しさはオッズのばらつきに示されていた。一番人気⑦コタシャーンの単勝が五倍を超えているのである。馬連の一番人気、③スターオブコジーンと⑦コタシャーンの組み合わせは二〇倍を超えている。決してY先生が言い切ってしまうほど、簡単なレースではなかったのである。しかし、レースはY先生の予言通りの結果となった。

大差にはならなかったがレガシーの完勝。一番人気のコタシャーンを二着に連れてきたのが気にくわないが、これで今年の暮は越せます。僕は我が家の経済のためにも亡くなった戸山為夫調教師のためにも快哉を叫ばずにはいられなかった。

（『年金老人奮戦日記　男性自身シリーズ26』新潮社　一九九四年）

レースの内容もほぼ予言通り、河内騎手、坂の下から仕掛けて先頭に立ちそのまま押し切るかたちでゴールインする。なんと、世界チャンピオン、コタシャーン鞍上のデザーモ騎手がラスト一〇〇メートル標をゴール板と間違えて立ち上がって追うのをやめてしまう、という考えられないようなハプニングも起こり、Y先生の予言の効力は世界の名ジョッキーの手にまで及ぶのか、とゴンドラ十五号室を震撼させた怖ろしいレースだった。レガシーワールドの単勝は一二五〇円、コタシャーンとの馬連の組み合わせ⑦⑧は三四〇〇円、その潤沢な資金を背景に、今回、Y先生は東山から洛北、洛中、嵐山まで「大京都」へ大きく足を踏み出そうとされている。

《Y先生「大京都」第一日目の行程》

・京都駅にて竹中浩さんが出迎え

・「ホテルフジタ」で弁護士の増岡章三夫妻と合流

・「河道屋」でいつもながらのそばぼうるを友人・知人に発送

・「鳩居堂」でこれもいつものように便箋、ポチ袋などを購入

・知恩院前「一澤帆布店」で雨宿り

・南禅寺「順正」で湯豆腐

・祇園「サンボア」でカクテル

まず初日は足馴らし、いつものY先生の「京都」をたどる旅である。ここ数年、最初の食事は「晦庵河道屋」と決まっていたのだが、前回、この店で芳香爐を注文した時に増岡さんが鳥肉が苦手であったことが判明したので、今回は南禅寺「順正」での湯豆腐となった。従って、食後の三条堺町の「イノダコーヒ」も見送り。あとはいつも通り、雨宿りに寄られた「一澤帆布店」も「河道屋」「鳩居堂」同様、京都滞在中に必ず一度は訪れる贔屓のお店である。手提げ鞄は東京競馬場通いに、そして旅行時に、そしておつかい物としても愛用されている。

そこから知恩院前の『一澤帆布《はんぷ》店』。金網店と『八百伊』を省略して、いきなり『一澤』というコースが多くなっていたことに気づく。最初に大きな鞄を買ってしまうと、買いものの際に便利なのである。

「向田邦子さんがお見えになりましてね……」

『一澤』の主人が意外なことを言った。

「ところが千葉県のほうの団体客が来てしまって、ろくに話ができませんでした」

私は向田さんが買ったという緑のポシェットをふたつ買うことにした。ひとつは、大学時代の同級生である川野黎子さん、もうひとつは妹の和子さんに差しあげるつもりである。

「台湾の空港での写真では、このポシェットを肩からさげていました」

(『禁酒時代　男性自身シリーズ18』新潮社　一九八三年)

なんと、その「一澤帆布店」で雨宿りをしている時に、関頑亭先生、醍醐準一さんご一行が現れたのである。

雨になった。竹中さん、ビニールの傘を買ってくれる。一本三百五十円というのは、こりゃどうじゃ。知恩院前の一澤帆布店で一服していると、ガヤガヤキャアキャア、関頑亭先生と浦安のホテル王醍醐準一さん(別名トッカピン)が三人の妙齢より少しばかり薹《とう》の立った女性を引き連れて入ってきたのだ。

(『年金老人奮戦日記　男性自身シリーズ26』新潮社　一九九四年)

頑亭先生は本名、関保寿さん、中野宝仙寺の弘法大師像を制作した彫刻家であり、画家でもある。Y先生と同様、国立の住人、「ドストエフスキイ」あるいは「ドスト氏」として何度もY先生の作品の中に登場している。

この夏、北海道へ行ったときは、ドストエフスキイと一緒だった。もっとも、私の旅の大半は彼との二人旅であるが。

網走へ行った。右を向いても左を向いても絵になるのであるが、そのために、かえって迷うこともある。そこでも場所を選ぶことになる。私は、なかなか決心がつかないで、うろうろしてしまう。

私を見てドストエフスキイが言った。

「国立《くにたち》へ遠くから絵を描きにくる人もいるのにね……」

私たちは、東京都下の国立市に住んでいるが、彼の言う通りに、画家たちの好む非常に美しい町である。

（『人生仮免許　男性自身シリーズ14』新潮社　一九七八年）

一九六九年の旅行記『なんじゃもんじゃ』にはじまり『湖沼学入門』『迷惑旅行』『酔いどれ紀行』では旅をともにし、挿画は頑亭先生が担当している。Y先生の旅に最も多く同行している人といえば間違いなく頑亭先生である。ゴーギャンを目指し南洋の海、珊瑚礁、そして村娘を描くために二人でタヒチに渡ったこともある。これがY先生、生涯初の海外旅行だった。

桟橋からパステルで珊瑚礁の海を描く。ついで、椰子の林とバンガローを水彩で……。芸術の鬼だな。ブランデーを飲みながら。……室内とかビーチ・バー以外で酒を飲むのは違反であったらしいのだが。

「こういう景色だと、絵の上手な人はより上手に描けますね」

とドスト氏が言った。

「下手な人はそれなりに……」
それから、歌を口ずさんでいた。ヌメア発の夜行列車降りた時から……。ボラボラの人の群はみんな無口でェ……。
（『酔いどれ紀行』新潮社　一九八一年）

『酔いどれ紀行』の中で二人で十泊十一日と長期連泊したのが「浦安温泉旅館」、そのホテルの専務取締役（当時）が醍醐準一さんである。

専務は社長の息子である。彼は、ピンと張った八字髭を生やしている。これが、実は、無精髭であるという。とても変な髭だ。ミッチー渡辺大蔵大臣が八字髭を生やした顔だと思ってもらいたい。昔、トッカピンという薬があった。いまでもあるかもしれない。その薬の広告のキャラクターに似ている。私は専務のことをトッカピンと言ったそうだ。それは記憶していない。
（『酔いどれ紀行』新潮社　一九八一年）

このお二人は二年前にもこの時期に京都に来られている。そして、やはり街の中で何故かY先生と遭遇している。

権兵衛で釜揚うどんやけつねうろんを食べて三条大橋のほうへ歩いて行くと、宮沢りえのようなデニムの上衣、ジーパン、それにデニムの帽子を目深《まぶか》にかぶった希代《けったい》な肥った中年男がやってくる。その男が急にケタケタと笑いだし、僕と並んで歩いていた浩チャンも笑いだした。希代な中年男はトッカピン氏（浦安のホテル醍醐の社長）だった。いま関保寿先生と二人で京都に遊びに来ているという。

（『年金老人奮戦日記　男性自身シリーズ26』新潮社　一九九四年）

今回、お二人は三人の女性を連れている。Y先生はその一行を「イエスの方舟」と名づけた。さらに、祇園「サンボア」で再び「イエスの方舟」一行と遭遇、これはもはや集合といったほうが正確かもしれない。

祇園で再会した「イエスの方舟」一行は驚くべきことに昼時からさらに勢力を拡大していた。女性「信者」が一人増えているのである。新たに加わったその女性は、なんと「二鶴」の内儀、三千子さんだった。実は頑亭先生はY先生のA、B、C各地点と関係が深い方なのである。十五年前のあの出来事、Y先生のC地点「サンボア」歓子さん銀座連れ回し事件は頑亭先生との共犯だったのである。

このとき、先輩の小説家が食堂車にいることがわかった。これも少し具合の悪いことだったが、顔が合ってしまったので、失礼なこととは思ったが、こちらの席に来てもらった。すると、私たちの隣の席にいた人が、先輩の小説家の知りあいの画家であることがわかった。そういうわけで、賑やかなことになった。

(『人生仮免許　男性自身シリーズ14』新潮社　一九七八年)

Y先生が歓子さんと一緒に東京へ向かう車中である。その時に「私たちの隣の席にいた人」こそ頑亭先生なのである。ちなみに、新幹線に同乗した「先輩の小説家」とは陳舜臣さんのことである。場面は食堂車ではなくグリーン車、歓子さんがやけに美味しそうな鰻弁当を食べている男性を見つける。「あの方、あのお弁当、どこで買うてはるんでしょ」と小さな声でY先生に訊ねる。その男性が陳さんだった。その後、頑亭先生が声を掛けて車中の宴となった。もちろん頑亭先生は偶然に新幹線で乗り合わせた訳ではなく、前日の「サンボア」でも、「二鶴」でもY先生の隣に居たのだ。

家には家の歴史がある。茶の間には茶の間の歴史がある。そうして、祇園の常宿の、そこと決められた小部屋にも、私たちの歴史があった。ドスト氏にも思い出があるはずである。この旅館を教えてくれたのはドスト氏なのだから。

(『迷惑旅行』新潮社　一九七八年)

もともと「二鶴」をY先生に紹介したのも頑亭先生だった。Y先生の「小京都」成立をもたらしたそもそもの人物こそ、頑亭先生だったのである。Y先生が内儀の三千子さんと会うのは、「二鶴」が閉じられて以来となる。その後、京都には何度も来られているが、もちろん「二鶴」はなく、三千子さんと会うこともできなかった。実は昨年十一月の京都行の一週間後、十二月一日に御主人・吉田一也さんが胃癌で亡くなられている。「二鶴」を閉じてからまだ三年もたっていなかった。Y先生は一也さんの死を三千子さんから電話で報らされたのである。

常宿にしていた祇園二鶴の御主人（板前を兼ねていた）の吉田一也さんが亡くなったという。廃業して奈良のほうにいたのだが、することがなくなって酒量がふえていたそうだ。その気持はわかるような気がする。穏やかで生一本で仕事熱心な人だったから、廃業後の暮しに面喰らったのかもしれない。どう過していいかわからなかったのだろう。京都から帰るときは、どんなに朝が早くても妻の好物である麩嘉の麩饅頭を自転車に乗って買いにいってくれた。

（『年金老人奮戦日記　男性自身シリーズ26』新潮社　一九九四年）

三千子さんは気持ちの整理ができず、なかなかY先生に報らせることができなかった。Y先生が知ったのは、一也さんが亡くなってから三週間が過ぎた十二月二十四日のことだった。

「わたし、独り言を言うようになったんです。奈良の町を歩いていて、お父さん、そんなに早く歩いちゃいやよ……なんて。それも大きな声なんです。みんなわたしのほうを見ますよ。それくらいですから、家の中では初中終《しょっちゅう》です。お父さん、そろそろ寝ましょうか、なんて。自分でびっくりします」

（『年金老人奮戦日記　男性自身シリーズ26』新潮社　一九九四年）

実は一ヶ月半ばかり前に寺町「サンボア」のマスター、中川英一さんも亡くなっている。祇園「サンボア」をY先生に紹介し、志朗さんの死を伝えた人である。「山ふく」の山田たねさんも、そして「二鶴」の吉田一也さんも居ない。Y先生が行きつけの店や場所を訪ねるのは人のつながりをたどってゆく、ということなのである。しかし、その場所を訪ねるたびに、そこが決して永遠不変のものではないことに気づかされる。時の移ろい、ここ数年の「京都行」ははからずも、時の流れによって失われてしまったものを改めて確かめる旅になっている。

3

十二月四日、Y先生、京都滞在二日目である。朝食は八時と決まっている。今日こそ「大京都」、大きく踏み出す一日である。まずは、夫人の今年の最重要目的地、「鹿苑寺金閣」に向かう。ホテルフジタのフロントの女性曰く、「金閣寺の紅葉はいまが見ごろですよ」、さらに今日は嵐山まで足を伸ばす予定である。まさに「大京都」である。

《Y先生「大京都」第二日目の行程》

・金閣寺の紅葉

・上加茂神社
・権太呂でケツネウロン
・化野念仏寺
・等持院にて合流

今度は徹底的にお上りさんしてやろうと思った。金閣寺へ行く。「金閣寺の奥のほうの庭はいいですよ」と増岡。「いま、紅葉がいいです」とタクシーの運転手。「今年は駄目だと思っていたら、十二月になってよくなったんです」。本当に冬の紅葉は赤が濃いと思った。
（『年金老人奮戦日記　男性自身シリーズ26』新潮社　一九九四年）

さて、食べ役・飲み役兼ポーターは一日遅れで急ぎ足、京都に向かう。待ち合わせ場所は衣笠山のふもとの等持院である。今日は土曜日、もちろん前日の打合せを踏まえて、新幹線に乗り込む前に後楽園ウインズに立ち寄り、Y先生の馬券（もちろん自分の分も）を胸ポケットに携えている。鞄の中には馬券検討会用の山崎12年も入っている。

等持院は足利家の菩提寺である。夢窓国師がつくった庭があることでも知られている。そして牧野家の菩提寺でもある。大正時代には撮影所がこの裏手にあり、その縁から祖父・牧野省三の立派な銅像が置かれている。もともと太秦の三条通り、東映撮影所と大映撮影所を結ぶ交差点の角に一九五七年に建てられたものがこの地に移されたのである。京都は映画の街である。日本映画の揺籃期を物語る場所が数多く遺っている。もちろん、京都で誕生したマキノ映画所縁の地も多い。牧野省三が初めて制作した活動写真「本能寺合戦」の撮影現場となった真如堂（真正極楽寺）、実家、そしてマキノプロダクションが建てられた北野天満宮、そして御室の撮影所など、Y先生のお供でその辺りをしばしば通るたびに祖父のこと、そして雅広伯父に関わる話をさせていただく機会があった。また、由布院・亀ノ井別荘にご一緒した時には、宿の御主人、中谷健太郎さんを交えての昭和の映画話に花が咲いた。中谷さんは湯布院映画祭の実行委員長であり、映画祭に特別ゲストとしてマキノ雅広を招いていただいたことがある。若い頃に東宝撮影所で助監督をしていた経験もお持ちで、日本映画については極めて造詣が深いのである。その話題の中心、雅広伯父が十月に亡くなった。

映画監督のマキノ雅広氏の死去を坪やんが電話で知らせてくれる。マキノは坪やんの伯父さん。呼吸不全。八十五歳。ずっと長く糖尿病で弱っておられたので、あまり驚きはないが、最終の活動屋がいなくなったという感慨しきり。僕はマキノ正博では『昨日消えた男』という写真が好きだった。

（『年金老人奮戦日記　男性自身シリーズ26』新潮社　一九九四年）

「マキノ正博」とは雅広伯父が一時期使用していた映画監督名である。本名は牧野正唯、子役時代のマキノ正唯にはじまり、マキノ正博、マキノ雅弘、マキノ雅裕、マキノ雅広と名前を変えている。

さらに脚本家、監督名としてマキノ陶六、青山正雄（嵐寿之助の本名）、立春大吉など、多数の名前を操る謎の映画監督である。Y先生から今度、京都に行った時に墓前に花を捧げたい、とおっしゃっていただいた。困ったことに納骨前なのでまだ墓が完成していないのだが、とてもとても有難いお話である。

等持院の入口で坪やんが待っていた。坪やんの背後に牧野省三の銅像があり、これは坪やんの祖父。ここに撮影所があったんだそうだ。亡くなったマキノ雅広氏（坪やんの伯父）に花を捧げるのが旅の目的の一つだったが、まだ墓はない。仕方がないので墓の出来る所へ坪やんに立ってもらって手を合わせた。

（『年金老人奮戦日記　男性自身シリーズ26』新潮社　一九九四年）

マキノ雅広は閏年の一九〇八年二月二十九日生まれ、したがって迎えた誕生日の数でいえばまだハタチそこそこの若者である。親の反対を押し切り京都市立第一商業学校に進学し、ラグビーに熱中する。持ち前の敏捷さから大活躍、全国制覇の立役者の一人となった。寺町四条の精養軒で優勝祝賀会が行なわれたが、その席で出されたコールドビーフにあたって赤痢で一週間寝込んだらしい。右手小指は第二関節が曲がらず反ったまま、ラグビープレイヤーとしての名誉の負傷である。このラグビーに打ち込んだ一商時代以外はすべて映画に捧げた人生であった。生涯二百六十一本の映画を監督、製作した。父・省三が興した会社を受け継ぎ、そして莫大な借金を抱えながら閉じ、戦後は映画会社に属して、あるいはフリーの監督として映画を撮り続けた。会えば必ず映画の話、しゃがれた声で大変に聴きとりづらいのだが、話しはじめると身を乗り出して、もう止まらなくなる。早撮りの秘訣、役者の心得、借金をどうやって返したか、父親とのこと、そして時々、反った指を見せながらラグビーのこと、しばしば同じ話がリピートするが話題は尽きることがなかった。記憶を映像として頭の中に鮮明にとどめることができる人である。話し続けるその背景に映画のような一場面があらわれる。特に女性の細かい仕草、視線、台詞の指導など、女優たちに演技をつけるやりとりの再現は名人芸であり、スクリーンの中で藤純子や山田五十鈴が演じている姿を見るたびに監督・マキノ雅広の身ぶり手ぶりをいつも思い浮かべる。サントリーに入社することを報告した時、一枚の写真を見せられた。宝塚スタジオで雅広伯父、小林一三翁、そして壽屋の創業者、鳥井信治郎が並んでいる記念写真である。後列には阪東妻三郎、大河内傳次郎が立つ。撮影されたのは戦後間もなくだという。雅広伯父が阪急グループの創業者である小林一三に請われて映画を製作していたことは知っていた。その時期に、鳥井信治郎からも援助を受けていたというのだ。今こそお前がその恩返しをしろ、「まっつぐ（まっすぐ）に生きろ」親戚代表として雅広伯父から結婚式の時に言い渡された言葉である。

まだ墓石のない墓参りをしていただいてから牧野省三の銅像の前で写真撮影をして北野天満宮に向かう。祖父は母が生まれたころにこの天満様の前に家を新築した。実は牧野省三の父、つまり曾祖父の藤野斎は「山国隊」の組頭であったという。江戸に向かう際に、この天満様で武運長久を祈願し、大願成就の御礼として石灯籠を奉献したという。その所縁の地に省三は家を建てたのである。天満様は母の遊び場だった。お転婆だった母はよく神の使いである臥牛の上に跨って遊んだという。菅原道真公は牛に乗って太宰府へ下った。だからこの牛に跨れば利口になれると勝手に思っていたようだ。今日はそのお尻を撫でながらY先生の「大京都」散策継続中である。

北野天満宮の前の阿わ餅所で粟餅《あわ》を買う。粟餅は固くなるので今日中に食べてくれと言われる。「今日中ですね」と甘党の妻と両刀使いの坪やんが顔を見あわせて莞爾《につこり》と笑う。もっとも坪やんの場合は食べるものは何でも大好物なんじゃないだろうか。

（『年金老人奮戦日記　男性自身シリーズ26』新潮社　一九九四年）

いったんホテルフジタへ戻り、Y先生の部屋へ行く。窓からの景色、東山三十六峰が見事に色づいている。TVをつけると、ちょうどメインレースのパドックが映された。予定通りである。早速、「阿わ餅所」の女性の言いつけを守るべく粟餅の包みを解きながらレース観戦である。

阪神第十一レース、「ゴールデンスパートトロフィー」、芝一四〇〇メートルの短距離戦である。国際騎手招待レース、海外の一線級の騎手たち八名と日本のトップジョッキー四名が参戦している。忘れてはいけないのが、日本のジョッキーの中に公営競馬代表が一名加わっていることである。今年は園田競馬所属の小牧太騎手である。

この国際騎手招待レースは土曜日、日曜日の二日間にわたり、二レースずつ計四レースが行なわれ、各レースの順位によるポイント制で優勝者が決められる。馬場、日本の競馬の特徴を熟知しているＪＲＡ所属のジョッキーが有利かとも思われるが、世界の百戦錬磨の騎手たちの技とパワーは侮れず、公営所属の騎手も日頃とは違う大観衆を前に「一発かましたろ」と虎視眈々の構えである。

もちろん、競馬の主役は馬である。しかし、乗り役によって馬の走り方は変わる。なぜこの馬が、と思うような人気薄の馬が突然、怪走してしまうことはよくある。その目覚めを誘い出すのが騎手である。このレースは原則的にはどの騎手も初乗りとなる。したがって荒れる可能性をたっぷりと含んでいる。当然、騎手の技による馬たちの変り身の要素を盛り込んだ予想にしなければその荒れ幅を把握することはできない。しかし、あまり過度に意識すると「なんだ」ということにもなる。どのジョッキーが馬をうまく化けさせることができるか、正確に見極める必要がある。Ｙ先生の場合は、まず公営所属ジョッキーに注目する。帯広、岩見沢から荒尾まで全国の公営競馬場全二十七場完全踏破という偉業を達成した人である。競馬界の井能忠敬である。そこで働く騎手たちの技量の高さは熟知している。その中からこのシリーズに参戦できるのはたった一人、選ばれし存在なのである。もちろん園田所属の小牧騎手の腕の確かさ、勝負強さについても確認済み、さらに舞台が主戦場・園田と同じ関西、ほぼ地元の阪神競馬場であることからこの二日間はこの騎手を中心視して馬券を組み立てている。さらに秘かに狙っているのがアメリカのデザーモ騎手である。あのジャパンカップでゴール板を間違えて立ち上がった騎手である。わざわざ日本に来て過怠金五万円まで払わせられている。おそらくこのシリーズに面目躍如を期すところ大だろう。

ということで、阪神第十一レースも小牧太騎手騎乗の⑤タマビッグホープが本命である。この馬は出走する十二頭の中で年長となる七歳馬二頭のうちの一頭である。Ｙ先生は常日頃、年長馬にも敬意を払う。

しかし、私は、競馬は強い馬が勝つのだという考えを捨てるつもりはない。それと、もうひとつ、年齢の上の馬のほうが強いという考えがある。四歳より五歳、五歳より六歳のほうが強いと考えている。

その根拠は、もともと競馬は、馬が集団で行動するという性質を利用して成り立っていると思うからである。すると強い馬が先頭に立つはずであり、牧場ではそういう光景が見られる。また同様にして、年齢の上の馬が先に行くと考える。

（『天下の美女　男性自身シリーズ7』新潮社　一九七一年）

二重、三重にタマビッグホープを狙う根拠は揃っている。三番人気、まずは単勝、馬番連勝は外国人騎手たちの馬へ流す。Y先生、かなり気合が入っています。土曜日から早くもGＩ並みの投入金額である。

スタート、デザーモ騎手の⑫ニュースヴァリューが逃げて、フランスのジャルネ騎手⑪トーワウィナー、香港マーカス騎手⑩カガミアスカが続く。やはり外国人騎手は積極的である。ＪＲＡ代表の名手岡部幸雄騎手④ハギノラインナップが追い、公営代表の小牧騎手がその後につける。ハイペース、レースに弛みがなく、緊迫感あふれる展開となっている。第四コーナーを回って直線を向いても先行する馬たちの脚色は鈍らない。外国人騎手たちはその腕力でぐいぐいと馬を引っ張ってゆく。逃げるデザーモ騎手、全身に気合が漲っている。そのまま逃げ切りをはかる。しかし、ジャルネ騎手が激しいアクションで追いすがる。世界一流の叩きあい、しかし、ここはサンタアニタパークでもロンシャンでもない。関西である。ほぼ地元の園田所属の小牧騎手が満を持して鞭を一閃、前を行く二頭を鮮やかに外から差し切り、さらに一馬身以上の差をつけてゴールイン、二着にジャルネ騎手⑪トーワウィナー、Y先生、画面の前でぐっと身を乗り出す。そして「莞爾」である。走破タイムは一分二十一秒九のコースレコード、走っているのは準オープンクラスの馬たちである。その馬たちをレコードタイムで走らせてしまうその腕っぷしと技術を驚異的と賞しても決して大袈裟ではないだろう。単勝⑤は三番人気五一〇円の配当、馬連⑤⑪は一四一〇円、ジャパンカップから好調持続、気力充実のY先生である。

《Y先生　第五回阪神競馬第一日の成績》

■第八レース　四歳五〇〇万以下戦　ダート一二〇〇メートル

小牧太騎手⑨ダイゴストロング、一番人気であることを嘆きながらも人気薄五頭へ流す。二着に九頭中八番人気の⑦ダンガンシチーを連れてきたために高配当三九六〇円◎

■第九レース　ゴールデンブーツトロフィー（国際騎手招待）

四歳九〇〇万以下戦　芝二二〇〇メートル

十二頭中十一番人気イギリスのロバーツ騎手③スピードエールの単・複、さらに馬連総流し（さすが潤沢なY資金）、ハナ差三着。惜しすぎる。しかし、きっちり複勝九〇〇円〇、あっさりとやられる人ではない。

■第十レース　エリカ賞　三歳五〇〇万以下戦　芝二〇〇〇メートル

少頭数なので伊藤雄二厩舎、岡部騎手⑤エアダブリンの単・複のみ。この馬の強さは東京競馬場ですでに確認済み。三番人気だが強さは群を抜いているはず。スタート悪く一頭だけ置かれるも、第四コーナーを回ってしんがりから直線ズバッと来る。やはり強い。単勝五五〇円、複勝二五〇円◎

ここまで四戦四勝、的中した馬券を改めて確かめながら夫人とともに粟餅をお替り、本日の買物は口に入るものも懐に入るものも、いずれもはずれなし。粟餅は十個入りだったがもう残りわずか、「今日中に」という厳しい言いつけはちゃんと守ることができそうである。

最終レース出走前、まだ、ウインズは開いている。払い戻しに間に合う。Y先生の今夜の予定はもちろんB地点、「山ふく」なので、Y先生の今日の馬券をすべて預かり、ひと足先に祇園へ向かわせていただく。「二鶴」だったらサンダルをつっかけて、という距離であるが、そうはいかない。急ぎタクシーに乗る。紅葉の京都は大渋滞、裏道をジグザグと一力前の交差点までたどり着くも、その先はなんともならず。歩いたほうが早い。ガイドの黄色い旗の元になかなか集まろうとしないアジア系の団体客、おばんざいの店の前でお揃いのピースサインで記念撮影に熱心な女子大生、その様子を不思議そうに眺めてカメラを向けている欧米人らしき観光客、人混みのなかでもよく通る声で目的地を探しながらけたたましく笑う「妙齢」過ぎの女性たち、花見小路は各種、観光客でいっぱいである。夜になれば高台寺、知恩院の庭がライトアップされる。それまで食事を兼ねて、ここら辺りをウロウロするのだろう。さらに、この狭い道に平気で車が入ってくる。人混みに阻まれ思うように進めず、数珠つなぎになっている。車、人の群れをさばきながらウインズへ、気持ちはせくが匍匐前進並みのスピードでしか進めない。

紅葉のシーズンである。今年は十二月の紅葉がいい、という。それにしてもこの混み様は異常である。特に女性の姿が目立つ。恐らくこの御繁盛は今年からはじまった、JR東海の「そうだ 京都、行こう。」キャンペーンが一役も二役も買っているのではないだろうか。もう夏が終わったと思ったらTVCMが盛んに流されるようになった。長塚京三のナレーション、音楽は「私のお気に入り」、サウンド・オブ・ミュージックからの聞き馴れたメロディである。清水寺が、蓮華寺が、常寂光寺が、実に魅力的に描かれている。紅葉盛りのシーンは明らかに実物以上、と思えるほどに美しい。あのTVCMを見たら、「そうだ 京都、行こう。」と思ってしまうだろう。女性の間に暮れの京都に行かなければ世の中に置いてゆかれてしまうぐらいの脅迫観念を芽生えさせているのではないか。新幹線も、バスも、ホテルも女性たちで満杯状態なのである。みなさん、目的遂行能力が高い。いくら清水の急坂が芋を洗うような状態でも決してくじけることなく上がり、行列の先頭が見えなくても市バスの停留所にちゃんと並ぶ。そしてガイドブックに導かれた目的地では人混みに埋もれようとも決して失望することなく、塔頭ごとにとられる拝観料を文句も言わずに支払い、朱印帳にサインをもらい、さらに抹茶をいただいたりもする。経験充足度は高くなる。したがって来年もまた、と決意する。恐らく、紅葉の時期の京都には女性の大群が押し寄せ続けることになるだろう。近い将来、「そうだ 京都、」と思い立っても、物見遊山気分で京都の紅葉を観に行くことなどできなくなる。紅葉の名所、三千院や高台寺、東福寺で見頃のカエデやイロハモミジを楽しもうと思ったら相当の覚悟と準備と忍耐、そして体力を必要とすることになるだろう。

そんな事を考えながら匍匐前進していたら「閉店」間際の祇園ウインズにやっと間にあった。最終レースはすでに終了、ちょうどレースが確定したところだった。すっかり人が少なくなったウインズの入口の前では、常連らしき老人連たちが年季の入ったレース回顧話を続けている。このウインズはこうしたシルバー馬券師の姿が目立つ。「あの子はもう一皮むけんとあかんわ」恐らく、最終レース、一番人気になりながら八着に沈んだリュウコトブキ騎乗の武豊騎手のことだろう。天才ジョッキーもこの人たちにかかれば、まだまだひよっこ、孫のような存在なのである。

■第十二レース　四歳九〇〇万以下戦　ダート一八〇〇メートル

Y先生の本命は三番人気、南井克巳騎手①ジャックローリー、二着に最低人気④テンザンダンスが粘って枠連五四五〇円◎、鞍上の猿橋重利騎手は落馬負傷の松永昌博騎手からの乗り替わり、それも逃げる一番人気、武豊騎手の⑧リュウコトブキを果敢に競り落としての殊勲の二着入線である。

完全勝利、最終レース分も含めてさらにY資金は膨らむばかりである。ウインズの入口では、まだ、老人連が会議を続けている。明日のレースの検討をはじめているらしい。こちらも明日用のマークシート用紙を確保して、競馬新聞も購入する。今度は裏道をたどってB地点、「山ふく」の前で待つ。ほどなくご一行様到着、入口の前で最終レースの結果をお伝えする。再びY先生「莞爾」である。夕方五時を過ぎたところ、もう「山ふく」は満杯状態である。

夕食は例によって祇園やまふく。増岡夫妻と竹中さん、僕等夫婦と坪やんの二卓に別れ、めまぐるしくお菜《かず》のやりとりをする。僕の好物はオカラと青菜と肉ジャガ。これは欠かせない。

（『年金老人奮戦日記　男性自身シリーズ26』新潮社　一九九四年）

もちろん、今夜もB地点の後はC地点、「サンボア」である。こちらも大盛況、次から次へと新しいお客さんが入ってくる。カウンター奥目の席に「麩嘉」の御主人、小堀正次さんが角瓶を飲みながら「莞爾」である。

不景気だそうで祇園の通りは暗いがサンボアは大賑いでひっきりなしに客が来る。自分の贔屓にする店が繁盛するのは気持がいい。小堀さんが帰り僕等も席を立った。ホテルで阪神三歳牝馬ステークスの検討をしなくてはならない。

（『年金老人奮戦日記　男性自身シリーズ26』新潮社　一九九四年）

竹中さんは祇園でもう一軒、極めてさりげなく路地に消えてゆく。Y先生と増岡さんは花見小路へぶらぶらと歩く。一五〇歩、「二鶴」があった場所を確かめる。やはりC地点の後はA地点に還ってしまうのである。「二鶴」なら、あとは階段を上がるだけなのだが、今日はタクシーで木屋町二条まで帰らなければならない。花見小路に出たところでY先生、急に建仁寺方向を向き、祇園ウインズをクラーク博士の銅像のように指さしている。「明日も、頼むぞ」、懐には配当金、十分に大志を抱いている表情である。

今夜は「サンボア」を早めに切り上げたので余力十分、では、もう一杯ということで、増岡さんご夫妻と地下のバーへ行く。バランタイン17年のオン・ザ・ロックスをすすりながら明日の待ち合わせ時刻の確認である。

その後、一度、部屋に戻り山崎12年を提げてY先生の部屋へ、お土産袋、道中で購入したり、部屋に届けられたりした銘菓がベッドの上まで並べられている。「宅急便はどうするんだっけ」夫人はすでに二日目にして荷物整理に余念がない。テーブルの上には河道屋そばぼうろと麩嘉の麩饅頭、それをアテに山崎12年を氷なし、トゥワイスアップで、京都生まれの味覚の競演である。Y先生は一澤帆布の鞄の中から一九九四年版のクラシック対策ノートを取り出してエアダブリンの勝ちっぷりを書き加えているところである。「この関西馬は府中の方が走るね。ダービー面白いよ」。今年のクラシック対策ノートに最初に取り上げられている注目馬はアイネスサウザーである。

府中JRA。きみにだけソッと教えるが、府中三歳ステークスに勝った（これで三連勝）アイネスサウザーというのは相当なもんだぜ。馬体は逞しく気品があり惚れ惚れするくらい立派。メジロライアンに匹敵する。このレースではゴール前抜かれたのを差し返す。勝負根性あり、センスよく晴雨兼用で皐月賞までは距離も大丈夫。これに頭差負けたオンワードノーブルも鋭いところのある牡馬。

(『年金老人奮戦日記　男性自身シリーズ26』新潮社　一九九四年)

現時点でY先生のクラシックホースの第一候補はこの馬である。しかし、府中でこの馬が快勝した日、京都競馬場に恐ろしい怪物が現れた。ビワハヤヒデの半弟、ナリタブライアンである。これまでは取りこぼしも多く六戦三勝ながら、京都三歳ステークスはレコードタイムを一秒も更新した驚異的な強さだった。恐らく来週の朝日杯三歳ステークスでも圧倒的な一番人気となるだろう。このレースにはアイネスサウザーも出走する予定である。さて、結果はいかに。

一方、来年の牝馬クラシック路線はいまだ混沌としている。明日のメインレース、阪神三歳牝馬ステークスは桜花賞と同じ舞台、同じ距離、このレースの結果が来年の牝馬三冠レースの行方に大きな影響を与えるはずである。しかし、若い女の子たちの戦い、人間でいえば一〇代女子大生、女子高校生というところか、そんな若い娘たちのレース、当てられるはずがないのである。

GIレースに指定されて今年で三年目である。その最初の年、一九九一年は圧倒的な一番人気ニシノフラワーが圧勝、この馬は無敗のまま桜花賞馬となった。昨年の覇者は九番人気のスエヒロジョウオー、一番人気のマルカアイリスは十二位入線から十六着へ降着、二番人気マザートウショウも五着どまり、十二番人気のマイネピクシーが二着に潜り込んで単勝三五九〇円、馬連一二〇七四〇円の大波乱となった。評判馬を狙おうと思うと、なぜか重箱の隅っこにある欠点が気になって仕方がなくなり、穴馬を探し始めるとどの馬も勝ちそうに思えて全く絞れなくなる。というわけで上位争いに加わることができなかった馬を二年連続で本命に選んでしまっている。若い女性を見る確かな選択眼がないのである。なにしろ人生経験が足りない。

豊かな人生経験に裏打ちされた、Y先生渾身の予想は、本命③ヒシアマゾンである。ご自宅から持参された天眼鏡で競馬新聞を読み込みながら「この馬でほぼ間違いなし」と断言する。ジャパンカップに続き、自信に満ち溢れているご様子である。父シアトリカルはアイルランドの競走馬、GⅠ六勝、ブリーダーズカップターフのチャンピオンである。母ケイティーズはアイルランド一〇〇〇ギニー優勝馬。良血中の良血馬、どんな大物になるか楽しみだが、アメリカ、ケンタッキーで生まれた外国産馬なので、残念ながらＪＲＡのクラシックレースには参戦できない。

デビュー戦は九月十九日、中山競馬場、ダート一二〇〇メートル、芝でこその血統だと思うがソエが出たので大事をとって、ということだったらしい。クビ差の辛勝、まだ試運転中という走りっぷりだった。二戦目は十月二十四日、プラタナス賞、ダート一四〇〇メートル、東京競馬場で行なわれたレースである。牝馬であるにもかかわらずパドックでただ一頭だけ目立っていた。三歳馬とは思えない大人びた雰囲気、充実した馬体、いかにも馬力のありそうな豊かな肉づき、しかし歩様はあくまでも伸びやかである。特に後肢の柔らかさは競走馬としての素質の高さを雄弁に物語っている。洗練されている。いかにも走りそうという様子だった。Y先生は、「ダービーニュース」の馬柱を確かめながら「この馬は芝で、それも中距離で走らせたら一番強いね」とつぶやいていた。返し馬の姿も美しい。負ける訳がないとさえ思ったが二着、前を行く的場均騎手ミツルマサルにうまく逃げられてしまった。まだまだ素質を持て余しているような走りっぷりだった。

三戦目は京成杯三歳ステークス、GⅡ、芝一四〇〇メートル、小雨の東京競馬場だった。初めての芝のレース、いきなりの重賞である。ヒシアマゾンは出走馬九頭のうち、ただ一頭の牝馬、六番人気だった。まだソエが完全におさまっていないのか歩様がややスムーズさに欠けていたが、やはり牡馬たちに囲まれていてもその馬体の良さはひと際目立っていた。スタートも良く芝の短距離レースの早いペースにも余裕ある美しい走りで好位につける。直線に入ると追うこともないままに先頭に立つ。騎手が仕掛けている様子がひとつもない。少し早いか。後方から一頭だけ、ヤマニンアビリティが迫ってくる。残り二〇〇メートルは二頭のマッチレースとなった。上がり三十四秒七の脚を使いながら惜しくもクビ差二着、負けてなお強し、と評価されたが、あのパドックで感じた凄さからすると、まだまだ物足りない印象である。

鞍上は中舘英二騎手、第一戦、第三戦に騎乗している。デビューは一九八四年、スタートセンスが抜群に良い。ツインターボとのコンビで七夕賞、オールカマーを連勝したように、逃げ馬の乗り方は天下一品である。その潔さからY先生贔屓の若手騎手の一人であるが、まだGⅠの勝ち星がない。

ＪＲＡ騎手中舘英二と宮城雅子さんの結婚式があり、出席のつもりが病院通いのために欠席。

雅子さんは友人の宮城昌康（昨年死去）の娘で、和服の似あう気立てのいいお嬢さんである。僕は旅館の内儀といったような水商売に向く女性だと思っていたが、ジョッキーの家も人の出入りが激しいので、うってつけの嫁になると思っている。中舘騎手はデビュー当時がよく、このところスランプ気味だが、これを機に大活躍してもらいたい。

（『還暦老人極楽蜻蛉　男性自身シリーズ25』新潮社　一九九一年）

ヒシアマゾン、中野隆良調教師のコメントに、明日のレースに備えて環境に馴らすために早めに関西に入厩したとある。グリーングラスを育てた名手である。先日、ヒシアマゾンの僚馬であるホクトベガが牝馬GⅠエリザベス女王杯を制覇したばかり。今回も勝負気配が濃く漂う。一番人気は大井競馬の三冠馬ロジータの仔②シスターソノだろうか。二番人気に恐らく③ヒシアマゾン、さらに④ケイアイメロディー、⑮タックスヘイブンあたりが人気になるだろう。やはり、クラシック戦線を見据えて、出走可能の馬を狙いたい。気になるのは白菊賞を勝った⑤ツルマルガールだが、線の細さが少し気になる。考えれば考えるほどまとまらなくなる。困った。

明日も国際騎手招待レースが二レース組まれている。Y先生は第八レースから参戦予定である。今日の結果を踏まえてますます小牧シフトを強めているようだ。一通り、各レースの有力馬を確かめたところでお開き、山崎のボトルもいつの間にかちょうど半分が消費されている。「美味しいわね」荷物まとめ作業中のY先生夫人も珍しく薄めの水割りを試していらっしゃる。旅の夜である。

明け方、阪神三歳牝馬ステークスでヒシカツダイモンという馬が圧勝する夢を見た。何度も何度も見るが四角で先頭に立ち、あとは他馬を引離す一方で力強い勝ち方をする。ダイモンとはヤクザの紋章でありヒシは菱であって、菱となれば山口組である。ハハア、これは僕にヒシカツダイモンを買えという夢のお告げだと思った。

朝になって競馬新聞を見たが、ヒシカツダイモンなんて馬がいるわけがない。二枠3番にヒシアマゾンという馬がいる。これだと思って坪やんにヒシアマゾンからの流し馬券を買ってくれるように頼んだ。

（『年金老人奮戦日記　男性自身シリーズ26』新潮社　一九九四年）

4

十二月五日、Y先生京都滞在三日目、お部屋を訪ねてマークシートを預かり、祇園へ向かう。「ヒシカツダイモン」という謎の馬の夢のお告げがあったとおっしゃる。謹んでマークシート用紙を確かめさせていただく。新たに加わったのは阪神第八レースの馬連①⑧と枠連の1 8、これは八月十八日生まれの夫人に捧げる馬券である。さらに阪神三歳牝馬ステークス、ヒシアマゾンの単勝馬券も追加され、なんとマークシートの金額欄「3」と「万」がしっかりと塗りつぶされていた。

今朝は徒歩で祇園まで、木屋町通りから先斗町に入り込み、四条大橋を渡る。四条通りの歩道は狭く、すれ違うのに苦労をする。そういえば「十六五」の豆板が大好物の映像カメラマンが居た。

京都でロケがあると、必ず前日にこの店で購入して、ポケットの中に忍ばせていた。人それぞれ、京都は愛されている。「都路里」の前にはすでに女性たちの人だかりができている。まだ開店前だろうが、やはり女性たちの目的遂行能力は極めて高い。花見小路はまだ観光客はまばら、市内紅葉の名所に大集合中だろう。しかし、建仁寺の駐車場に停めようとする車、さらにタクシーの行列はつながっている。

警備員の姿が見えたら祇園ウインズに到着である。ここに通う人びとは観光客に占領された花見小路は通らない。人混みを避けて建仁寺の塀を伝ってくる人が多い。狭い道を自転車でもやってくる。警備員が数珠つなぎになった車を巧みにさばきながら、馬券購入者たちを花見小路を横切らせ、ウインズへと誘導している。

今日もシルバー馬券師たちの姿が目立つ。階段横、オッズモニター前、マークシート記入台、それぞれの居心地の良い場所を定位置として集まっている。二階への階段を上がる。まだ、穴場に並ぶ人も少ない。千円単位の窓口である。

帰り途は縄手通りから川端通りをたどる。そうだ、今日ガツンといわせたら、お土産は「いづう」の鯖の姿寿司、そして「かね正」のお茶漬けうなぎにしよう。鴨川沿いの道、柳の並木が誘うように揺れている。「なにをうだうだ川端柳」同志社大学出身のS専務が銀座の並木通りを歩きながらよく口ずさんでいたな。

《Y先生　第五回阪神競馬第二日の買い目》

■第八レース　ゴールデンサドルトロフィー（国際騎手招待）
　　四歳九〇〇万以下戦　芝一六〇〇メートル
逃げて真価発揮、と七番人気の南半球ニュージーランドのオサリバン騎手⑧ワイドトッキュウの複勝と馬連総流し。

■第九レース　四歳五〇〇万以下戦　ダート一六〇〇メートル
もちろん迷いなく園田・小牧太騎手④エナジーアタック単勝・複勝と馬連総流し。なにしろ九頭中九番人気の馬なのである。

■第十レース　ゴールデンホイップトロフィー（国際騎手招待）
　　四歳一五〇〇万以下戦　芝二〇〇〇メートル
前夜の予想では名誉回復中のデザーモ騎手⑧マークティーグルとどちらか迷いながら、やはり三番人気、小牧太騎手⑤キョウワアリシバの単勝と外国人騎手への馬連で勝負、金額もこのレースからぐっと押しこんでいらっしゃいます。

■第十一レース　第45回阪神三歳牝馬ステークス　GI　芝一六〇〇メートル
中舘英二騎手③ヒシアマゾンから馬連総流し、さらに朝の追加記入とみられる同馬の単勝ウン万円、「まっつぐ」な予想、ぶれがない。

■第十二レース　四歳九〇〇万以下戦　ダート一二〇〇メートル
五番人気、上村洋行騎手⑩キクカダンディの単勝と馬連総流し、Y資金潤沢につき、ここも分厚い購入である。

Y先生「大京都」三日目の目的地は山科の竹中浩さんの工房である。染付をする。竹中さん製作の白磁に文字や絵を描くのである。ちなみに、一九七四年五月に紀尾井町「福田屋」で開かれたY先生夫妻の銀婚式の引出物はY先生が「銀」「口山人」と書いた竹中さん製作の白磁酒盃だった。今回は陶芸がお好きだという増岡さんご夫妻のためにY先生が用意したプランでもある。

「うしろの二人は初めて行くんで、この自動車を追いかけてきます。あまりスピードを出して見失われないようにお願いします」

僕は叮重に頼んだつもりだったがタクシーの運転手は、「大石神社なんて日本に一つしかないから大丈夫ですよ」

と嘲笑《あざわら》うように言う。それから紅葉についての講釈が始った。

（『年金老人奮戦日記　男性自身シリーズ26』新潮社　一九九四年）

そんな危い一触即発のやりとりもあったがなんとか無事に到着である。竹中さんの工房は大石神社の畔にある。赤穂城を明け渡した後、大石内蔵助良雄は親類を頼ってここに隠れ棲んだという。閑静な場所である。身を隠すには最適だったのだろう。内蔵助はここで御家再興を、そして吉良邸討ち入りを謀った。遊興に耽る擬態をつくりあげるために、ここから「一力」にも通った。山科と祇園の往復、その行動は、今は竹中さんにしっかりと引き継がれている、ということか。

竹中さんの工房で染付けをさせてもらう。増岡夫人は、かねてこのことあるを知っていて勉強してきたようだ。鷺だか何だかの絵がとてもいい。「これ、土の中に三年も埋《い》けておいたら、昔の職人の絵皿と間違えられますよ」。増岡は茸の化けものかビーチ・パラソルかわからぬものを描いているが、これもいい。

「おい、増岡が図画の成績がよかったなんて聞いたことないが……これ、いいねえ」。増岡と僕とは中学の同級生である。僕はCatfish、ロージナ茶房、繁寿司、文蔵の名入りの盃ばかり拵《こしら》えた。

「増岡夫妻実力発揮」と手帳に書く。

（『年金老人奮戦日記　男性自身シリーズ26』新潮社　一九九四年）

染付がひと段落したところで、「再會」というカフェへ行き昼食をとる。瀟洒な洋館、四角い煙突、中に入ると立派な暖炉がある。Y先生は東京競馬場ゴンドラ席に居る時と同様にカレーライスを注文した。勝負前の昼飯はカレーライスに決まっているが、この店はパスタもランチの定食もなかなかの美味しさである。食後の散歩は大石神社の境内、裏山をぶらぶらと歩く。鳥居横の枝垂桜は地面に枝がつくかと思うような見事な枝ぶり、御神木だそうである。ここら辺りの地名「桜馬場」にふさわしい桜の名所である。

工房に戻るとちょうどメインレース発走の時刻、「そろそろラジオをつけましょうか？」と竹中さんが帰り仕度をはじめたY先生に声を掛ける。

三時半になり、阪神三歳牝馬ステークスがスタートした。竹中さんの工房にはラジオはあるがテレビはない。

（『年金老人奮戦日記　男性自身シリーズ26』新潮社　一九九四年）

Y先生、椅子に坐り、胸ポケットを確かめてからラジオに集中する。スタートは不揃い、どうやら数頭が出遅れたようである。ヒシアマゾンは大丈夫か？

河内洋騎手の外国産馬⑩シアトルフェアーが先手をとり、一番人気の松永幹夫騎手②シスターソノが追いかける。その後に、ちゃんと③ヒシアマゾンがいた。さらに④ケイアイメロディー、キネーン騎手⑧ロープモンタント、本田優騎手⑨アイアムフェアリーが続く。前半の六〇〇メートルは三十四秒七、スタートがバラバラだったことを考えると先行する馬たちは二ハロン目、三ハロン目とかなり脚を使っていることになる。コーナー手前で息を入れたいところだろう。一〇〇〇メートルは五十九秒四、ペースが少し緩んだところで③ヒシアマゾンが前を行く二頭に並びかける。休む余裕を与えない。直線に入り、早くも先頭に立った模様である。どうやら持ったままらしい。ケイアイメロディーが外から並びかけようとするが、ヒシアマゾンが簡単に突き放す。強い、強い。どんどん引離す。二番手は脚が鈍ったケイアイメロディー、そこに後続馬たちが迫ってくる様子、早口で馬の名前が告げられるが、ついてゆけない。最後に内からなにかがぐいと首を伸ばしたらしい。「ロープモンタント」と実況アナウンサーはひと言、しかし、前を行くケイアイメロディーを捉えたのか、間にあわなかったのか定かではない。ラジオの実況ではここまでである。Y先生、じっとラジオの音声に耳を傾けているが、アナウンサーもなかなか二着の馬の名前を告げようとしない。かなり際どい勝負なのだろう。これがラジオ中継の面白いところでもある。Y先生、見事に的中は間違いないが、馬連の相手によって、配当が大きく変わってくる。④ケイアイメロディーは四番人気、⑧ロープモンタントは九番人気、鞄を膝に載せて少しソワソワである。夫人がわざととぼけたように「ケイアイメロディーって言ってたわよね」とこちらを向いて笑いながらおっしゃる。絶妙のつっこみである。Y先生、「まだ、分からない」と少し憮然とした表情になる。

確定の報、一着③ヒシアマゾン、一分三十五秒九、コースレコード、五馬身差の圧勝だった。そして二着には⑧ロープモンタントが潜り込んでいた。Y先生、今日最高の「莞爾」である。キネーン騎手の腕っぷしの強さとテクニックに感謝である。いい馬が二着に来てくれた。

ヒシアマゾンは夢で見た通りの強い勝ち方をした。四角先頭で五馬身差で一着。二着ロープモンタントとの馬連は八十二・二倍。昔の競馬なら大穴である。「やっぱり二着にはモンのつく馬が来ましたね」と坪やん。その坪やんは四着のツルマルガールからの馬券で失敗したが、彼は、その前のレースを的中させていて、これが何と二百十三・八倍という超大穴馬券。
（『年金老人奮戦日記　男性自身シリーズ26』新潮社　一九九四年）

ラジオからではどんな走りっぷりだったのかはっきりしないが、解説者によると、それは強い、強い勝ち方だったようである。桜花賞に出走できたら恐らく圧勝するだろう、と断言している。チャンピオン不在の牝馬クラシック戦線はますます混迷を深めたようである。

竹中浩さん、Y先生の喜んでいる様子を確かめてから「やっぱり当りましたか」とポツリとおっしゃる。実は山科の名匠は日頃はギャンブルに全く興味を示さない方なのである。そのたたずまいからは射幸心のカケラさえ感じられない、見事に清廉な方なのである。しかし、全く馬券を買わないわけではない。なぜかY先生のいる競馬場にもよく現われる。『草競馬流浪記』の取材ではあの別世界・上山競馬場にも顔を出している。

九月十九日、土曜日。上山競馬場。なかなかに美しい競馬場である。遥か前方に山形市。右に蔵王の連山。まだ雪になっていない。
五十嵐夫妻に竹中浩さんにスバル君に僕。
（『草競馬流浪記』新潮社　一九八四年）

もちろん東京競馬場にも出現する。その時はY先生のアドヴァイス通りに馬券を購入する。実に潔く、その予想を聴き入れ、さらに潔く、買い目を一点にぎゅっと絞り、さらにさらに潔く、金額もどっと行く。「穢れなき勝負師」である。これが良く当たるのである。「男性自身」の中にもたびたびその強運ぶりが描かれている。

竹中さんが買ってきた馬券を僕に見せた。ハウディーの単勝が一万円、ウイリアムテルを連下に④⑦を五千円。これには驚いた。京都の人にうっかりしたことは言えないと思った。ところが、赤羽騎乗のハウディーは、またも逃切り、怖いところなしの大楽勝。二着もウイリアムテルで、計算したら一万五千円のモトが十五万八千円。竹中夫人は「競馬って、こんなにたくさんお金が貰えるの」と驚いている。

（『還暦老人憂愁日記　男性自身シリーズ24』新潮社　一九八九年）

京都山科の陶芸家竹中浩氏来。京都の人が菊花賞の日に東京の競馬場へ来るのだから相当に変っている。竹中氏最終レースの万馬券的中。根拠を訊いたら「なんとなく今日は②⑧という気がしたもんですから」と、シレッとしている。

（『年金老人奮戦日記　男性自身シリーズ26』新潮社　一九九四年）

「竹中さん、あの2番の馬、石亭流翁《セキテイリユウオー》って連込旅館みたいな名前だけどね、とてもいい出来ですよ」

その性善なる竹中さんは、石亭流翁から一番人気岡部騎乗の侵攻愛裏《シンコウラブリイ》の連複馬券を買った。

繁寿司。

「竹中さん、また、儲けたんですか」

とタカーキー。

「うん、連込旅館でね」

「え？　なに？　連込旅館？」

「そうだ。連込旅館から外国産の牝馬をヒモにして」

「外国の女をヒモですか」

「そうそう」

（『年金老人奮戦日記　男性自身シリーズ26』新潮社　一九九四年）

竹中さん、今日は残念ながら参戦していないが、もしも、Y先生のアドヴァイスを受けて馬券を購入していたらおそらく大的中だったことだろう。なにしろY先生の夢は「ヒシカツダイモン」だったのである。もはや竹中さんと一緒に居るとY先生の予想が当たる、というのは偶然ではない。もしかしたらその「性善なる」存在感がY先生の的中を呼びこむのではないだろうか。そして昨晩はとうとう夢の中にまで働きかけたのか。そんな不思議な霊力を感じさせる人、やはり日光菩薩様なのである。

ここからの行動は敏速さが要求される。今日ももちろん、大石内蔵助同様、祇園へ向かう予定である。ひと足先にウインズへ、と思っていたらY先生が「一緒に行くよ」とおっしゃる。夫人と増岡さんご夫妻を竹中さんにお任せして、急ぎタクシーで建仁寺横まで、さすが、熟練の運転手さん、昨日と同じく、最終レース終了直後に無事ウインズに到着した。Y先生、実に軽快な足取りで二階の払戻し窓口へ向かう。

これより先き、坪やんと僕とは祇園の場外馬券売場へ行って馬券を現金に換えていた。この頃、財布が空になって明日は銀行へ行こうと思っていると金が入ってくる。有難い。実は、僕、財布の中身が二万円になっていて、川上は割勘の約束だったので、その場で払うときにどうしたらいいかと案じていたのだ。坪やんは、まあ十万円は持ってきただろうから馬券とあわせて三十万円。僕は十万円。WINSを出て祇園の町を坪やんと二人で歩いているときに、いま、日本中で現金をこんなに持っている男はいないだろうと思ったのだから怖しい。

(『年金老人奮戦日記　男性自身シリーズ26』新潮社　一九九四年)

なぜかY先生、明らかに申告不足である。夢のお告げ馬券、「ヒシカツダイモン」の単勝ウン万円分が計上されていない。

《Y先生　第五回阪神競馬第二日の成績》

■第八レース　オサリバン騎手⑧ワイドトッキュウ、果敢に逃げて粘るもクビ差四着。

複勝×　馬連×

■第九レース　本命小牧太騎手④エナジーアタック出遅れ、一頭だけ取り残され、万事休す。
単勝×　複勝×　馬連×

■第十レース　小牧騎手⑤キョウワアリシバは後方からの競馬、ゴール前でクビ差四着までもってくるもそこまで。最後まで迷ったデザーモ騎手⑧マークティーグルから入っていれば、である。
単勝×　馬連×

■第十二レース　上村騎手好騎乗、⑩キクカダンディ好位からきれいに差し切り完勝。
単勝⑩一〇〇〇円◎、馬連⑩⑫二四〇〇円◎

祇園ウインズの入口前には昨日の老人連、同じ顔、同じメンバー、やはり今日も年季が入った競馬談議が続いている。今日のテーマは「三歳最強馬」、ヒシアマゾンとナリタブライアン、どちらが強いか、という話である。直接対決は来年秋までないだろう。古都の馬券師、どこまでも未来志向の人びとである。Y先生と二人、懐を少し厚くして花見小路から一筋入る。どうやら今夜は「祇園に来た」という気分を少しは楽しめそうだ。

夕食は祇園の川上。旦那の松井新七さんは巨人軍のファンで店名が川上になったと聞いているが正確には知らない。隠れた浄瑠璃の作者だと後で聞いた。川上の料理は万事が控え目で、これみよがしの所がない。量も少な目でアッサリ味で、すぐに気に入ってしまった。僕はエビイモに堪能した。

(『年金老人奮戦日記　男性自身シリーズ26』新潮社　一九九四年)

旬の素材の味を生かしながら、さりげなく工夫されたメニューが続く。ひとつひとつに新しさがあり、それでいて丁寧に磨かれている。Y先生夫人も一皿一皿頷きながら祇園の味を楽しんでいらっしゃる。この店も竹中さんの見立てである。

祝勝の宴はさらに続く。会場はもちろんC地点、「サンボア」である。

そのあと、またサンボア。「イエスの方舟」一行は東京へ帰ったそうだ。飽きずにピコンとカシス。魅嘉の大将の置いていったボトル(サントリー角瓶)でホット・ウイスキイ。

(『年金老人奮戦日記　男性自身シリーズ26』新潮社　一九九四年)

ピコンはフランス陸軍の軍人の名前、オレンジの果皮などを原料として苦味が特徴のリキュールである。今回、Y先生はこのリキュールに凝っている。「大京都」探索を考慮してアルコール摂取量を調節されていたようだ。とはいえ、今日は最後の夜、そして祝勝の宴、仕上げはもちろん歓子さんのマテニーである。背筋がシャキッと伸びる。なんだか目が覚めてきた。お開き、店を出るとすっかり静まりかえっている。Y先生、黙って元「二鶴」を見あげている。今宵もホテルフジタへタクシーで帰る。

別れ難い気持もあって、ホテルフジタの地下の酒場。増岡の顔を見たとき、彼が何を言おうとしているかがわかった。

「とてもいい旅行だったね。万事がうまくいったし有益だった。有難う。十二月の紅葉がこんなにいいなんて知らなかった」

果して僕が言おうと思っていたのと同じことを増岡が言葉にしてくれた。つけ加えるとすれば「きみにあんな絵の才能があるなんて知らなかった」ということぐらいだ。

（『年金老人奮戦日記　男性自身シリーズ26』新潮社　一九九四年）

仕上げはY先生の部屋で山崎のトゥワイスアップ、夫人も薄めの水割りをご所望である。そばぼうろの素朴な固さが不思議とウイスキーと合ってしまう。ここでお開き、なんだか目が冴えてきた。外へ出る。高瀬川の水面が街灯に揺れる。長浜ラーメンか、あるいは先斗町のピアノバーか、とも考えたが、今日はどうも愉しすぎる。部屋に帰って、わずかに残った山崎12年を一人でじっくり楽しむことにしよう。

さて、明日はY先生、どこへ行かれるか？　京都文化博物館でロートレック展が開催されているが、どうだろうか？　それともマキノ名所巡りの続き、真如堂にでもご案内しようか？　あまり知られていないが、本堂に向かう参道の紅葉は実に見事なのである。庭も良い。そういえば、今回はまだ「イノダコーヒ」へ行っていない。そんなことを考えつつ、いつの間にか眠っていた。何故か、「二鶴」の階段を必死で駆け上がっている。「競馬ブック」を握りしめている。メインレースの買い目をY先生に早く確認しなければいけない。締め切りのベルが鳴っている。もう間に合わない。大失態である。しかし「二鶴」の階段はどこまでも続いている。なかなかY先生の部屋にたどりつけない。靄の中を抜けると竜宮城のような扉の前に老人たちが立っている。例の馬券師たちである。その中に頑亭先生がいた。やっとたどり着いたと思ったら、そこは祇園のウインズの二階だった。はるか遠く、窓口にY先生の背中を見つけた。間にあったようだ。そこで目が覚めた。しかし、しばらくはどこまでが夢で、どこまでが現実か、よく分からなかった。祇園ウインズに行ったことも、竹中さんの工房でラジオを聴いたことも、歓子さんのマテニーを飲んだことも、すべて夢の中だったのじゃないか、とさえ思われた。それほどにうまく行き過ぎた一日だったのだ。

5

十二月六日、Y先生「大京都」四日目、最終日、寺町方面へ歩いていたら、Y先生が「進々堂」で食事をする増岡さんご夫妻を発見する。お互い硝子越しに挨拶をしている。昨晩、バーで友情たっぷりの別れをした二人である。増岡さんもY先生も照れくさいのか、笑っている。

もう一度別れの挨拶をして、僕等は再び北野天満宮へ行く。言わずと知れた粟餅《あわもち》である。十箇入りを三箱にしたのは一箱は車中で、二箱は銘々の家へという心積りである。

「今日中ですね。今日中に食べないといけないんですね」

坪やんが、承知していることをまた笑いながら言う。粟餅は固くなるので早く食べるんだそうだが砂糖を足して汁粉にするテもあるらしい。

（『年金老人奮戦日記　男性自身シリーズ26』新潮社　一九九四年）

京都駅では日光菩薩様、現世の姿は陶芸家である竹中浩さんが、Y先生に頼まれていた大石神社の裏山の羊歯を手に持って待っていた。

# 第六章　一九九五年目黒記念　東京競馬場

Y先生、昨年（一九九四年）の十一月から微熱が続いている。

どういう加減のものかわからないが、まだ微熱が続いている。冗談じゃねえや。いったい、どうしろってんだ。もともと、すぐに息があがってしまうんだが、歩くと息が切れるからジッとしている。

（『江分利満氏の優雅なサヨナラ　男性自身シリーズ最終巻』新潮社　一九九五年）

Y先生の「熱発」を知ったのは十一月二十五日、毎年恒例になりつつある麻布中学校の同期生、増岡さんご夫妻との冬の京都行き、翌日、翌々日の東京競馬場行きの段取りのために国立にうかがった時である。ちょうど体温計を脇に挟んでいる最中だった。ご本人ははっきりとおっしゃらないが、夫人から「熱がなかなか下がらないのよ」と教わった。風の冷たい夕方に長い時間をかけて庭の掃除をしていたから「風邪ひいちゃったのよ、ジャパンカップなのにねェ」。

庭を掃き、水を撒き、枯葉に火を点ける。焚火の火を見ながらぼんやりとしている。焚火のシーズンになった。私は焚火が好きだ。できれば一日中そうやっていたい。いや、現実に半日ぐらいはそうやって過ごしている。

（『江分利満氏の優雅なサヨナラ　男性自身シリーズ最終巻』新潮社　一九九五年）

これから広告制作会社サン・アドの広内啓司さんがサントリーオールドの新聞広告原稿を受け取りにくる。広内さんはサン・アドが一九六四年に設立された時の初代メンバーの一人、したがってY先生の同期である。応接間のテーブルの上には四〇〇字詰め原稿用紙が四ッ折でちょうど収まる縦長の封筒がすでに置かれている。掲載は成人の日、「森安さんのことを書いたんだ」。タイトルは「ある日曜日の夜」、まだ東京競馬場内に厩舎があった頃、競馬が終わってY先生がサントリーオールドを一本ぶら提げて森安弘昭厩舎を訪ねるエピソードである。事前にこっそり拝見するお許しをいただいた。間もなく玄関のベルが鳴った。広内さんと入れ替わり、「Catfish」に向かう。一昨日、マスヲさんからジャパンカップの馬券が買いたいと連絡があった。外国馬の馬連一点で勝負だという。二年連続で上山行に参加した人である。「Catfish」に寄るとどうしてもその話になる。「先生、来年も行くよね」すでに気持は上山競馬場、入道雲の下である。マスヲさんの心の中で何かが花開いてしまったようだ。

その二日後は第14回ジャパンカップ、秋の東京競馬最終日だった。Y先生は「微熱発」のまま参戦である。朝、「ダービーニュース」に印を書き込む時も、競馬ブックの想定タイムをチェックしている時も、しきりに喉の調子を気にされていた。もちろん、銀星交通のタクシーで午前九時過ぎには東京競馬場に到着し、十五号室一番乗り、第一レースから「樽前船」出航だが、昼食の勝負のカレーライスは夫人とご一緒のサンドウィッチに替わり、吹きっさらしのバルコニー行きも後半の特別レース限りとなった。

1

振り返ってみると一九九四年のＪＲＡ、Ｙ先生はなかなか調子の出ない一年だった。二月、冬の東京競馬はパドックの馬たちとのコミュニケーションがうまくとれず不発、それでは、と四月十七日、日曜日、皐月賞は応援馬アイネスサウザーの勇姿を確かめるために中山競馬場まで出向いた。「相当なもんだぜ」（『年金老人奮戦日記』）と取り上げた四歳馬、ここ数年のクラシックホース候補の中ではメジロライアンと並んで思い入れの深い馬になった。Ｙ先生が船橋法典まで駆けつけるのは一九九〇年の有馬記念以来およそ三年半ぶりのこととなる。それも、わざわざ東京ベイヒルトンホテルに前泊しての参戦だった。

翌朝、坪やんがホテルにあらわれた。かねてからの手筈の通りにトッカピン氏が迎えにきて私達は中山競馬場へ向った。皐月賞である。毎年ＪＲＡで招待してくれるのに、この十年間で一度しか行っていない。

（『江分利満氏の優雅なサヨナラ　男性自身シリーズ最終巻』新潮社　一九九五年）

浦安である。『酔いどれ紀行』十泊十一日の旅の舞台である。前夜はもちろん「トッカピン氏」醍醐準一さんの案内で「秀寿司」に行く。なんとその席に頑亭先生も現れた。Ｙ先生が偶然に（？）

京都の街角で二度もすれ違った神出鬼没の芸術家である（先日も阿佐ヶ谷の蕎麦屋で、これまた偶然にまだ温かい頑亭先生の足跡を発見したばかりである）。いきなり『酔いどれ紀行』「浦安、橋の下の夏」篇の再現となった。浦安の街を歩きながらY先生は「ずいぶん変わったな」と驚いたようにおっしゃっていたが、お二人に醍醐さんが揃ってしまうと、すぐに時間は巻き戻される。

浦安はすっかり様変りした。昔を知っている私は、なんだか、目が眩《くら》むような思いがする。当時は浦安に足を踏みいれただけで溝川《どぶがわ》の臭《にお》いがした。醍醐さんによると、溝川の臭いだけでなく、剝いた貝の殻を道に捨てるから臭いんだそうだ。「ンだからよう、浦安の鶏は餌がいらねえの」と笑いながら言う。

（『江分利満氏の優雅なサヨナラ　男性自身シリーズ最終巻』新潮社　一九九五年）

「昼は西日がきつくてね」ホテルに帰ってから東京湾のゴージャスな夜景を眺めながら山崎12年をすすりつつ、明日の検討会もちゃんと開かれた。もちろん、怪物ブライアンがいようとも、きっとアイネスサウザーが内から早めに抜け出してくる、というY先生強気の展開予想の確認である。

皐月賞のパドックではフジノマッケンオーの気配がいい。黒光りしている。三着に終ったが、武豊のファンである妻は複勝式を四千円も買っていて大喜び。私は贔屓の報知新聞の小宮栄一記者が中穴を的中させているのにアイネスサウザー（直線先登の場面もあったが六着）を主力としためめに惨敗。坪やんも良くなかった。

（『江分利満氏の優雅なサヨナラ　男性自身シリーズ最終巻』新潮社　一九九五年）

Y先生は中山競馬場でももちろん毎レースのパドック通いは欠かさない。クリスタルルームからパドックはそれほど遠くない。五階から馬たちを見下ろす。少し角度がきつく、いつもとは違う様子だが、Y先生は第三レース④ダイワエミネント（五番人気で一着、単勝一六七〇円）、第五レース⑬マウントロマン（十番人気で二着、複勝五八〇円）、第七レース⑥シンボリレンジャー（五番人気で一着、単勝一三一〇円）と順調に穴馬を発見している。

手応え十分のまま第十一レース、いよいよ皐月賞である。⑩アイネスサウザーは四七六キロ、前走から八キロ減、八番人気ながら勝負気配に満ち溢れていた。さらに凄みを感じさせるほどの出来の良さを黒鹿毛の馬体から発散させていたのが⑯フジノマッケンオーである。四九四キロ、マイナス十キロ、前走までとは明らかに馬が変っている。「こんな馬だったかな」Y先生は前日までノーマークだったが、パドックを見下ろしながら慌てて二重丸をつけている。鞍上は武豊騎手、したがってこの馬は夫婦揃っての複勝馬券である。一番人気はもちろん怪物①ナリタブライアン、南井克巳騎手騎乗、単勝オッズは一・六倍だった。

Y先生の夢を載せて⑩アイネスサウザーが抜群のスタートを切った。逃げる⑨サクラエイコウオーの二番手と絶好の位置どり、バックストレッチでも余裕たっぷりの走り、いつでも抜けだせる構えである。これはイケる。直線を向いていよいよ先頭に、と思った瞬間、その後ろから黒い影がケタ違いのスピードで襲いかかってきた。鼻に白いシャドーロール、①ナリタブライアンである。声をあげる間もなく⑩アイネスサウザーはあっさりと交わされる。柴田善臣騎手、懸命に手綱をしごくも差は拡がるばかり。ゴール前では力尽き、後続馬にも交わされて六着に沈んだ。怪物ブライアンは最後は流しながらも二着に三馬身半差の圧勝だった。⑯フジノマッケンオーがゴール前もの凄い追込み脚で突っ込んできて三着確保、六番人気、複勝は三五〇円という配当だった。

Y先生と二人、タケ様馬券でただ一人大勝した夫人の後に従って中山競馬場から船橋法典駅への帰り道、皐月賞観戦者の大行列から脱け出して、そば処「一茶庵」でひと休みする。熱燗にざるそば、とろろそば、「ちょっとこだわり過ぎたかな」と緊急反省会が開かれた。なぜならば、さかのぼること二ヶ月前、二月十四日、バレンタインデーに開かれた東京競馬場での共同通信杯四歳ステークスで、アイネスサウザーはナリタブライアンに四馬身差の完敗を喫していたのである。中山ならば先行の利があると考えたが、やはり力の差は歴然としていた。日本ダービーまでに根本的な予想の立て直しが必要となった。

熱燗二本を飲む間に少しまばらになった人びとの群れとともに船橋法典駅から武蔵野線に乗り、ぐるり西国分寺経由で国立まで帰る。この路線は中山競馬場から東京競馬場までひと続き、という奇跡の電車なのである。さらに南武線に乗り継ぐと終点には川崎競馬場が門を開いて待ち構えている。ドアの上に貼られている路線図を眺めながらいつも少しソワソワした心持ちになるのは馬券購入者だけだろうか。Y先生はシルバーシートにじっと黙って坐っている。夫人が東、南、武蔵、西といくつもの浦和駅を過ぎたあたりからY先生の肩にもたれて静かに眠りはじめているので姿勢を変えることができない。電車の中で並んで坐っているお二人の姿を眺めているととても幸せな気分になる。実は夫人はつい最近まで電車にもバスにも乗れない方だったのである。お二人で出かける時は必ずタクシーを使用していた。夫人が再び電車に乗れるようになったのは一九八九年一月二十六日、築地の歯科医院からの帰り道である。


「本当にいいのか。本当に電車に乗ってみる気か」

「うん、乗ってみる」

僕は半信半疑だった。妻の決意に冷却期間を置くような意味もあって、髙島屋と丸善へ寄った。丸善で妻は息子のためのネクタイを買った。

「だいじょうぶかい。じゃあ、こうしよう。もし、具合が悪くなったら、すぐ次の駅で降りてタクシーに乗るから」

電車に乗りたいと言っているのだから、だまって乗せてしまえばいいと誰もが思うだろう。しかし、妻が発作を起こせば、脈搏《みやくはく》は数えきれないほどに早くなり全身が硬直するのである。むろん、立ってはいられない。

（『還暦老人憂愁日記　男性自身シリーズ24』新潮社　一九八九年）


Y先生と夫人は東京駅から高尾行特別快速電車に乗り、国分寺駅で乗り換え、国立駅まで行く。中央線は東京始発、お二人は並んでシルバーシートに坐った。

妻は眠っていた。精神安定剤を服《の》んだのだろう。僕はいろいろなことを考えていた。眠っている妻は頭を僕の肩に乗せた。僕は身動きができなくなった。

いったい何十年ぶりだろう。僕も思いだせないし妻も思いだせない。国立駅に降り立ったとき、僕は足が地に着かないような思いをした。

そのまま繁寿司へ行く。細君の節子さんが三日前に誕生日だったと聞いていたので、途中で花束を買ってあった。飲まざるべからず。

「乾盃、おめでとう」

それを半分は妻のために言った。

（『還暦老人憂愁日記　男性自身シリーズ24』新潮社　一九八九年）

電車を克服されたことでお二人は再び一緒に旅行に出掛けることができるようになったのである。中央線に乗った十日後、早速、二人きりで特急あずさ号に乗り甲府まで、湯村温泉常磐ホテルで二泊して、やはり特急あずさ号から八王子乗り換えで帰ってこられた。

塩沢寺《えんたくじ》厄除地蔵に参詣。この地蔵様は十三日の何時から何時までの二十四時間だけ耳が聞こえて願いごとが叶うと教えてくれた人がいる。そのときは十万人を越す人出になるそうで、何も知らないで来たのだが、うっかりするとその人込みにまきこまれるところだった。妻は長い間祈っている。自分が電車に乗れるようになった御札を言っているのかもしれない。厄除地蔵尊厄除開運御守護という御札も買っていた（五百円）。

（『還暦老人憂愁日記　男性自身シリーズ24』新潮社　一九八九年）

その後、再度甲府行きに挑み十分に馴れたところで、『行きつけの店』の取材旅行は「山ふく」「サンボア」行以降、夫妻揃っての旅とさせていただくことにした。天の橋立「文殊荘別館」行では成相山の山頂から股のぞきをするためにリフト一人乗りにも果敢に挑戦した。由布院「亀ノ井別荘」行では関門海峡を渡り（トンネルだが）九州上陸も果たした。いまでは東京競馬場からの帰り道には必ずバスを利用し、うとうとと居眠りしながら微笑むほどの急速な上達ぶりなのである。

僕はバスは一段高くなっている最後尾の席が好きだ。妻が眠ったのでそっちへ移った。坪やんは前のほうで立っている。妻は眠りながら笑っている。「娯楽の殿堂、パチンコ百億」というアナウンスが可笑《おか》しいのかと思ったが、そうでもないらしい。

僕も眠っていて笑うことがある。堪《こら》え性《しょう》がないほうなので、声をだして笑ってしまう。あ、いま笑っているな、ということがわかる。ミットモナイと思うので小便に立つ。滑稽な夢を見るから笑う。たとえば、麻布中学にいたとき、手鏡を持って屋上へあがり、禿頭の教師の頭を反射させる生徒がいて、そいつのことを思いだすと可笑しくて堪らない。どうしても笑ってしまう。あとで、妻が「さっき、あたし笑っていたでしょう」と言う。「うん、笑っていた」。坪やんが

「ぼくも笑うことがあります」と言った。

（『年金老人奮戦日記　男性自身シリーズ26』新潮社　一九九四年）

今日はギャンブル線、馬券購入者たちで混みあうホームから果敢に乗りこみ、一時間以上もかけてぐるり南関東半周の旅だったのである。競馬開催日の武蔵野線を克服できたら、どんな電車にも乗れる、何処にでも行ける、もう、怖いものなしである。あとは寝台列車、「北斗星」で津軽海峡を渡るぐらいか。夫人の穏やかな居眠りは続く。窓の外は暮れるのが早い。西国分寺駅に到着した頃には、あれほど大量に乗りこんでいた船橋法典からの競馬客は数えるほどしか残っていなかった。

地下鉄東西線で行って武蔵野線で帰ってくるというのは東京都の北半分を大きく迂回することになるのだが、その感じを一口で言うならば空々漠々である。なんという纏《まと》まりのない町であるかとも思う。浦安も新開地なら武蔵浦和周辺の住宅地も新開地だ。東西線も武蔵野線も鉄道としての歴史は浅い。空々漠々の感のあるのは、この歴史の浅いことに起因するのではなかろうか。

（『江分利満氏の優雅なサヨナラ　男性自身シリーズ最終巻』新潮社　一九九五年）

皐月賞の借りは府中で、と臨んだ五月二十九日、日曜日、日本ダービー、Y先生は⑯アイネスサウザーを複勝に回し、暮れの祇園で見出した四番人気、岡部幸雄騎手の④エアダブリンを本命に抜擢する。あくまでも怪物ブライアンとは対決の構えである。単複とダブリンからの馬連、さらに皐月賞のパドックで見つけた①フジノマッケンオーの複勝馬券も忘れていない。鞍上はもちろん皐月賞に引き続き武豊騎手である。夫人は「これでタケさんもダービージョッキーの仲間入りね」と強気の構え、ご祝儀がわりにいつもより金額多めの単複馬券で勝負である。

スタート後、⑦メルシーステージ、⑧トロナラッキーの青い帽子の二頭が逃げる展開、第一コーナーから第二コーナーへペースが少し落ちたところで⑯アイネスサウザーがハナに立った。⑰ナリタブライアンは手綱を緩めたままで六番手を追走、その後に二番人気の⑩ナムラコクオーが続き、岡部④エアダブリンと武①フジノマッケンオーは並んで有力馬二頭をマークしている。一〇〇〇メートル通過は一分ちょうど、緩みのない流れ、しかし、ここから極端にペースが落ちる。コーナーを回りながら後続馬たちが前方の馬に重なってゆく。最後の直線、ごちゃつきながら馬群が大きく外に膨れる。先頭を行く⑯アイネスサウザーにはもう脚が残っていない。後続を引き離すことができない。直線に入ってすぐに集団にのみ込まれてしまった。余裕の走りで好位につけていた⑰ナリタブライアンが外ラチ方向へ膨らもうとする馬群の、さらに外へ飛び出してくる。馬ごみの中で不利を受けるのを嫌ったのか。少しくらい距離をロスすることなどこの馬には関係ない、という南井騎手の自信あふれる騎乗ぶりである。白いシャドウロールが上下するたびにぐんぐん加速する。その後方、⑰ナリタブライアンの動きを確かめて、その空いたスペースを突くように武①フジノマッケンオーと岡部④エアダブリンが内へ進路をとる。隙あらば、とこちらは最短コースを選ぶ。さすが天才、そして名手である。馬群から抜け出してきたのはこの三頭だった。内と外、あと四〇〇メートル、怪物はここからが凄かった。ストライドが伸びる。どこまでも伸びる。一頭だけ別次元の走り、五馬身差の圧勝だった。Y先生の本命④エアダブリンは二着、夫人熱烈応援の①フジノマッケンオーは武豊騎手の好騎乗も直線で力尽き、ゴール前で後方からやってきた⑤ヤシマソブリンにも交わされて四着に沈んだ。馬連④⑰一〇二〇円、Y先生、当たるには当たったが皐月賞の借りをそっくり返すとまではいかなかった。夫人待望の「ダービージョッキー武豊」誕生も来年以降への持ち越しとなった。

2

夏の東京競馬が終了しても忙しい日々が続いた。まずは六月十三日から二泊三日で栃木まで出かける。Y先生と頑亭先生の大ファンである和菓子屋「かのこ庵」店主の福田和男さんからのお誘いである。頑亭先生と久しぶりの写生旅行となった。東北新幹線あおば号で小山から栃木市に入り、宿泊はホテルサンルート栃木、明くる日は弊社・梓の森プラントの工場見学の後、出流山満願寺に参詣し、星野遺跡を見学、午後は巴波《うずま》川常盤橋のたもとでスケッチをした。

この工場はブローニュの森のなかにあるように美しい。私は巴里《パリ》へ行ったことがないけれど、たぶんそうだと思う。この工場のお祭りには栃木市の五分の一ぐらいの人が集まるという。

(『江分利満氏の優雅なサヨナラ　男性自身シリーズ最終巻』新潮社　一九九五年)

続いて六月二十四日から二十八日の四泊五日で、昨年に引き続き別世界・上山温泉郷にも出かけている。

上山《かみのやま》温泉へ行ってきた。去年も桜桃の頃に上山へ行った。毎年の行事にしようと思っている。上山温泉では葉山館に泊る。

(『江分利満氏の優雅なサヨナラ　男性自身シリーズ最終巻』新潮社　一九九五年)

今年の上山では事件が二つ、ひとつはY先生と二人揃って、とうとう夢の万馬券をとったこと、六月二十八日、第五レース、ダート一三〇〇メートル戦、一着⑩ホウヨウグリーン、二着③フジノパールピアス、枠連[3][8]一五六二〇円という配当だった。もうひとつはY先生がてっちゃんとの十三年ぶりの奇跡の再会を果たしたことである。

「また、おれのこと書くんだろ」

「書かない」

「書くよ書くよ、きっと書くよ」

『草競馬流浪記』(新潮社刊)という書物で上山競馬篇の際にてゝちゃゝんゝの話を書いた。十五年前、二十六歳で処女だと書いた。

「おれ、せんせのこと、十五年前から知ってんだからね」

「そうだ、処女の頃からね」

「いやだ。おれ、まンだ、処女《しょんじょ》なんだよ」

「そうかい。まだショ ンジョかね」

なんだか、急に悲しくなってきて困った。

「せんせ、山形の山田家の白露ふうき豆、買ってきてやっからね。うめえよ」

「そうかい。まだ富貴豆《ふきまめ》なんて売ってんのかい」

戦前のことだけれど、東京の下町では富貴豆を売りにきたものだ。

「うめえからね。早く行かないと売り切れちゃうの。きっと買ってくるからね」

（『江分利満氏の優雅なサヨナラ　男性自身シリーズ最終巻』新潮社　一九九五年）


次の日に約束通りてっちゃんは白露富貴豆を持ってやってきた。朝、山形の本店までわざわざ買いに行ったらしい。この銘菓はそこまで行かなければ手に入れられないのである。その勢いでY先生はてっちゃんに馬券を頼まれる。明くる日、第八レース枠連[1][8]、[2][8]、[8][8]の三点、千円ずつである。

今回の上山行でも、Y先生は三日間競馬場に通った。勝利の女神であるはずのてっちゃんのマッサージも受け、前年同様、初日の第一レースも見事的中、幸先良しと思えたが、その後はまったく振るわず、最終日に万馬券を的中しても挽回できないほどの大敗だった。残念ながらてっちゃんの馬券も当たらなかった。

どうも上山競馬というのは、一日に三レースぐらい、固いのを十万円単位で勝負するところらしい。私はそんなことはできないから結果がいいはずがない。但し、私は競馬で儲けるなんて下品なことはしたくないと思っている。

(『江分利満氏の優雅なサヨナラ　男性自身シリーズ最終巻』新潮社　一九九五年)

マスヲさんの昨年から引き続きの枠連一点勝負も、少しイレ込み過ぎかオーバースウィングが目立ちほとんど不発、研究成果の発揮は来年以降への持ち越しとなった。やはり上山は恐ろしいところなのである。しかし、もっと恐ろしかったのは金瓶派馬券師、アララギ派夫人である。今年も外れたレースを数えた方が早いほどの的中ぶりだった。「競馬がすべてかみのやまだったらいいのに」と自信たっぷりのご様子である。一方、Y先生は大敗したにもかかわらず帰り際、早くも「葉山館」の五十嵐美根子おかみに「きっと来年も戻ってくるよ」と、固く約束している。やはり上山は別世界なのである。

今年の上山行はとてもよかった。愉快だった。蕎麦もソバガキも蒟蒻も芋煮も実に美味だったし体にも良かったと思う。ああそうだ、蔵王がとても綺麗だった。

(『江分利満氏の優雅なサヨナラ　男性自身シリーズ最終巻』新潮社　一九九五年)

実はY先生が六月に精力的に夏休み企画を組み入れたのは七月に一大決心による生命を賭けた大事業が控えていたからである。

夏負けか妙に疲れたので、一気に深く眠りたいと思い、ブランデイを飲んだが飲み過ぎてしまった。妻は酔ってる時の顔になっていると言う。飲み過ぎると僕は眠れなくなる。花森安治さんもそうだったらしい。小便に起きること七回。僕は小便に起きると便所のカレンダーに一と記入する。「正」なら五回だ。だいたいが三、四回だが、時に「正」では足りずに「正一」になったりしてロッテ・オリオンズの監督の名前みたいになってしまう。朝、カレンダーの「正一」を見るのは辛い。

（『年金老人奮戦日記　男性自身シリーズ26』新潮社　一九九四年）

家に遊びに来ていた若い人が、

「トイレのカレンダーに書いてある正の字は何ですか」

と尋ねた。

「ああ、それは……」

妻が笑いながら答える。

「主人がオシッコに起きる回数ですよ」

(『江分利満氏の優雅なサヨナラ　男性自身シリーズ最終巻』新潮社　一九九五年)

とうとうY先生は前立腺切除手術を受けることを決心されたのである。慶應病院の担当の出口先生と相談して手術は七月十三日の直木賞選考委員会の後、病室が確保できた時、ということになっていた。しかし、慶應病院はご繁盛である。なかなか病室が空かない。この、病院からの連絡を待ちながら自宅で鬱々と過ごす数週間の状態をY先生は「執行猶予の身」と表現している。

のびのびになっているのは私が緊急を要する患者ではないからだ。病室というのは、ホテルと違って予定がたたない。それはわかっているのだが、こちらの焦《い》ら焦《い》らが募ってくる。

午後になると眠くなる。眠くて仕方がない。連続的な猛暑で疲労が溜っているからだろう。なんだかボンヤリとしている。そのボンヤリと焦ら焦らが重って何とも妙な具合だ。しかし、何かをボンヤリと待っている状態というのは、実はこの世に生きる常のことだという気にもなってくる。私は六十七歳になった。毎年のように、あと十年と思う。十年は生きていたいなあと思う。つまりは、何かをボンヤリと待っているのと同じことだ。

(『江分利満氏の優雅なサヨナラ　男性自身シリーズ最終巻』新潮社　一九九五年)

少し待たされたY先生だったが、病室も整い、七月二十六日にやっと入院することとなった。入院後は様々な検査があり、手術は一週間後、八月三日に行なわれることになった。正介さんにうかがうと、前立腺切除手術は失敗も少なく、ほとんど生命の危険はない手術だということである。しかし、場所が場所だけに、失敗したらさぞ痛いだろうな、などと考えてしまう。

あとで聞いたのだけれど、私の手術は経尿道的前立腺切除術というものであったのだそうだ。尿道に電話線より太い管が差しこまれ、その中に二本の管があって一本は水を放って濁りを薄め、一本は熊手のような彫刻刀のようなもので前立腺を削り取るのだそうだ。
(『江分利満氏の優雅なサヨナラ　男性自身シリーズ最終巻』新潮社　一九九五年)

当日の朝、赤坂見附へ出勤の前にご様子をうかがいにゆく。Y先生の部屋は朝から手術の準備で出入りが頻繁である。緊急の手術ではないのだが、柱の蔭からストレッチャーに載せられて運ばれてゆくY先生を見送っていると、やはり大事業なんだ、という心境になる。夫人も心の内では心配されているのだろうが、そんな素振りをかけらもみせない。いざ、という時に肝が据わっている方なのである。こちらの方が穏やかではいられない。会社で仕事をしていても経過が気になって仕方がない。

手術の時間は一時間半。T教授と担当医の出口修宏先生、もう一人は驚くなかれ若い女医さん(目が覚めるような美人)であって、三人で三十分ずつ交替で削ったのだそうだ。
(『江分利満氏の優雅なサヨナラ　男性自身シリーズ最終巻』新潮社　一九九五年)

夕方、仕事を早めに切り上げて再び病室にうかがうとY先生はベッドに寝ていらっしゃった。何本もの管につながれている。看護婦さんが点滴を確かめている。手術開始は朝の九時三十分、「ずいぶんかかっちゃったのよ」手術は一時間半程度と聞いていたが、術後の処置などもあり、病室に戻って落ち着いたのはつい先程、とのことだった。ほぼ一日がかり、やはり大事業だったのだ。とにかく無事生還でナニヨリである。

長いような短いような一時間半が終った。そのあと病室のベッドの上で、右手の甲に点滴、鼻に酸素吸入、尿道に太い管という恰好で、私は寝返りをうったりしたらしい。どうも私は自分が病人であるという感じがしないのである。妻は、かなり手を焼いたらしい。痛くない苦しくない、傷口というものがない、小便は自然に排泄される（血尿であるが）ので困ることは一つもない。体の動きが不自由であるだけだ。つまり、そんな恰好で暴れたらしい。

（『江分利満氏の優雅なサヨナラ　男性自身シリーズ最終巻』新潮社　一九九五年）

というわけで退院前の八月六日、土曜日の夜にご様子うかがいに行く。お見舞いの差し入れはもちろん「ダービーニュース」とマークシート用紙である。できれば面会受付時間内にと思ったが白州のウイスキー蒸溜所からの出張帰り、すっかり遅くなってしまった。エントランスは真っ暗、廊下も階段も静まりかえっていた。Y先生は病室の中で夫人とともにナイター中日・巨人戦を観戦中だった。「この手があったか！」週末限定、馬券のデリバリーサーヴィスである。鞄の中には白州から持ち帰った特製ウイスキーもあるが、それはまだお渡しする訳にはいかない。しかし、Y先生は「ダービーニュース」を手にしてご機嫌麗しい。術後まだ三日、無理をされても、ともちらっと思ったが、Y先生はやる気満々、早速検討開始である。「日刊ゲンダイ」の補足情報も欠かしてはいけない。

実は今年の夏のJRA、ちょっとした異変が起こっている。サンデーサイレンスという規格外の種牡馬の初年度産駒たちが次々と鮮烈なデビューを飾っているのである。「日曜日の静寂」、教会で開かれるミサの光景を思い描けばいいのだろうか。アメリカ生まれ、宿敵イージーゴアを破り、ケンタッキーダービー、プリークネスステークスの二冠馬となった。さらにブリーダーズカップクラシックでもイージーゴアを退けて優勝し、年度代表馬に選ばれたスーパーホースである。しかし、現地アメリカでは種牡馬としての評価が低く、社台グループの吉田善哉氏が購入して日本にやってきた。府中のゴンドラ十五号室のレギュラー来室者の一人、山野浩一さんは、こどもたちがデビューする前から、いや、サンデーサイレンスが日本にやってくると決まった時から、すでにその活躍を断言していた。初めてその走りっぷりを確かめたのが七月九日、札幌第五レース新馬戦の⑤プライムステージ、母はあの、洋子姉もオーナーの一人だったダイナアクトレスである。芝一〇〇〇メートル、五十八・〇秒というレコードタイムだった。先週は札幌、新潟で三勝、そのうちの一勝がプライムステージの二勝目、札幌三歳ステークスＧⅢ、サンデーサイレンス産駒初めての重賞勝利、二馬身差の圧勝だった。有力馬の登場はこれからだというが、種牡馬としてすでに大きな存在感を示しつつある。まさに山野さんの予言通りである。今日もビークァイエットという馬が新馬戦を勝ち、明日もブライトサンディーが圧倒的な一番人気になっている。Y先生「これも強そうだね」と早速、二重丸をつける。したがって明日の参戦はこの札幌の新馬戦からである。さらにY先生、小倉の新馬戦でもう一頭気になる馬を見つけている。デビュー二戦目のオグリワン、こちらはあのオグリキャップの初年度産駒、鞍上は武豊騎手である。オグリキャップ「史上最強馬」説を誰よりも早く唱えたY先生である。そのこどもたちにも特別な想いがあるに違いない。

昭和六十三年六月五日のニュージーランドトロフィー以来、僕はオグリキャップは史上最強馬と言い続けてきた。

（『年金老人奮戦日記　男性自身シリーズ26』新潮社　一九九四年）

明日のＪＣ（ジャパンカップ）の予想でオグリキャップを史上最強と書く評論家がいる。僕は一年半ばかり前からそう言い続けているので、一橋大学の長島教授が「山口さん、元祖とか本家とかと書かなくちゃいけませんね」と言う。「そうそう、この部屋に発祥の地っていう看板を出そうか」。

（『還暦老人極楽蜻蛉　男性自身シリーズ25』新潮社　一九九一年）

じっくりとメインレースまで検討を終えたY先生、「ダービーニュース」を折りたたみながら突然「馬の去勢手術は部分麻酔なんだろうね。全身麻酔かな」とおっしゃる。そこから話は今回の手術の様子へと展開する。

前立腺というのは、耳垢のような大鋸屑《おがくず》のようなものだった。感じとしては妻の言った鰹の塩辛というのが一番近いかもしれない。小さな瓶にアルコール漬けになっていて、分量は鶏卵一箇分ぐらいだった。

「女医《せんせい》、それ私にくださいよ。塩胡椒してバター炒めにして食べますから」と言ったら、女医は「駄目ですよ。悪性のものかどうか、これから調べるんですから」と、笑って答えた。

（『江分利満氏の優雅なサヨナラ　男性自身シリーズ最終巻』新潮社　一九九五年）

あるいは「佃煮」とおっしゃっていたかもしれない。夜の病室、なぜかヒソヒソ声である。「何を話してるの」テレビではナイター中継、巨人が四対一とリードしている。したがって夫人は終始上機嫌であった。一階の通路はやはり真っ暗、裏口から退出である。思わぬ長居となってしまった。翌日の朝は「報知新聞」と「サンケイスポーツ」を持ってやはり裏口から侵入する。「巨人、また負けたのよ」あの後、追いつかれ、延長十二回サヨナラ負けを喫したらしい。これで四連敗、二位とのゲーム差はまだまだあるが夫人は不満顔である。ジャイアンツファンは欲張りなので困る。ベッドに坐るY先生はすでに「報知新聞」を熟読中、朝、夫人が散歩がてら信濃町駅まで買いにゆかれたようだ。パドックを見ることができない馬券、頼りは「報知」小宮栄一記者である。記入済みのマークシートを受け取り、後楽園ウインズで馬券を購入して再び病室に戻る。もちろんTVで競馬観戦である。

《Y先生、八月七日の競馬の成績》

▼札幌第六レース　⑦ブライトサンディーから人気薄へ　馬連×
　第九レース　長万部特別　①ノースミッチー三着　馬連×
　第十レース　八雲特別　①セトレインボー三着　馬連×
　第十一レース　マリーンステークス　騸馬⑦キョウエイボナンザ最下位　馬連×
▼新潟第八レース　馬連①⑧（夫人誕生日馬券）×
　第九レース　出雲崎特別　③メイスンボサツ四着　馬連×
　第十レース　天の川ステークス　年長馬七歳⑦ハヤテマジシャン二着
　　枠連7 8一九〇〇円〇
　第十一レース　関屋記念GⅢ　騸馬①エアリアル六着　馬連×
　　なんと九歳馬⑨マイスーパーマンが勝つ、恐るべし
▼小倉第六レース　⑤オグリワン単勝二二〇円〇　馬連①⑤四六〇円〇
　　鞍上は武豊、クラシック挑戦へ一歩前進
　第九レース　若戸特別　②ライトソング三着　馬連×
　第十レース　有明特別　騸馬⑨ホーマンチカラ三着　馬連×

第十一レース　小倉日経オープン　佐賀から参戦①ダイカツオパール五着　馬連×

オグリワン快勝、サンデーサイレンスの仔、ブライトサンディーも強かった。Y先生は本命に騙馬が三頭、これも手術の影響か。戦績は芳しくなかった。しかし、パドックで馬を見ていないので、この結果は仕方がない。三場開催、札幌から日本海側を回って新潟、小倉まで、「ちょっと手を広げすぎたかな」とY先生、反省の弁である。あくまでも術後のリハビリの一環だが、「ダービーニュース」を読み込むとついつい力が入ってしまうものである。

メインレースの中継が終ったところで一度、後楽園ウインズへ払い戻しに行き、再び病室に戻る。移動中に行なわれた新潟第十二レース笹山特別も④ツミカサネが惜しくも三着、はずれていた。「むずかしいもんだねえ」二レース分の配当を受け取りながらY先生、苦笑いである。帰り際、なんと夫人から誕生日プレゼントを手渡される。「フジヤマツムラ」の手提げ袋に入っていたのはなんと「Les Copains」、イタリア製のベルト二本、一本はスーツ用の革製の黒ベルト、もう一本はカジュアル用の布製のベルトである。「何がいいか分からなかったけど、ベルトは必要でしょ」先日、日本ダービーの日にゴール前、力が入り過ぎてベルトがブツッと切れてしまったところを目撃されていたのである。「サイズ、合うかしら」早速、カジュアル用のベルトをつけさせていただく。バックル部分が革になっていて真ん中にL・Cのロゴとエンブレムがあしらわれた、さすがイタリア製、というおしゃれなベルトである。この齢になってまだ誕生日を祝福していただけるとは、恐縮至極である。

Y先生、術後の経過はいたって順調にみえたが、退院予定日の前日に突然、三十九度四分の高熱を発する。

私は平熱が五度前後と低く、ために冷血動物とよばれるのだが、六度を越すと微熱になり、七度あると辛くて読書も仕事も出来なくなる。九度四分というのは普通の人でも高熱であるが、そのときは不思議に苦痛はなかった。数字に驚くだけで、まだ麻酔が利いているんじゃないかとバカなことを考えた。午後二時に三十九度二分。

これは尿管から黴菌が入ったのか他に理由があったのか、ハッキリした説明はなかった。かくして、また各種の検査のやりなおしが始る。はじめは胸の透視。肺炎の心配があったのだろう。なんだか振出しに戻ったような気がした。

(『江分利満氏の優雅なサヨナラ　男性自身シリーズ最終巻』新潮社　一九九五年)

高熱は三日で治まったが、入院は一週間延期された。もしかしたら、日曜日のデリバリー参戦、あるいはその結果が「熱発」の原因だったのでは、とすぐに考えた。術後の土曜日、日曜日は安静に過ごさなければいけないに決まっている。「サンデー」は「サイレンス」であるべきなのである。大いに反省した。しかし、Y先生から「今週もよろしく」と強く頼まれてしまったので、週末限定の馬券デリバリーサーヴィスは継続である。今回は金曜日の夜にマークシート用紙と「ダービーニュース」を持って病室に侵入する。二日間、土曜日、日曜日ともに参戦である。

《Y先生の競馬成績》

八月十三日（土）

▼札幌第七レース　⑧フォスタールビー四着　馬連×

　第八レース　②フラッシュニュース六着　馬連×

　第九レース　噴火湾特別　九番人気⑤ホールオブフェーム一着

　　　　　　単勝⑤一九三〇円○　馬連①⑤四七七〇円○

　第十レース　渡島特別　⑩メイショウセイザン三着　馬連×

　第十一レース　北洋特別　⑥エクシードコーチ十一着　馬連×

▼新潟第六レース　サンデーサイレンス産駒⑨ノースショア一着　単勝二三〇円○

　第八レース　馬連①⑧（夫人誕生日馬券）×

　第十レース　柏崎特別　⑥シルクルネッサンス三着　馬連×

　第十一レース　万代特別　⑦トニーズガーデン四着　馬連×

　第十二レース　④エターナルパワー　ハナ差三着　馬連×

▼小倉第六レース　オグリキャップ産駒⑩アーケエンジェル一着　単勝三一〇円○

　第九レース　指宿特別　⑥フジダイシン　ハナ差三着　馬連×

　第十レース　都井岬特別　⑫ミスヤマジン　アタマ差三着　馬連×

　第十一レース　TVQ杯　⑨ホマレノプリンス　クビ差三着　馬連×

八月十四日（日）

▼札幌第五レース　③レディーレイ三着　単勝×

第六レース　サンデーサイレンス産駒①タヤスツヨシ三着　単勝×

第七レース　十頭中十番人気⑥ボヌール　ハナ＋クビ差四着　馬連×

第九レース　江差特別　①エドノマツ一着　枠連1 4一八四〇円〇

第十レース　サロマ湖特別　最低人気年長馬③ラインオブキリー五着　馬連×

第十一レース　巴賞　年長九歳馬⑨マンジュデンカブト十二着　馬連×

▼新潟第六レース　アスワン産駒④ワンマンリノー五着　単勝×

第七レース　③ネイビーソルジャー五着　馬連×

第八レース　馬連①⑧（夫人誕生日馬券）×

第九レース　石打特別⑦マンダラスリーワン九着　馬連×

第十レース　瀬波特別　年長①マサタイボーイ十着　馬連×

第十一レース　新潟日報賞　⑪プリンセストウジン二着　馬連四四四〇円〇

第十二レース　名前気に入り⑩ネヴァーダイ惜しくも三着　馬連×

▼小倉第六レース　ダイナガリバー産駒⑪ロトフェアリー三着　単勝×

第十レース　伊万里特別　⑤ヒノデドン九着　馬連×

第十一レース　小倉記念GⅢ　④マルブツパワフル四位騎手四番人気四着　馬連×

二日でなんと三十レースに参戦、的中は五レースのみ、難しい夏競馬だから仕方がない。あくまでもリハビリの一環、再び、そうご自身に言い聞かせるY先生である。今週もやはりサンデーサイレンスの仔が勝った。ノースショア、「早く見てみたいね」、Y先生の心はすでに府中のターフの上である。今回は二日間馬券がうまく行かなくても高熱を発することはなく、Y先生は八月十七日に無事退院された。

第一報があったのは、七月二十六日火曜日午後九時十五分、文藝春秋編集長中井勝さんからだった。私は阪神・巨人戦ナイトゲームの中継を見ていた。「よく野球なんか見ていられるわねェ」と言って妻はテーブルに顔を伏せて泣いた。「あんなに可愛がっていただいたのに」。一方の私は「俺の歔欷《きよき》は長く続くぞ、こりゃタマラン」とぼんやりと考えていた。「世田谷区上野毛の毛虫の旦那がこの世にいないなんて、とうてい信ずることが出来ない」。私は吉行淳之介さんに「千匹の毛蟲」という篆刻《てんこく》を造って差しあげたことがある。
（『江分利満氏の優雅なサヨナラ　男性自身シリーズ最終巻』新潮社　一九九五年）

実はY先生、今回の入院直前に痛恨の出来事があった。吉行淳之介先生が亡くなられたのである。昨年六月に刊行された対談集『老イテマスマス耄碌』（新潮社　一九九三年）の中でお二人は次のようなやりとりをされている。

**吉行**　数年前に、大正時代の文豪の妻というのが死亡欄に出ていた。……あれっ、誰だったか忘れてしまった。

**山口**　……漱石の妻、のわけがない（笑）。このごろ、葬式って自宅でやらないね、ことに文士なんか。僕は千日谷とか青山斎場じゃなくて、家でやってもらいたいですね。近所に迷惑かけるったって、たった一日のことじゃないか。

**吉行**　興奮しないでください（笑）。僕はなんにもしないのがいい、五社英雄式ね。長谷川町子というテもある。そもそも通知しないという……これは遺言状に書いておこう。

**山口**　遺言状なんて書いてあるの。

**吉行**　それを時々書き直す。

**山口**　今度、それを眺めながら飲む会というのやりたいね。

**吉行**　…………（笑）。

**山口**　骨を灰にして空でも海でも撒いちゃうというの、あれは許可してもらいたいね。

**吉行**　アメリカはいいんだったかな。

**山口**　僕なんかうちの庭に撒いてもらいたいんです。庭に墓作っちゃう。

**吉行**　翌年、花がバッと咲いたりしてね。花咲か爺だね。

（『老イテマスマス耄碌』対談　山口瞳・吉行淳之介　新潮社　一九九三年）

「あとがき（壱）」には「私が一番聞きたかったのは、吉行さんの死生観である。噛みくだいて言うならば、気持よく死んでゆくにはどうしたらいいか、ということだ。私はこれにも失敗した。吉行さんは、そういう野暮な詮索には一切乗ってこようとされなかった」（『老イテマスマス耄碌』）と書いていたY先生である。出棺にはぜひ参列したいとおっしゃっていたが、ちょうど慶應病院への入院日と重なり、駆けつけることはかなわなかった。入院中、Y先生は吉行先生について様々な想いを巡らせている。立て続けに検査を受けながら、手術室にストレッチャーで運ばれながら、自分の身と吉行先生の死を重ねている。入院中に執筆された「男性自身」は「涙のごはむ」というタイトルがつけられていた。

八月三日、私を載せたストレッチャーは手術室に向って猛スピードで走りだした。腰椎麻酔を射つ。全体に私はハイな気分になっていたらしい。手術はまだですかと言うと、もう始っていると言う。十時から十一時半まで、三人の医師が交替で電気メスでもって前立腺を削り取ってくれた。再び猛スピードで部屋に帰る。天井だけ見ていると早く感ずるんだそうだ。妻は私の様子がおかしかったと言う。私はストレッチャーの上で初めて涙を流した。ハイになっていたとはいえ自分の体のことなど少しも考えていなかった。

（『江分利満氏の優雅なサヨナラ　男性自身シリーズ最終巻』新潮社　一九九五年）

手術という、身体の機能を再生する、いわば時を巻き戻す試みに身を預けながらも、残酷とも思えるような「時の移ろい」からは決して逃れることはできない。慶應病院のベッドの上でまさに「涙のごはむ」の味を噛みしめているのである。

「俺、どうも喘息じゃないらしいんだ」

「いまさら、そんなことを言われても困りますよ」

「アレルギーじゃないらしい」

「おかしいな。じゃあ何なんです」

「C型肝炎」

思うにそれは、吉行さんが自分のが癌ではないかという疑いを抱きはじめた頃であったかもしれない。もっと突っこんで訊いてみたほうがよかったのかもしれないし、訊いたとしてもせん術《すべ》のないことであるかもしれない。

私はもっと年寄ったら吉行さんの家の暖炉のある部屋で、寝そべって昔話が出来たらいいなあと夢想していた。まり子さんは相変らず全国を飛び廻っている。妹の和子さんが編み物（不器用そうだからムリかなあ）をしている。私の妻も繕《つくろい》ものをしている。

そんな夢みたいな話も駄目になったなあ。私は頬に伝う一条の涙を拭った。

新しき歩みの音のつづきくる朝明《あさあけ》にして涙のごはむ　斎藤茂吉

（『江分利満氏の優雅なサヨナラ　男性自身シリーズ最終巻』新潮社　一九九五年）

Y先生が入院中、さらに退院後しばらく「男性自身」に書き続けていたのは、すべて吉行先生についてである。「涙のごはむ」は七週にわたって続き、さらに次号「相撲見物」も「吉行淳之介さんのことで書き残したことをいそいで書きとめておく」という書き出しで始まっている。

3

退院後の経過は順調だった。九月十九日、大相撲九月場所九日目、両国国技館に向かう前に慶應病院の診察を受ける。出口先生に「勢いよく排尿することが出来るようになり夜も一度か二度しか起きない」(『江分利満氏の優雅なサヨナラ』)と術後の報告をされている。そういえば中二階のトイレ前のカレンダーの正の字も著しく減っている。秋の東京競馬開催に備えての足馴らしとして週末には立川ウインズにも通いはじめた。

久し振りで喧嘩を見た。昔は銀座の高級酒場でも出版記念会でも殴りあいの喧嘩があったものだ。

場所は立川の場外馬券売場で、正確に書くとWINSのA館とB館の間の通路である。若いアヴェックを追いかけてきた細身の俊敏な男が、アッパー気味の左ストレートでもってアヴェックの男のほうの左頬を殴った。殴られた男が道路にしゃがみこみ、女が男の頭を両手で抱えこんで蹲《うずくま》った。「やめて、やめてよ」女が泣き叫んだ。女の泣き声があまりにも凄まじいので、殴った男は辟易して去った。そんな女もいる。あれ以来、女の泣き声が耳について離れない。

(『江分利満氏の優雅なサヨナラ　男性自身シリーズ最終巻』新潮社　一九九五年)

これで完全に前立腺切除手術から脱け出せたかと思った。十月六日に東京競馬場行きの打合せ、もちろん朝一番から参戦の予定である。ところがY先生の表情が冴えない。ここまで予行演習としてウインズで購入してきた馬券がひどい結果に終わっていたからか、とも思ったがどうもそうではないらしい。

暑いというより焼き殺されるんじゃないかと思われた夏が過ぎ、残暑が終り、台風が去り、木犀の咲く一番いい気候になったのに、心が晴れない。前立腺の手術は成功し、いわば下水完備となって夜は一回か二回しか起きなくて体調はいいはずなのに何か鬱陶しくてしょうがない。

(『江分利満氏の優雅なサヨナラ　男性自身シリーズ最終巻』新潮社　一九九五年)

身体全体がなんだか薄い膜に覆われているような、そんな気分だとおっしゃる。「入院で体力が落ちたかな」とポツリ、「ちょっと鬱になっているんだ」そんな言葉を口にされる方ではないのだが。

たとえば風呂場で頭を洗っているときに、一人で風呂に入れるのはあと何年間か、一人で入れても体をまげて頭を洗うことができるだろうかなんてことを考えて妙に悲しくなってしまう。これは老人性の鬱病なのだろうか。

（『江分利満氏の優雅なサヨナラ　男性自身シリーズ最終巻』新潮社　一九九五年）

Y先生と同様、秋に入って調子が上がらない存在がもうひとつあった。読売巨人軍である。夏には独走状態、二位中日ドラゴンズに一時は八ゲーム差をつけていたが、七月、八月、九月と大きく負け越し、一二九試合が終った時点で六九勝六〇敗、中日と同率首位で並び、十月八日、ちょうど東京競馬開幕日に行なわれる直接対決によりセ・リーグの優勝が決することになった。長嶋監督はこの一戦を「国民的行事」と名づけている。「熱狂的な巨人ファンであって試合中はジャビットを手離さない」（『江分利満氏の優雅なサヨナラ』）夫人はY先生の体調、そして巨人軍の優勝という二つの憂慮を背負う状態である。

十月八日の土曜日はJRA第四回東京開催の初日だった。初日には受付諸嬢、食堂のマスター、部屋の世話を焼いてくれるオバサン諸姉に挨拶することにしている。長年の習慣でこれを欠かすわけにはいかない。この日、巨人・中日は残り一試合で同率首位になっていた。泣いても笑ってもこの一戦かぎり。競馬場にいてもこれが気になって仕方がない。

（『江分利満氏の優雅なサヨナラ　男性自身シリーズ最終巻』新潮社　一九九五年）

いつものように朝、「報知新聞」と「サンケイスポーツ」をチェックして小宮、佐藤、水戸三氏の印を「ダービーニュース」に書き込み、いつものように銀星交通のタクシーで競馬場に向かい、いつものように鞄は二つ、さらにいつものようにゴンドラ十五号室一番乗りである。しかし、気力と体力が戻るまでは、とパドック通いは見合わせることになった。馬たちの様子はゴンドラフロアのモニターで確かめ、バルコニーで馬たちを見送る。食欲もないご様子で、予約したカレーライスはお替り分として食べ役が頂戴した。Y先生は夫人と一人前のサンドウィッチを仲良く分けあっていらっしゃる。

《Y先生、第四回東京競馬第一日の成績》
第一レース　三歳未勝利戦　枠連×
第二レース　三歳新馬戦　枠連×
第三レース　三歳新馬戦　馬連×
第四レース　障害四〇〇万以下戦　枠連×
第五レース　三歳新馬戦　馬連×
第六レース　四歳以上五〇〇万以下戦　枠連×
第七レース　四歳以上五〇〇万以下戦　馬連×
第八レース　サフラン賞　三歳五〇〇万以下戦　馬連×

第九レース　赤富士賞　四歳以上九〇〇万以下戦　馬連×
第十レース　神無月ステークス　四歳以上オープン戦　枠連[1][5]七一〇円○
第十一レース　四歳以上五〇〇万以下戦　枠連×

秋の東京競馬初日、Y先生の的中はメインレース「神無月ステークス」の一レースのみ、それもダート戦に出走してきたダービー四着馬⑤フジノマッケンオー（鞍上は岡部幸雄騎手）が五馬身差で圧勝した堅い堅い決着のレースだった。全く調子が出ない一日だった。もともとパドック通いを重ねて調子を上げてゆく、典型的な「叩き良化」型の人である。やはりお稽古不足は否めない。それとも夕方からの長嶋巨人軍「国民的行事」が気になって馬券に集中できなかったか。帰り途、少したため息まじりのY先生である。とはいえ、いつものように府中駅まで歩き、いつものようにバスでたまらん坂経由国立駅まで、いつものように少しうとうとする夫人に肩を貸し、いつものように「繁寿司」、いつものようにイカ、タコ、シロミである。運命の中日・巨人戦は十八時プレイボールだった。

| | | | | |
|---|---|---|---|---|
| 巨人 | 021 | 210 | 000 | 6 |
| 中日 | 020 | 001 | 000 | 3 |

長嶋巨人軍は試合開始前から完璧な「国民的行事」戦闘態勢だったようだ。序盤で落合、松井が

ホームランを放ち、槙原→斎藤→桑田という三本柱の豪華投手リレーである。ホームゲームでは対巨人戦十一連勝中の今中が落合にホームランを打たれ、その落合が立浪の打球を捕球する時に足を滑らせて負傷退場、立浪は八回裏に一塁にヘッドスライディングして左肩を脱臼して負傷退場、波乱含み、異様な雰囲気の中で試合は進められた。Y先生ポツリと「ドラゴンズの選手、ずいぶん固くなってるな」、中日ベンチの選手たちの表情が冴えない。

巨人軍の誰某が憎いなんてことはない。しかし「巨人軍は勝つことが宿命なんです」なんていう思い上った殿様気取りの体質が嫌いなんだ。ある時期までは巨人軍が勝たなければ客が集まらなかった。これは全球団の損害になった。どこも対巨人戦で損害を減らしていた。しかし、いまは時代が違う。危くなると他球団のエース、別所でも金田でも取ってくる。江川をムリヤリ入団させる。嘘をついて桑田を入れる。こういうことが、僕が子供っぽいのかもしれないが、嫌いなのだ。

(『年金老人奮戦日記　男性自身シリーズ26』新潮社　一九九四年)

Y先生はアンチ巨人である。しかし、この日は朝、競馬場に向かう前、「報知新聞」を読みながら「巨人が勝つよ」と予言していた。「今日は巨人が勝たなければだめなんだ」

私は自分の思いが巨人軍に勝たせたいという方向に傾いていることを知った。これには驚いた。どうしてそうなるかというと、もし負けたとすると長嶋茂雄が惨めすぎる。気の毒すぎる。負けたら球界を去るのではないか。落合博満も退団するだろう。長嶋茂雄という野球少年がそのまま大人になってしまったような、腹に一物もない、天真爛満の権化のような男を窮地に追いこんではいけない。これ以上悲しませてはいけない。

（『江分利満氏の優雅なサヨナラ　男性自身シリーズ最終巻』新潮社　一九九五年）

「国民的行事」は長嶋巨人軍の大勝利で終わった。夫人もジャビット人形とともに万歳である。明くる日曜日、再び朝一番で府中に向かう。今日もパドック行きは見送りか、と思っていたらY先生から「さあ、行こう」と声が掛かる。第一レースから四階テラス行き、である。いつの間にか気力充実のY先生だった。昨晩の長嶋監督の闘志が染ったのか。「こんなに遠かったかねェ」とおっしゃりつつも、帰り途、C席上段通路からの返し馬チェックも欠かさない。あとは馬券の調子が戻りさえすれば、という状態である。

《Y先生、第四回東京競馬第二日の成績》
第一レース　　三歳未勝利戦　馬連×
第二レース　　三歳新馬戦　馬連×
第三レース　　三歳新馬戦　馬連×
第四レース　　四歳以上五〇〇万以下戦　馬連②③二七六〇円○

第五レース　四歳以上五〇〇万以下戦　枠連×
第六レース　四歳以上五〇〇万以下戦　枠連×
第七レース　四歳以上五〇〇万以下戦　枠連×
第八レース　四歳以上九〇〇万以下戦　枠連×
第九レース　錦秋特別　四歳以上九〇〇万以下戦　馬連×
第十レース　オクトーバーステークス　四歳以上一五〇〇万以下戦　馬連×
第十一レース　毎日王冠GⅡ　複勝①四二〇円○　馬連①⑦二九三〇円○
第十二レース　四歳以上五〇〇万以下戦　馬連×

メインレースの毎日王冠、三歳時からずっと追い続けている七歳馬、九番人気①フジヤマケンザンの気配をパドックで確かめて「今日もいい出来だよ」と本命に抜擢して二着、馬連を的中させる。さらにレース後、圧巻のレコード勝ちをした⑦ネーハイシーザーの切れ味の良さに、「天皇賞もこれだね」と断言する。この日の的中はこのメインレースを含めて二レースにとどまった。まだまだ始まったばかり。馬券の調子が上がらないのは仕方がない。しかし、体調が戻りつつあるご様子がなによりである。「繁寿司」でも秋に入り脂がのりはじめたヒラメのえんがわに熱燗をすすりながら「競馬ってこんなに難しかったかねェ」今夜は笑顔である。

翌週の土曜日、十月十五日にはY先生が楽しみにしていたレースがあった。第二レース、芝一四〇〇メートルの新馬戦である。この馬だけはどうしてもこの目で確かめたい、とおっしゃる。サンデーサイレンス産駒、③ジェニュインである。夏競馬に出走した異母兄弟たちの活躍もあり、「ダービーニュース」の予想陣たちの印もこの馬に集中している。スポーツ各紙の報道によると鞍上の岡部幸雄騎手の期待も大きいようだ。青鹿毛、パドックの③ジェニュインは実に不思議な馬だった。四八四キロ、まずは雄大な馬体が目を惹く。そして独特な脚の運びである。足首が柔らかく、着地した脚が地面に吸収されたようにさらに沈み込む。肩も柔らかい。関節の稼働幅の大きさがひと目でわかる。大袈裟に言えば、馬じゃない。チーターか豹のような姿である。じっと下を向いて歩く様子は一見、優等生のようでもあるが、内に秘めた気性の激しさも感じさせる。しかし、その闘志はまだ走る気につながっていないようにも見える。自分の世界に入り込んでしまっているようである。幼さのせいかもしれない。このままレースに出て大丈夫だろうか、そんな雰囲気なのである。しかし、Y先生は笑っている。とても楽しそうである。珍しく騎手が乗るところまで見届けていらっしゃる。もちろん返し馬も確かめなければいけない。急ぎ足、いつものC席通路上段から双眼鏡で、ずっと③ジェニュインの後姿を追っている。ゴール前から第一コーナーへ、ゆったりとカーヴを描きながら加速してゆく。マイペース、我が道を行く、何故か孤高の美しさがある。「こんな馬見たことないな」最後にY先生がつぶやいた。

しかし、レースはその実力のかけらさえ発揮する前に終わってしまった。スタートも悪く行き脚も鈍い。直線を向いて伸びてはいるが、あくまでも自分の気分、自分のペース、前の馬を捉えようという気持ちがあまり感じられない。岡部騎手も決して無理をさせない。結局④エアリュージュに一馬身1/4離されての二着に終わった。単勝一点のY先生、馬券がはずれても笑っていらっしゃる。

「この仔は走るね」次走が楽しみ、というご様子である。Y先生の馬券の快進撃はその直後から突然に始まった。パドックに通う足どりも実に軽やかである。周回する馬たちのお尻を眺めながら「はるばる来たぜ」とサブちゃんの歌を口ずさんでいるほどである。その日の第七レース馬連③ゴールデンセビル④ワンステップシチー一四六〇〇円、第十一レース馬連③ダンディテシオ⑤キタサンテイオー六二七〇円、日曜日の第六レース馬連⑫マルタカアンバー⑧トミノライデン一二三七〇円、第十二レース馬連⑫メイショウセイザン⑥コウチテイオー一二一二〇円、大きめのところをズバリ、さらにズバリ、と夏競馬の負け分を一気に取り戻そうとされている。

再びジェニュインが登場したのが十月三十日、天皇賞デーである。東京第二レース、初戦と同様、芝一四〇〇メートル戦だった。前走の印象ではもう少し距離があったほうが、と思っていたが、二戦目も前走と同じ距離のレースに出走してきた。今の時点ではスピード力が評価されている、ということだろうか。パドックでの不思議な動きは初戦同様、しかし、今日は走る気に満ち溢れている。単勝一・三倍、やはり圧倒的な一番人気、それでももちろんY先生は今日もこの馬を追いかける。

初戦とはレースっぷりが違っていた。上々のスタートでハナを切る。さらに二ハロン目の加速が素晴らしい。鞍上の岡部騎手は今日も無理して気合いをつけることもなく、真っ直ぐ走らせることに専念しているようにみえる。極めて慎重な騎乗ぶりである。それでも後続はついてこられない。ゴール前では流す余裕さえあった。まだ素質のかけらほどしか披露していないと思われるが完勝、「次はマイルだな」Y先生、笑っている。単勝、そして相手を一点に絞って馬連①⑦四二〇円を仕留めている。「船橋法典は遠いからね」ジェニュインを追いかけて二年連続の中山遠征がいよいよ濃厚な気配になってきたか。

その勢いのままの第十レース、GⅠ天皇賞だった。昨年のダービー二着、菊花賞、そして今年の天皇賞・春のGⅠ二勝、ナリタブライアンの兄、単勝一・三倍と圧倒的な一番人気の岡部幸雄②ビワハヤヒデ、昨年のダービー馬、二番人気の武豊⑨ウイニングチケットの人気上位二頭を蹴とばして、毎日王冠的中直後の宣言通り、三番人気⑩ネーハイシーザーを本命に指名する。相手には、毎日王冠二着の大贔屓七歳馬⑫フジヤマケンザン（十番人気）、これもお気に入りの、連込み旅館を連想させる名を持つ①セキテイリュウオー（八番人気）、体重を十二キロも増やして馬体が充実した④ロイスアンドロイス（十一番人気）、万全の態勢である。⑫フジヤマ、①セキテイ、④ロイスについてはそれぞれ複勝馬券で追いかけることも忘れていない。

逃げたのは⑬メルシーステージ、⑩ネーハイシーザーが続く。その後に②ビワハヤヒデと⑫フジヤマケンザンが並んでいる。その先行勢を⑨ウイニングチケットがマークする。向こう正面、隊列はほとんど変わらない。一〇〇〇メートル通過は六〇秒五前後か、落ち着いたペースである。ここで⑩ネーハイシーザーが少しずつ加速する。コーナーを回りながら前を行く⑬メルシーステージを突っつく。スピード感溢れる、惚れ惚れするフットワークである。しかし、⑬メルシーステージも譲らない。明らかにペースが変わった。直線の入口、⑬メルシーステージ、⑩ネーハイシーザー、その二頭のやや外を回って②ビワハヤヒデが並びかけようとしている。コーナーワークで⑩ネーハイシーザーが前に出る。キレキレである。②ビワハヤヒデはそのスピードについて行けない。離されないのがやっと、思ったほど伸びてこない。さらに後方、ユタカ⑨ウイニングチケットは馬群の中でもがいている。夫人はすでに諦め顔である。昨年のダービー一、二着馬苦戦という予想外の展開に、あちらこちらでどよめきと悲鳴が交錯する。ゴンドラフロアの隣の部屋では「オカベエー」すがるような叫び声である。その声を切り裂くように⑩ネーハイシーザーがさらに速い脚を繰り出す。塩村騎手ムチ三発、少し内にヨレながらも後続馬を突き放す。もう、どの馬もついてゆけない。Y先生が気にしていたのはその後ろの存在だった。「カツハル」珍しく声が出た。「セキテイ、セキテイ」今度は連込み宿の名前の連呼である。その声に応えて馬群から身をよじるようにして①セキテイリュウオーが抜けだし、⑩ネーハイシーザーになんとかついてゆこうとする。ここが勝負処、鞍上の田中勝春騎手は東京直線の追い方を知っている。さらにその道をたどるように伸びてくる馬がもう一頭いる。④ロイスアンドロイスである。ゴール前で粘り込みをはかる②ビワハヤヒデを内側から交わす。一着⑩ネーハイシーザー、二着に①セキテイリュウオー、三着④ロイスアンドロイス、Y先生、会心の笑みである。単勝⑩八六〇円、馬連は①⑩八八六〇円、①セキテイ、④ロイスの複勝はそれぞれ六九〇円、九四〇円、⑫フジヤマケンザンは残念ながら九着に終わったが、これ以上、どんな馬券が買えるというのだろうか。いつの間にか、絶好調のY先生である。

翌週、十一月六日、四歳牡馬クラシックレース三冠目、菊花賞は④ナリタブライアンが二着に七馬身差をつけて、さらに三分四秒六というレコードタイムで圧勝した。Y先生はやはり怪物との間合いの取り方が難しかったようで、⑧エアダブリンから入り三着と的中ならず。しかし、同日の東京第三レース馬連④⑩八四八〇円、第十レース鷹巣山特別馬連⑤⑪六二九〇円、第十一レースステレビ静岡賞馬連⑪⑭五四八〇円という中穴どころをパドックから見出した穴馬で渋太くゲットしている。馬券に粘りが出てきた。

私が顧問になっている広告制作会社サンアドの社長と重役がやってきて、来年のカレンダーを作ってくれと言う。これには魂消《たまげ》た。なぜならば、まず第一に我が社のカレンダーは知る人ぞ知るハイブラウなカレンダーで凝り性のマスターのいる酒場や喫茶店では引っ張り凧になっている。それくらい好評なのだ。そんなの私に作れるか。

（『江分利満氏の優雅なサヨナラ　男性自身シリーズ最終巻』新潮社　一九九五年）

競馬の調子が上がってくるとともに、体調も少しずつ上向いてきたご様子である。十一月は画伯としても忙しい日々を送っている。サン・アドが制作するカレンダー用の絵十二枚を一気に書き上げたのである。テーマは帽子、国立のご自宅で、サン・アドに渡す前、ズラリと並べられた作品を拝見させていただいた。

帽子には、何というか、こう、ロマンチックなところがあって、私は百貨店へ行けば必ず帽子売場を眺めることになる。帽子の流行が遅れているためか、男の帽子には種類が少い。齢のせいか、女物の登山帽や野球帽なんか平気でかぶれるようになった。

私の好きなのは、麦藁帽の庇《ひさし》を小さくして上が平らになっていて黒いリボンのついた婦人用の帽子である。何帽というのか知らないが堀越高校の女子ブラスバンドの夏帽子がこれではなかったかと思う。これを見ると胸が疼《うず》く。何か、ふわっとしたような気分になる。私はこの帽子のリボンをとってしまって、夏はカンカン帽のようにしてかぶっている。
(『江分利満氏の優雅なサヨナラ　男性自身シリーズ最終巻』新潮社　一九九五年)

描き下ろしの十二枚の絵、一月は黒いボルサリーノ、この帽子に黒のカシミヤのオーバー、ビキューナーのマフラーというスタイルがY先生が最も気に入っていらっしゃる出立ちである。二月は倉敷「千里十里庵」行、天橋立「文殊荘別館」行、そして東京競馬場でもよくかぶっていらっしゃる厚手の帽子、「息子が銀座の山岳用品専門店で買ってきた」(「私の帽子」)、恐らく最近の旅では最も使用頻度が高い、愛用の帽子である。八月は大きな麦わら帽子である。

山形県上ノ山温泉葉山館の五十嵐航一郎さんが
スーパーで買ってきてくれた。
できるだけお百姓さんふうのものをと頼んだ。

画家が風景画の写生から帰ってきて
イーゼルに帽子をかぶせた。
(「私の帽子」SUN-AD 1995 CALENDAR)

やはり上山にはこの帽子なのである。この帽子をかぶりこなせるのはゴッホか、山下清か、Y先生か。十月は、これもY先生お気に入りの「堀越女子ブラバン」タイプ、ELLEのリボン付きの帽子である。松江「皆美館」行、斐伊川でスケッチをしていた時にもかぶっていらっしゃった。強い陽射しだった。水量が少なく、小さな瀬を渡り、川の真ん中、中洲の砂地の上でスケッチをしていたらY先生が坐っていたパイプ椅子がどんどん埋もれてゆく。中洲の下にも水が流れていたのである。慌てて岸まで避難した。絵を一枚一枚眺めていたら色々な場面がよみがえってきた。旅に行こう、そう誘われているようだった。再びY先生の時間が動き始めた。この勢いで、さあ、東京競馬締め括りのジャパンカップ、と思ったところでの「微熱発」だった。

＊＊＊

喉が痛い。喉の奥に痼《しこ》りがあるようだ。悪寒がする。熱を計ると平熱である。これは、どうやら悪質のものらしい。昼は慶応病院の診察日であって、G教授に何がおきても不思議のない年齢になってしまいましたねと言ったら、そんなこと言わないでくださいよ同い齢なんですからと笑われてしまった。

喉が痛い。痼りがある。これは私の最も怖れている喉頭癌か食道癌であるに違いない。と寝ながら考えている。ちぇっ、また入院か。前立腺という出口のほうが治ったら、こんどは入口か。神様、助けて下さい。

（『江分利満氏の優雅なサヨナラ　男性自身シリーズ最終巻』新潮社　一九九五年）

それでも「熱発」をおして、Y先生は府中を目指す。なにしろジャパンカップなのである。さらに、Y先生には国際GI戦以上に楽しみなレースがあった。第七レース赤松賞、⑨ジェニュイン出走、三戦目はいよいよY先生待望のマイル戦である。パドックでは相変わらず馬離れした歩様を見せている。今日の鞍上はフランスのジャルネ騎手。スタート後の反応も良く、逃げる三頭の直後の好位置につける。コーナーワークも悪くない。いつでも抜けだせる様子である。しかし、直線に入ってなかなか伸びてこない。鞍上のジャルネ騎手のゴーサインも⑨ジェニュインにはなかなか伝わらないようだ。脚を失くした前三頭は交わすも、後方から来た⑩コクトジュリアンに抜かれ、⑪マイネルノルデンにも迫られる。クビ差ぎりぎりの二着。一着馬には一馬身半も離されている。思ったほど切れる脚がないようにも感じられたが「まだ本気で走ってないね」Y先生は何も心配していない。「距離が伸びればあのスピードが生きてくるよ」西にフジキセキという同じくサンデーサイレンス産駒の強敵が出現しているが、Y先生のクラシック候補は間違いなくこの馬である。なにしろパドックでの印象が強烈なのである。「モノが違う」これで春の中山競馬場行きにさらに一歩近づいたか。

メインレース、第14回ジャパンカップ、ビワハヤヒデが前走、天皇賞で屈腱炎を発症して引退し、弟の三冠馬ナリタブライアンも出走を回避、今年は日本馬の有力どころが参戦しておらず、上位四番人気までがすべて外国馬となっている。Y先生は国内組、昨年のレガシーワールドに続き、騸馬の④マーベラスクラウン、六番人気を本命に抜擢する。鞍上は怪物ブライアンで三冠ジョッキーとなった南井克巳騎手である。④マーベラスクラウンの父はミスワキ、母はモリタ、若い頃、気性が荒く調教中に南井騎手を振り落として怪我を負わせてしまったこともあった。そのために去勢されて騸馬となったのである。しかし、Y先生がこの馬を選んだのは決して手術を受けた親近感からだけではない。パドック十五頭の中で最も充実した馬体をしていたからである。闘志が漲り、筋肉の盛り上がりも良く、栗色の金剛力士像のような馬体だった。相手には外国馬の人気どころに加えて、八歳馬、十番人気の⑬グランドフロティラを選んでいる。この馬の母もモリタ、④マーベラスクラウンの異父兄弟、太平洋を渡ってはるばるアメリカからやってきた。このジャパンカップが感動の兄弟対面の場となったのである。日本馬は天皇賞でも狙った⑮ロイスアンドロイス、⑤フジヤマケンザンを今日も忘れずに選んでいる。最後にもしかしたらと外国馬をもう一頭、ニュージーランドから参戦の⑥ラフハビットを加えた。実はこの馬も騸馬、やはり術後、騸馬に対してちょっぴりやさしくなったY先生なのかもしれない。

スタート後、⑤フジヤマケンザンが飛び出すも、第一コーナーからのコーナーワークでスピード上位の⑩サンドピットが先頭に立ち、そのまま逃げる展開である。ペースに緩みがなく一〇〇〇メートル通過は五十九秒、やや早いペースか、とも思われたが、ここで⑩サンドピット鞍上のC・S

・ナカタニ騎手が微妙に手綱を緩め、ペースを落ち着かせる。巧みなレースコントロールである。直線の入口、馬群が凝縮し、横に広がる。前目の馬たちは余裕を持った走りっぷり、一方、後方の馬たちはこれから加速、というタイミングで勢いを少し削がれたようなかたちである。一気に先行有利な流れとなった。そのチャンスを生かして敢然と抜けだしてきたのが、騸馬④マーベラスクラウンである。さすが三冠ジョッキー南井騎手、今日も自信満々の手綱さばきである。三番手からスルリと前の馬を交わし、馬群を一気に引き離す。後続はついてゆけない。これは楽勝か。今年も騸馬で決まった、と思ったところで、後方からやっと行き脚がついた馬たちがやってくる。二番人気、アーリントンミリオンを勝つなど国際GI三勝のアメリカ馬③パラダイスクリーク、Y先生抜擢の⑮ロイスアンドロイス、凱旋門賞二着のフランス馬⑫エルナンドの三頭、中でも③パラダイスクリークの末脚は桁違いである。前を行く④マーベラスクラウンとの差は大きく、もう届かないと思われた。しかしP・デイ騎手の派手なアクションの鞭の連打に応えて一完歩ずつ差を詰める。広い世界には凄い馬がいるのである。逃げる南井、追うデイ、Y先生の一声はもちろん「そのまま」である。夫人も「がんばれ」、夫婦揃って騸馬の応援である。その声に応えて④マーベラスクラウンのハナ差勝利となった。果してY先生、騸馬とともに前立腺切除手術をはさんでジャパンカップ二連勝である。④マーベラスクラウンの単勝は一〇六〇円、馬連③④三〇九〇円。三着には天皇賞に続いて⑮ロイスアンドロイスが入り、複勝は三四〇円、Y先生は「熱発」しながらも天皇賞・秋に続きほぼパーフェクトな結果となった。

4

それにつけても思うのは亡くなった方々です。実にお気の毒です。戦死した人、空襲で亡くなった人、餓えによる病死、猛烈社員で過労で亡くなった人。この同期会の幹事は十人足らずですが、それでも、矢部毅君、村松博雄君、宮光行君の三人が亡くなっています。みんないい奴でした。村松は「おい山口君、ここまで生きてきたんだから長生きしなけりゃ損だよ」と言っていました。その村松君は患者の肝炎に感染するという一種の職業病で亡くなったと聞いています。

私達が今日ここに集って酒が飲めるのは、この亡くなった方のおかげだと思われてなりません。今日の出席者四十七人と同じくらいの数の同期生が亡くなったそうです。

そこで今日は「乾盃」でも「おめでとう」でもなく、故人に対する感謝の思いをこめて「いただきます」でやりたいと思っておりますので大きな声でご唱和をお願いします。

（『江分利満氏の優雅なサヨナラ　男性自身シリーズ最終巻』新潮社　一九九五年）

Y先生の熱がなかなか下がらなかったために十二月五日に行なわれた麻布中学校、卒業後五十周年の同期会は残念ながら欠席となった。この同期会の準備のために幹事会が二度も開かれ、スピーチを頼まれたY先生はわざわざ草案をつくり、幹事の方々にあらかじめ披露していたのに、である。

「喉が痛い、咳が出る、嚔《くしゃみ》がでる、鼻水が出る、なかなか治らない、但し高熱を発することはなく、七度に近い発熱が続く」（『江分利満氏の優雅なサヨナラ』）という症状が続く。その翌週、毎年の恒例行事となりつつある増岡章三さん夫妻との京都旅行はその症状のまま決行された。今回は天保山のサントリーミュージアムを見学してから京都に入る。体調が芳しくないY先生を大阪にご案内するという、やや常軌を逸したプランなのである。それではY先生のご様子が心配、ということで今回は弊社谷浩志先輩（通称・須磨君）も同行、当方オールキャストである。京都から日光菩薩様、竹中浩さんにも合流していただいた。

私の大阪嫌いは、一言で言えば次のことに尽きる。「えげつない」「がめつい」「ゴネ得」といったことが美徳に近いかのように評価される社会を好まない。さらに、わかりやすく言えば、吉本興業というのは立派な会社だと思っているが、私はどうしてもタレントたちの「コテコテ笑い」を受けつけることができない。あれは罪悪だ。大阪系の酒造会社に勤めていた（いまも関係がある）ので大阪人の良い所を充分に承知しているのだけれど……。

（『江分利満氏の優雅なサヨナラ　男性自身シリーズ最終巻』新潮社　一九九五年）

出発は十二月十一日の日曜日、GⅠ朝日杯三歳ステークスが行なわれるが、目下の応援馬ジェニュインが球節異常で出走を回避したためにY先生の参戦もなくなった。新大阪から梅田ウインズへというプランも消えて、一路、天保山を目指す。現在、サントリーミュージアムの顧問はY先生の壽屋宣伝部社員時代の同僚だった安村圭介さんである。安村さんの案内で美女ポスター展を、さらにアイマックスシアターで大型３Ｄ映画を鑑賞していただく。
いま、立体映像の『ブルーオアシス』が上映されていて、これはスキューバ・ダイビングをする人、魚の好きな人、海草に興味のある人たちは必見と言っておくが、昔の渋谷のプラネタリュウムを思いだす。あそこも恋人たちのメッカだった。その立体感はすばらしく、小さな魚がこちらの口に飛び込むかと思われるほどに近寄ってきてヒラリと体をかわすなどは圧巻。
（『江分利満氏の優雅なサヨナラ　男性自身シリーズ最終巻』新潮社　一九九五年）

しかし、ここは大阪である。もちろん、長居はできない。ヒット＆アウェイ、あくまでも電撃的訪問である。その日のうちに足早に京都に入りホテルフジタに泊り、明くる日からはいつもの京都行である。上賀茂神社の焼餅、北野天満宮の粟餅、下鴨神社のみたらし団子、部屋では「麩嘉」の麩饅頭、と徹底的に甘いものを食べ、もちろんＢ地点、「山ふく」、Ｃ地点、「サンボア」にも立ち寄っている。

夜になって祇園の山ふくへ行く。ここへ行かないとどうも落ちつかない。山ふくというのは一膳飯屋であって従って京料理ではない。まあお惣菜屋さんというところか。昔は、このあたりの旦那衆がこっそりとやってくるといった感じの店だった。夜遅くなって小腹の減った舞子さんが飛び込んできて雑《ま》ぜ御飯一杯食べてそそくさと出てゆくといった情景も見られた。いまは予約をいれないと常連でも断られるといった繁昌ぶりだ。大いに喧伝した私にも罪があると思っている。肉じゃがに菜っ葉の煮つけ、これは欠かせない。その前に好物の海鼠《なまこ》で一杯。あとは加薬《かやく》御飯。祇園のサンボア。女主人の歓子《よしこ》はんは足を傷めて入院したが退院間際に病院で転んで骨折してまだ入院中とか。電話で「貴嬢《あなた》や曙のような上半身にお肉のついている人は気をつけないといけませんよ」と警告しておく。いま、トニーズバーで修業した長男の立美《たつみ》さんが逞ましく成長して切盛していて人気もあるようだ。

（『江分利満氏の優雅なサヨナラ　男性自身シリーズ最終巻』新潮社　一九九五年）

大アドヴェンチャー計画、大阪立ち寄り京都行からなんとか無事に生還、その後の体調うかがいに、栄養ドリンクと岩の原ワインを持参する。岩の原葡萄園は日本のワインぶどうの父とも呼ばれる川上善兵衛翁が一八九〇年、雪国・高田郊外に拓いたワイナリーである。今回持参したのは「深雪花」、ラベルには陶芸家・齋藤三郎氏の手による冬に咲く雪椿の花が描かれている。

そのボトルを手に取る夫人から「よかったら、手伝ってほしいのよ」とお誘いをいただく。今夜のお二人の夕食は鍋なのである。柳橋「亀清樓」、お内儀さんの福島正子さんは毎年この時期になると鍋の用意を携えて年末のご挨拶にいらっしゃる。

言い忘れたが、福島正子さんは、私の好きなお内儀さんの一人である。万事につけて行き届いている。御大層なところが微塵もない。それから、着物の好みがいい。着付けがうまい。どっしりとした落ちつきがあって、かつ動きが軽快である。

（『行きつけの店』ティビーエス・ブリタニカ　一九九三年）

福島正子さんの御主人、「亀清樓」の主、福島徳佑さんは馬主である。持ち馬のウインドストース、アクティブハートはＪＲＡで活躍している。福島正子さんから国立来訪時に伝えられる直前情報はしばしばＹ先生に幸運をもたらしているのである。

柳橋亀清楼福島正子さん来。毎年年末に寄せ鍋のセットを持ってきてくださる。「お馬、どうですか」と訊いたら「調子が悪いそうです。それに59キロ背負いますから」と言う。福島さんのところのウインドストースが明日のダービー卿チャレンジトロフィーに出走する。

＊＊＊

ダービー卿チャレンジトロフィーは亀清楼のウインドストースが快勝（単勝九百二十円）。寄せ鍋をつつきながら、それを見ていた。「あふあふ、あふい（熱い）。加藤頑張れ。いけいけ、ようし、勝った」という騒ぎになった。

（『還暦老人憂愁日記　男性自身シリーズ24』新潮社　一九八九年）

「亀清樓」の鍋である。あいにく正介さんは今夜、映画の試写会があり、その後は銀座に寄る予定とのことで、とってもお二人では食べきれない、とおっしゃる。もちろんよろこんで、食べ役としてお手伝いさせていただくことにする。まるで、そのことを見越して岩の原ワインを持ってきたようなかたちになってしまったが、それは仕方がない。「エビでタイ」という言葉はこういう時に使うのだろう。

Y先生、ダイニングルームで豪華な寄せ鍋をつつきながら「深雪花」をひと口、「来年の春には是非とも金沢に行きたいねえ」とおっしゃる。まずはリニューアルした「倫敦屋」に行く。さらに「つる幸」、もちろん金沢競馬も、というプランである。

祇園の常宿であった二鶴は廃業した。横浜の鰻の八十八は店が変り小さくなった（横浜の神奈川新聞本社のそばにある）が、あの内儀のことだから、いずれ立派な店を建てるだろう。松江の皆美館は増改築して、それこそ立派になったのだが大浴場がなくなったのが淋しい。金沢倫敦屋は木造の店を壊してビルになったと聞くが、実はまだ新しい店へ行ってない。

（『行きつけの店』ティビーエス・ブリタニカ　一九九三年）

Y先生が初めて「倫敦屋」を訪れたのは二十年ほど前、終戦直後に通っていた鎌倉アカデミア時代以来の友人、金沢に住む高田雄三さんに誘われたのである。高田さんはY先生が常宿にしていた金沢ニューグランドホテルの支配人だった。ある日、ホテルに着いたY先生は高田さんから「おい、気持の悪い酒場があるんだが、行ってみないか」と声を掛けられる。

倫敦屋の主人である戸田宏明さんは、僕の書くものの愛読者である。これが、ただの愛読者ではない。彼は僕の書くものを読んで、僕の行きつけの酒場を調べあげた。銀座のボルドー、クール、新宿のいないいないばあ、など。そうして、部分的に、ある所はボルドー、ある所はクール、天井や壁はいないいないばあ、という酒場を造りあげてしまったのである。それだけではない。書棚があって、それがすべて僕の書物。さらに、高橋義孝先生、柳原良平、伊丹十三という僕の友人たちの書物で埋めてしまった。これだけでも相当に気持が悪いじゃありませんか。店の案内状などは、僕の書物の帯広告を書く臥煙《がえん》君の文体摸写。これは、かなり癖のある七五調になっている。店内の貼紙は、僕の文体でもって命令口調。「いかなる理由があろうとも高歌放吟を許さず」といった調子。

（『草競馬流浪記』新潮社　一九八四年）

金沢に行きたい、よくぞおっしゃっていただきました。「それでは、ぜひ、お仕事として」と申し上げてしまった。原稿依頼である。弊誌「サントリークォータリー」での新連載企画である。お蔭様で『行きつけの店』売行き絶好調、重版続々出来、その第二弾である。しかも、今回はお店だけじゃない。必ず競馬を組み入れるのだ。Y先生の馬券の行方も詳細にレポートさせていただく。旅は道連れ、毎回、ゲストにもご登場いただくことにしよう。その記念すべき第一回目を金沢で、「倫敦屋」の戸田さんも首を長くして待っていらっしゃるだろう。さらに夏には第二回目、もちろん別世界・上山である。心が躍る。担当者、勝手に盛り上がっている。

第一回　春号　金沢競馬とリニューアルした倫敦屋
第二回　夏号　上山競馬と葉山館、原口のそばがき
第三回　秋号　川崎競馬と横浜（新装）八十八から横浜ニューグランドホテル
第四回　冬号　京都競馬場、山崎蒸溜所経由で寺町サンボア、ウイスキーの旅
第五回　春号　石和ウインズと常磐ホテル、白州蒸溜所、山梨ワイナリー
第六回　夏号　北海道縦横無尽前篇　帯広・旭川・北見競馬場から、富良野行き
第七回　秋号　北海道縦横無尽後篇　小樽海陽亭から札幌・函館競馬場、富茂登へ
第八回　冬号　祇園ウインズと山ふく、祇園サンボア
第九回　春号　皐月賞中山競馬場と浦安秀寿司、ぐるり武蔵野線の旅
第十回　夏号　水道橋ウインズ、東京散歩、山ノ上ホテル、銀座クール、神田やぶ
第十一回　秋号　中津競馬場、荒尾競馬場から由布院・亀ノ井別荘
最終回　冬号　東京競馬天皇賞秋と繁寿司、ジャパンカップと押田

「いいねえ」Y先生のお許しをいただいた。交渉成立である。これでしばらくはY先生の旅のお供を続けさせていただけることになった。「改めまして、以降三年間、よろしくお願い致します」と申し上げると「キミんとこの雑誌は年に三冊しか出ないから、四年分だろ」と鋭いご指摘を頂戴した。とにかく新連載開始のためにも早くY先生には「熱発」を治していただかなければならない。

5

しかし、年が明けてもY先生の微熱はなかなか治まらなかった。一月一日、Y先生はいつものように客人を招く。いつもより酒量はセーヴされているが、ホストなので盃はどうしても重なってしまう。

風邪が長びいていて体力を消耗している。元日は客の相手をして宿酔《ふつかよい》を心配したが、それほどのこともなかったのが有難かった。しかし、体に力がないので二日三日と食事室に坐ってテレビばかり見ていた。それもお笑い番組が多かった。

（『江分利満氏の優雅なサヨナラ　男性自身シリーズ最終巻』新潮社　一九九五年）

一月十七日、阪神大震災が起こった朝、Y先生から朝一番でオフィスに「わが社は大丈夫ですか」と電話をいただいた。

一月十七日、九時頃に起きてTVをつけた。大変なことが起ったと思った。妻と息子に「おい、大変だぞ」と言い、それからはTVの前に三人とも釘づけになった。私は、これは死者十万人となっても不思議ではないと思った。

（『江分利満氏の優雅なサヨナラ　男性自身シリーズ最終巻』新潮社　一九九五年）

大阪に本社がある弊社のことを真っ先にご心配いただいたようである。「安村さんは無事か」先日訪れた天保山のサントリーミュージアムのことも気にかけていただいている。ＴＶ各局は予定を変更して各所の被害状況を報道している。仁川にある阪神競馬場もレースコースにひびが入り、パドックを覆う屋根も大きく傾き、連絡通路が倒壊した。しばらくの間、競馬開催は難しい模様である。無事だった厩舎エリアは地元の被災者の避難場所として利用されているらしい。

阪神大震災で亡くなった方にも怪我をされた方にも無事だった方にも老人が多いのに驚かされた。老人社会だと言われてもピンとこないのだが、ＴＶの画面でもって、そのことをまざまざと見せつけられたように思ったというのが私という老人の感想である。老人夫婦が一階に寝ている、若夫婦が二階に寝ているのだろう。これは階段と手洗いの位置からそうなってくる。関東大震災で二階の家が一階の家になってしまうという話をイヤというほど聞かされたのを思いだす。

（『江分利満氏の優雅なサヨナラ　男性自身シリーズ最終巻』新潮社　一九九五年）

震災の影響で一月二十一日、二十二日の京都競馬は中止となった。中山競馬は予定通り行なわれたが、Ｙ先生は「熱発」もあり、予行演習の立川ウインズ行きは見合わされた。翌二十三日に慶應病院の泌尿器科の経過診断を受ける。そして、夜はアークヒルズの全日空ホテルで開かれたＪＲＡ

賞授賞式に夫人同伴で出席されている。その途中に夫婦揃って赤坂見附の弊社オフィスに寄られて、「これを届けてください」とサントリーミュージアムへのお見舞い金をお預かりした。夫人が広報部にお見えになるのは初めてのことで、あまりに担当者の机の上が雑然としているので、「こんなんで、仕事できるの」少し驚かれたご様子であった。

夫婦同伴というのは良いものだ。やわらかい雰囲気になる。

「ユタカが来るなんて知らなかったわ。どうして教えてくれないの」

「JRAの表彰式となると、どうしたって武豊は来ることになる。これで最多勝は何年連続になるかな。岡部幸雄なんてね、武豊は雲の上の人だって言ってるよ」

「サインしてもらおうかしら」

妻は酒が入ると元気になる。私はあとでブーブー言われるよりは、なに、一時《いっとき》の恥だ、武さんに泣いてもらおうと思って、隣の隣のテーブルに進み寄った。

「山口瞳と申します。妻が大ファンなものですから、お忙しいところ申しわけありませんが、サインをお願いします」

武さんはチラッと私を見て、すぐに署名してくれた。さっぱりとした好青年である。

(『江分利満氏の優雅なサヨナラ　男性自身シリーズ最終巻』新潮社　一九九五年)

さあ、いよいよ冬の東京競馬開催である。開幕二日前の木曜日にご様子をうかがいに国立に行く。しかし、残念ながらY先生の熱が下がらなかったため、開幕週の参戦は見送られることとなった。それならば、ということで馬券デリバリーサーヴィスを臨時開業することにした。

今回の東京開催、Y先生には絶対に見逃してはいけないレースがあった。一月二十八日第九レース、セントポーリア賞、ジェニュイン出走、球節不安からの復帰戦である。土曜日の朝、記入済みのマークシート用紙を受け取り、東京競馬場へ向かう。

▼第一回東京第一日第九レース　セントポーリア賞（芝一八〇〇メートル）成績
一着　③ジェニュイン　岡部幸雄　一分四十八秒九
二着　④フォルスデュノール　加藤和宏　一馬身1/4
三着　⑫オースミベスト　藤田伸二　1/2

③ジェニュイン、今日の馬体重は四九四キロ、十キロ増、ひと回り大きくなって帰ってきた。腰がパンと張っている。身体に一本芯が通ったような、風格さえ感じさせる馬体、見違える出来である。しかし、身のこなしは相変らず柔らかく、他の馬たちとは明らかに異なっている。やはり馬離れしている。レースは圧倒的な一番人気に応えて二着に一馬身1/4差をつける完勝だった。単勝③一五〇円、馬連③④五二〇円という堅い決着だったが手応え十分である。完全にクラシック路線に乗った、そんな強さだった。しかし、Y先生、この日はこの一レース以外、馬券はあまりうまく行かなかったようだ。

去年の十一月の末に引き込んだ風邪がまだ治っていない。朝は五度台で昼から六度四、五分、夜になって六度六、七分というのが、この頃は朝から六度五分、昼も六度五分、夜も六度五分という具合になってきた。この体温計おかしいんじゃないかと思って妻にも計らせ、私も何度か計ってみるのだが、やはり六度五分、それでは六度五分が平熱なんじゃないかと思いたいのだが、頭がボーとしている。体全体がだるい、体に力がないというのは尋常ではない。これは風邪なんだ。三月四月の暖い日が来るまで治らないんじゃないかしらと悲観的になる。

（『江分利満氏の優雅なサヨナラ　男性自身シリーズ最終巻』新潮社　一九九五年）

微熱は続く。熱が下がるまではデリバリーサーヴィス継続、ということになった。金曜日に連絡をして、土曜日の朝、国立へ、開催中なので東京競馬場まで行き、最終レースが終了してから払戻しを済ませて国立へ戻る。日曜日も同様である。東京開催第二週の二月四日・五日、第三週の二月十一日・十二日、それでもY先生の熱はなかなか下がらなかった。馬券の調子も上がらない。冬の東京競馬は寒い。特にパドックは風が冷たく強い。無理しなくても良いじゃないか。Y先生の今年の競馬は春からだ、と諦めかけたところで、お電話を頂戴した。

「最終日は行こうと思うんだ」というお誘いだった

二月十九日（日）がＪＲＡ第一回東京の最終日であり、四月二十二日まで馬は府中へ帰ってこない。思い切って広い野ッ原の見える所へ出かけたら風邪が驚いて吹っ飛ぶかもしれない。気晴らしと運動が必要だ。それで早く寝れば体にいいだろうと本気で考えた。だって、あんなに要慎《ようじん》して薬もキチンと服み、外出はしないでよく眠るようにしていて、それでも駄目なんだから。

（『江分利満氏の優雅なサヨナラ　男性自身シリーズ最終巻』新潮社　一九九五年）

熱は下がっていない。しかし、行くと決まれば、もちろん朝一番から参戦されるY先生である。集合時刻十五分前にいつものようにベルを鳴らすと、五秒と開かずに夫人が扉を開けてくださった。Y先生は競馬道具を一澤頒布の鞄に詰めているところだったが、夫人はすでに完璧な出で立ち、冬用の厚手のコートに身を包み、手にした「ダービーニュース」にもしっかりと書き込みが加えられている。「第一レースは中舘でしょ」分かっているんだから、とにっこり、相当に気合が入っている。そうだった。夫人も久し振りの参戦なのだ。Y先生も急いで支度を整えている。やや煽られ気味である。自宅前で銀星交通タクシーに乗り込む時には運転手さんから「先生、府中久しぶりですね」と声をかけられる。競馬場に着いてからも各方面の方々への挨拶が続く。今日がY先生にとっての開幕日なのである。まずは一階西玄関の受付カウンターの女性たちである。

僕と妻はいつも九時開門と同時ぐらいに競馬場へ行くから、たいていは一番乗りだった。だから、西玄関の受付嬢は一番と二番の通行章を取って置いてくれていた。これは病気で入院中も続いているという話を聞いていた。果たして僕と妻は一番と二番の通行章を渡された。

（『還暦老人憂愁日記　男性自身シリーズ24』新潮社　一九八九年）

今日もお二人の通行章は一番、二番である。挨拶はさらに続く。要所要所に必ず立つ馴染みのガードマン諸氏、ズラリと穴場に待ち構える女性たち、「お待ちしておりました」十五号室入口ではゴンドラ食堂の支配人がいつもの笑顔でお出迎えである。

ある年の谷保《やほ》天満宮の祭礼の日に、艶《いろ》っぽい中年女性に声を掛けられた。知らない人だった。「先生、お顔はよく拝見しますけれど、ちっとも私のところに来てくれないのねえ」聞いてみると、府中競馬場で働いている人だった。彼女の受持は馬券の払戻しの窓口であるそうだ。

（『草競馬流浪記』新潮社　一九八四年）

十五号室にはいつものように一番乗りだった。「こんなに遠かったかな」一通りの挨拶を済ませたY先生、バルコニー席に双眼鏡を置きながらヤレヤレという表情である。

Y先生のお供をさせていただくようになって、これまで十五号室では実に様々な方々とお会いすることができた。赤木駿介さん、嵐山光三郎さん、井崎脩五郎さん、岩橋邦枝さん、大内延介さん、黒鉄ヒロシさん、滝田ゆうさん、常盤新平さん、長島信弘さん、古井由吉さん、本田靖春さん、森田芳光さん、矢崎泰久さん、矢野誠一さん、山野浩一さん、山本容朗さん、これまで「優駿」執筆者として、スポーツ紙の予想コラム筆者、あるいはTVの解説者として活躍されてきた方々ばかりである。

この日、ゴンドラの15号室は、大橋巨泉夫妻、吉田善哉氏と長男の照哉氏、関保寿先生と佐喜子ちゃんの父娘など、珍客賓客万来。

（『還暦老人ボケ日記　男性自身シリーズ23』新潮社　一九八九年）

府中JRA。藤島泰輔さんがパリの免税店でZEISSの双眼鏡（10×25B）を買ってきてくれた。この大きさ（6㎝×10㎝）でこの倍率というのが素晴らしい。ポケットに入ってしまうし、とても軽い。

僕は梶山季之に貰った双眼鏡を持っている。柴田錬三郎さんが「山口は東郷元帥みたいな双眼鏡をぶらさげている」と言ったほど大きいものだ。双眼鏡は大きいほうが明るいし見易い。問題は重さだ。大きな双眼鏡を革ケースに入れると相当に重い。妻が頸椎症によろしくないと言いだした。梶山の呉れた双眼鏡にはいわく言い難い愛着があったのだが、藤島さんに無理をお願いすることにした。

（『還暦老人憂愁日記　男性自身シリーズ24』新潮社　一九八九年）

府中JRA。嵐山光三郎さんと一緒。今日も負け続け、どうなることかと思ったが、毎日王冠ダイナアクトレスの単勝と連複一点勝負が的中、やっと挽回する。

＊＊＊

嵐山さんは、いつ会っても気持のいい人だ。育ちがいいと僕は思っている。

（『還暦老人ボケ日記　男性自身シリーズ23』新潮社　一九八九年）

隣の部屋の滝田ゆうさんが、遠くでオヤ指とヒトサシ指で丸を作って笑っているのが見えた。近寄って祝福すると、「③③がいいって言うんで、③③を買うつもりだったんだけれど、ひょろっと①③買ったら当っちゃった。ひょろっとね。へへへえ」って、これ、何言ってるんだかわからない。

（『還暦老人ボケ日記』男性自身シリーズ23　新潮社　一九八九年）

府中ＪＲＡ。北風の冷い日。古井由吉さんに会う。四谷の英《ヽ》（純文学系の酒場）の常連の恒例の馬券大会であるという。古井さんは僕と同じ頸椎症だが、彼のほうは手術してずいぶん元気になった。この北風で痺れはしないか、彼等の部屋へ訊きに行こうと思っていて取り紛れてしまった。

（『年金老人奮戦日記　男性自身シリーズ26』新潮社　一九九四年）

黒鉄ヒロシさんに会った。廊下の隅の暗い所へ行って、紙挟みから怪しい数表を取りだしてブツブツ言っている。「このレース荒れますか」と訊くから「荒れそうですね」と答えた。荒れる・荒れない・小波乱・中波乱と何通りかの出目表があるらしい。手製というところがいい。それが第六レースだったが、一着1番で単勝は三千八十円の大穴になった。二着以下は写真判定が続く。「ほら、ね。二着はどっちでもいいんですよ」と言って馬券を見せてくれた。そのレース①⑤で七千二百三十円の高配当。

(『還暦老人憂愁日記　男性自身シリーズ24』新潮社　一九八九年)

『話の特集』の矢崎泰久さんが取材に来る。僕が五百円買うところを彼は二万円買う。かりに七倍の馬券であったとすると、払戻場に並んで、僕が三千五百円、彼が十四万円受取るわけである。あまり恰好のいい図ではなかった。

(『還暦老人憂愁日記　男性自身シリーズ24』新潮社　一九八九年)

府中ＪＲＡ。将棋の大内延介九段に会う。「朝から取られっぱなしだ」と言う。大内さんも上品な方だ。

(『年金老人奮戦日記　男性自身シリーズ26』新潮社　一九九四年)

帰りに便所で小便をしていると本田靖春氏が入ってきてツレションになった。

「いまはただ小便だけの道具なり、と言うけれど、その小便だってママならねえや」

本田さんは糖尿病であり、僕は前立腺肥大症だから、まったくその通りだ。
（『還暦老人憂愁日記　男性自身シリーズ24』新潮社　一九八九年）

府中JRA。文芸評論家の山本容朗氏と一緒。繁寿司から書簡集。山本さんは飲み足りないようなのだが、僕は現在ではこれ以上飲むのは無理。申訳ないことをした。
（『還暦老人憂愁日記　男性自身シリーズ24』新潮社　一九八九年）

井崎脩五郎さんに高麗人蔘濃縮茶というものを頂く。これで痩せましたと彼は言う。馬券のほうは、いや、ヒデエ、ヒデエ、惨敗また惨敗と笑っている。
（『還暦老人憂愁日記　男性自身シリーズ24』新潮社　一九八九年）

常盤新平さんが日刊スポーツに、赤木駿介さんが競馬ブックに、いずれもウィナーズサークルの単勝を推薦していた。僕も久しぶりの大勝利。二人をそば芳へ誘って冷奴で飲む。
（『還暦老人憂愁日記　男性自身シリーズ24』新潮社　一九八九年）

徳三郎（筆者註　矢野誠一さんの俳号）さん、坪やんを誘って繁寿司。去年のダービーで徳三郎さんと同じジャケットを着ていた。紺地のシルクで銘柄はH・L《アッシュエル》となっている。滅多に同じ服装の人に会うことはないと書いたばかりだが、今年のダービーでも徳三郎さんと同じ背広の上下になった。海島綿《かいとうめん》という布地で色も同じアイボリー。徳三郎さんと僕とは好みが似ているのかもしれない。ところがよく見ると、徳三郎さんの背広は有名ブランドであり、ズボンはサスペンダーである。僕のは丸善の既製服《つるしんぼう》である。今日初めて彼を見たとき「ややヤッ」となった。
（『年金老人奮戦日記　男性自身シリーズ26』新潮社　一九九四年）

府中JRA。森田芳光さんに会う。森田さんの『競馬！　愛さずにはいられない』（集英社刊）のなかに、Aから総流ししてBからも総流しという馬券を買う男がいて、これをナンキンタマスダレと名づけているのが面白かった。まったく二本の棒で沢山の玉を操るのはナンキンタマスダレのようだ。もしかしたら森田さん自身のことではないかと思った。
（『年金老人奮戦日記　男性自身シリーズ26』新潮社　一九九四年）

長島信弘先生は、ビッグマウス・サハリンベレーという一万九千九百九十円という大穴を的中させる。怖るべき大学教授だ。
（『還暦老人極楽蜻蛉　男性自身シリーズ25』新潮社　一九九一年）

皆さん、豊富な競馬経験に裏打ちされた独特の馬券理論の持ち主である。レースとレースの間の短いインターヴァルで、断片的ではあるがその一家言は披露される。これが実に面白い。自分の馬券を買うのはそっちのけにして、いつまでもその話に聞き入っていたかった。Y先生も時々、十五号室でのやりとりをご自身の馬券の買い方の参考にされている場合がある。

結果はご存じの通りだが、この秋のＧＩは、どういうわけか成績がよかった。手広く買って更に買い足すという戦術を一橋大学教授の長島信弘先生に学んだ。パドックの馬の見方を赤木駿介さんに教えられた。

（『年金老人奮戦日記　男性自身シリーズ26』新潮社　一九九四年）

ゴンドラ十五号室で大きな馬券を的中される方は何人もいらっしゃるが、こちらが呆気にとられるほど見事に馬券を的中させる人といえば、やはり赤木駿介さんである。

府中ＪＲＡ。盛岡に行っている赤木駿介さんから電話あり。明日の天皇賞のヤエノムテキの単勝を買ってくれと言う。うち千円は妻へのプレゼントにしてくれとのこと。

（『還暦老人極楽蜻蛉　男性自身シリーズ25』新潮社　一九九一年）

妻は昨日赤木さんにイソノルーブルの単勝馬券をプレゼントされていて、自分ではシスタートウショウとの連複馬券を買っていたから大喜びで上機嫌。

（『年金老人奮戦日記　男性自身シリーズ26』新潮社　一九九四年）

妻は、昨日赤木駿介さんから前売でメジロパーマーの複勝（四百六十円）をプレゼントされているし、自分はカミノクレッセから入っているから連複も取れた。

（『年金老人奮戦日記　男性自身シリーズ26』新潮社　一九九四年）

赤木さんが選んだ馬は何故あんなに走ってしまうのか、レースが終わった後、必ずそう思うのである。決して人気のある馬ばかりを選んでいる訳ではない。すべてパドックで赤木さんが見出した馬たちである。「神業」、競馬の予想にも「絶対」というものがあるのかもしれない、そう思えるほど、これがよく当たるのである。

府中ＪＲＡ。「あの馬には存在感がある」という赤木駿介さんのパドックでの表現が面白かった。

（『還暦老人憂愁日記　男性自身シリーズ24』新潮社　一九八九年）

昨日、昼前、パドックへ行くと、赤木駿介さんがジッと馬を見ていた。五頭立の障害でパドックの人影はマバラだった。「こんなレースでもパドックへ来るんですか」と言うと、赤木さんは赤い顔になって笑って「どうも馬を見ないと気持が悪いんです」と答える。「それはもう病気ですね」「ええ、完全に中毒です」。

（『還暦老人憂愁日記　男性自身シリーズ24』新潮社　一九八九年）

「存在感がある」赤木さんが強い馬について表現する時によく用いる言葉である。いったい馬のどこを、どう見ているのだろう。四階テラスでY先生、赤木さんと並んで馬を眺めている時、いつも気になることである。赤木さんはパドックの馬を見る時、競馬新聞を手にしていない。競馬新聞に載っている情報はすでに頭の中に入っているのだろう。静かに、表情を全く変えず、しかし鋭い眼差しでじっくり馬たちを追っている。先頭を行く馬から最後尾の馬まで、何度も何度も繰り返し、である。こちらはどうしても歩様のスムーズさ、踏み込みの深さ、気合のり、毛艶、発汗の様子など、表面的なところ、あるいは細部に目が行ってしまうのだが、赤木さんはもっと広く、そして深く馬を捉えているように思う。そのためには一階のかぶりつきで馬一頭一頭を細部にわたり吟味するよりも、四階から俯瞰して群れの中で馬たちを捉えることが有効なのかも知れない。そして、その見方から「存在感」という言葉が出てくるのである。

いうまでもなく、レースは一頭ずつのタイムレースではなく、パドックに出ている全馬が一緒に走るものである。

だから、パドックで馬を見るポイントの第一は、歩いている全馬を全体として見るのである。仮りに十頭の出走なら、十頭を繰り返して見る。そうしているうちに、十頭なら十頭の歩いている馬の中で、どことなくいい感じの馬が必ず見えてくる。

ごく自然に、前へ前へと歩くような馬、背後から何者かが、そっと押してくれているような軽やかな歩き方をしている馬、いかにも気分よく首を伸ばし加減に歩いている馬などなど、何回かパドックに通っているうちに、だれもが、必ずそういう馬をピックアップできるようになれる。
（赤木駿介「競馬をトータルに楽しむ法」『日本競馬論序説』新潮社　一九八六年）

ＧＩのように、そのカテゴリーで頂点に立つべき最強の馬を選ぶ時、その選択眼はますますシャープになる。選ばれし精鋭たちの中でどの馬がチャンピオンにふさわしい力を持っているか、そして今日、その実力を最大限に発揮できる状態にあるのか、パドックの中で赤木さんは見極めようとしている。そして、明快に一頭だけ選び出し、その馬の単複を購入する。

パドックで馬の良否を見つける具体的な見方に先立って、ぜひ心しておかなければならない原則がある。従来のパドックの入門書、手引きに欠けていたことだ。要約すれば次の七つになる。

①自分を信じること。
②欲心をなくすこと。
③先入観念を捨てること。
④固定観念を捨てること。
⑤見誤っても（または不的中でも）気にしないこと。
⑥雑音は聞き捨てること。
⑦気を入れて見ること。
（赤木駿介「競馬をトータルに楽しむ法」『日本競馬論序説』新潮社　一九八六年）

パドックを周回する馬たちを赤木さんと同じ場所で、同じタイミングで眺めさせていただくだけで、この上ない幸せなことなのである。

Y先生が早稲田大学名誉教授、飯島小平さんと再会を果たされたのもここ、東京競馬場のゴンドラフロアである。飯島先生はシェイクスピア、バーナード・ショーといった演劇作家研究の第一人者、早稲田大学演劇博物館館長も務めていらっしゃった方である。Y先生は戦前に通っていた第一早稲田高等学院でこの方から英語を教わっていた。

「①⑤を二百円、②⑤を三百円、ええと、それからね（ト手許の競馬新聞をひろげて）、ああそうだ、①③を百円、ううんと、そうだな③③を二百円、それからね（大きな天眼鏡を取りだして再び新聞を眺める）、そうだなあ、①④を四百円。ええと、ちょっと待ってくださいよ、六番の単勝を千円、いや千五百円にしてくださいな、これ、重《おも》がうまいんだ。そうそう、八番の複を千円。……それでいいや、いくらになりますか。ああそうですか（ト、懐ろから大きな二ツ折の財布を取り出して）これでお釣銭《つり》をください」

（『年金老人奮戦日記　男性自身シリーズ26』新潮社　一九九四年）

ゴンドラフロアの穴場前でその老紳士を見掛けた時、Y先生は「長身痩軀でやや猫背。紺系統の上品な背広。ステッキ。まるで絵に描いたような英国風紳士」（『日本競馬論序説』）のようだったと評している。その窓口に立つ老紳士が飯島小平さんであることをY先生は常盤新平さんからそっと教えられた。常盤さんも第一早稲田高等学院の出身だったのである。

あるとき、意を決して、僕の著書に名刺を添えて「大昔、戦前になりますが、第一早稲田高等学院で英語を教えて戴いた山口と申します」と、コチコチになって言った。すると先生は、「ああ、知ってたよ、君の書くもの、少しは読んでる。きみはユーモアがあっていい」と、英文学者らしい言い方をしてから急に笑いだして「鎌倉アカデミアでも教えていたよ。きみの細君もアカデミアだろう」と言われるのである。

(『年金老人奮戦日記　男性自身シリーズ26』新潮社　一九九四年)

このやりとりにより、Y先生は第一早稲田高等学院だけでなく、終戦直後、鎌倉アカデミアでも飯島先生から英語を教わっていたことを改めて思い出した。一九〇三年、明治三十六年生まれ、Y先生が再会した時、すでに年齢は八十歳を超えようとしていた。しかし、どんな悪天候になっても、競馬が中止にならない限り、飯島先生は必ずゴンドラフロアに現れた。

家は茅ヶ崎で、府中でも中山でも欠かさずに通っているそうだから競馬ファンとしても僕なんか足もとにも及ばない。「朝は六時に起きて、ちゃんと髭を剃ってね、東京駅へ出て新宿から京王線に乗って、この京王線が込むんで、ちょっと辛い。ＪＲＡも新宿から無料バスでも出せばいいのに」と片目を閉じて笑う。まったく同感だ。
（『年金老人奮戦日記　男性自身シリーズ26』新潮社　一九九四年）

Y先生と言葉を交わされたことで飯島先生は十五号室にも時々顔を出されるようになる。その時は差し入れとして「大船軒」の小鯵の押し寿司を持って来られることがあった。早朝、茅ヶ崎駅で購入されたものだろうか。これがまた美味なのである。土曜日、日曜日、毎週、毎週、湘南電車に乗り東京競馬場、そして中山競馬場にも欠かさずに行く。競馬場の鉄人とはこのような方のことを指すのだろう。

僕は一レースに一万円以上投資することはクラシック以外には滅多にない。第一レースから最終レースまで馬券を買い続けるので、少額投資にしないと忽ち破産してしまう。十万円持って競馬場へ行ったら十万円持って帰らなければならない。一年に数回しか馬券を買わない人とは違うのである。飯島小平先生いわく「きみ、競馬を十年間続けるっていうのは大変なことなんだよ」。本当にその通りだ。
（『還暦老人憂愁日記　男性自身シリーズ24』新潮社　一九八九年）

十五号室で披露される「飯島教授語録」はとても魅力的だった。「競馬の勉強は蓄積にならない。競走馬は三、四年で姿を消してしまうからだ」「競馬の勉強は前日の二時間だけ。勉強しなければ面白くないが、やりすぎるのは害がある」、特にY先生が気に入ったのは「競馬を十年間続けるってのは大変なことなんだよ」である。時折、朝、風が冷たい時など、パドックの馬たちを眺めながらY先生はその言葉を繰り返す。そして「いつまでここに来られるかな」と独り言のようにおっしゃる。その時はどう返事をしてよいか困ってしまう。

府中競馬場のロビーを歩いていると故郷の実家（そんなものはないが）へ帰ってきたような気分になる。ゴンドラの15号室へ集る友人知人はみんな好きだ。

（『還暦老人ボケ日記　男性自身シリーズ23』新潮社　一九八九年）

Y先生がゴンドラ十五号室に通うきっかけは中村勝五郎さんからもたらされた、とうかがっている。中山競馬場のパドックの傍ら、周回する馬たちを見守るように中村勝五郎翁の胸像が立てられているが、この方は先代、二代目の中村勝五郎さん、中山市長を務め、中山競馬場設立の功労者のお一人であった。十五号室にY先生を誘なったのはその跡取り、つまり三代目の中村勝五郎さん、日本馬主協会連合会の前身である中央競馬馬主協会連合会の会長、さらには日本中央競馬会の運営審議会委員を務めた方である。

このゴンドラ15号室は馬主会の会長であった中村勝五郎さんの部屋だった。僕等が仕事をしたり原稿を書いたりするために時々部屋を利用させてもらうようになった。そのうちに、いわゆる文化人たちが入りこんできて「作家先生の部屋」という厭な呼ばれ方をするようにもなった。昔から菊池寛、吉川英治、舟橋聖一、富田常雄等が有名であるが、競馬と小説家とは縁が深かったのである。

（『年金老人奮戦日記　男性自身シリーズ26』新潮社　一九九四年）

Y先生は観戦記を頼まれる。その日のうちに原稿を書きあげなければならない。どうしても競馬場の中で机と椅子のある場所が必要になる。そのために中村会長にお願いして部屋を使わせていただいたのである。やがて、ゴンドラ十五号室はJRAの招待による「政治家、大学教授、病院長、会社社長といった人が多く集まる」（『還暦老人憂愁日記』）部屋になった。しかし、Y先生は東京競馬場に行く時、その部屋には行かず、指定席も確保せず、いつも一階スタンドの第四コーナー寄りでレースを観ていたという。「ちょっと行きづらい部屋だった」とおっしゃっていた。再び十五号室に通うようになったのは還暦を過ぎてからのことである。

また、二月開催のときは、さすがに寒いのである。二月におりてくる新馬も多いから、新馬レースの好きな僕としては、これを見逃すわけにはいかない。

困っていたら、どなたのお世話かよくわからないのだけれど、五階ゴンドラ席の15号室に入れるようになった。ただし、この部屋はゴールから遠く離れていて上等な席であるとは言えない。昔は天狗山と言って、調教師たちの観戦する場所のあったあたりだ。見方を変えれば、そのあたりが勝負所であって、騎手の巧拙のハッキリわかる席である。名目は、中央競馬会のPR誌である『優駿』の常連執筆者ということになっている。常連と言ったって、一年に一回書かせてもらうかどうかという程度である。むかし、元気だった頃は『優駿』によく書いたものだ。いまは、ちょっと、心苦しい。

(「僕の競馬健康法」『日本競馬論序説』新潮社　一九八六年)

Y先生はゴンドラ十五号室に通う楽しみのひとつは「いかにも上品な、いかにも育ちのいい中村さん御夫妻にお目にかかること」(『年金老人奮戦日記』)だったとおっしゃっている。日本ダービー、天皇賞、ジャパンカップ、東京競馬場で大レースが行なわれる時には必ず中村勝五郎さんが十五号室に顔を出される。

天皇賞で、中村勝五郎会長御夫妻が来られる。常陸宮殿下、同妃殿下の接待役だそうだ。こういうときの中村夫人の着物を見るのも競馬の楽しみのひとつ。着こなしが実に上品だ。

「妃殿下は興奮されましたか」

妃殿下は乗馬が趣味と聞いていたので、そんなことを伺ってみた。

「いいえ、わたくしは競馬に夢中で妃殿下のほうは見ていませんでした」

(『還暦老人極楽蜻蛉　男性自身シリーズ25』新潮社　一九九一年)

三代目中村勝五郎さんは古くからの競馬ファンの間ではハクセツ、ジョセツの名牝姉妹の馬主としてよく知られている。母はセツシュウ、姉妹は二頭とも母の肌を受け継ぎ、美しい芦毛の馬体の持ち主で「美馬姉妹」として評判だったという。姉のハクセツは初めはハナミドリと名づけられ南関東競馬でデビュー、一九六八年に中央に移籍してハクセツと改名された。主戦ジョッキーは若き岡部幸雄、四戦目に牝馬東京タイムズ杯を勝ち、デビュー二年目の騎手に記念すべき重賞初勝利をもたらした。翌一九六九年には金杯を制し、さらに一九七〇年の七夕賞では直線が短い福島競馬場ながらもの凄い末脚を披露してレコードタイムで優勝している。二歳下の異父妹ジョセツも岡部騎手が主戦ジョッキーを務めた。前年の姉に続いて一九七一年の七夕賞に勝利した後、福島大賞典、ダービー卿チャレンジトロフィーと重賞三連勝を果たす。さらに翌一九七二年には目黒記念（春）、高松宮杯を勝ちその年の最優秀五歳以上牝馬に選ばれている。このハクセツ、ジョセツ姉妹の連覇もあり岡部騎手は七夕賞を四度制し、同レースの歴代最多勝騎手となっている。

中村さんは岡部騎手を育てた人であると言ってもいい。岡部のアンちゃん時代から贔屓にしていて、ご自分の馬には必ずと言っていいほどに岡部を乗せていた。岡部は武豊のように、天才だ何だと騒がれたジョッキーではなかった。しかし、中村さんは岡部の天分を早くから見抜いていたのである。

（『年金老人奮戦日記　男性自身シリーズ26』新潮社　一九九四年）

中村勝五郎さんはこれまで数多くの馬を所有してきたが、ご自身では全く馬券を買わない方として知られていた。ゴンドラ十五号室に来られた時、ご自身の持ち馬がたとえレースに出走していても、さらに、そのレースで絶対的な有力馬になったとしても、決して穴場には向かわない。Y先生が何度もお誘いしたが、中村さんは笑っているだけだったとおっしゃる。

僕はたとえば中村さんの持馬のミラーズドウターの出来が素晴らしいので「単勝百円買ってみませんか」と言っても決して乗ってこない。そうして、ずっと立ったままでレースを見ている。要するに中村さんは馬がお好きなのだ。レースが好きなのだ。競馬を大事にしている方なのだ。
(『年金老人奮戦日記　男性自身シリーズ26』新潮社　一九九四年)

それでもゴンドラ十五号室は中村勝五郎さんの持ち馬が出走する時は部屋全体がその馬の大応援団になる。

15号室のボス中村勝五郎さんのフブキオウが箱根ステークスで快勝。全員で叫びかつ拍手。
(『年金老人奮戦日記　男性自身シリーズ26』新潮社　一九九四年)

いよいよ日本ダービーが始まる、という時の中村勝五郎さんの表情が印象的だった。入場曲とともにレースに出走する馬たちが入ってくる。一頭一頭、場内アナウンスで紹介される。歓声が上がる。夏の新馬戦に始まり、いくつものトライアルレースを経て選ばれた馬たちである。この一年を締め括る時がいよいよ来た。こちらは大馬主でもなく、競馬関係者でもない、ただの馬券購入者の一人に過ぎないのだが、なんだか身が引き締まる想いなのである。だから日本ダービーは必ず当てなければいけない、そう思うのである。

出走前、遠くから少しずつ、ゆっくりゆっくり馬がゲート附近に集まってくる。胸の詰まるような光景だ。隣に坐っていた中村勝五郎さんが、

「これでダービーが終るんだね」

と言った。大生産者の言葉には重みと力がある。

（『還暦老人憂愁日記　男性自身シリーズ24』新潮社　一九八九年）

中村勝五郎さんと並び、ゴンドラ十五号室で長老格だった方が小室恒吉さんである。Y先生によると、中村勝五郎さんの学生時代からの親友、通商産業大臣、農林大臣、建設大臣、外務大臣を歴任し、さらに衆議院議長も務めた桜内義雄代議士の第一秘書であった方だという。鈴木善幸内閣、桜内外務大臣時代、小室さんも同行して世界中を飛び廻り、キューバのカストロ議長、リビアのカダフィ大佐、パレスチナのアラファト議長等との会見にも同席したとうかがった。秘書というよりは参謀、あるいは懐刀か、Y先生は小室先生のことを「日本のキッシンジャー」とお呼びしていたが、十五号室でもその時のエピソードをしばしばうかがうことがあった。

小室先生の馬券がどんなふうであったかというと、昔風の単勝式が主で、いい所を見ているのだが、どういうわけか、これが当らない。なんにしても午後の七レースのうち四レースぐらいは居眠りをしておられるのである。

(『江分利満氏の優雅なサヨナラ　男性自身シリーズ最終巻』新潮社　一九九五年)

小室さんは中村勝五郎さんと同様、馬主でもあった。ウイッチズホープ、ウイッチズラバー、ウィッチズサン、プリティーウイッチ、スーウイッチ、持ち馬の名前には必ず「ウイッチ」、魔女が入っている。

昭和六十一年十月五日、第四回東京二日目第六レース。この日のことを忘れることができない。四百万下の下級レースでダートの一千七百メートル。小室先生のウイッチズラバーは八頭立の八番人気だった。騎手《ジョッキー》は菅原泰夫。ウイッチズラバーはここで負ければ引退だった。情報によるとウイッチズラバーは前日から厩舎で馬ッ気《け》を出していたという。

ところが、好位の大外を廻っているウイッチズラバーの脚色《あしいろ》がいい。ゴンドラ15号室の前(直線坂上の近く)を通過するとき先頭に躍り出る勢いがあった。禁を破って私は叫んだ。

「ウイッチズラバー!」

誰も彼もが大声で叫んだ。

「魔女の恋人！」

「菅原！　ヤッさん、頑張れ！」

「よし、勝てるぞ！」

「小室先生の馬！」

「やった、やった。勝ったよ」

遂に小室先生も立ち上った。

「それッ！　いけ！　そのまま！」

二着は七番人気のミスライトニングで連複配当は二万六千三百十円。単勝三千五百九十円。小室先生は約二百万円を手にしてやや興奮して払戻しから部屋に戻ってきた。

（『江分利満氏の優雅なサヨナラ　男性自身シリーズ最終巻』新潮社　一九九五年）


小室さんはいつもスーツ姿、ジャケットの色に合わせたソフトをかぶり、昼休み前、両手にいくつもの紙袋を提げて現れる。十五号室の人数分の昼食、そしてワインが必ず持ち込まれるのである。十一月第三木曜日の解禁日直後の東京競馬開催日にはボジョレーヌーヴォーがテーブルの上に登場する。

府中ＪＲＡ。小室恒吉先生の持ってこられたボージョレー・ヌーボーを飲む。今年のものはサッパリしていて軽い感じで美味い。誰に何と言われようとも競馬場で飲む葡萄酒が一番美味い。空気が澄んでいるからだ。

（『年金老人奮戦日記　男性自身シリーズ26』新潮社　一九九四年）

いつでも上等な葡萄酒と弁当を十人分ぐらい持って電車で競馬場に来られる。その弁当は、府中の柿の葉寿司であったり神田の志乃多寿司であったり温いポタージュつきのサンドイッチであったりした。私が一番好きなのは、午前中のレースが終り、部屋中の人に弁当を配った小室先生が、外国流に両手を大きくひろげて「さァ！」と仰言《おつしや》るその瞬間だった。

（『江分利満氏の優雅なサヨナラ　男性自身シリーズ最終巻』新潮社　一九九五年）

土曜日に小室さんが十五号室の人数分のお弁当を持って現れる。そして、翌日曜日に、これも人数分の、趣向を凝らしたお弁当を用意して登場するのが荻窪病院病院長、吉川忠直さんである。

日曜日は病院長のY先生と御子息が握り飯を持ってきてくださる。煮染と牛肉もしくは鳥の唐揚、サラダなどもある。遠足とお祭りと運動会が一緒になったような感じ。元気なときは、その握り飯を三箇も食べたものだ。今日はやめようかと思っていたら、病院長に「ひとつぐらいいいでしょう」と言われた。銀座や築地の高級料亭なんか真平御免だ。競馬場の握り飯と煮染ぐらい美味いものはない。

（『還暦老人憂愁日記　男性自身シリーズ24』新潮社　一九八九年）

荻窪病院はＪＲ荻窪駅の北西、閑静な住宅街の真ん中にある。戦前にあった中島飛行機付属病院を前身として、東京都で最初に医療法人として認可を受けた歴史のある総合病院である。荻窪在住の大文豪、井伏鱒二先生は一九五七年に盲腸手術のためにこの病院に入院した、と『荻窪風土記』（井伏鱒二著）に記されているが、その手術を執刀したのは当時、外科部長だった吉川忠直先生である。

府中ＪＲＡゴンドラ15号室で、吉川忠直先生は「あのときは大変でした。なにしろ大晦日でしょう。腹膜炎を起こしていて手遅れの状態だったんです。それに、井伏先生、肥っていらっしゃるから」と語ったことがある。だから、吉川先生は井伏先生の命の恩人だという言い方もできると思う。

（『還暦老人憂愁日記　男性自身シリーズ24』新潮社　一九八九年）

Ｙ先生は吉川先生とゴンドラ十五号室で知り合い、そして親しくなった。「吉川先生は神様のような人柄で、誰からも親しまれ信頼されている」（『年金老人奮戦日記』）、一九八七年から毎年必ず夫人、正介さんと三人で荻窪病院の人間ドックを受けることにしている。一泊二日の検査である。

初日は①検便（潜血反応）②検尿（一般検尿）③採血（血液一般・総コレステロール・尿酸・中

性脂肪・クレアチニン・肝機能・リュウマチ反応・梅毒反応・血沈・血液型等）④体重測定⑤血圧測定⑥糖負荷試験（トレーラン75g服用）⑦採血（血糖一時間後）⑧採血（血糖二時間後）⑨検尿（尿糖）⑩質問表の確認（あらかじめ提出した身体状況表について看護婦から確認を受ける）⑪胸部撮影⑫心電図⑬眼科診察（眼底・眼圧）⑭胆嚢エコー（超音波撮影）⑮内科診察となっている。

＊＊＊

二日目は①検尿（第一回濃縮力検査）②検尿（第二回濃縮力検査）③胃・十二指腸透視撮影（発泡剤・バリウム服用）で、そのあと担当医の説明と講評のようなものがある。

（『年金老人奮戦日記　男性自身シリーズ26』新潮社　一九九四年）

最初の四年間はジャパンカップ終了後に、その後は時期をずらして冬の東京競馬開催の合間に、一九九三年からは冬の開催終了後に、人間ドックを受ける時期は少しずつ移動している。

荻窪病院が好きなのは、いかにも町なかの病院という感じがするからだ。慶応病院にも行っているが、こっちは山手の病院という感じ。荻窪病院は下町の感じで、手作りの病院という印象。手焼き煎餅の匂いがすると言ったらおかしいか。次に、僕も妻も院長の吉川忠直先生のファンだということがある。実に穏やかで誠実な方だ。第三に荻窪病院には女医さんが多く、概して言えば美人の女医が多いのが嬉しい。

（『還暦老人憂愁日記　男性自身シリーズ24』新潮社　一九八九年）

中村勝五郎会長に誘われ、小室恒吉先生、吉川忠直病院長、飯島小平教授と出会う。こうした敬愛すべき方々がいらっしゃったからこそ、Y先生は毎週毎週欠かさずにゴンドラ十五号室に通うようになったのである。しかし、大変残念なことにこの大切な方々が一人、また一人とこの世を去っていってしまった。吉川忠直先生は一九八九年二月十三日に亡くなられた。そのわずか八日前に、Y先生は吉川先生とゴンドラ十五号室で一緒にレースを観戦されていたのである。

府中JRA。二月五日の日曜日には吉川忠直先生もここにお見えになっていた。いつでも長椅子に吉川先生、僕、妻の順に坐る。昼食は吉川弁当であって、妻が握り飯をもう少し食べたいような素振りをした。すると吉川先生が半身を乗りだすようにして「ぼくと半分コしましょう」と言われた。僕は減食中なので本当に有難いと思った。その半分コというときの吉川先生の笑顔が忘れられない。

＊＊＊

そんなことを思い、とても競馬どころではなかった。日曜日に吉川先生が観戦された椅子が空席となってそこにあるのだから——。何を見て何を思いだしてもすぐに物悲しくなってしまう。

（『還暦老人憂愁日記　男性自身シリーズ24』新潮社　一九八九年）

なられている。

飯島小平名誉教授は一九九一年六月に、そして中村勝五郎会長は一九九三年六月に相次いで亡く

ＪＲＡ府中競馬場のゴンドラ15号室の敬愛するメムバーのうち、馬主会の会長であった中村勝五郎先生、荻窪病院長の吉川忠直先生が亡くなった。ちょいちょい部屋に顔を見せてくださった早大名誉教授の飯島小平先生、僕が中学時代から知っている競馬評論家の蔵田正明さんも姿を消した。淋しくて仕方がない。実に儚い、詰らない、侘びしい。

（『年金老人奮戦日記　男性自身シリーズ26』新潮社　一九九四年）

そして一年前、冬の東京競馬開催中の一月三十一日に小室恒吉さんが呼吸不全でお亡くなりになった。いつの間にかＹ先生がゴンドラ十五号室の最年長者になってしまった。

府中ＪＲＡ。僕の頂戴しているゴンドラ15号室では全員が背広にネクタイで来る。僕は動き廻るためにスニーカーで行くから、替え上着にセーターという服装が多い。Ｋ先生は明治四十四年生まれだから、喜の字のお祝いをなさいますかと訊いたら「やりません。八十八歳まで競馬をやるつもりですから米寿は祝ってもらいます。競馬には⑧⑧までありますからね。⑦⑦なんかで祝ってもらいたくないな」ということだった。

（『還暦老人ボケ日記　男性自身シリーズ23』新潮社　一九八九年）

ゴンドラ十五号室、まだ、誰も来ていない部屋の隅、いつもの場所に鞄を下ろし、バルコニーに出る。風は冷たいが、陽射しは春の到来を告げているようだ。夫人はまだ、穴場の女性たちとの挨拶が続いている。Y先生はご自身と夫人用の双眼鏡を置きながら「せっかく来たんだからね」、パドックに行こう、とおっしゃる。十五号室から廊下に出るところで部屋の中を振り返る。誰もいない。Y先生は「ダービーニュース」を持って四階へ急ぎ足である。

久し振りの四階テラス、空気が澄んでいる。「気持いいねえ」しばらく馬をご覧にならず、辺りの様子を眺めている。時折、強い風が吹く。決して、この場所は「熱発」の身体に良い訳がない。しかし、Y先生はじっくり時間をかけて一頭一頭、丁寧に馬を見ている。第一レース、夫人の予言通り、二番人気⑦マシンガンの馬っぷりが目立っている。やがて「止まれ」の合図、「ダービーニュース」の馬柱を確かめながら、返し馬チェックに向かう。Y先生「やっぱりこの馬だね」、⑦マシンガンの鞍上は中舘英二騎手、スタートで失敗することもないだろう。十五号室に帰って、その通り夫人にお伝えしたが、夫人は朝一番ですでにその馬券を買ってしまっていたようだ。

さあ、いよいよY先生、一九九五年の競馬が始まった。ゲートが開く。やはり中舘騎手、スタートがうまい。気合をつけて逃げる小島太騎手②マンスマートの直後、二番手につける。第三コーナーに入るところでもう並びかけ、直線に出たところで先頭に立つ。ここで勝負は決した。あとは二着争い、徳吉孝士騎手⑨プレーライトの脚色がいい。相手は三番人気の馬か、と思ったところで外から一頭、もの凄い末脚でやってくる。小野次郎騎手⑥カリスタスワロー、十二番人気、パドックでも走る気が全く感じられずこの馬は来ないだろう、と切った一頭である。よりによってその馬が府中の上り坂で目覚めてしまった。やめてくれ。結局、⑦マシンガン一着、⑥カリスタスワロー二着の決着となった。Y先生、抜けた。隣を見ると夫人が手を叩いている。馬連二二〇二〇円、その馬券をちゃんと押さえているのである。やはり、Y先生、今日は夫人に煽られ気味のスタートとなった。

妻は第一レースの贔屓の中館からの総流し（悪いことをおぼえたらしい）で四十三番人気の二万二千二十円という大万馬券を取って喜んでいたが、以後ジリ貧であったようだ。

（『江分利満氏の優雅なサヨナラ　男性自身シリーズ最終巻』新潮社　一九九五年）

しかし、第一レースははずしたが、第二レース以降は休み明け、復帰初戦とは思えないような好調ぶりだった。

まず、第二レースは一着に一番人気④オンワードフレスコ、二着に三番人気⑪ユキノナイスガイが入り馬連④⑪六六〇円という堅い決着ながら、Y先生、この馬券をちゃんと押さえていた。続く第三レースはパドックで六番人気の③リアルスプレンダーを見出して、この馬から入り、単勝③一〇三〇円、馬連③⑧三八四〇円をきっちりと的中させる。さらに、第四レースは人気が集中している二頭、一着⑩マイネクレセント（二番人気）と②メジロアーネブ（一番人気）の組み合わせで馬連②⑩二三〇円、これはとても手が出ないでしょう、と思っていたらY先生、なんとこれも「的中してるよ」とおっしゃるのである。

堅いの、軟らかいの、まるで銀座アスターの焼きそばのような的中ぶりである。昼休み、なぜか、とうかがおうとしたら、Y先生はサンドウィッチをほうばりながら「今日の小宮さん、とても調子が良いんだよ」とさらっとおっしゃる。第二レース、第四レースはそれぞれ「報知新聞」の小宮記者の◎○、○◎の組み合わせだったのである。休養明け、今日は小宮さん頼みで行こうと、あらかじめ決めていらしたようである。


競馬場へ行く前日は、競馬新聞を買ってきて、研究し検討し、自分なりに結論を出す。翌朝、なるべく早く起きて配達された報知新聞の小宮さんの予想を見る。小宮さんは五点予想であるが、いつのまにか、無条件で五百円ずつ買うのが癖のようになってしまっている。更に小宮さんの◎○を千円買い足す。自分の予想とあわせるとかなりの額になることがある。これにパドックで目についた馬の馬券を加えたりもする。また小宮さんや私の予想が大穴であるときは、三百円ぐらいで総流しの連勝投票カードに記入する。

（『江分利満氏の優雅なサヨナラ　男性自身シリーズ最終巻』新潮社　一九九五年）


午後の最初のレース、第五レースも堅い決着だったが、やはりY先生的中、これも小宮記者の○◎、馬連④⑪四八〇円である。

続く第六レースは六番人気、柴田善臣騎手の①ジョウテンリベロをパドックから抜擢するも二番人気、三馬身半差をつけて圧勝した名手岡部幸雄騎手④ニューシティボーイをなぜが相手に選んでおらず不的中となったが、これは単なる小休止、第七レース以降もY先生と小宮記者との二人三脚による快進撃はさらに、どこまでも続く。

第七レース　単勝⑥メジロトウザン二七六〇円、馬連⑥⑨七一六〇円
第八レース　馬連②⑧四七六〇円
第九レース　テレビ埼玉杯　単勝②シャインフォード二一〇〇円、馬連①②六八六〇円

そのうち、第八レースは小宮記者の◎▲、第九レースは◎△である。小宮記者、まるでY先生が今日からゴンドラ十五号室に復帰したことを祝福でもしているかのような絶好調ぶりである。

このテレビ埼玉杯の第九レースはゴール前百メートルで横一線の好レースで②のシャインフォードが抜けだし、二着①ハヤテミキコ以下⑪ダイワコーチ⑭サクラマツリがハナハナの長い写真判定。もし②⑭なら八百九十九・一倍、この馬券を坪やんが持っていて「当ったら一年分の馬券を買える金額になったんですがサクラマツリはやっぱりお祭りでしたね」という。生まれは関西だがボヤカナイところがいい。

（『江分利満氏の優雅なサヨナラ　男性自身シリーズ最終巻』新潮社　一九九五年）

なにしろ、サクラマツリのパドックでの動きが群を抜いていたのである。六歳の牝馬、単勝オッズ一一九倍、十六頭中十六番人気。それでもシロウト眼には「存在感あり」だったのである。しかし、結果はハナ＋ハナ差の四着、やはり赤木さんのようにズバリ、というところまで行かなかった。

第十レース、カトレア賞は少頭数八頭のレース、一番人気、江田照男騎手⑤シンガージョンと三番人気、横山典弘騎手⑥ミナミノバレッツの組み合わせで枠連5 6六二〇円、まさか、これも的中ですか、と思ったら、やっぱり「当ってるよ」とおっしゃる。恐れ入りました。

今日のメインレースは第109回目黒記念、芝二五〇〇メートル戦、GⅡながら伝統のあるレースである。パドックで凄い馬がいた。④サクラローレルである。五歳馬、四歳時はクラシック路線に乗ることができず、昨年の秋までに一勝しか挙げることができない条件馬だったが、十一月以降、比良山特別（九〇〇万以下戦、芝二二〇〇メートル）、冬至ステークス（一五〇〇万以下戦、芝二五〇〇メートル）、さらに日刊スポーツ賞金杯（GⅢ、芝二〇〇〇メートル）と三連勝中、すっかり馬が本格化した雰囲気である。もしかしたらあのナリタブライアンよりも強いんじゃないか、そんな想いを抱かせるほど、パドックでも他馬を圧倒している。返し馬でも一頭だけ光り輝いているのである。この馬が負ける訳がない。予想がそこで停止してしまうほど凄い気配を競馬場に発している。しかし、今日のY先生の馬券検討はここでは終わらない。芝二五〇〇メートル、府中の長い直線、自信満々、④サクラローレル鞍上の小島太騎手が早めに先頭に立った時、その後方から急襲できる馬はどれか、①ヤマニンバイタル、⑧ハギノリアルキング、⑩シャコーグレイド、その三頭の中から、関西の若手注目度ナンバーワンの藤田伸二騎手が乗る⑧ハギノリアルキングを選ぶ。こちらは、同じく自信満々の小島太騎手が、いつでも抜けだせるからと前を行く馬を可愛がってくれると予想して、逃げ馬の中から単勝七十五倍、十番人気、関東の若手リーダー、柴田善臣騎手が乗る②クリスタルケイで勝負である。

レースは予想通り、②クリスタルケイが先頭を主張してハナに立つ展開、「ヨシトミさん、頼みますよ」と心の中で祈る。しかし、ペースは思ったよりも早く一〇〇〇メートル通過は一分前後、先行勢にとっては少しきつい流れである。好位を行く④サクラローレルが馬群全体を押し上げているのだ。その後もなかなかペースは落ち着かない。わが②クリスタルケイはもう一頭の逃げ馬、的場均騎手騎乗⑨シュアリーウィンに執拗にからまれてひと息入れることができない。そのまま最後の直線である。②クリスタルケイはなんとか⑨シュアリーウィンを競りおとすも、すぐ後ろにはもう④サクラローレルが迫っている。これは強い。呆気なく交わされる。自信満々の小島太騎手が選んだのは、Y先生の目論み通り早めに先頭に立つことだった。前を行く馬をかわいがるなんて素振りはひとつも見られなかった。

ジョッキーの小島太さんからは、なぜ競馬をやめたかと叱られた。今年は、騎手で来てくれたのは彼一人だった。他の人たちは怒っているのかもしれない。小島太さんだけが乗りこんできて怒った。淋しくってしょうがないよと言った。しかし、小島さんと酒ぬきでつきあうのは無理だ。そのうちに新居へお詫びにうかがうと答えた。

(『元旦の客　男性自身シリーズ12』新潮社　一九七六年)

実は小島騎手は、毎年、国立で開かれている正月の宴に訪れる騎手の一人だったのである。したがってY先生は小島騎手の性格も乗り方も熟知している。決して堅く行かない。思い切った騎乗を心掛ける人なのである。そこに一頭、後方から襲いかかる馬がいた。⑧ハギノリアルキング、藤田騎手、実に鮮やかな手綱さばきである。④サクラローレルは一頭抜けだしたところで、自分の仕事はこれで終わり、と闘志がすっかり消えている。小島太騎手が再び鞭を入れるも、脚色は戻らない。⑧ハギノリアルキングがクビ差だけサクラローレルを交わしたところがゴールだった。走破タイムは二分三十一秒一、前半の緩みのないペースもあり、レース全体を支配した④サクラローレルの強さもあり、レコードタイムの決着となった。⑧ハギノリアルキングの単勝は一三四〇円、馬連④⑧は九五〇円だった。ちなみに、わが②クリスタルケイは①ヤマニンバイタルの追撃をハナ差凌ぎ三着、なんとか複勝六三〇円をもたらしてくれた。

Y先生の絶好調は続く。目黒記念の五分後に発走した京都競馬場、第十一レース、淀短距離ステークスを小宮記者の予想通りに購入していて馬連②④（小宮さんの◎○）八二〇円を的中させている。またまた恐れ入りました。

はじめにどうして小宮記者に注目したのかを書き忘れた。ハッピーエンド氏は決して威張らない。当った当ったと書かない。土曜日の最終レースを的中させると、日曜日の予想の原稿で昨日は大勝利と書きたがるものだが（現に私はいま大勝なんて書いたばかりだ）彼は絶対にそれをやらない。だからずっと注目していたのだが、威張るという気配もない。そうやって惚れこんでしまったというわけだ。予想屋というのは辛い商売（昔は行方不明になったり自殺する人もいた）で、当りました、どうです凄いでしょうと書きたがる気持は充分すぎるほど理解できるのだが、私はプロならば当って当り前というぐらいの心構えでいてもらいたいと願っている。競馬の予想にかぎらず、私は威張る人が嫌いだということが、だんだんにわかってきた。

（『江分利満氏の優雅なサヨナラ　男性自身シリーズ最終巻』新潮社　一九九五年）

第十二レース、やはりパドックへ、冬の東京競馬オーラスである。四階テラスから馬たちを眺めているのはY先生を含めて四人だけである。今日最後のパドック、Y先生は気力ますます充実、じっくり馬たちを眺めている。「止まれ」の掛け声を聴いたところで「まさかね」、「ダービーニュース」を確かめながらつぶやいている。Y先生がどの馬を追っていたか、分かっている。⑦アサクサギネスオー、黒鹿毛の馬体がキビキビと、すっかり日陰になったパドックで、ただ一頭だけやる気充分でスタスタと周回している。電光掲示板をみると十番人気。しかし、この馬しかいないぞ、とパドックの神様が天上でつぶやく声がはっきりと聴こえてきたのである。「ギネスかあ」他社扱いの有名な輸入黒ビールを連想させる名前であることが少し気になるが、仕方がない。Y先生、今日はたっぷり資金がある。ここは⑦アサクサギネスオーの単複、そして馬連は総流し、メインレース以上、いやGIレース以上の金額投入である。「今日で府中はおしまいだからね」Y先生、「熱発」中とは思えない不敵な笑みである。

冬の東京競馬のオーラス、最終レースのゲートが開く。もう⑦アサクサギネスオーしか見ていなかった。ダート一六〇〇メートル、東信二騎手③ピアレスクラウン、藤田伸二騎手⑧グッターズユー、柴田善臣騎手⑭キルトフォーユー三頭の先行争いでややペース早めにレースは推移した。運命の⑦アサクサギネスオーはちょうど馬群の真ん中あたりか。鞍上の田中勝春騎手の手綱は緩く、馬もとても気持ちよさそうに走っている。隊列はそのままのかたちで直線に入る。前を行く馬たちはもう伸びない。苦しそう。脚が上がっている。ここで田中勝春騎手、⑦アサクサギネスオーに鞭一閃、他の馬とは勢いが明らかに違う。「カツハル」Y先生、声が出た。前を行く岡部幸雄騎手④サウスボーイが粘る。後ろから横山典弘騎手⑪カミノタイホウが猛然と迫る。三頭がもつれるようにゴール板を過ぎた。

一着⑪カミノタイホウ　　　一分三十九秒〇
二着⑦アサクサギネスオー　クビ
三着④サウスボーイ　　　　クビ

⑦アサクサギネスオーはほんの少しだけ足りなかった。それでもY先生は笑っている。「本当にくるとはね」、単勝二十六・七倍は逃したが、複勝⑦六五〇円、そして馬連⑦⑪六四三〇円を見事的中である。

これで冬の東京開催はすべて終了である。Y先生の参戦はたった一日だけだった。「また、暖かくなったらね」ゴンドラフロアの人々ともしばらくお別れである。競馬は来週から中山競馬場へ行く。四月二十二日まで府中には帰ってこない。Y先生はいつも通り、このインターバルに荻窪病院で人間ドックを受ける予定である。そこできっと「熱発」の原因もつきとめることができるだろう。熱が下がれば中山競馬場、皐月賞観戦ツアーを用意してお待ちしております。

エレベーターを降りて一階へ、今日の戦果でいつもより少し鞄が重くなっている。正門からタクシーを、と思ったが、府中駅まで歩く、とおっしゃる。「回数券もあるからね」バスで国立へ、いつものように帰ろう、ということである。さあ、正門に向かおうとしたところ、突然、背中が押されるほどの強い風が吹いた。スタンドから吹き下ろされてきたような風だった。まだ、上空には冬が居坐っている、そんな冷たい風だった。Y先生が呼び止められたかのように振り返る。夫人も立ち止まる。しばらく二人でスタンドを見上げていらっしゃる。今日も毎レース通った、パドックを見下ろす四階テラスにはもう人影はない。「ロング・グッドバイを告げる相手がね」言葉を押しだすようにY先生がつぶやく。「いなくなっちゃったんだよ」、そして、スタンドに向かってお辞儀をする。それは追い越していった人々がみんな振り返ってこちらを見るほどに深々とした一礼だった。夫人は左傍らに寄り添い、Y先生の肘にそっと手を添えている。風が吹いている。舞いあげられた埃が目に入りお二人の様子を真っ直ぐ見ることができなかった。

ダービーが終ると、六月から十月まで、東京競馬場ではレースが行われない。私は、いつも、「ロング・グッドバイですね」

と言う。

「永のお別れにならなきゃいいが」

と先生が答え、黒のソフトを振り振り帰って行かれる。先生は六月一杯夏服を着ない。むろん、汗をビッショリかいておられる。

（『江分利満氏の優雅なサヨナラ　男性自身シリーズ最終巻』新潮社　一九九五年）

# 第七章

## 一九九五年オークス　慶應義塾大学病院

1

Y先生が初めて「アンカツ」、安藤勝己騎手の存在を知ったのは『草競馬流浪記』連載第一回の取材で笠松競馬場を訪れた時である。一九八一年三月十五日、今から十四年前、その時、安藤騎手はまだ二十一歳の若者だった。

取材時に最初に訪れたのが競馬場の事務室である。そこで、まず壁に掲げられた一枚の写真について事務局長の山本正恭さんから説明を受ける。

僕たちは、最初に事務室へ行った。そこに例の地方競馬招待レースのゴール前の大きな写真が掲げられていて、事務局長の山本正恭さんが、

「この二頭がうちの馬です。あとの、こっちのほうの馬が中央の馬です」

と言い、指さして説明してくれた。中央競馬の馬は、およそ五馬身ばかり引き離され、一団となっている。この快挙の喜びが直かに伝わってくるような気がする。

(『草競馬流浪記』新潮社　一九八四年)

笠松競馬は公営競馬の枠を超えて活躍した名馬を数多く輩出した競馬場である。写真に掲げられていたのは一九七九年十月七日、ＪＲＡの中京競馬場で行なわれた「地方競馬招待競走」(オープ

ン特別、芝一八〇〇メートル）、笠松競馬場所属のリュウアラナス、ダイタクチカラの二頭が中央競馬の強豪たちを五馬身ちぎってワン・ツー・フィニッシュを決めた瞬間だった。競馬場に向かう道中、実はそのレースのことをY先生は取材同行者たちと語り合っていた。


「ダイタクチカラですよ。勝ったのはリュウアラナスですけれど」

　パラオ君が馬券の名人であるのは、このように記憶力が勝れているからである。

「そうだった。二着になった馬が強かった」

「そうなんです。中央のバンブトンコートとかリキアイオーというのは一流馬ですからね。リキアイオーとダイタクチカラでびっしりと競りあいましてね。ダイタクチカラが競り潰して楽勝かと思われたときに、大外からリュウアラナスが突っこんできましてね。一着はこの馬でした。おっしゃるようにダイタクの強さが目立ったレースでしたね」

（『草競馬流浪記』新潮社　一九八四年）


「地方競馬招待競走」は一九七三年から隔年でＪＲＡの競馬場に公営競馬所属の馬たちを招いて開催されていた交流レースである。公営、大井競馬場で中央競馬の馬たちを招いて開催される「中央競馬招待競走」と交互に行なわれていた。ダート一六〇〇メートルで行なわれていた「中央競馬招待競走」がすべて公営所属馬たちの勝利であったのに対して、芝一八〇〇メートルで行なわれた「地方競馬招待競走」は、やはり中央競馬の壁が厚く公営競馬からの招待馬たちはなかなか勝つことができなかった。やっと四回目にして笠松競馬場所属の馬が公営馬として記念すべき初勝利を、それもぶっち切りで飾ったのである。その後ジャパンカップに公営馬の出走が認められるようになったこともあり、一九八五年を最後にこのレースは廃止されたが、七回行なわれたレースの中で公営馬が勝ったのはこのリュウアラナス、そして大井競馬場所属のテツノカチドキ（一九八五年）の二頭だけだった。

笠松競馬の騎手たちは非常に若い。安藤にかぎらず美男子ぞろいであることを双眼鏡で確かめてある。職員も、熱意があって、がいして言えば若い。燃えているという感じを僕は受けとった。汚名挽回ということだろうか。騎手の教育については、厳正が保たれているようである。「公営競馬・この良きもの」を大澤さんも下川さんも強調するのである。それが、僕には、こころよい。

（『草競馬流浪記』新潮社　一九八四年）

Y先生が「史上最強馬」と認定したオグリキャップも笠松競馬出身である。さらに、その半妹、オグリローマンも七戦六圧勝の実績を引っ提げて昨年、笠松から中央入りし、㊞馬（地方から中央への転籍馬）として初めて四歳牝馬のクラシックレース、桜花賞を制している。この二頭の笠松での主戦ジョッキーが「アンカツ」こと安藤勝己騎手だった。

その第九レースに、公営日本一というブレーブボーイが出走した。名古屋で十一勝、当地でも五勝という八歳馬である。鞍上《あんじょう》は、笠松の福永洋一と称される二十一歳の安藤勝己。昨年度は、なんと百十二勝している。

（『草競馬流浪記』新潮社　一九八四年）

一九七六年、十六歳でデビューした安藤勝己騎手は三年目、十八歳の時に一一六勝をあげて早くも笠松競馬のリーディングジョッキーになっている。その後、一一四勝、一三四勝と順調に勝ち星を積み重ねて、Y先生が取材した時はすでに笠松のナンバーワンジョッキーの座を不動のものとしていた。

「なんでも言ってください。どこへでも案内します。安藤勝己に会いたいと思いませんか。検量室へでも厩舎へでも案内しますよ」

「安藤勝己というのは、うまいかね」

「上手ですが、いま、ちょっと、勝ちに行きすぎるようなところがありますね」

「そういう騎手が好きだ」

「意識しているところがあるんじゃないですか。だけど、中央へ行ったら、凄い人気になるでしょうね。なにしろ、おぼこいで……」

「おぼこい？」

「可愛い顔をしてるんですよ」

「ああ、僕はそれにヨワイんですよ。可愛い少年というのは、ちょっと困るんだ」
(『草競馬流浪記』新潮社　一九八四年)

安藤には会わないことにした。惚れてしまって帰れなくなったら大変だ。大澤さんは、安藤を見ていると怖い感じがするという。天才型の美少年にはそういうところがある。事故を起こさなければいいが……と、しみじみした口調で言った。
(『草競馬流浪記』新潮社　一九八四年)

Y先生は『草競馬流浪記』取材で全国二十七ヶ所の公営競馬場を巡り、馬券と双眼鏡を通じて佐々木竹見(川崎)、小嶺英喜(福山)、的場信弘(佐賀)、村上昌幸(盛岡)、福田三郎(宇都宮)など、公営競馬で活躍する数多くの名手たちと出会っているが、その中で最初に出会い、さらに最も強い印象を与えられたのは間違いなく安藤勝己騎手である。現在も笠松のリーディングジョッキーは継続中、一九九〇年に全国各地の公営競馬で活躍する競争馬、調教師、騎手を表彰するために制定された地方競馬全国協会(NAR)グランプリでは優秀騎手賞の常連となり、いまや公営競馬界を代表する騎手の一人となった。安藤騎手が初めてJRAのレースに騎乗したのは一九八〇年五月、阪神競馬場で行なわれた「地方競馬騎手招待」である。三番人気のヤマニンスキーに騎乗して見事に一着、中央初騎乗で初勝利を挙げている。その後、あまり騎乗機会はなかったが昨年は十レースに騎乗して、中京競馬場で行なわれた「テレビ愛知オープン」をはじめ三勝を挙げた。いよいよ中央へ、安藤騎手の次の目標は笠松からの天下統一、というところだろうか。

ところで、これも正直に書くのだけれど、公営競馬場に出かけるというとき、なぜか僕の胸は高鳴るのである。ワクワクする。前夜は眠れない。終ると次回が待ち遠しくなる。いったい、これはどういうことだろうか。東京競馬場の近くに住んでいるので、府中の開催日には、まず出かけることになる。この、日本最大の、もっとも整備された、東京優駿競走《ダービー》の行われる、乗り役にも調教師にも評論家にも友人の多い競馬場へ出かけるときは、こんなことはない。

（『草競馬流浪記』新潮社　一九八四年）

『草競馬流浪記』を読み進めると、笠松、水沢、姫路、紀三井寺と取材を重ねるにつれてY先生の公営競馬に対する想い、「草競馬・愛」が深く、大きくなってゆくことがよく分かる。馬券はうまく行ったり行かなかったり、それでもその愛はどんどん膨らんでいる。

それと、もうひとつ、僕にとっては目の前で返し馬をやってくれるのが有難い。だいたい、頸《くび》をぐっと下げてヒタムキに走っている馬はレースになっても好走する。そこへゆくと中央競馬では、向う正面の見えないところで返し馬をする。騎手同士で樹の陰で話しあったりしている。とても感じが悪い。どうも僕は公営競馬のほうも愛しはじめちゃったらしい。好きです！　愛しています！

(『草競馬流浪記』新潮社　一九八四年)

Y先生の心の中に芽生え、膨らんだ「草競馬・愛」は『草競馬流浪記』の連載が終了しても決して消えることはなかった。ダーリンググラス(一九八三年十着)、ジュサブロー(一九八六年七着)、ガルダン(一九八七年十三着)、ロジータ(一九八九年十五着)、ジョージモナーク(一九九〇年十五着、一九九一年十五着)、ハシルショウグン(一九九二年十四着、一九九三年十六着)――ジャパンカップの招待馬として公営所属馬が出走する場合は必ず敬意を表してその馬の複勝馬券を購入するのである。もちろん唯一の勝馬投票券として成立した一九八五年の第5回ジャパンカップ、ロッキータイガー(船橋競馬場所属)が最後方から追い込んでシンボリルドルフに続き二着に来た時は、複勝四八〇円、さらに、枠連78二七九〇円を的中させている。そして、毎年、暮れの阪神競馬場で開催される「ワールドスーパージョッキーズシリーズ」では海外のトップジョッキーに混じってただ一人だけ招待される公営競馬所属の騎手をどこまでも追い駆ける。昨年は船橋競馬場所属の名手・石崎隆之騎手を四レースすべて狙い討ち、第二戦「ゴールデンスパートトロフィー」、単勝⑧バンブーユージン一〇六〇円、馬連④⑧四一九〇円、第四戦「ゴールデンホイップトロフィー」、単勝①トウカイサイレンス四〇〇円、馬連①⑫四四八〇円という中穴のちょうど良いところを的中させている。これも「草競馬・愛」ゆえ、といえるだろう。さらに、東京競馬場での日常事ではあるが、公営からJRAに転籍してきた㊞馬たちが出走する場合は、必ず手厚く迎えられることになっている。

①公営上り、緒戦買うべし　公営から来た馬の最初のレースを狙うと面白い。その根拠は、そもそも強い馬であるから中央に上がってきたということである。しかも、タフな馬が多い。総じて公営の馬は先行する。僕は、前にも述べたが先行有利という考え方をする。特に馴れない芝コースだと人気薄になる。しかし、厩舎関係で、この馬は芝のほうが走ると判断して中央にあげてきたと考えられなくもない。ダートなら、これはお手のものだ。実は、僕は、この買い方で、しばしば大穴馬券を取っている。しかし、二戦、三戦と追いかけてはいけない。

赤木さんは、この件に関して「ほら、高校野球や社会人野球から期待されてプロに入ってきた選手が意外に駄目になってしまうケースがあるでしょう。コーチがフォームを矯正したりして、弄《いじ》り壊してしまうんです。それと同じですよ」と、やや皮肉っぽい見方をする。

僕は、こう思う。馬にだって、緒戦、初コースという一種の快い緊張感があるのではないか。好走の要因はそれだと思っている。もちろん、パドックで馬を見て、よしと判断してから買ってもらいたい。

（『日本競馬論序説』新潮社　一九八六年）

今年の競馬界のキャッチフレーズは中央競馬と公営競馬の「交流元年」である。中央・公営それぞれに「指定交流競走」が設定され、ＪＲＡ所属の馬たちが公営競馬場で開かれるレースに、公営所属馬がＪＲＡのレースに、それぞれ出走がしやすくなった。さらに公営競馬所属馬は事前に登録をして、指定されたレースで好成績を収めれば、地方在籍のまま中央のクラシックレースに出走できるようになったのである。これからは公営競馬地馬（公営競馬場所属馬は出走表の馬名の前にこの印がつけられている）のツワモノたちの雄姿をＪＲＡの舞台でしばしば愉しめるようになったのである。いわば一九九五年はＹ先生の「草競馬・愛」実りの年なのである。

早速、春の牡馬クラシック、皐月賞に出走を決めた地馬が出現した。ハシノタイユウである。怪物ナリタブライアンと同じくブライアンズタイムを父に持つこの馬はもともとＪＲＡの所属馬として昨年の夏に札幌競馬場でデビューしている。芝一二〇〇メートル戦、圧倒的な一番人気のブライトサンディー（サンデーサイレンス産駒）には三馬身離されての二着だったが、タヤスツヨシ（同じくサンデーサイレンス産駒、皐月賞にも出走予定）には二馬身半差をつけ、十分に芝で活躍できる器であることは示していた。しかし、その後、北関東足利競馬場所属の地馬となる。その理由はやはり「交流元年」、公営馬が転籍しなくてもＪＲＡのクラシックレースを走れるようになったことである。栃木県馬主会長でもあるオーナーの橋本中氏は、どうしても栃木の競馬場所属の馬でＪＲＡのＧⅠを獲りたい、という強い想いを抱いていた。移籍緒戦は二馬身差の完勝、続く二戦目はＪＲＡ皐月賞トライアルへの代表馬選定競争として高崎競馬場で行なわれた青峰特別に駒を進める。一着馬しか出走権を得られない厳しい闘いである。ハシノタイユウは高崎競馬場所属の強豪トドロキチャンプをハナ差押さえて勝利を収め、今度は地馬として再び中央の舞台に帰ってくることになった。中山競馬場で行なわれるＧⅡ弥生賞、ここで三着以内に入れば皐月賞に出走する権利を得ることができる。鞍上は高橋和宏騎手、二十九歳、南関東・大井でデビューして北関東・足利に移籍し、三年前には北関東リーディングジョッキーとなっている。若いながらも経験豊富、腕も確かな騎手である。ハシノタイユウは十頭中八番人気だった。このレースの話題の中心はなんといってもＧⅠ朝日杯三歳ステークスを三連勝で制したフジキセキである。父・サンデーサイレンス、母・ミルレーサー、最もサンデーサイレンスに似ている仔と評され、すでに牡馬クラシック三冠馬有力との呼び声が高い今年一番の大物である。単勝オッズ一・三倍、前走一六〇〇メートルから二〇〇〇メートルへ距離が伸びていったいどんな走りを見せるのか、一身に注目を集めている。そのためハシノタイユウの出走はあまり話題となっていなかったが、Ｙ先生は見逃すことはない。馬券デリバリーサーヴィス営業中、立川ウインズで購入して国立にお届けする。Ｙ先生はもちろん「草競馬・愛」、①ハシノタイユウの単複と馬連総流しである。国立に戻って一緒にＴＶ観戦をさせていただく。フジテレビの実況席には藤田伸二騎手がゲストとして坐っていた。デビュー五年目、まだ二十三歳だが、すでに大物感を漂わせている。Ｙ先生贔屓の一人、間違いなくこれからのＪＲＡを背負ってゆく騎手になるだろう。

〈弥生賞結果〉

| | | | |
|---|---|---|---|
| 一着 | ⑨フジキセキ | 角田晃一 | 二分〇三秒七 |
| 二着 | ⑦ホッカイルソー | 蛯名正義 | 二馬身½ |
| 三着 | ①ハシノタイユウ | 高橋和宏 | 二馬身 |
| 四着 | ⑧オートマチック | 加藤和宏 | ハナ |

五着　⑤イブキタモンヤグラ　河内洋　ハナ

弥生賞はハシノタイユウにとって極めて厳しいレースとなった。これまで好位から抜け出して結果を出してきた馬である。末脚に絶対の自信あり、というタイプではない。今日のレースも、おそらく一番手か二番手で引っ張るであろう絶対的本命馬、角田晃一騎手⑨フジキセキのお尻を眺めながら好位を進みたい、と思っていたはずである。一枠一番、絶好の枠から好スタートを切ったハシノタイユウは首尾よく最内の五番手を確保した。ここまでは高橋騎手の思惑通りだっただろう。しかし、第一コーナーに差し掛かったところで内ラチ側に馬が集中して前が詰まったために、高橋騎手は強く手綱を引いて①ハシノタイユウに制動をかけなければならなかった。順位が下がる。七番手の外側、バックストレッチで脚を伸ばすも馬の入れ替わりが激しくなかなかポジションを回復することができない。苦しい展開、これはもう、末脚勝負にかけるしかない。第三コーナーの入口、二番手を行く⑨フジキセキが早くも先頭に立とうとしている。馬群全体もスピードアップである。①ハシノタイユウは外、外を回りながらついてゆく。第四コーナー手前、蛯名正義騎手⑦ホッカイルソーが後方からまくるように上がってくる。豪快な末脚、高橋騎手はその内側に馬体を併せて一緒に上がろうとする。しかし、脚が違った。①ハシノタイユウは馬群に押しつけられるように置かれてしまった。しかし、高橋騎手は諦めない。ホッカイルソーが通り過ぎた後、再び加速しようと外に向けて手綱を強くしごき、右ムチを入れる。Y先生「ああっ」、①ハシノタイユウは大きく外によれてしまった。今度こそ、絶体絶命である。

先頭は馬群を大きく引き離して逃げ込みを図る⑨フジキセキ、もの凄い勢いで追い込んできた⑦ホッカイルソーに半馬身まで迫られたところで再び加速して、あっという間に二馬身半突き放してゴールイン、二着にはホッカイルソー、皐月賞行きの切符は残り一枚となった。この一枚を巡る闘いが壮絶を極めた。内ラチぴったり粘り込もうとする加藤和宏騎手⑧オートマチック、一度は大きく外によれながらも懸命に立て直して、今度は左ムチの連打で迫る①ハシノタイユウ、その内側を巧みに突いて河内洋騎手⑤イブキタモンヤグラが突っ込んでくる。「ハシノ、頑張れ!」ダイニングルームにY先生の声が飛ぶ。それに応えるように①ハシノタイユウはもうひと伸び、離れた内の⑧オートマチックをなんとかハナ差とらえ、潜り込むように迫る⑤イブキタモンヤグラの猛追を、これもなんとかハナ差凌いで三着でゴールインした。外によれたところでもう駄目かと思ったが、高橋騎手、そしてハシノタイユウの勝負根性は相当のものだった。橋本オーナーの執念か。本番・皐月賞は同コース、同距離となる。今日は騎手、馬ともにこのコースの難しさをたっぷり経験しただろう。あれだけの不利がありながらここまで走れたのだから、本番で、思惑通りの競馬が出来ればば、好戦は十分に可能なのではないか。Y先生、馬券としては複勝二七〇円の的中のみに終わったが、今回の快挙にやや興奮気味、本番も「わからないぞ」想いはすでに皐月賞である。今年の牡馬クラシック戦線、東京のターフで何度もその走りっぷりを確かめて、Y先生の本命馬はジェニュインだったはずである。例年以上に入念に検討を重ねた結果だった。もしかしたら弥生賞でフジキセキの絶対的な強さを目撃して、この異母兄弟への乗り替わりもあるかな、とは思ってはいたが、その指向はさらに違う方角に行ってしまった。これからはジェニュインではなく、ハシノタイユウの雄姿を確かめるために船橋法典へ、である。仕方ない。なにしろ「草競馬・愛」なのだから。
そして、三月十九日には、Y先生がさらに注目しているレースが行なわれた。笠松競馬場での十戦十連勝の成績を引っ提げて、ライデンリーダーが京都競馬場にやってきたのである。GⅡ報知杯四歳牝馬特別、鞍上はもちろん安藤勝己騎手である。

〈ライデンリーダー　これまでの戦績〉

| | | |
|---|---|---|
| ①サラ系三歳ロ新馬 | 一着 | 二馬身½ |
| ②サラ系三歳イ | 一着 | 二馬身½ |
| ③サラ系三歳イ | 一着 | 四馬身 |
| ④サラ系三歳イ | 一着 | 二馬身 |
| ⑤秋風ジュニア | 一着 | 一馬身½ |
| ⑥中京盃サラ三歳オープン（重賞） | 一着 | 八馬身 |
| ⑦サラ・プリンセス（重賞） | 一着 | 六馬身 |
| ⑧ゴールドウイング賞（重賞） | 一着 | 六馬身 |
| ⑨ジュニアGP（重賞） | 一着 | 一馬身½ |
| ⑩うぐいす特別B2イ（古馬戦） | 一着 | 七馬身 |

レース前からライデンリーダーはすでに注目の的となっている。笠松でのこれまでの戦いぶりか

ら、その実力は先輩、桜花賞馬オグリローマンと同等、あるいはそれ以上とさえいわれている。なにしろ、すでに古馬との対戦も済ませ、二着以下を七馬身もちぎっているのである。父ワカオライデンはＪＲＡから公営に移った馬である。中央では朝日チャレンジカップに勝ち、公営転籍後は東海菊花賞、名古屋大賞典、東海ゴールドカップ、白山大賞典など名だたる公営の重賞レースを制覇した名馬である。さらに種牡馬としても活躍馬を送り出し、昨年は公営競馬のリーディングサイヤーに輝いている。祖母に桜花賞馬ワカクモ、母のオキワカはテンポイントの姉、したがってワカオライデンは甥にあたる。ドラマチックな血統の持ち主なのである。いきなり「交流元年」に地馬初のクラシック馬の誕生か、それも笠松競馬場所属、跨るは贔屓の「おぼこい」安藤勝己騎手、Ｙ先生の「草競馬・愛」は膨らむばかりなのである。

しかし、それなのに、なのである。昨年末から続く大きな心配事がひとつ。Ｙ先生の「熱発」がいまだに続いている。国立上空に垂れこめた暗雲はなかなか消え去ってくれない。

## 2

微熱が去らない。昼も夜も三十六度四分から五分という日がずっと続いている。去年の十一月末からだから、優に三ヵ月を越えて三ヵ月半になろうとしている。しかし、私はこれは風邪ではないと思うことにした。だから毎日入浴する。別にどうということもない。さいわいにして高熱とか下痢という症状はない。老人性結核かとも思ったが、透視の結果、肺は綺麗であるそうだ。

去年の八月三日に前立腺除去の手術をしたのだが、雑菌による発熱などは半年でなくなるという。あれから七ヵ月だからそのほうの心配も、たぶん、無い。いくらかは勝手にせいやという気分で暮すようになった。

（『江分利満氏の優雅なサヨナラ　男性自身シリーズ最終巻』新潮社　一九九五年）

もう三月、スプリング・ハズ・カム、なのに、である。二月二十四日、二十五日に受診した親子三人、荻窪病院での人間ドックの結果は「再診の必要アリ」というものだった。「熱発」の原因はいまだ判明しない。実は五年前、一九九〇年にY先生はおよそ二ヶ月にわたって「熱発」を発症している。ゴールデンウイーク手前まで調子が悪かった。その時は最終的には花粉症と診断されている。三月十三日、再び荻窪病院の診察を受ける。今度はCTスキャンだ。いつもなら、そろそろ府中行きに備えて立川ウインズ通いをはじめる時期ではあるが、ここで無理をして体調をさらに悪化させるわけにはいかない。当面の間は馬券デリバリーサーヴィスを継続営業させていただくことにする。大一番、「アンカツ」淀参上の二日前、週末の段取りを確かめるために国立へうかがった。

春になって体に力がついてきて好《い》い調子だと思っていたが、人間ドックで縦隔《じゅうかく》の腫れを指摘され、CTスキャンによる再検査の結果、縦隔腫瘍の疑いありという電話連絡があって、また病院へ行かなくてはならなくなった。

縦隔という名さえ知らなかった。横隔膜というのがあるのだから縦隔があって不思議はない。

左右の胸膜の間に縦隔洞があって中央に位置する。ここに心臓、大動脈、大静脈、気管、気管支、迷走神経、食道、胸腺などがある。ここに発生する腫瘍にはいろいろ種類があり、なかには悪性のものもあるそうだ（主婦の友社発行『家庭医学大百科』を参考にしてこれを書いている）。

（『江分利満氏の優雅なサヨナラ　男性自身シリーズ最終巻』新潮社　一九九五年）

Y先生から荻窪病院での再診の結果を教えていただいた。三月下旬に「再々診の必要アリ」とのことである。延長戦はまだ続いている。Y先生はなかなか検査から解放されない。「縦隔腫瘍の疑いアリ」、ジュウカクシュヨウとは何ぞや？　やはり「熱発」は身体内の深刻な変調のシグナルだったのだろうか。皐月賞、二年連続で武蔵野線に乗ってぐるり中山大遠征計画はここで断念である。とはいえ、次の検査まで二週間の間隔がある、ということはそれほどの緊急事態ではないのだろう、と勝手に安心しつつ、土曜日、日曜日と国立・立川ウインズ間の往復運動である。

日曜日の京都競馬場のメインレース、Y先生はもちろん②ライデンリーダーから勝負である。塗られたマークシートからY先生の気合の入り方が伝わってくる。単複それぞれ一万円ずつ、馬連総流し各一〇〇〇円、さらに有力どころとの組み合わせを厚く買い足している。ほぼGI並みの投入金額である。TV中継が始まる。パドックが映る。②ライデンリーダーは二番人気、まず目立つのはLDと額にイニシャル入りの赤い覆面、なぜかプロレスラーのマスクを連想させる。似合っているのかいないのか。小柄で細身、四四八キロ、前走からはマイナス十四キロと大幅減だが、ガレている様子はなく、ここは芝仕様という仕上げなのだろう。キビキビとした歩様にも好感が持てる。

後肢の弾み方からバネの強さが感じられる。何よりも落ち着いているたたずまいが素晴らしい。すでに十戦こなしている馬である。古馬との対戦も済ませている。JRAの若い娘たちとはひと味もふた味も違う。ちょっと他所までひとっ稼ぎしてくるわ、そんな風情である。初めての芝、スピードが要求される一四〇〇メートル、安藤勝己騎手はどんな騎乗ぶりを見せるのだろう。このレースの一番人気は⑯エイユーギャル、四五二キロ、マイナス四キロ。好位から切れ味よく脚を伸ばし紅梅賞、バイオレットステークスと二連勝中である。「この娘も強いね」。鞍上は四位洋文騎手、デビュー五年目、藤田伸二騎手と同期、まだGI未勝利ながら騎乗フォームがとても美しく、Y先生注目の若手騎手の一人である。この騎手もいつか必ず花開く。関西所属の若手ジョッキー陣は実に人材豊富である。

まずまずのスタートを切って好位につけた②ライデンリーダーだったが、他の先行馬と比べて二の足の加速が鈍い。鞍上の安藤騎手は手を動かし続けているが、⑨ウエスタンドリーム、⑩マキシムシャレード、⑯エイユーギャルがつくるペースについてゆけず置いてゆかれ気味、少しずつ順位を下げてゆく。やっとスピードに乗りはじめたのは坂の下りの入口辺りだろうか。コーナーワークはスムーズ、ストライドもぐんぐん伸びている。「イイ脚だな」Y先生も十分に手応えアリ、八番手、直線に向いて内から徐々に外へと進路をとりながら前の馬たちとの差を詰めてゆく。ここで安藤騎手が鞭を入れた。いきなり②ライデンリーダーのスピードが上がる。ここからの脚が圧巻だった。覆面レスラーのような赤いメンコが上下すると、Y先生がTVの前で声をあげる間もなく、前にいたはずの馬たちを一瞬にして置き去りにして、一頭だけ抜けだしていた⑯エイユーギャルまで一気に抜き去ってしまう。他馬とは次元の違う走りである。最後は三馬身半の差をつけてゴールインした。凄い。想像以上に強力なその末脚に実況の杉本清アナウンサーも一瞬、言葉を失っていた。「春一番」まさに疾風のような走りだった。②ライデンリーダーの単勝三五〇円、複勝一八〇円、二着⑯エイユーギャルとの馬連②⑯は七三〇円。配当は低くともY先生は大満足である。この脚を本番でも再び繰り出すことができればライデンリーダーは間違いなく桜花賞馬になれるだろう。地馬初のクラシック馬誕生、「公営の春」到来がいよいよ現実味を帯びてきた。

三月二十九日　　荻窪病院再々診察
四月三日　　慶應病院泌尿器科診察、国立の桜を眺めながら帰る。
四月四日　　慶應病院神経内科診察

ライデンリーダーがJRAに一気に春をもたらした。しかし、Y先生の体調は一向に良くなる兆しがない。「熱発」継続、検査の日々が途切れることなく続く。

四月四日の火曜日は慶応病院神経内科の診察日である。G名誉教授は外来を退かれて、その日からF教授になるところだが、学会があってTさんという若い医師《せんせい》に見てもらうことになった。

私は荻窪病院でのレントゲンとCTSCANのフィルムを見てもらって、縦隔内に腫れがあることと、これは淋巴腺《りんぱせん》の腫れではないかという荻窪病院のN医師の見解を伝えた。これとは別にN医師から血液外来I教授宛の手紙があった。T医師はそれを読むなり「ちょっと待っていてください」と言って血液外来の部屋へ走って行った。

そうやって私は血液外来へ行って待つこと三十分、I教授はやはり学会に出ておられるそうで、若いH医師とW医師の話をうかがった。

この腫瘍は何だかわからない、喉にも腫れがある。組織を取って調べる必要があるので入院しなければならない。私は平静に話を聞いたつもりであるが、情ないことに頰が引攣って血の気が引く感じがあった。また入院か。「入退院を繰り返す」という言い方があるが、それは同じ病気の場合だろう。私のは、頭だ頸《くび》だ前立腺だ縦隔だ喉だといろいろであって、何だか狼少年になったような気がする。

(『江分利満氏の優雅なサヨナラ　男性自身シリーズ最終巻』新潮社　一九九五年)

四月五日の朝に弊社に電話を頂戴する。なんと、前日の神経内科の診断の結果、慶應病院に緊急入院することになった、とのこと。夕方、急ぎ国立にうかがう。「熱発」から四ヶ月、やっぱり、なんでもない訳がないじゃないか。

俄かに慌ただしくなってきた。なにしろ、日曜日は桜花賞、「アンカツ」の晴れ舞台である。翌週にはハシノタイユウが皐月賞に登場する。さらに、オークス、ダービーへ、もう、春の競馬はノンストップなのだ。それもY先生の「草競馬・愛」でいっぱいに満たされるはずだったのである。

しかし、今度の入院はどうやら長引く気配である。果たして東京競馬開催前に退院することはできるのだろうか。それまで、しばらくの間、競馬は「院内観戦」となる。馬券デリバリーサーヴィス、過密な検査スケジュールをかいくぐりながらどうやってY先生の競馬参戦の機会を十分に確保していただくか、それが当面の課題である。

これで今年も桜は駄目だ。菫《すみれ》の満開となる庭も見られない。一年中で一番いい季節を虜囚の身となるのである。七年前の頸椎症のときがそうだった。外出許可を貰って後楽園ウインズへ行って皐月賞の馬券を買ったことを記憶している。慶応病院正門を入って左側に立派な桜の木がある。頸椎症のときは、ナースルームからその桜を眺めていた。花が散って葉桜となる頃に退院した。桜の木の下で弁当を使っている男がいたりする。佗びしい眺めだった。

（『江分利満氏の優雅なサヨナラ　男性自身シリーズ最終巻』新潮社　一九九五年）

早速、四月七日の入院日、午前中に慶應病院へ行く。銀星交通「徳サン」の車でY先生は現れた。朝は無事の到着を確認するだけ、と柱の陰から様子をうかがっていようとしたら、ご一行様、大荷物なのである。Y先生の入院は夫人も付き添いで泊まり込むことになる。ここは搬入をお手伝いしなければならない。「仕事は大丈夫なの」、サントリーのY先生担当、これこそが仕事っすよ。「もう、桜花賞なのにねえ」しばらく入院の手続きや診察が続く、ということで夕方、落ち着いたところで改めて「ダービーニュース」をお届けすることにした。

〈馬券デリバリーサーヴィス　慶應病院版行程表〉

金曜日　十七時以降　「ダービーニュース」と「日刊ゲンダイ」を病室に届ける。

　　　　　　　　　　＊必要があればマークシートの補充をする。

土曜日　九時　「報知新聞」小宮記者の印を確認しつつ病室へ。

　　　　九時三十分　記入済みマークシートを受け取り後楽園ウインズへ。

　　　　十一時　購入後、慶應病院に戻る。

　　　　十四時　病室にて「院内観戦」。

　　　　十六時　メインレース後、換金のために再び後楽園ウインズへ。

　　　　十七時　「ダービーニュース」と大金（？）を手に病院へ戻る。

日曜日　九時　やはり「報知新聞」小宮記者の印を確認しつつ病室へ。

　　　　九時三十分　記入済みマークシートを受け取り後楽園ウインズへ。

　　　　十一時　購入後、慶應病院に戻る。

　　　　十四時　病室にて「院内観戦」。

　　　　十六時　メインレース後、換金のために再び後楽園ウインズへ。

　　　　十七時　大金（？）を手に病院へ戻る。

　入院初日から馬券デリバリーサーヴィス、フルオープンである。こんな非常時にちょっと不謹慎か、とも思ったが「坪やん、頼んだよ」なのだから仕方がない。仕事がなかなか終わらず、うかがうのがすっかり夜になってしまった。慶應病院、裏の侵入口、たとえ灯りが消えて真っ暗になっていてもどこから入るかはちゃんと心得ている。「ダービーニュース」はすでに夫人が購入済みだった。二人でナイター中継をご覧になっていた。巨人・ヤクルト戦、今日はプロ野球の開幕戦だった。斎藤雅樹好投中、夫人はご機嫌麗しい。

坪やんに馬券を頼む。すると驚くべき結果が待っていた。

私は知人・友人の馬が出走したら必ず馬券を買うことにしているが、第五レース障害の未勝利戦で初障害のネイビーソルジャーが勝って単勝八千九十円、馬連は実に三万七千八百六十円。このネイビーソルジャーは銀座鉢巻岡田という贔屓の店の持馬である。（このネイビーソルジャーに騎乗した五十嵐騎手は十一日の夜交通事故で急死してしまった。旧姓水流添《つるぞえ》でデビュー当時から注目していた。青島じゃないが人間万事塞翁が馬の思いを深くする）

（『江分利満氏の優雅なサヨナラ　男性自身シリーズ最終巻』新潮社　一九九五年）

ネイビーソルジャーは社台レースホースの馬、「はち巻岡田」のご主人・岡田千代造さんは共同馬主の一人である。父は凱旋門賞馬トニービン、母はダイナカルメン、母の父はノーザンテースト、十分にＪＲＡで活躍が期待できる血統だった。しかし一九九三年七月のデビューからなかなか勝つことができずに十三連敗、さらに未勝利のまま五〇〇万以下クラスに昇格して三連敗、とうとう障害レースに参戦してきた馬である。障害初戦は出走取り消し、今日が二戦目だった。十七戦十六連敗プラス「や」がひとつ、競馬新聞を下から読んでもウラから読んでも絶対に買うことのできない馬である。今日は障害未勝利二七〇〇メートル戦、十頭（出走予定十一頭のうち一頭が取り消し）中九番人気、この馬より人気がない馬がいるのが不思議なくらいである。しかし、Y先生は敢然と①ネイビーソルジャーから勝負である。この馬の単複と馬連総流し、入院三日目、それも午前中から実にアグレッシヴだ。テレビ中継はまだ始まっていない。「踏み切ってェ、ジャンプ」Y先生と二人でラジオ実況に集中する。スタート後、①ネイビーソルジャーは後方七、八番手を進む。有力どころが好位を占めている。なんだ、やっぱり障害でも難しいのか、と思いはじめた「ところが奇跡か神がかり」、なんだか順位を上げはじめている様子である。レースが進むにつれて実況アナウンサーに名前を呼ばれる頻度が上がってくる。直線に入り五番手、さらに「居並ぶ名馬をゴボウ抜き」、ついに先頭に立ってしまう。「走れ！（コウタロー改め）ネイビーソルジャー」、そのままゴール。二着⑨テンショウメイジンに一馬身3/4差をつけた完勝だった。

トモダチ馬券の快進撃はさらに続く。

第八レース、友人の田辺喜彦さんのマウントロマンが勝って単勝一千五百四十円、馬連七千九百七十円。

（『江分利満氏の優雅なサヨナラ　男性自身シリーズ最終巻』新潮社　一九九五年）

これはもう桜花賞の瑞兆に間違いない。病室内の盛り上がりは最高潮である。いよいよ午後三時、ＴＶの競馬中継が始まった。Ｙ先生、患者であることを完全に忘れて、馬券を胸ポケットに確かめながらＴＶにかじりつく。「もうアンカツさんなの」夫人も今日はユタカではなくアンカツ馬券を購入して夫唱婦随、二人並んでの「院内観戦」である。

ＴＶに映し出された京都競馬場はすっかり雨の中だった。午前中はシトシト、午後から雨足が強まったようだ。発表では馬場状態はまだ稍重にとどまっているが、芝コースはすでにたっぷりの水分を含んでいるようだ。今年の京都競馬場は通常の開催に加えて、震災の影響による阪神競馬場の代替開催も重なり、一月から休みなく（震災直後の土日は中止）競馬が行なわれている。芝コースも内側は相当に荒れているようだ。そこに雨、若い娘たちにとっては極めて苛酷なコンディションである。特に、ライデンリーダーは芝重の経験がない。この馬場でキレ味が鈍ることはないか。前走の勝ちっぷりからＪＲＡの騎手たちのマークもきつくなるだろう。自由に走らせてもらえるはずがない。「アンカツ」どう乗るか。

さあ、いよいよ京都第十レース、いきなり「草競馬・愛」クライマックス、桜花賞である。パドックが映る。雨は相変わらずしっかりと降っている。いきなり⑥ライデンリーダーの大映しである。単勝一・七倍、圧倒的な一番人気になっている。今日もキビキビとした歩様である。馬体重四四八キロも前走と変らず、調整にぬかりはない。二番人気は岡部幸雄騎手⑬プライムステージ、三番人気は武豊騎手⑰ダンスパートナー、いずれもサンデーサイレンスの初年度産駒である。昨年末の時点ではこの二頭が牝馬クラシック戦線の主役になるだろうと考えられていたが、桜花賞のステップレースで両馬とも勝ち切ることができず、馬券購入者たちの信頼を十分に集めることができなかった。⑥ライデンリーダーにこれほど人気が集中したのもそのためだろう。しかし、鞍上の名手二人にとってこの状況は決して悪いものではない。人気の重圧から解放されて勝負に徹することができるのではないか。虎視眈々、公営から来た騎手にそう簡単にクラシックを勝たせる訳にはいかないのだ。「なんだかユタカさんの馬、強そうじゃない」夫人はアンカツ馬券への浮気を少し後悔されているご様子である。おっしゃる通り、確かにパドックの中では⑰ダンスパートナーが一番強そうに見えた。今日は闘志が表に出ている。いままでの印象とは少し異なる、スケールの大きさを感じさせる歩様である。この馬にもGIを勝つ雰囲気が十分に備わっている。これは、笠松とJRAのリーディングジョッキー同士の一騎打ちとなるか。

馬場入場、傘の花開くメインスタンドの大観衆に迎えられるが、⑥ライデンリーダーに興奮する様子は全く見られない。普段通り、実に気持よさそうな返し馬である。Y先生、TVに椅子をそっと一歩近づける。ゲートの前で輪乗りする各馬、TVカメラが頻繁に⑥ライデンリーダーを映しだす。鞍上の安藤騎手の口元がずっと動いている。「なに、喋ってるのかしら?」夫人もTVに一歩近づく。

各馬ゲートインはスムーズである。遠くメインスタンドのカメラから映しだされるスタート地点は雨のせいでうっすらと霞んでいる。ゲートが開く。バラバラなスタート、⑥ライデンリーダーは今日もなかなかの反応である。滲んだ画面でも太い、赤い斜めのストライプの勝負服は良く目立つ。②ムーブアップ、③ダンツダンサー、⑧ウエスタンドリームの三頭が飛びだした。その三馬身後方に馬群が形成されつつある。その前目、真ん中に⑥ライデンリーダーがいる。六、七番手、不利はなさそうだ。軟らかい馬場もちゃんとこなしているようだ。馬群の外側から⑭サンエムエンプレス、⑮マークプロミスが積極的に先頭の三頭を追ってゆく。ペースが上がる。最初の三ハロンは稍重ながら三十四秒の前半あたりか、ハイペース、逃げている馬たちには少し厳しい流れだ。「いいねえ」明らかに末脚勝負の⑥ライデンリーダー向きの展開である。Y先生の身体が十センチ前に乗りだす。⑫タニノルションン、⑯キタサンサイレンス、第三コーナーの手前で次から次へと外からライデンリーダーを交わしてゆく。ペースが全く落ちない。⑬プライムステージは⑥ライデンリーダーの外目後ろ、⑰ダンスパートナーは最後方から三番手、やや縦長の隊列になろうとしている。「まだまだ」Y先生の身体がさらに五センチTV画面に近づく。ここは追いかけちゃいけない。我慢である。無理に仕掛けるのではなく、下り坂を利用して気持ちよくストライドを伸ばしたいところだ。鞍上は泰然自若、少しも慌てている様子はなさそうだ。さすが「アンカツ」、大丈夫。直線を向く。十番手あたりか。さあ、ここからが勝負である。内から外へ、前走はこの抜け出しが見事だった。鞍上の安藤騎手も⑥ライデンリーダーに合図を送っている。「ライデンッ」とY先生、しかし、今日は後方の馬たちが⑥ライデンリーダーの外側に被さるようにやってくる。そのためなかなか外が空かない。前も詰まる。スピードを上げることができない。明らかに後手を踏んでいる。実況アナウンサーも叫ぶ「ライデン、ピンチ」

ライデンリーダーはどこへ行く。

右ムチを抜いた。

安藤騎手が右ムチを抜いた。
まだ前が、前が開かれていない。
ライデンリーダー、ピンチだ。
ライデン、ピンチ
ライデン、ピンチ
（馬場鉄志アナウンサー「DREAM競馬」桜花賞実況　関西テレビ放送　一九九五年四月九日）

残り一ハロン、内ラチからスルスル抜け出そうとする⑧ウエスタンドリーム、外から⑮マークプロミス、そこに力強く⑬プライムステージが馬群のど真ん中から突き抜けてきた。その外に⑱ワンダーパヒュームが迫る。さらに後方から⑰ダンスパートナーがものすごい脚で追いこんでくる。取り残されて、馬群の中でもがく⑥ライデンリーダー、外に出すのをあきらめて内へ、「アンカツ」の鞭、ここでやっとスイッチが入った。しかし、もう前を行く馬たちを捉え切ることはできない。ゴール前は三頭の叩きあい、一着は⑱ワンダーパヒューム、伏兵、七番人気の馬だった。鞍上の田原成貴騎手は桜花賞三勝目の伊達男である。二着⑰ダンスパートナー、三着⑬プライムステージとサンデーサイレンスの初年度産駒が続く。残念ながらクラシック初挑戦で初制覇とはならなかったが、十分にその素質の高さは証明した。⑥ライデンリーダーはゴール前、渋太く伸びる⑧ウエスタンドリームをやっととらえてなんとか四着を確保した。リプレイを確かめながらY先生「何もさせてもらえなかったね」、⑥ライデンリーダーは完全に脚を余していた。

ところが肝腎の桜花賞は地方競馬への思い入れが深く全てライデンリーダーから買いさらに買い足したりしていたから大惨敗。安藤勝己に勝たせたかった。一番自信のあった馬券が駄目。まあ人生も競馬もこんなもんだ。笠松の玉三郎が負けて中央の玉三郎（田原成貴のこと）が勝ってしまった。

（『江分利満氏の優雅なサヨナラ　男性自身シリーズ最終巻』新潮社　一九九五年）

桜花賞はうまくゆかなかったが、今日のY先生、トモダチ馬券が炸裂している。大金を受け取りに急ぎ後楽園ウインズへ行く。すると、なんと中山最終レースも的中しているじゃないか。四歳以上九〇〇万以下戦、ダート一八〇〇メートル、九番人気の④シャイニースターと三番人気の③ヴァンダムシチーの組み合わせで馬連③④九一三〇円という高配当だった。最終ラウンド、ゴング直前ロープ際に追い込まれるが、きれいなクロスカウンターが炸裂、というところだ。一階払い戻し所手前のモニターには先程の桜花賞のリプレイが何度も映し出されていた。TV実況を観ていた時はよく分からなかったが、直線に入り、外に出ようとする⑥ライデンリーダーを内に閉じ込めた馬は⑬プライムステージだった。第三コーナーから第四コーナーへ、岡部騎手は⑬プライムステージを⑥ライデンリーダーの後ろにじっと控えさせていた。そしてコーナーワークで巧みに加速し、⑥ライデンリーダーが外へ動こうとするタイミングを見計らってそのコースを抑え込むように馬体を寄せながら前へ出ていったのである。安藤騎手は直線必ず外に馬を出してくる。岡部騎手の読み通りの展開だったのだろう。ひとつのアクションで⑥ライデンリーダーの末脚を完全に封じ込めてしまった。⑥ライデンリーダーが通りたかった道をやってきたのが⑱ワンダーパヒューム、そして⑰ダンスパートナーだった。この二頭は直線に入って⑥ライデンリーダーに末脚勝負を挑もうと狙っていたのだろう。岡部騎手、田原騎手、武騎手、ＪＲＡのトップジョッキーたちがそれぞれ、安藤騎手に一騎打ちを仕掛けようとしていたのである。馬たちも闘っているが、鞍上の騎手たちもやはり激しく闘っている。勝負の直線、厳しい洗礼が安藤騎手を待ち受けていた。しかし、この試練を乗り越えなければクラシックを制覇することなどできないのである。ライデンリーダーを完全に抑え込んだ三頭、三人の騎手のゴール前の叩きあいは実に見応えのあるものだった。絶妙のタイミングで抜け出しを図る岡部騎手、大きな身体を小さく丸め渾身の手綱さばきで競り落とそうとする田原騎手、そして計ったようにゴール前あわや、というところまで迫った武騎手、お互いに激しく闘志がぶつかりあい、その熱気は雨さえ弾きとばしていた。激闘を制した田原騎手はゴール板を過ぎた後、手綱を両手でしっかり持ったまま一度大きく顔を振り向けて右後方を見る。その視線の先には⑥ライデンリーダー、いや鞍上の安藤勝己騎手がいたのではないか。そして再び前を向き、右手を大きく横に伸ばしガッツポーズをつくった。溢れんばかりの闘争心が背中には漲っていた。負ける訳にはいかない。その田原騎手のむき出しの闘志を引っ張り出したのは安藤勝己という新たな好敵手の出現だったのではないだろうか。

こうして「交流元年」のクラシック第一弾、桜花賞は終わった。残念ながら淀の「雷電桜」は雨中に散ってしまった。しかし、次週はハシノタイユウが出走する皐月賞である。さらにライデンリーダーが今日のレースでなんとか四着を確保したのでオークスに出走できることになった。「アンカツ」がとうとう東京競馬場にやってくる。Y先生の「草競馬・愛」はまだまだ継続中である。夫人からは「検査をするだけで二週間くらいかかるらしいのよ」とうかがっている。結果が出るまでさらに時間は必要だ。ということは退院は今月末あたりか。それならばオークスでの雄姿はゴンドラ十五号室から目撃することができるかもしれない。パドックで生ライデンの姿を確かめることもできる。しかし、検査の結果によっては手術という可能性もあるらしい。そうなるとオークスも、そしてダービーも「院内観戦」だ。東京競馬場西館受付の一番、二番の入場票はカウンターに置かれたまま、ということになってしまう。

四月七日　入院初日　神経内科診察、身長・体重測定、血圧、採血（腕・動脈・耳）、心電図
四月八日　血液・感染・リウマチ（血感リ）、泌尿器科、神経内科教授回診
四月九日　診察（＋桜花賞観戦）
四月十日　アイソトープ検査、泌尿器科診察
四月十一日　泌尿器科十五人回診、腎臓検査・採尿、血感リ診察
四月十二日　血感リ診察、ホルター心電図を二十四時間装着
四月十三日　血感リ診察、採血

Y先生、入院したその日から、神経内科、泌尿器科、血液・感染・リウマチ、各科の検査、診察

を順繰りに受けている。
心電図。なんだか私は検査の鉄人になったような気がした。
(『江分利満氏の優雅なサヨナラ　男性自身シリーズ最終巻』新潮社　一九九五年)

売れっ子アイドル並みの過密スケジュールである。ウエからシタ、オモテ・ウラ、イン・アウト、すべて検査にかけられている。入院生活とはこんなにも慌ただしく大変なものなのか。四月十四日、金曜日はいよいよY先生苦手の胃カメラである。

四月十四日の金曜日は遂に胃カメラの日。「胃カメラのたえて此の世になかりせば春の心はのどけからまし」。しかし思っていたよりは辛くなかった。これが三度目だが、少しずつ進歩(辛くないほうに)しているように思われる。胃にポリープと爛れがあるが問題になるようなものではないそうだ。
(『江分利満氏の優雅なサヨナラ　男性自身シリーズ最終巻』新潮社　一九九五年)

そろそろ終わった頃、と午後三時に「ダービーニュース」を持って病室へうかがう。今日は胃カメラの他に「アイソトープ検査もあったのよ」と夫人からうかがった。アイソトープ検査は二度目、前回は骨、今回は筋肉を調べた、ということらしい。Y先生はやっぱり検査の鉄人だ。「うっかりするとどれが何のための検査か分からなくなっちゃうのよ」夫人は日記帳にその日に行なわれた検査内容、診察の時の担当医師の言葉などを克明に記録している。看病日記である。いつか、じっくり拝読させていただきたいと思っている。Y先生から「コーヒー飲みに行くかい」とお誘いをいただく。新館十階のカフェレストラン「オアシス」である。

慎重社N重役、サントリー坪やん来。神宮外苑の森が濃く深くなってゆくのがわかる。「青葉濃くなりまさりゆくばかりかな　万太郎」は五月だろうが、何か樹木が本来の姿をとりもどしてゆくような気がする。

（『江分利満氏の優雅なサヨナラ　男性自身シリーズ最終巻』新潮社　一九九五年）

エレベーターで十階へ、「オアシス」はパレスホテルが直営するカフェレストランである。食べ役はコーヒーだけじゃ物足りなかろうとアメリカンクラブハウスサンドウィッチも注文していただく。眼下に絵画館、国立競技場、神宮の森の緑は湧き立つようである。上から見下ろす緑を見ているとどうしても東京競馬場四階テラスからの眺めを思い出してしまう。来週土曜日は東京競馬開幕なのである。「いよいよだな」どうやらY先生も同じことを考えていらっしゃったようだ。今日は首尾よく胃カメラを片付けたことでとても上機嫌、「日曜日は後楽園に行ってみようと思うんだ」とおっしゃる。そういえば、七年前頸椎症で慶應病院に入院した時も皐月賞の馬券を買いに後楽園ウインズまで出掛けていらっしゃる。東京競馬場で行なわれた皐月賞、ヤエノムテキが内から真っ直ぐ突きぬけて快勝したレースである。今年のY先生の狙いは決まっている。もちろんハシノタイユウ、「草競馬・愛」進行中、すでに外出許可も取得済みである。

日曜日は朝八時半集合、いつものように裏口から侵入、Y先生も夫人もすっかり準備万端である。大切な用事は朝一番で済ませなければならない。タクシーで水道橋まで、外濠通り沿いに建つ、窓がない殺風景な黄色いビルの前で降りて一階脇の入口から闖入する。Y先生から記入済みのマークシート用紙を受け取って速やかに馬券を購入する。もちろん皐月賞は⑯ハシノタイユウの単複、そして馬連総流し、投入金額は先週の桜花賞と同様である。ウインズは開門間もなく、人影もまばら。居心地もそれほど悪くない。しかし入院中、「微熱発」が続く身体には良い訳がない。長居は無用、と思っていたら、Y先生、天井を指さしている。「せっかくだから」もうちょっと場外の雰囲気を楽しみたいご様子である。二階まで階段を上がり、ロングエスカレーターに乗って一気に六階までゆく。もちろん夫人同伴である。フロア一番奥の払い戻し機で昨日の当り馬券を換金し、モニターで皐月賞のオッズを確認されている。売店軽食用のカウンターテーブルで夫人と二人、「ダービーニュース」を広げながらマークシートを作成し、今度は「報知新聞」を取り出して新たなマークシートの記入を始めた。「ここのカレーライスはうまいかね」、売店から漂う香ばしい後楽園の勝負飯の香りを楽しみながら、もう一度モニターでオッズを確かめて、穴場に向かう。小規模に樽前船、夫人がY先生から渡された馬券を大事そうに財布の中にしまっている。

水道橋から神保町まで再びタクシーで移動する。この界隈は、Y先生が八月の山の上ホテル滞在中に必ず訪れる、行きつけのエリアである。いつもならばぶらぶらと文房堂、得応軒、そして神田淡路町のやぶ、竹むらへ足を伸ばす。たまには逆方向、「さぼうる」で落書きびっしりのレンガを確かめつつ、ピーセン、柿の種をかじりながらの角瓶のハイボール、ということもある。しかし、今日は日曜日、それも朝早く、目当ての店はまだ開いていない。「コーヒーでも飲みたいね」すずらん通りを歩く。三省堂を覗く。「やっぱり山の上ホテルだな」ということになった。

駿河台下の交差点、ここから山の上ホテルまでは上り坂が続く。しかも、Y先生は「微熱発」中、タクシーをつかまえようと思ったがY先生は「歩こう」とおっしゃる。ここ数日の病院暮らしで運動不足、東京競馬場でのパドック通いに備えて鍛錬が必要なのである。明大通り、スズカケノキの並木道、日曜日の午前中は人通りも少ない。Y先生、樹々を見上げ、「オーオ、メイジィ」と口ずさみつつゆっくりと歩く。ようやく山の上ホテル入口の看板の前に到着、しかし、ここからの坂道が栗東坂路のようにきついのだ。Y先生、急坂に並ぶベニバナトチノキを一本一本たどりながらなんとか山の上ホテル玄関に到着した。

四月十六日の日曜日は外出許可を願いでて、後楽園ウインズへ行って皐月賞の馬券を買った。そのあと神保町界隈を歩く。時刻も早かったが日曜日を休みにしている店が多い。久し振りに美味い珈琲でも喫したいと思ったが、そういうわけにいかない。坂が辛いが山の上ホテルまで歩く。ここは何と言っても先代社長の吉田さんの趣味のいいところが好きだ。現社長の吉田令子さんと懇談。ロビーとコーヒーショップで珈琲二杯を喫して満足。ここの英国風サンドイッチというのがあっさりしていて病人には都合がいい。

（『江分利満氏の優雅なサヨナラ　男性自身シリーズ最終巻』新潮社　一九九五年）

ここで外出は終了、タクシーで急ぎ慶應病院に帰る。皐月賞はやはり「院内観戦」である。栃木の和菓子処、かのこ庵の店主・福田和哉さんと新潮社の新田敞常務がお見舞いにいらっしゃっている。午後三時、TV中継が始まる。「こっちに坐んなさいよ」今日はギャラリーが多いが、Y先生から隣に坐るように促される。

今年の皐月賞の予想は混迷を極めている。絶対的本命といわれていたフジキセキが左前脚に屈腱炎を発症、引退してそのまま種牡馬入りすることになったからである。一番人気は藤田伸二騎手⑨ダイタクテイオー、前走、GⅢ毎日杯、京都二〇〇〇メートル戦で完勝した馬である。二番人気は蛯名正義騎手⑰ホッカイルソー、弥生賞ではフジキセキに二馬身半離されての二着だったが、ゴール前追い込んできた末脚は今日のメンバーの中でも随一の破壊力である。さらに、岡部幸雄騎手⑥ジェニュイン、小島貞博騎手⑦タヤスツヨシのサンデーサイレンス初年度産駒が三番人気、四番人気で続く。Y先生の本命⑯ハシノタイユウもチャンスは十分である。もちろん鞍上は高橋和宏騎手、六番人気、前哨戦、弥生賞の時よりも評価を上げている。弥生賞は一枠一番、今日は八枠十六番、できれば前目に行きたい馬、外枠の不利をどう克服できるかが鍵である。「やっぱりジェニュインかい」とY先生から訊ねられる。もちろんです。Y先生の隣でこの馬の走りっぷりを何度も何度も確かめているうちに、この馬から目を離すことができなくなってしまった。その魅力はなんといっても推進力である。自分の意志で、柔らかい四肢を駆使して前へ前へと突き進んでゆく。自ら走ろうとする気持ちが前面に出た時こそ、この馬は強さを示すことができる。球節異常明けの復帰緒戦、一月二十八日に東京競馬場で行なわれたセントポーリア賞では、プラス十キロと大幅に増えた馬体で完勝した。その馬体の素晴らしさ、走りっぷりをみて、この馬はすでに完成の域に近づいていると確信したのである。ジェニュインの実力が最も発揮できるのは東京競馬場の一八〇〇メートル戦、先行力が生かせる中山競馬場の二〇〇〇メートル戦はもちろん得意とするところ、残念ながらダービーディスタンスは少し長いか。したがってクラシック緒戦の皐月賞こそ、この馬にとって最大限にパフォーマンスを披露することができる舞台なのである。このチャンスを逃してはいけない。ジェニュインウォッチャーにとってもこのレースで馬券を獲らなければいつ獲るのか、という勝負処なのである。唯一の気がかりは気ムラなこと。デビューから二着・一着・二着・一着・一着。五戦目、若葉ステークスでやっと連勝を果たしたのだが、このレース、実は一位入線したルイジアナボーイがスタート後に斜行して降着となったための繰り上げ勝利、実は五馬身も離されての完敗、という内容だった。道悪が下手だったという評価もあるが、それにしても負け過ぎである。この二着繰り上げ勝ちも含めて先頭ゴールイン出来なかったレースは、いずれも初めての騎手を背にしてのものである。まるで初めて跨る鞍上の技量を確かめようとでもしているかのような走りっぷりなのである。もちろん今日は四回目の騎乗となる岡部騎手である。二勝二着一回、この馬のことを完全に手の内に入れている名手なら、この馬にとって理想的な舞台で、持てる力のすべてを引き出してくれるはずである。たとえフジキセキが引退せずに今日の皐月賞に出走していたとしても、ジェニュイン本命で勝負しようと思っていた。

パドックが映る。⑥ジェニュインだ。相変わらず四肢の柔らかさが目立っている。推進力のある歩様、今日はヤル気だ。気合が身体全体に漲っている。何度もパドックでこの馬の姿を確かめてきたが、こんな強そうなジェニュインは初めてだ。「いい馬になったね」Y先生もうなるほどの出来の良さである。もう一頭のサンデーサイレンス産駒⑦タヤスツヨシも、これもまた見違えるような気合乗りだった。これまで八戦三勝、前走はジェニュインと同じく若葉ステークスに出走して五着(六位入線から繰り上げ)、ルイジアナボーイから直接不利を被ったとはいえ、最後は二〇馬身近くも離されてしまったのである。しかし、今日はこれまでのパドックでのどこかとらえどころがないような様子が嘘のような精悍さである。目覚めたか。⑨ダイタクテイオー、鹿毛の馬体が光っている。前走快勝そのままの調子の良さを誇示している。強敵だ。この馬も⑥ジェニュイン同様、前目の競馬を仕掛けてくるだろう。そして、Y先生の本命、⑯ハシノタイユウが映る。今日の体重は四五〇キロ、前走からはプラスマイナスゼロ、しかし、馬体は明らかに弥生賞時よりも仕上がっているように感じられる。追い切りも距離を伸ばし実に意欲的である。上昇急、キビキビとした歩様はこの馬の性能の良さを物語っているようである。「いいねえ」文句なし。Y先生も満足、といった表情である。

出走馬入場、馬場は稍重、土曜日朝の不良からやっとここまで回復してきた。これなら道重苦手の⑥ジェニュインでも大丈夫だろう。中山二〇〇〇メートル戦の返し馬は入場した馬たちが一頭一頭、直線を第四コーナー目指して逆走してゆく。そのために馬たちはスタンドを埋め尽くす大観衆の前にさらされることになる。馬たちが大歓声に反応して過度にイレ込まなければいいのだが。いよいよ⑥ジェニュインが登場である。鞍上の岡部騎手、同枠の⑤バイタルフォースと同じ社台レースホースの持ち馬、同じ勝負服となるため、紅白の染め分け帽を被っている。なんだか小学校の体操帽のようではあるが、縁起は良さそうだ。ダートコースを横切ってターフの上へ、それはそれは、とても素晴らしい返し馬だった。うつむき気味に走りだす。たてがみが春の陽射しを受けて金色に輝く。もうレースに臨む準備はできている。他の馬は関係ない、ただ自分の走りをするだけ。ターフに爽やかな風が吹く。やはり孤高の美しさがこの馬の走る姿からは滲みだしているのである。大丈夫。ＴＶでは続いて⑦タヤスツヨシが、⑨ダイタクテイオーが、さらに⑯ハシノタイユウも紹介されたはずだが、全く目に入ってこなかった。観ている方がちょっとイレ込み気味なのである。

いよいよゲートが開く。⑥ジェニュインは抜群のスタートを切った。行き脚も力強く、かき込み鋭く、前へ前へと、先頭をうかがう勢いである。稍重は全く問題なし、惚れ惚れする走りだ。⑯ハシノタイユウも素晴らしい反応だった。馬群中団にすんなりと取りつく。③マイネルブリッジがコーナーワークで内から⑥ジェニュインを交わし先頭に立つ。⑥ジェニュインは二番手に控えるかたち、一番人気の⑨ダイタクテイオーが三番手につける。態勢が決まってスピードが少し緩む。ここでの脚の温存が大切だ。先行陣にとって理想的なかたちになりつつある。向こう正面に入ったところで中団外を行く⑯ハシノタイユウがじわじわと進出を開始する。少し行きたがっているのか、と思ったが、高橋騎手は抑える素振りを見せていない。馬の気にまかせている。恐らく前走の反省からこの段階でもっと前目のポジションが欲しいのだろう。勝負に出ている。一〇〇〇メートル通過は六十一秒、ちょうど良いペース。勢いがついた⑯ハシノタイユウが四番手まで進出してきた。その動きに呼応するように⑥ジェニュインが前を行く③マイネルブリッジに執拗にプレッシャーをかける。コーナーを回りながら、内から③マイネルブリッジ、⑥ジェニュイン、⑨ダイタクテイオー、そして⑯ハシノタイユウ、四頭が並んで先頭に立っている状態、思わずY先生と二人、腰が浮く。TV画面にぐっと近づいてしまった。振り向くと後ろで夫人が笑っていらっしゃるじゃないか。直線に入る。まず、③マイネルブリッジが内から抜け出そうとするが、それを制して先頭に躍り出たのは⑥ジェニュインだった。少し早いんじゃないか、とも思ったが岡部騎手の動作には全く躊躇がない。はっきりとゴーサインを出している。その合図に応えて抜群の切れ味で馬群を一気に引き離す。これだ。ずっと、思い描いてきたシーンである。⑨ダイタクテイオーはついてゆけない。外からなんとか⑯ハシノタイユウが並びかけようとするがもう脚が残っていない。馬群に飲み込まれてゆく。⑥ジェニュイン先頭、晴れ姿、後方外側から⑰ホッカイルソーが末脚を伸ばしてやってくる。それを上回る脚で内側からもう一頭、馬群の中を縫うように⑦タヤスツヨシが抜け出してくる。熟年ダービージョッキー小島貞博騎手、渾身の鞭の連打である。この馬、こんな末脚を持っていたのか。⑥ジェニュインに激しく迫る。「頼むッ　ジェニュイン！」最後は二頭のマッチレースとなった。なんとか凌いだ⑥ジェニュインが一着、肉迫した⑦タヤスツヨシがクビ差の二着、サンデーサイレンスの異母兄弟二頭のワン・ツー、三着以下に二馬身の差をつけている。「日曜日の静寂」アメリカからやってきたこの新種牡馬、初年度産駒でいとも簡単にクラシック制覇達成である。⑥ジェニュインの単勝は六九〇円、⑦タヤスツヨシとの馬連⑥⑦は二八一〇円、なかなかの高配当となった。残念ながら、Y先生の「草競馬・愛」は成就せず。公営希望の星⑯ハシノタイユウは九着に沈んだ。やはり外枠が堪えたか。「勝負にいったんだから仕方がないね」、今日は負けて納得、というご様子である。「オカべさんが勝ったのよね」と背後から弾むような声、夫人が馬券をこちらに示して笑っている。Y先生が夫人に渡した馬券はなんと⑥ジェニュインの単勝馬券一万円だった。いくら「草競馬・愛」が強くても、今日の⑥ジェニュインはY先生もやっぱり無視することができなかったのである。

慎重社N重役、栃木かのこ庵店主来。皐月賞は公営のハシノタイユウ（九着）への思い入れが強く惨敗。しかし、またしても報知新聞記者小宮氏の最終レース予想（△◎で馬連一万三千三百六十円）に救われて損にはならなかった。

（『江分利満氏の優雅なサヨナラ　男性自身シリーズ最終巻』新潮社　一九九五年）

払い戻しのために今日も急ぎ後楽園ウインズに向かう。すると中山最終第十一レース、五歳以上九〇〇以下戦、ダート一二〇〇メートル、一着に八番人気の④ヒカルパロサント、二着に六番人気の⑥シンボリレンジャーが入り、馬連は万馬券となった。メインレースはやられたが、やはり今日もきっちりとクロスカウンターを打ち返すY先生である。これで「院内観戦」はまだ当分の間、たましんの競馬預金のお世話になる必要はなさそうだ。

3

四月十七日　採血、頚CTスキャン、脳波、検査の中間報告
四月十八日　I教授回診、腹部エコー
四月十九日　心臓エコー、午後散髪

午後入浴して地下の理髪店へ降りていって散髪。微熱が続いていたので散髪は今年はじめて。さっぱりした。気持がいい。さあ、腹からでも胸からでも、どこからでもすぱっつやっつくんねえ。
（『江分利満氏の優雅なサヨナラ　男性自身シリーズ最終巻』新潮社　一九九五年）

皐月賞後もY先生の検査は引き続きみっちりと行なわれていた。そのクライマックスが気管支鏡検査である。

脳波、腹部エコー、心臓エコーあたりからはじまってCTSCAN、アイソトープなど、あらゆる検査が行われた。淋巴腫瘍の原因がわかれば、直ちに治療が行われることになっていた。だからどの科に所属することになるのかわからない。昔、プロ野球にジプシー後藤という選手がい

たことを思いだした。さしずめ、私はジプシー山口か。喉の淋巴に直接注射針をいれて淋巴液を採取する検査も行われた。相変わらず七度前後の微熱が続いている。「これだけの病状なんですから熱があって当然なんです」なんて若い医師《せんせい》に言われると考えこんでしまう。これだけの病状？　患者の考えは悪いほうへ悪いほうへと落ちこんでゆく。さて、あらゆる検査が行われて、残ったのが気管支鏡、打ちどめに曙が土俵に上ってくるような感じだ。

（『江分利満氏の優雅なサヨナラ　男性自身シリーズ最終巻』新潮社　一九九五年）

胃カメラは完全に克服した検査の鉄人、Y先生ではあるが、気管支鏡検査だけは「死ぬほどイヤ」と繰り返しおっしゃっていた。

しかし、遂に事茲《ここ》に到る。辛い治療に当るとき、私はこんなふうに考える。歯を一本残らず抜いてしまったときも、そう考えた。

私は大悪人（実際に七割方はそう思っている）だ。だから処刑されるのだ。ひどい殺され方をしても文句は言えない。ガス室に向うのか縛り首になるのかわからないが仕方がない。

六階の気管支鏡検査の部屋はガス室を連想させる。他の検査と違って囚人服みたいなものを着せられている。室内帽と眼鏡を持っていかれ、イレ歯をはずされた。頭には女性が風呂場で使うフワフワした、さあ何つうか「七人の小人」みたいな帽子をかぶせられる。

そうやって噴霧器（麻酔薬入り）のようなものを口にくわえさせられて喉に注入して深く息を

吸い込む。死は甘美だなんて言っていられない。死もまた大事業なり。これが約三十分。
私、噴霧器のようなものを銜《くわ》えて前方を見ている。風の強い日、叩きつけるような雨。かと思うと突然の快晴の日が来る。「風雨強かるべし」というのは中学の先輩の広津和郎の小説だったな。あれは女給の話だったかな。お茶が少し気管に入っただけでも甚《ひど》く噎《む》せるのに、そこへ管を入れて痛くても苦しくても声を出しちゃいけないんだそうだ。
（『江分利満氏の優雅なサヨナラ　男性自身シリーズ最終巻』新潮社　一九九五年）

結局、当初予定の「検査の二週間」が過ぎてもY先生は解放されなかった。手術が行なわれることになったからである。もしかしたら入院当初から決まっていたことなのかもしれない。Y先生は腫瘍の状態を調べる「検査のための手術」とさりげなくおっしゃるが、身体を開くのである。何が起こるか分からない。ずいぶん大がかりなことになってしまった。入院中もY先生の微熱はずっと続いている。そのためになかなか手術の日程が立たなかった。四月二十二日には東京競馬が開幕した。ゴールデンウイークも近づく。手術が無事に終わっても、術後の検査などですぐに退院はできないだろう。夫人曰く「一ヶ月くらいかしらね」、それではオークス、ダービーも「院内観戦」となってしまう。

五月一日を逸するとゴールデンウイークに入ってしまう。私は無関係だが故郷《くに》へ帰る予定の看護婦さんなんかに迷惑がかかってはいけない。

（『江分利満氏の優雅なサヨナラ　男性自身シリーズ最終巻』新潮社　一九九五年）

延び延びになった手術はやっと五月一日、メーデーの日に行なわれることになった。もちろん、手術があろうとも馬券デリバリーサーヴィスは継続中である。

■四月二十三日

・天皇賞（春）ＧⅠ　京都競馬場

Ｙ先生はもちろん七歳馬③ライスシャワーから入る。二年ぶりの勝利、菊花賞でミホノブルボンの三冠を、天皇賞でメジロマックイーンの三連覇を阻んだステイヤーの中のステイヤーなのである。これまでいくら成績が振るわなくても淀の長距離は必ずやってくる。二着に⑮ステージチャンプ、単勝五八〇円、馬連四〇九〇円。

・スイートピーステークス（オークストライアル）東京競馬場

今年からオークストライアルとして指定されたレースである。オークスを目指して高崎競馬場所属の⑮ナチュラルレディが茂呂菊次騎手を背に出走する。高崎競馬場で北関東地区のオークス代表馬選定競走として行なわれたクイーンカップを勝ち抜いてきた馬である。十六番人気、Ｙ先生はもちろん「草競馬・愛」、この馬の単複と馬連総流し、さらに十二番人気の⑪シークレットアイにも食指を伸ばしている。結果は藤田伸二騎手⑨イブキニュースターが完勝、これで三連勝、一躍オークスの主役となる。⑪シークレットアイが惜しくも三着、複勝は七七〇円、⑮ナチュラルレディは最下位十八着に敗れる。井崎脩五郎さんの口ぐせを真似て「シデエ、シデエ」とY先生が呟いている。

■四月二十九日
・青葉賞GⅢ（ダービートライアル）東京競馬場
ダービー目指して足利競馬場所属の⑭ロードミライが出走、鞍上は宇都宮の山口竜一騎手。道中、ずっとしんがりを進み、ゴール前でやっと四頭だけ交わした。直線に入って、Y先生「ヤマグチ！」と連呼するも実らず十四着。再び「シデエ、シデエ」である。田中勝春騎手②サマーサスピションが後方から凄い脚を披露して一着、この馬もサンデーサイレンス産駒、母はダイナフェアリー、ダービーに出走してくれれば有力馬の一頭になるだろう。

■四月三十日（手術前日）
・サンスポ四歳牝馬特別GⅡ　東京競馬場
オークス出走を目指して大井競馬場所属の⑮パルブライトが参戦。あの第8回ジャパンカップでタマモクロス、オグリキャップを破ったペイザバトラー産駒、暮れの大井競馬場で行なわれた東京三歳優駿牝馬の優勝馬である。さらに昨年の「ワールドスーパージョッキーズシリーズ」チャンピオン、NARグランプリ最優秀騎手賞を獲り続けている公営日本一ジョッキー、船橋競馬所属の石崎隆之騎乗である。公営競馬クラシック挑戦の真打ち登場、パドックでの馬っぷりもすこぶる良く期待が膨らむ。道中後方を進み直線勝負、上り三ハロン三十五秒二という出走馬中最速の末脚を繰り出すも六着に敗れる。オークス出走ならず。

「交流元年」、ダービー、オークスを目指して有力公営馬がトライアルレースに挑戦してきたが、いずれも撥ねかえされている。やはり、春競馬のクライマックスが近づいてきて、JRAの壁は相当に高く、分厚くなってきている。Y先生の「草競馬・愛」は少々不完全燃焼気味ながら、ここで馬券デリバリーサーヴィスはいったん中断である。

手術というのは冷いタイルの床があって天井に無影燈、静かななかに「メス！」なんていうベン・ケーシーみたいな男の声が響くものと思っていたが、言うなればもっとオープンなものであって、あたりを見渡す余裕はなかったが、手術台がおよそ十基、それぞれ忙しく医師が立ち働いている。厳粛な気分とは程遠くて、むしろ、出前一丁！　鮪ブツ切り二人前！　蛸塩でお小皿！といった感じだ。そうだな工場と思ったほうがいい。

（『江分利満氏の優雅なサヨナラ　男性自身シリーズ最終巻』新潮社　一九九五年）

私の場合、手術中に麻酔が切れてしまった。いや、実際はどうだったのか、それもわからない。顔の向うに妻の顔があって、その顔は仕方なしに笑っている顔であるように思われた。

「奥さんですよ、わかりますか」

「わかります」

それから数秒後だったのか三十分ぐらい経ったのか、それもわからない。私は踠《もが》いていた。ただ、執刀中の教授にこう言ったのを記憶している。

「教授《せんせい》、私、暴れませんでしたか」

「……………」

「暴れて無礼なことを申しませんでしたか」

「ええ、まあ……」

教授は曖昧に笑う。

「話が違うなあ、麻酔でわけがわからなくなって、気がついたら集中治療室だって、みんなそう言ってたんだがなあ。あ、痛てェ、痛いよ」

激痛が襲ってきた。いや、そんなもんじゃない。これも、この世の地獄だったとしか言いようがない。新しく麻酔薬が射たれたようで私はまた意識を失った。

(『江分利満氏の優雅なサヨナラ　男性自身シリーズ最終巻』新潮社　一九九五年)

手術の結果について正介さんからお手紙を頂戴した。Y先生のJRA参戦は一週お休みである。もしも、とてつもない万馬券が的中してしまって傷口ぱっくり、はまずい。競馬はデンジャラスなのである。病室に再びおうかがいしたのは五月十三日の土曜日夕方、馬券デリバリーサーヴィスは安田記念から再開する。当分の間、Y先生の競馬参戦は日曜日限定、メインレース中心に絞って継続、ということになった。

安田記念。これは僕のもっとも好きなレースだ。距離千六百メートルというのは、容易には逃げられないし、追い込むのも難しい。終始緩みのない緊迫したレースになる。だから、休み明けでは千八とか二千を選ぶ調教師が多い。

（『還暦老人極楽蜻蛉　男性自身シリーズ25』新潮社　一九九一年）

実は今年の安田記念はY先生注目のレースだった。二年前に国際レースとして指定され、外国調教馬が五頭まで参戦可能となっていたこの古馬のマイル戦GⅠは、今年からさらに「指定交流競走」として[地]馬も出走できるようになったのである。マイル版の「ジャパンカップ」というところだろうか。世界の猛者、さらに全国からツワモノどもが東京競馬場へやってくる。ここはY先生の「草競馬・愛」の発揮しどころである。どんな公営スピード自慢が集まるか、入院前から相当に楽しみにされていた。しかし、今年は残念ながら公営競馬からの参戦はゼロ、「交流元年」まだ道半ば、Y先生も少々がっかりである。

《Y先生、五月十四日の狙い目》

第八レース　四位洋文騎手⑥タヤスユーキ（十番人気）の単複、馬連総流し

第九レース　四位洋文騎手②ドークスサンサン（五番人気）の単複、馬連総流し

第十レース　ロバーツ騎手⑭ウイニングウェイ（八番人気）の単複、馬連総流し
第十一レース　岡部幸雄騎手⑦タイキブリザード（六番人気）の単複、馬連総流し
第十二レース　ロバーツ騎手⑨メジロビゼン（三番人気）の単複、馬連総流し

Y先生から入場券を頂戴したのでこの日は東京競馬場に行くことにした。朝一番で慶應病院へ、記入済みマークシートと現金をお預かりして府中に向かった。

東京競馬場、つい三ヶ月前に来ているのだが、なんだかとても久し振りのような感じがした。まずはパドックへ、ダービーまであと二週間、春競馬真っ盛り、良し悪しがつけられないほどにどの馬も輝いて見える。完全に乗り遅れている。今日はパドックかぶりつきで調子をあげてゆくことにしよう。昼食はパドック近くのフライドチキン、からしたっぷりである。曇り空だが緑が美しい。ヒマラヤ杉の根元で、あらためて「ダービーニュース」を開く。

第八レース、Y先生は四位洋文騎手の⑥タヤスユーキを本命に選んでいる。十番人気、パドックでも返し馬でもあまり目立った様子はない。ゲートインの直前まで何故この馬なのだろう、と思っていたら、「府中インパチ（芝一八〇〇メートル）展開要ラズ」、好スタートを決めてそのまま逃げ切ってしまった。単勝⑥は三八五〇円、さらに二着に十一番人気の⑧アルスノヴァが来たため馬連⑥⑧はなんと五七四八〇円である。もう今日はこれで十分、という払い戻しだった。続く第九レース、Y先生の本命はやはり四位洋文騎手②ドークスサンサンだった。ダート一六〇〇メートルでスタートも良く、二番手から直線抜け出し単勝②一二四〇円、馬連②⑦六五〇〇円、恐れ入りました。

やはり東京競馬場はY先生のホームグラウンドなのである。

安田記念は夫人からも馬券を頼まれていた。もちろんユタカ馬券である。武豊騎手⑥ハートトレイクの単複、さらに、せっかく府中に行くのだから、とパドックで五頭選んで馬連で流してほしい、とおっしゃる。「はずれてもいいのよ」。そうはおっしゃっても責任重大である。第十レースはスタンド観戦をやめて、第十一レースの馬たちが入ってくる前に、すでにパドック最前列に陣取ることにした。

やがて出走馬十八頭が姿を現わす。外国馬は四頭、その中では⑥ハートトレイク、さらにロバーツ騎手⑱エンペラージョーンズがとても良く見えた。前哨戦、GⅡ京王杯スプリングカップ（芝一四〇〇メートル）ではそれぞれ五着、四着、その時はやや調教不足に思えたが、今日はかなり仕上げてきた印象である。日本馬では一番人気⑪サクラチトセオーの出来が群を抜いていた。黒鹿毛の馬体は凄みすら感じさせる。Y先生の本命⑦タイキブリザードも同じく黒鹿毛の馬体、父はシアトルスルー、母はツリーオブノウリッジ、半兄にシアトリカルがいる世界的な名血である。馬体もワールドクラス、首をぐっと前に伸ばした歩き方は、この馬が負けるはずがない、と思えるほどの迫力なのだが、未だGⅠ勝利がない。ここが初戴冠の舞台となるか。ということで夫人の馬連、⑥ハートトレイクの相手にはやや手堅く、⑦タイキブリザード、⑩ホクトベガ、⑪サクラチトセオー、⑱エンペラージョーンズ、さらに今日絶好調の四位洋文騎手⑨メイショウユウシを加えた五頭とした。

レース観戦は大観衆の中、ゴール前に陣取った。ここなら馬たちの鼻息も聴こえてくる。武豊騎手は⑥ハートトレイクの脚力を完全に把握していたようだ。道中、九番手を進みコーナーワークで十分に脚を溜め、直線に内に潜り込みながら先頭に立ち、大外から飛んできた⑪サクラチトセオーの追撃をハナ差振り切った。道中の位置取り、ロスのないコース選択、抜け出すタイミング、見事なステッキワークだった。その完璧な騎乗に導かれて外国調教馬が国際レース制定三年目にして初めて安田記念の勝利を摑んだ。世界最大のオーナー・ブリーダーでもあるドバイのマクトゥーム・ファミリーの持ち馬、世界は広い。まだまだ凄い馬たちがうようよといるはずである。いつの日か、地馬がそんな海外の強豪たちを蹴散らしてこの世界のマイル戦で勝利を挙げることはできるのだろうか。単勝⑥一〇三〇円、馬連⑥⑪二四一〇円、これで、夫人にも良い報告ができる。Y先生の本命⑦タイキブルザードは惜しくも三着に敗れたが、最終十二レースで中心視した⑨メジロビゼンが見事一着、単勝⑨九〇〇円、馬番連勝⑨⑬三六五〇円、今日も帰り際、鮮やかなクロスカウンター一閃である。

五月十七日の水曜日の夜になってすべての結果が判明した。私は病室にいて妻と息子が呼ばれた。医学に精しくて先日自らも大手術をしたスバル君にも立ちあってもらった。縦隔内淋巴腫瘍は良性のものではなかった。しかし、急に成長するとも思われないので、二年か三年は様子を見てみようというのがK教授の意見だった。私も続けて左右の腫瘍を除去する大手術には体力的に耐えられそうにない。だから今回は肺左様奈良とはならなかった。

（『江分利満氏の優雅なサヨナラ　男性自身シリーズ最終巻』新潮社　一九九五年）

五月十八日に夫人から赤坂見附のオフィスにお電話をいただく。十九日金曜日、信濃町駅前の喫茶店で待ち合わせ、古川凱章さんに「サントリークォータリー」の原稿の受け取り場所として教えていただいた古い喫茶店である。病院の入口までお迎えに、と申し上げたが、大丈夫とおっしゃる。入口近くの席で、キヨスクで購入した「日刊ゲンダイ」を熟読しながらお待ちすることにした。オークスはフルゲート十八頭、「アンカツ」騎乗のライデンリーダーは一枠一番、スタートは良い馬なので、これなら苦労なくインの良いポジションが確保できそうだ。中団をゆったりと追走して広くて長い直線で何者にも遮られることなく思う存分に末脚を発揮する。ライデンリーダーにとって東京競馬場はもっとも走りやすい舞台になるだろう。夫人は待ち合わせ時刻の十五分前にいらっしゃった。診断の結果と今後の日程についてうかがう。手術を経て判明した腫瘍の状態、今後の治療方法、現在服用している薬、手術の傷口の痛み具合、メモを見て間違いがないかひとつひとつ確かめながら詳しく、丁寧に教えていただいた。正介さんの手紙、そして今日の夫人のお話でY先生の病気の全貌をほぼ知ることができたのだろう。

その後、時間を空けて病室にお邪魔する。Y先生は夫人が購入した「ダービーニュース」に目を通しているところだったが、明日の参戦はない。「オークスも府中に行くだろう」いいえ、一緒に「院内観戦」させていただきます。締切り二十分前まででしたらどんな追加注文も対応可能ですよ。

病室の正面に明治神宮外苑の絵画館（正しくは聖徳記念絵画館というんだそうだ）が見える。およそ詰らない建造物のサムプルのような建物だが、この近くの悪童連はテルカン山と呼んでいたそうだ。子供の目の位置からすると、そんな感じかもしれない。天辺《てっぺん》が丸い。禿頭のようだ。テルカン山を囲む緑は日増しに濃くなり深さを増す。七年前に三週間去年の夏に三週間、テルカン山ばかり見て過した。今年はもう二ヵ月に近くなる。

(『江分利満氏の優雅なサヨナラ　男性自身シリーズ最終巻』新潮社　一九九五年)

緑がずいぶん濃くなった。日も長くなった。ゴールデン街に潜り込むにはまだ早過ぎる。心穏やかに飲める気がしなかった。外苑の中をぐるぐると歩き回る。街灯がところどころ緑を鮮やかに浮かび上がらせている。歩道は樹々が成長する匂いでむせかえるほどだった。生命力が溢れる春盛りなのである。しかし、Y先生の病状はいつの間にか取り返しのつかないところまで進行していた。それなのに自分には何ひとつお役に立てることがない。絵画館前の広場でしばらく立ちつくしていた。日がすっかり沈みテルカン山はシルエットになろうとしている。

肺に小さな癌があり(それを医師は原発と言った)縦隔内の淋巴腺《りんぱせん》に転移して腫瘍となった。まあ、そういうことだ。兄が大腸癌、妹二人が子宮癌であるのに自分は癌にはならないと信じこんでいた。やられるとすれば循環器だろう。一日のうちの半分ぐらいは庭に出ているので『ゴッドファーザー』のマーロン・ブランドのように、あれはトマト畑だったが、庭の手入れをしているときにバタッと倒れるのも悪くないと思っていた。癌になるのは四人に一人と聞いたことがあるが、自分は残りの三人のほうだと信じている人が多いはずだ。

（『江分利満氏の優雅なサヨナラ　男性自身シリーズ最終巻』新潮社　一九九五年）

翌日は、弊社サントリー白州蒸溜所からの帰り途、少し遅い時刻になってしまった。Y先生のオークス予想もひと通り終わっている。

オークスは四歳牝馬にとって苛酷なレースである。桜花賞から一挙に八〇〇メートルも伸びる距離、東京競馬場の長く、坂のある直線、果してどの馬がこの厳しい条件を克服できるのか、それは未知への挑戦なのである。桜花賞時はライデンリーダー一色だった競馬新聞の印も今回はかなりばらついている。桜花賞二着、武豊騎手⑤ダンスパートナー、メンバー中ただ一頭だけ二〇〇〇メートル戦で勝星を挙げている藤田伸二騎手⑦イブキニュースター、桜花賞でライデンリーダーの末脚を完全に封じた岡部幸雄騎手⑰プライムステージ、その後に①ライデンリーダー、というところか。⑤ダンスパートナーと⑰プライムステージはサンデーサイレンス産駒、イブキニュースターはイギリスクラシック三冠馬ニジンスキー産駒、長距離戦は血統が判断の決め手となっているようだ。一方、馬券購入者たちが注目しているのは、やはり①ライデンリーダーである。一番人気、単勝オッズは二倍前後、桜花賞四着、負けてなお強し、という評価なのだろう。追い切りはいつものように笠松競馬場で行なわれた。桜花賞時よりも一ハロン伸ばし、充実した内容である。しまいのキレも素晴らしい。仕上がりは万全のようだ。少し気になったのが「一馬」に載っていた安藤勝己騎手のコメントである。「勝つか惨敗かの思い切った騎乗をしたいと思う」、イチかバチか、桜花賞では「何もさせてもらえなかった」という想いがあるのだろう。「思い切った騎乗」という言葉からなにか追い詰められているような安藤騎手の心境が感じられてくるのである。しかし、Y先生の馬券は迷いなく①ライデンリーダーの単複、馬連総流し、いつものように有力どころへはさらに厚めに行っている。「オグリキャップの仔もいるね」、⑧アラマサキャップ、オークスのトライアルレース、サンスポ四歳牝馬特別では四着に敗れたが抽選でここに駒を進めてきた。Y先生、新たに△印を加えている。お渡しした「日刊ゲンダイ」を折り畳みながら「やっぱり強敵は⑤ダンスパートナーだろうね」、桜花賞の走りっぷりを何度も確かめてみると、距離が伸びてこの馬が一歩抜け出しているようにも感じられるのである。Y先生、夫人に「武豊の馬券、ちゃんと買っておきますよ」と伝えている。夫人は退院の準備のため、明日一度国立のご自宅に戻られるのである。

オークス当日、五月二十一日の日曜日、まず午前中に病室に寄り、いつものように後楽園ウインズへ行く。Y先生、今日は東京第八レースから四レースだけの参戦である。六本木の編集スタジオで弊社ウイスキーのプロモーション映像の編集作業の様子をちらっと覗き、午後三時過ぎに再び病室へ、オークスはY先生と二人きり、静かな「院内観戦」となった。

間もなくオークスはスタートした。①ライデンリーダーが好スタートを切る。武豊騎手⑤ダンスパートナーはタイミングが合わず、後方からである。上村洋行騎手③ヤングエブロスが逃げる。その内、二番手に①ライデンリーダー、外から西浦勝一騎手⑥キタサンサイレンスが並びかけ、交わそうとしたところで、安藤勝己騎手はラチ沿いから手綱をしごき二番手の位置を確保した。下がらない。これまでにはない積極的な二の脚使いである。安藤騎手の「思い切った騎乗」とは前目、前目の競馬をすることだったのか。③ヤングエブロスが果敢な逃げを打つ。第一コーナーから第二コーナーへ、一気に後続を離しにかかる。バックストレッチに入ってからも飛ばしに飛ばす。ペースを落とさない。後続との差は一気に十馬身に広がった。一〇〇〇メートル通過五十九秒、一頭だけ一分を切っている。早過ぎる。これでは二四〇〇メートルは保たないだろう。離れた後続を引っ張っているのは①ライデンリーダーである。ここはじっくりと行きたい。ペースを緩めて脚を温存したいところだが、執拗に⑥キタサンサイレンスに突かれてなしくずし的に脚を使わされている。⑤ダンスパートナーは後方十四、五番手あたりか、前の馬たちに引っ張られるように気持ちよくストライドを伸ばしている。十分に余裕がある。桜花賞馬、田原成貴騎手⑨ワンダーパヒュームは内ラチ沿い、⑤ダンスパートナーをマークするかたちでレースを進める。この馬も馬群の最後方でじっくりと脚をためている。縦長の隊列になった。残り一〇〇〇メートル標を過ぎたところで先頭③ヤングエブロスのペースがガクっと落ちる。みるみるうちに後続との差が詰まる。①ライデンリーダー、相変わらず馬群の先頭にいる。いまだ⑥キタサンサイレンスに突かれている状態、なかなかペースを落とすことができない。第三コーナーの入口でもう完全に脚が上がってしまった③ヤングエブロスに追いつこうとしている。Y先生、小さい声で「まだ早いぞ」、アンカツにその声が届いているのか、いないのか。コーナーを回りはじめてとうとう押し出されるように先頭に立ってしまった。大歓声である。「大ケヤキ」の向こう側、①ライデンリーダーの内、何頭分かが空いている。そうだった。①ライデンリーダーにとっては初めての左回りだった。ちょっとぎこちないコーナーワークである。安藤騎手、しきりに内側に首を向け、空いたスペースを気にしている。そこを突いてすかさず南井克巳騎手④ジョージジビューティが進出してきた。①ライデンリーダーを内から交わしてゆく。「まだだ、まだだぞ」ここで仕掛けたら府中の直線は保たない。安藤騎手もそれは十分に分かっているのだろう。無理に④ジョージビューティに競りかけようとはしない。我慢している。最後の直線へ。新たに先頭に立った④ジョージビューティは内ラチぴったりを通って馬群を引き離しにかかる。後続の馬たちは横に広がりながら、それぞれの進路をとる。馬群の第一列、馬場の中どころに①ライデンリーダー、府中の直線は長い。もう一息我慢したいところだが、内に⑦イブキニュースター、⑪オトメノイノリ、外に⑰プライムステージがもう並びかけようとしている。その背後には⑨ワンダーパヒュームが迫ってくる。後続が一気に押し寄せてきた。このままでは馬群に飲み込まれてしまう。仕方がない。安藤騎手、ここで鞭を入れた。Y先生も声が出る。「行け、ライデン」。しかし、これまでずっと休みなく脚を使い続けていた①ライデンリーダーにもう余力は残っていなかった。あっという間に馬群の中に消えてゆく。入れ替わるように外を通って武豊騎手⑤ダンスパートナーがやってきた。強靱な末脚、⑯ユウキビバーチェを引き連れている。内から馬群を切り裂いて抜け出してきたのは⑨ワンダーパヒュームである。坂を越えてこの三頭の争い、どうやら外の二頭の脚色が優勢である。最後は⑤ダンスパートナーがもうひと伸び、⑯ユウキビバーチェを二馬身突き離して一着でゴールに飛び込んできた。⑤ダンスパートナーの単勝は四六〇円、複勝は一七〇円、ユウキビバーチェとの馬連⑤⑯の組み合わせは一九八〇円という配当だった。武騎手、ゴール後、右手の拳を何度も何度も振りおろし、派手なガッツポーズをつくっている。歓びが爆発している。オークスという四歳牝馬にとって最も大切な舞台で、初めてこの馬の実力のすべてを引き出すことができた、という納得の騎乗だったのだろう。皐月賞に続いて、サンデーサイレンス産駒がクラシックレース連勝である。二代目たちに引き継がれた勝負強さは恐怖すら感じさせる。この種牡馬はいったいどこまで勢力を広げてゆくのだろうか。

①ライデンリーダーは⑤ダンスパートナーから二秒一も離された十三着に敗れ去った。ハイラップを刻んで逃げた③ヤングエブロスは十八着、①ライデンリーダーを終始突いていた⑥キタサンサイレンスは十七着、直線早めに先頭に立った④ジョージビューティは十四着、先行陣は総崩れだった。オークスは必ずスローペースになると読み、一枠一番の好枠を利用して前へ、という安藤騎手の作戦は裏目となったかたちである。

〈オークス　ペース比較〉

| | 千m | 千二百m |
|---|---|---|
| 一九九一年 | 六一・七秒 | 七四・五秒 |
| 一九九二年 | 六二・六秒 | 七五・四秒 |
| 一九九三年 | 六〇・六秒 | 七三・九秒 |
| 一九九四年 | 六〇・四秒 | 七二・六秒 |
| 一九九五年 | 五九・〇秒 | 七一・六秒 |

勝った⑤ダンスパートナーをはじめとして、⑨ワンダーパヒューム三着、⑰プライムステージ五着と、やはり桜花賞上位馬の健闘が目立ったレースだった。いずれの馬も道中、後方に控えていた

馬たちである。安藤騎手が①ライデンリーダーの末脚を信じて、いつものようにもっとじっくり乗っていれば、どうだったか。しかし、結果がすべて。それが競馬なのである。「ダンスパートナーは強かったね」Y先生はさっぱりあきらめ顔である。

後楽園ウインズへ払い戻しに行き、まだ、編集作業が続いている六本木のスタジオに立ち寄ってから病室に戻る。Y先生は今日も、第八レース馬連⑤⑨三四四〇円、最終第十一レース馬連②⑩二四二〇円とスマッシュヒットを連発、本当によく当たっている。うまくいかなかったのはオークスだけだ。「思い入れだけじゃねえ」来週のダービーには公営所属馬の出走はない。この春の「草競馬・愛」はここで終幕である。

「それにしてもオークスは難しいね」と夕食後の夥しい量の薬をのみこみながら、Y先生がしみじみとおっしゃる。スピードだけでは勝てない、末脚の切れ味だけでも勝てない、競走馬としての総合力、そして、一生に一度きりの挑戦、運の強さも求められるレースなのである。

九月の始めに、北海道の社台ファーム早来牧場へ遊びに行った。登別温泉の取材と牧場の絵を描く仕事を兼ねていた。

「あれが、シャダイターキンです」

吉田善哉さんの次男で、早来《はやきた》牧場の場長である吉田勝己さんが指さした。

私は、遠くにいるその馬を描いているところだった。一頭だけ放れ駒のように馬の群からポツリと離れて青草を喰っていた。なんだか気になっていた。

「へぇえ、シャダイターキンですか」

　昭和四十四年度のオークス馬である。

「これが、走らないんですよ。どういうわけか……」

「血統はいいんでしょう」

「名血ですよ。現役で活躍した牝馬の子供が走るとはかぎらないんです」

　シャダイターキンは肌馬《はだうま》としての成績が芳しくないらしい。そういう目で見ると、ちょっと淋しそうに見える。

「いや、きっと、いまに走りますよ」

　私は絵を描き続けていた。シャダイターキンのそばに小柄な男が立っているように思われた。その男は、棕櫚《しゅろ》の箒と塵取りを持っていた。

（『私の根本思想　男性自身シリーズ21』新潮社　一九八六年）


　Y先生のオークスといえば、まず、シャダイターキンのことを思い浮かべる。一九六九年、森安重勝騎手が騎乗してオークスを制した馬である。三年前、秋の天皇賞で大外から鮮やかに差し切り勝ちを決めたレッツゴーターキンの祖母にあたる。

　昭和四十四年、重勝はシャダイターキンでオークスを勝った。ゴール前の柵にしがみついて私は何度も重勝の名を絶叫した。

(『私の根本思想　男性自身シリーズ21』新潮社　一九八六年)

昭和四十四年にシャダイターキンがオークスを制覇した。その頃は熱心に競馬をやっていて、森安重勝騎乗のシャダイターキンで勝てると、会う人ごとに言い触らしていたものである。

そのシャダイターキンがインコースから進出してきたときに、

「シャダイターキン!」

と、ありったけの声で叫んだのを記憶している。帰りに、森安重勝の兄の弘明の家へ遊びにいった。この日、弘明は騎乗する馬がなくて、家でテレビを見ていたのである。

「俺が叫んだとき、するするっと出てきたんだ。聞こえたんじゃないかな」

私は一杯機嫌でそんなことを言った。

「そうじゃない」

弘明がそれを打ち消した。彼は物凄い声量の持主である。

「そうじゃないよ。俺がテレビに向って、重勝《しげかつ》! っと叫んだんだ。それが聞こえたんだ」

(『禁酒時代　男性自身シリーズ18』新潮社　一九八三年)

「あれはよく勝ったね」シャダイターキンは尾形藤吉厩舎の兄弟子、保田隆芳騎手から森安重勝騎手が引き継いだ馬である。重勝騎手が主戦となってからなかなか勝つことができなかったが、トライアルレースに指定されていた四歳牝馬特別で二着に入りオークスの出走権を獲得した。九頭立ての五番人気、しかし、その低評価を重勝騎手は大胆な騎乗で鮮やかに覆す。シャダイターキンは道中しんがりを進み、第三コーナー入口から進出を開始する。直線坂上から五頭横一線の競り合いを内から抜け出し、最後はライトバレーを差し切ってハナ差で勝利を摑んだ。森安重勝騎手はオークス初勝利、翌七〇年も出走二十二頭中十二番人気のジュビックに騎乗して極悪不良馬場の逃走劇、今度は二着以下に五馬身差をつけての圧勝、二年連続のオークス制覇を果たしている。

森安兄弟に初めて会ったのは十八年前、昭和四十一年の六月である。弘昭は白いスポーツシャツを着たサラリーマンタイプ、重勝は着物を着ていて、鯔背《いなせ》な感じで目が鋭い。左足に白い大きな繃帯《ほうたい》をしている。彼は、その年のダービーで、メジロサンマンで落馬負傷していた。

（『私の根本思想　男性自身シリーズ21』新潮社　一九八六年）

森安重勝騎手は兄の弘明騎手（騎手時代は弘明、調教師としては弘昭と表記）とともにY先生が最も親しく接した騎手の一人である。一九五六年デビュー、同期には増沢末夫、武邦彦がいる。一九六三年、メイズイで皐月賞、ダービーの二冠を制し、菊花賞も単勝支持率が八十%を超えた大本命、三冠確実といわれていた。しかし、六着に敗れる。一時は後続に三十馬身以上の差をつけるハイラップで飛ばし二周目の第三コーナーで失速してしまった。無謀な逃げ、と重勝騎手は厳しく批判され、騎手としての信用は失墜する。しかし、メイズイが負けたのは「夏を乗り切れずに体調をくずしていたというのが真相」（『私の根本思想』）だった。翌年、さらに大きな不幸が重勝騎手を襲う。夏の福島競馬開催中、飯坂から福島へ自動車で帰る途中、暗がりから飛びだしてきた十四歳の少年をはねて即死させてしまったのである。重勝騎手は飲酒運転だった。

騎手免状を取りあげられ、無期謹慎。復帰は絶望と見られていた。

兄の弘昭は、頭を坊主にして歎願書を持って関係方面を駈けずり廻った。

（『私の根本思想　男性自身シリーズ21』新潮社　一九八六年）

翌一九六五年夏、丸一年で重勝騎手はようやく謹慎を解かれる。復帰第一戦は八月一日、札幌競馬第一レース、重勝騎手は見事に復帰初戦を勝利で飾る。さらに第九レース、記念すべき第一回札幌記念（この年から重賞競走として指定された）では⑤ハツライオーに騎乗して二着以下に四馬身の差をつけて鮮やかな勝利を挙げている。

それにしても一年ぶりでこの日からカムバックした森安重騎手にしてもハツライオーに騎乗する前にすでに第一レースのシゲハヤテで勝っているために二勝目をあげたことになるが、再起第一日にして札幌記念に優勝したことは、すばらしいプレゼントであり、森安重騎手自身にしても思い出に残るレースになったはずである。

（山崎正行「札幌記念」「優駿」日本中央競馬会　一九六五年十月号）

重勝騎手はシャダイターキン、ジュビック、メイズイの他にもコレヒサで天皇賞、ワイルドモアで皐月賞を勝つなど、大胆な騎乗により大きなレース、特にクラシックレースでは無類の強さを発揮していた。しかし、その反面、騎手としては繊細過ぎる心の持ち主だったといわれている。メイズイが菊花賞で敗れた時も、三冠達成のプレッシャーと敗戦のショックから体調を崩して入院までしているのである。

「あれでね、重勝は、家にいるとおとなしいんだよ。純情なんだよ。このあいだなんか、家の前を小さい箒で掃いてるんだ。あの重勝がね……。悪いから声を掛けなかった。どうも夫人に頭があがらないらしい」

（『私の根本思想　男性自身シリーズ21』新潮社　一九八六年）

騎手人生の後半は糖尿病との闘いでもあった。インシュリンを打ちながら、しかし酒は飲み続けながら、騎手生活を続けた。やがて体調を崩し、視力低下に悩まされ、騎乗機会は徐々に減っていった。

「もう、目が見えないんだ。弟の細君が見舞いに行っても、わからないってんだから、ひでえもんだ」

糖尿病の末期的症状である。弘昭は、ややあきらめているように思われた。

年が明けてすぐに、私はスポーツ新聞で森安重勝の訃報を見た。
(『私の根本思想　男性自身シリーズ21』新潮社　一九八六年)

一方、兄の森安弘明騎手は一九五一年にデビュー、カンセイで桜花賞、ナスノコトブキで菊花賞、クリヒデ、ニットウエイトで天皇賞、リュウズイで有馬記念を勝つなど、弟以上に大レースでの勝負強さが際立っている騎手だった。しかし、オークス、ダービーだけは勝つことができなかった。最もその栄冠に近づいたのは一九六六年、ナスノコトブキで挑んだダービーである。

その年のダービーはテイトオーが勝ったのだが、弘昭は実力一番と言われていたナスノコトブキに騎乗した。しかし、ナスノコトブキは、ダービーでは絶対に不利である二十八番枠という大外枠を引き当ててしまった。
「兄ちゃんは絶対だったな。大外枠でなかったら。九十九パーセント勝っていたな。あの枠で三着なんだから」
(『私の根本思想　男性自身シリーズ21』新潮社　一九八六年)

ナスノコトブキはその秋、菊花賞馬となる。野平祐二騎手のスピードシンボリをハナ差退けての勝利だった。確かにダービーも大外二十八番枠にならなければ勝てる実力を十分に備えていた馬だった、といえるだろう。しかし勝てなかった。競馬においては、やはり結果だけが絶対的な意味を持つのである。僅かハナ差でも、たまたまのフロック勝ちであっても、勝った馬の栄誉はしっかりと歴史に刻まれる。しかし、いくらその時に人気を集めても、どれほど話題になった馬でも、勝たなければいつかは忘れられてゆく存在なのである。「アンカツ」と㉂馬にJRAの歴史を刻ませたい。だからこそ、Y先生は安藤勝己騎手に桜花賞を、そしてオークスをどうしても勝たせたかった。「いつか、アンカツはオークスやダービーが勝てるかね」夢に描くのは、笠松競馬場にオグリキャップのような馬が再び現われて、安藤騎手が跨って東京競馬場にやってくる、という光景である。そんな日が果してくるのだろうか。「それも、オグリキャップの仔だったらね」さらに難しいことをおっしゃる。今年は偉大な種牡馬サンデーサイレンスと同様、オグリキャップの産駒たちにとっても初めてのクラシック挑戦の年だった。三頭がクラシックレースに挑戦している。桜花賞でアーケエンジェルが十四着、皐月賞でオグリワンが十六着、そしてオークスではアラマサキャップがしんがりから直線鋭く追い込むも八着に終わった。オグリワンが再びダービー出走を予定しているが相当の苦戦が予想される。じゃあ、次年度産駒はどうなのか。サンデーサイレンスの仔たちを追い越してゆくことはできるのだろうか。それなら、同じく笠松の雄、ワカオライデンの仔はどうだろう。テンポイントのような馬が現れてくるのだろうか。いったいいくつの幸運を積み重ねれば、安藤勝己騎手はダービージョッキーになることができるのだろう。

胸が痛い。傷口から離れたところが痛い。

「胸を切って肋骨のあたりの筋肉を切って、肋骨と肋骨の間に機械をいれてひろげまして、そこから組織を取ったのですから痛いわけですよ」

「そんなこと聞いてないよ」

「しばらくは痛みます」

全身麻酔だから何をされたってわからない。だけど、開高健なら、それは聞き初めやなあと言うだろう。

「神経というのは縦に走っていますが、そこを横に切ったんですから痛むわけですよ。まだ一ト月経っていないんですから痛むのは当然」

それも聞き初めやなあ。

「いつ頃まで痛いものですか」

「そうですね、一冬越さないと駄目かもしれません」

「ギャア」

切腹なんてさぞや痛かったろう。

「だから介錯頼む、なんです」

(『江分利満氏の優雅なサヨナラ　男性自身シリーズ最終巻』新潮社　一九九五年)

4

五月二十六日、ダービーの日は、朝から少々忙しかった。弊社宣伝部の同僚ヨモギサワ君の結婚式があるからだ。こんな大切な日に結婚するやつがこの世にいるのか、とも思ったのだが、実は、この日はY先生ご夫妻の結婚記念日でもある。それに、今年のダービーはY先生と「院内観戦」なのでなんと披露宴にも出席できてしまうのである。朝、記入済みのマークシートを受け取り、まずは後楽園ウインズへ行く。再び病室に戻りタキシードに着替えて、式場のフロラシオン青山へ向かった。「あら、マジックでもやるの」と夫人から冷やかされる。披露宴会場で受付の横に立っていたら新婦の親戚と思われる女性から「おトイレはどこですか？」といきなり訊ねられた。完全に式場の係の人と間違えられたのだろう。似合っているのかいないのか。

Y先生、今日のダービーは⑬ジェニュインと⑭タヤスツヨシの馬連一点勝負である。さらに⑭タヤスツヨシの単勝三万円。「草競馬・愛」ですっかり廻り道をしたが、やはり競馬一年の締め括りは「サンデーサイレンス・愛」に落ち着いた。そのまま、その予想を頂戴することにした。披露宴のスピーチでもご祝儀代わりに「今日のダービー、⑬⑭の一点勝負」と高らかに宣言した。途中、話し好きの上司たちのやや長めのスピーチにやきもきしながらも、ほぼ予定通りに披露宴は終了、式場の係の女性にお願いして、会場に飾られていた花で小さなブーケをこっそりと拵えていただいた。二次会はもちろん欠席、慶應病院へ向かった。病院にタキシード姿で侵入するも、警備員さんに呼び止められることもなく無事に病室へ到着した。ちょうど競馬中継が始まる時刻だった。急ぎ夫人に結婚記念日祝いとしてブーケをお渡しする。着替える暇はない。タキシード姿のままY先生の隣でダービー観戦である。イギリスのエプソム競馬場の貴賓室の人々はきっとこういう出で立ちなのだろう、と一人納得していると、夫人から「似合ってるわよ」と再び冷やかされる。朝は「マジシャン」とおっしゃっていたが、今度は「ピンキーとキラーズみたいね」、である。評価は上がったのか、下がったのか。Y先生、横から「忘れられないの、は結婚式にはまずいぞ」と笑いながらおっしゃる。ということは、Y先生はこの姿を観て朝から「ピンキラだな」と思っていらっしゃった、ということか。

レースはY先生の予想通り、サンデーサイレンスの孝行息子二頭だけのレースとなった。直線で先頭に立った⑬ジェニュインを⑭タヤスツヨシが余裕を持って差し切った。⑬ジェニュイン、交わされて最後は脚があがりながらもなんとか二着を確保してくれた。さすが名手・岡部騎手である。⑭タヤスツヨシの単勝は三一〇円、馬連⑬⑭は五九〇円、おかげさまで披露宴の参列者の方々から大嘘つきと思われなくて済んだ。ホッと胸を撫で下ろしつつタキシードから着替え、払い戻しのために後楽園ウインズに行き、再び病室に戻る。

慶応病院の正門を入って左側に一本のなかなかの桜があるのだが、それが終り山桜になり八重桜になり、ハナミズキになり紫陽花になり、すべて終ったかなと思っているときに正面玄関左側の泰山木が咲いているのに気づいた。泰山木は高い所に花をつけるので見逃してしまうことがある。ここの泰山木は低い所にも大きな花をつける。

私は匂いのあるものは全て好きなのだが、百合と泰山木は苦手だ。匂いが濃厚すぎる。しかし、五階の病室という遠くから眺めているぶんには泰山木も悪くない。花やかさという点で桜に遠く及ばないが。

（『江分利満氏の優雅なサヨナラ　男性自身シリーズ最終巻』新潮社　一九九五年）

さあ、これで「院内観戦」はすべて終了した。馬券デリバリーサーヴィスもようやく店閉いである。五月三十一日にY先生は退院する。

きりがいいという感じもあって五月三十一日に退院することにした。

アブノーマル・シャドウからいろいろの検査があって、なかでも気管支鏡検査、全身麻酔の手術、傷口の痛みなど、いまでも長い悪い夢を見続けてきたような気分になっている。ほかに点滴がうまくいかないで医者も私も難渋したことなんかもあった。私の腕は麻薬中毒患者のように穴だらけになってしまった。病院という所は何もしないでいても妙に疲れる所である。いま思えば、辛い検査や手術の前の緊張感、私のような男がよく切り抜けてこられたもんだと自分で驚いている。

桜から泰山木まで。私は玄関脇の泰山木を何度も振りかえって眺めた。齢を重ねることも死ぬことも容易ではないが、来年は桜も泰山木も別の場所で見たいと思った。

（『江分利満氏の優雅なサヨナラ　男性自身シリーズ最終巻』新潮社　一九九五年）

ナイター中継を観ながら、「気管支鏡検査と手術がなければ病院生活も悪くないんだけどねえ」しみじみとおっしゃる。さすが検査の鉄人である。「でも、毎週馬券を買ってきてもらうの大変よねえ」いえいえ、結構、楽しいもんですよ。でも、来年のダービーは是非ともゴンドラ十五号室にお供させていただきます。アンカツも次はきっとダービーですよ。Y先生、笑いながら「その前に来週があるぞ」、「そうよね」夫人も笑っている。そうだった。まだ、東京開催は続いていた。西館受付のカウンターには一番、二番の入場票がちゃんと用意されているはずである。「朝、八時に集合ですね」、なんだか、泣きたくなるほどにとてもとても安らかな日曜日の夜だった。

## ある日曜日の夜

昔、府中の競馬場のなかに厩舎もあって、調教師《テキ》も騎手《ノリヤク》も厩務員も、多くはそこに住んでいた。日曜日の競馬が終ると、親しくしていた森安弘昭の厩舎へサントリーオールド一本ぶらさげて遊びに行く。減量に苦しむ騎手も日曜日の夜だけは天下御免で飲んだり喰ったりする。どの厩舎でも馬屋に隣接する事務所で小宴会になる。鯣《するめ》や鰯が匂う。遠くの厩舎から民謡が流れてくる頃には辺りが暗い。弾ける笑い声。ホームシックだという見習騎手《アンチャン》が焼芋を噛る。

この事務所に掛ける色紙を書いてくれと森安《テキ》が言う。私は少し考えて「一に忍耐、二に我慢、三四がなくて五に辛抱」と書いた。森安はこれを見て黙ってしまった。難しい顔つきになった。やがて彼は「せ

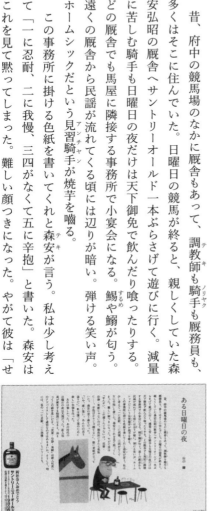

んせい、これ違うんじゃないけ。沈着・冷静・果断じゃないのけ。勝負所にきたら果断に……。辛抱ばかりじゃ勝てない」。額に青筋が立っていた。森安の言う通りだった。「いや、悪い悪い。あんたの言う通りだ」。私は謝って彼のために新しい水割を作った。

あれは楽しかった。あの時代の日曜日の夜は天国だった。新入社員が誕生する時期になると、決まってこの話を思いだす。「沈着・冷静・果断」は新入社員へのアドバイスとして適切なのではあるまいか。そうして、時には、私の「一に忍耐、二に我慢……」ということも。

（サントリーニューオールド新聞広告　一九九五年一月十五日）

# 終章　一九九五年九月二日

山口先生が最後に購入された勝馬投票券は一九九五年八月二十日、日曜日、新潟競馬場第十二レース、十番人気の天間昭一騎手②ロフティフラワーの単複と馬連総流しでした。残念ながら四着に敗れ的中とはなりませんでした。その日の的中は函館第十一レースのただ一レースのみ、函館記念GⅢ、藤田伸二騎手⑪インターマイウェイの単複と馬連総流し、単勝⑪八四〇円、複勝⑪二八〇円、二着に十二番人気、山田和広騎手⑤ヤマニンリコールが来てくれたので馬連は一四一八〇円という高配当になりました。これが最後の的中、そして最後の万馬券となりました。

後楽園ウインズで換金して、赤坂見附の会社に立ち寄って机の上を片付けてから慶應病院に戻りました。函館記念での、山口先生贔屓の藤田騎手の見事な騎乗ぶりについてもう少し話をしたかったのですが、山口先生は静かに眠っていらっしゃいました。起きたら「男性自身」の原稿を書かなければいけません。ちょっとご様子だけ覗き、治子夫人に来週金曜日、いつものようにうかがうことを約束して病室を出ました。このままの状態が保てれば、もしかしたら秋の天皇賞も、ジャパンカップも参戦可能かもしれない。暗い街灯に照らされた裏の侵入通路をたどりながら、そんなことを考えていました。

三日後、治子夫人から会社に電話を頂戴しました。武蔵小金井の聖ヨハネホスピスに移ることが正式に決まったということでした。じゃあ、馬券デリバリーサーヴィスは当分は東京競馬場だな、秋に田無駅前に会員制ウインズがオープンしたらそっちの方が都合が良いか、などと考えつつ、金曜日の夜、いつものように病室にうかがいました。夫人は病室の前、廊下に出て立っていらっしゃいました。そろそろ来る頃と待っていてくださったようです。「駄目なのよ。もう全然予想ができないの」夫人の手には「男性自身」と書こうとして、どうしてもかたちにならなかった山口先生の筆跡が残されたメモ用紙が握られていました。「その時」は突然やってきました。しばらく言葉を発することができませんでした。役に立たなくなった「ダービーニュース」を丸めて握り締めて、しばらくその場に突っ立っていました。その後、どこに飲みに行ったか、どこで酔い潰れたか、全く思いだすことができません。

山口先生は八月三十日朝にホスピスで息を引き取られました。通夜は九月一日、そして告別式は二日土曜日に国立の自宅で執り行なわれました。参列者は玄関を過ぎて駐車場に設置された受付を通り庭側から入る。山口先生が愛していた庭の景色を眺めながら遺影と対面することになります。当日は受付、そして会計を担当しました。皆さまからの香典をお預かりして、葬儀社、花屋、そして「繁寿司」さんにお支払いする。大切な役目です。一時的ではありますが大金を持っていなければいけません。山口先生からいただいた一澤帆布製、紺色のショルダーバッグに計算済み、きっちり帳面と照合された全額を詰め込み、トイレに行く時も寝る時も肌身離さず過しました。告別式の朝、立川ウインズに行く時ももちろんずっと持ったままです。開館九時、間もなく発券開始、誰よりも早く穴場に並び、新潟競馬第一レースから第十二レースまで、単複と馬連総流しの勝馬投票券を購入しました。治子夫人用として第八レース馬連①⑧、枠連1 8も忘れていません。もちろん一澤帆布の鞄の中身には一切手をつけてはいません。急ぎ国立へ、治子夫人の勝馬投票券をお渡しして、残りは昨年暮れの京都同行で何故か購入していた鶴の絵のポチ袋の中にしまいました。

出棺です。祭壇が開かれストレッチャーに載せられて棺が出てきました。花に埋もれる山口先生。胡蝶蘭、百合の花、強い香りが苦手な先生ですが、今日は仕方がありません。右手の横にポチ袋を置かせていただきました。まだ、一レースしか的中していません。「すみません。いくら考えても、先生のようにうまく買うことができませんでした」棺の角を両手で持ちながら先生にお詫びをしました。もちろん一澤帆布の鞄はちゃんと肩に掛けています。「わかったよ」と山口先生がうなずいてくださったかのように、霊柩車の後扉がカチャリと優しく鳴りました。強い陽射しの中、クラクションを鳴らしながら火葬場に向う車を見送ります。深く、深く心に念じました。

山口先生、いよいよロング・グッバイです。

# あとがき

Y先生――山口瞳先生のお供として東京競馬場に通っていた時からもう二十年以上の月日がたってしまいました。毎週末、土曜日と日曜日、東京競馬開催中は必ず府中のゴンドラ十五号室へ、さらに中山競馬場、石和や祇園のウインズ、そして夏の上山競馬場へ、三十代、最も濃密な時間を過ごさせていただいた場所は間違いなく競馬場だったとはっきり申し上げます。今回、ひょんなことから本の雑誌社編集部の松村眞喜子さんにお声掛けいただき、山口先生の競馬同行記を書かせていただくことになりました。少しずつ思い出しながら日々をたどりましたので思いのほか時間がかかりましたが、「男性自身」の熱烈な愛読者でもある営業部の杉江由次さんから随時、温かい励ましの言葉をいただきながら、なんとかゴール板までたどりつくことができました。

時間の経過とは実に苛烈なものです。山口治子夫人、山口先生の競馬行の常連同行者だった常盤新平さん、岩橋邦枝さんも逝くなられてしまいました。上山で競馬に目覚めた「Catfish」の主の関マスヲさんも、祇園「サンボア」の若き天才バーテンダー、中川立美さんもすでにこの世にはいらっしゃいません。

新しき歩みの音のつづきくる朝明にして涙のごはん　斎藤茂吉

「時の移ろい」をかみしめながら筆を進めました。とはいえ、頭の中の各部位の経年劣化が著しく、不正確な、あるいはあいまいな記述も多々あるかとは思いますが、どうかご容赦いただければと思います。

なお、本書執筆にあたり、以下の三点について留意しました。

＊本書中にご登場いただいた方々の肩書き、商品名、店名等の表記は、当時のたたずまいを尊重してその時のままにさせていただきました。二〇〇一年には競走馬の年齢表記も数えから満に変更となっていますが、今回はクラシックレースに出走するのは四歳馬、つまり当時のままとさせていただいております。

＊本書に引用した著作物などの資料は、原則として底本、あるいは原文の表記を尊重しています。したがって本書中における表記には若干の不統一が生じております。また、現在からみると差別的表現と受け取られかねない箇所もわずかに散見されますが、それぞれに時代的意味を持つ文章であり、引用文の執筆者が故人であることなどを考慮し、底本、あるいは原文通りとさせていただきました。

＊引用の出典は著者、タイトル、引用元、出版社あるいは発行者、発行年の順で記しましたが、山口瞳先生の著作については著者名を省いております。

いつか、東京競馬場、パドックの畔で偶然お会いできることを楽しみにしています。

本書は書き下ろしです。

坪松博之（つぼまつ・ひろゆき）

1960年生まれ。早稲田大学政治経済学部政治学科卒業後、サントリー株式会社に入社。広報部でPR誌「サントリークォータリー」の編集を担当。開高健からは「モテまっちゃん」、山口瞳からは、「坪やん」と呼ばれ、茅ヶ崎の開高宅、あるいは、国立の山口宅に通う日々を続けた。公益財団法人開高健記念会理事。

著書に『壽屋コピーライター開高健』（たる出版）、共著に『大阪で生まれた開高健』（同）がある。

---

Y先生と競馬

二〇一七年一月二十五日　初版第一刷発行

著　者　坪松博之
発行人　浜本　茂
印　刷　中央精版印刷株式会社
発行所　株式会社　本の雑誌社
〒101-0051
東京都千代田区神田神保町1-37　友田三和ビル
電話　03（3295）1071
振替　00150-3-50378

定価はカバーに表示してあります
ISBN978-4-86011-295-0　C0095